社科文献 **SSAP** 学术文库

文史哲研究系列

官商之间
社会剧变中的近代绅商

BETWEEN THE GOVERNMENT AND MERCHANTS:
GENTRY-MERCHANTS IN SOCIAL UPHEAVAL IN MODERN CHINA

（修订本）

马 敏 著

 社会科学文献出版社
SOCIAL SCIENCES ACADEMIC PRESS (CHINA)

出版说明

社会科学文献出版社成立于 1985 年。三十年来，特别是 1998 年二次创业以来，秉持"创社科经典，出传世文献"的出版理念和"权威、前沿、原创"的产品定位，社科文献人以专业的精神、用心的态度，在学术出版领域辛勤耕耘，将一个员工不过二十、年最高出书百余种的小社，发展为员工超过三百人、年出书近两千种、广受业界和学界关注，并有一定国际知名度的专业学术出版机构。

"旧书不厌百回读，熟读深思子自知。"经典是人类文化思想精粹的积淀，是文化思想传承的重要载体。作为出版者，也许最大的安慰和骄傲，就是经典能出自自己之手。早在 2010 年社会科学文献出版社成立二十五周年之际，我们就开始筹划出版社科文献学术文库，全面梳理已出版的学术著作，希望从中选出精品力作，纳入文库，以此回望我们走过的路，作为对自己成长历程的一种纪念。然工作启动后我们方知这实在不是一件容易的事。对于文库入选图书的具体范围、入选标准以及文库的最终目标等，大家多有分歧，多次讨论也难以一致。慎重起见，我们放缓工作节奏，多方征求学界意见，走访业内同仁，围绕上述文库入选标准等反复研讨，终于达成以下共识：

一、社科文献学术文库是学术精品的传播平台。入选文库的图书必须是出版五年以上、对学科发展有重要影响、得到学界广泛认可的精品力作。

二、社科文献学术文库是一个开放的平台。主要呈现社科文献出版社创立以来长期的学术出版积淀，是对我们以往学术出版发展历程与重要学术成果的集中展示。同时，文库也收录外社出版的学术精品。

三、社科文献学术文库遵从学界认识与判断。在遵循一般学术图书基本要求的前提下，文库将严格以学术价值为取舍，以学界专家意见为准绳，入选文库的书目最终都须通过各该学术领域权威学者的审核。

四、社科文献学术文库遵循严格的学术规范。学术规范是学术研究、学术交流和学术传播的基础，只有遵守共同的学术规范才能真正实现学术的交流与传播，学者也才能在此基础上切磋琢磨、砥砺学问，共同推动学术的进步。因而文库要在学术规范上从严要求。

根据以上共识，我们制定了文库操作方案，对入选范围、标准、程序、学术规范等一一做了规定。社科文献学术文库收录当代中国学者的哲学社会科学优秀原创理论著作，分为文史哲、社会政法、经济、国际问题、马克思主义等五个系列。文库以基础理论研究为主，包括专著和主题明确的文集，应用对策研究暂不列入。

多年来，海内外学界为社科文献出版社的成长提供了丰富营养，给予了鼎力支持。社科文献也在努力为学者、学界、学术贡献着力量。在此，学术出版者、学人、学界，已经成为一个学术共同体。我们恳切希望学界同仁和我们一道做好文库出版工作，让经典名篇，"传之其人，通邑大都"，启迪后学，薪火不灭。

社会科学文献出版社
2015 年 8 月

社科文献学术文库学术委员会

（以姓氏笔画为序）

作者简介

马　敏　四川雅安人，历史学博士、资深教授。曾任华中师范大学校长、党委书记，中国史学会副会长。现任华中师范大学中国近代史研究所所长、校学术委员会主任。兼任国家教材委员会专家委员、国务院第八届学科评议组（中国史）召集人、教育部社会科学委员会委员、湖北省炎黄文化研究会会长。主要研究领域为中国近现代社会经济史、中国近现代商会史、中国近现代博览会史、中国近现代中西文化交流史、辛亥革命史。主要代表作有《过渡形态：中国早期资产阶级构成之谜》、《传统与近代的二重变奏：晚清苏州商会个案研究》（与朱英合著）、《拓宽历史的视野：诠释与思考》、《商人精神的嬗变——近代中国商人观念研究》、《基督教与中西文化的融合》、《中国近代商会通史》（四卷本，主编、第一作者）等。曾先后在美国普林斯顿大学、耶鲁大学和英国牛津大学等担任客座研究员、访问学者。自 1985 年以来，先后承担国家社会科学基金重大项目、教育部哲学社会科学重大攻关项目等 20 余项，出版和主编学术著作 20 余部，在《中国社会科学》《历史研究》《近代史研究》等刊物上发表中英文论文 150 余篇。学术成果多次获奖。

内容提要

19 世纪末 20 世纪初，随着一系列空前的社会变动，中国社会流变出了一个颇为奇特的新的社会阶层——"绅商"。这个阶层既以科举功名和职衔、顶戴为标识，附骥于官场，又广泛涉足工商经营活动，孜孜牟利，成为晚清到民国初年一支举足轻重、极其活跃的社会集团力量。绅商阶层的形成，是中国独特历史文化传统、社会结构以及其他历史条件交互作用的产物，它兼具新旧两个时代的性格与特征，集中体现了近代中国社会转折、过渡的历史进程，构成一个观察近代社会阶级关系转型的绝佳历史透视点。

本书时空跨度很大，从古代"士"阶层的兴起、传统绅士阶层的形成和演变、绅商合流的萌发，一直延伸到近代绅商阶层的形成及其角色和作用；同时又通过绅商阶层的类型区分、社会属性、社会功能、政治参与的探讨，与西方的早期资产阶级作众多层面的比较，再附带陈述自己对于"市民社会"、"公众领域"以及现代化进程中官商关系的见解。书中对于绅商数量的估计，把绅商区分为士人型、买办型、官僚型并分别作个案论析，有关绅商过渡特征与中介角色的理论探讨，从"公"的领域到近代城市公益的扩展，新式商人社团的整合及其活动轨迹等部分，都有很多深具功力的新见。

本书的出版不仅有助于推进近代中国绅商研究，而且可以深化人们对近代中国社会转型及其结构、体制变化的整体认识。同时，对"绅商"词义的辨析和对其社会内涵的讨论，也是立足中国历史实际，通过梳理文献和关键词，建立中国史学自身的"话语系统"并形成自身"解释框架"的有益尝试。

Abstract

During the late 19th and early 20th century, a period of spectacular social change in China, a new social class emerged that was unlike any the country had seen before. Straddling two existing classes, i.e., government officials and businessmen, Shenshang, or gentry-merchants, were people who enjoyed all the trappings of a career in the government, including high levels of educational attainment, titles of officials and associated privileges, while at the same time engaged in profit-oriented commercial activities. They became quite active and influential during this period. The formation of this unprecedented social class was the result of several factors, including China's unique cultural tradition, social structure and other conditions at the time. With characteristics and features that represented both the old era and the new one, the group's development can shed important light on social transition and transformation in modern China in general, and the evolution of class structure in particular.

Covering a vast scope in time, the book offers an in-depth analysis of the rise of the class of Shi (scholar-official) in ancient China, the formation and evolution of the traditional gentry, the gradual blurring of the distinction between it and business people, and finally the emergence, role and function of the gentry-merchant class in modern China. A close examination of issues related to its classification, social properties, social functions, and political participation forms the basis of a multi-level comparative analysis of China's gentry-merchant class and the nascent bourgeoisie in western societies. The analysis also draws on the author's own views on "civil society", "public arena" and the relationship between political and business interests. Using demographic and econometric calculations, case study and theoretical analysis, the book adeptly addresses issues such as the estimated size of this new class, the three types of people-scholars, compradors and bureaucrats-who joined its ranks, the role of gentry-merchants as an intermediary, how the emergence of a "public sphere" provided the historical precondition for the expansion of the scope of "public interest", and the development of a new kind of trade groups and associations.

In addition to moving studies of China's gentry-merchants forward, this book also contributes to a better understanding of the social transition, and structural and institutional changes in modern China. Just as importantly, by subjecting the notion of Shenshang to both semantic and substantive analyses, this book shows what it could mean to study Chinese history by building and applying a distinctly Chinese historical discourse, complete with its own "explanatory framework".

序

章开沅

近几年来，市民社会（civil society）和公众领域（public sphere）是西方学者（特别是美国的中国近现代史学者）讨论的热门课题。冉玫铄（Mary B. Rankin）对浙江地方精英的研究，罗威廉（William T. Rowe）对汉口商人组织的研究，杜赞奇（Prasenjit Duara）对晋、直、鲁新政的研究，大多认为清末民初中国已在某种程度上出现市民社会与公众领域。而资深学者如魏斐德（Fredrick Wakeman，Jr.）、孔飞力（Philip A. Kuhn）等，则对上述论点持断然否定态度。前年，我在加州大学圣地亚哥分校任教期间，曾去加大洛杉矶分校（UCLA）参加过他们的研讨会，两派讨论之激烈给我留下颇为深刻的印象。我觉得，美国学者思想活跃，重视通过个案研究寻求理论解释，常能为我们提供若干新的视野、思路和参照系统。但由于社会文化背景的深刻差异，以及中文资料的艰深难解，他们的陈述与判断有时又难免流于片面与粗疏。即如上述争论，尽管持否定论者批评持肯定论者以西方模式强加于中国历史，而实际上在他们自己的论述中也难以完全摆脱西方历史模式的影响。正如柯文（Paul A. Cohen）所自我标榜的中国中心主义一样，其实它本身也没有完全抹去西方中心主义的影子。

无论是在国内或在海外，我常劝一些年轻学者不必老是跟着西方学者惯用的理论概念兜圈子，当然这并非意味着对他们的学术成果的贬抑和排拒。中国历史是一部源远流长、独立发展的大国的历史，虽然它是世界历史的一部分，并且与时俱进地受到外在世界愈来愈多的影响。西方历史模式可以作为研究中国历史的参照，而不可作为认知、评判中国历史的主要依据，更不可简单借用为陈述、解释中国历史的框架。我认为，西方学者对于"市民社会""公众领域"的讨论，可以促使我们从固有的"线索""分期""高潮""事件"等空泛化格局中解脱出来，认真研究中国走出中世纪并向现代社会转型的曲折而又复杂的历史过程，现代化的主要载体及其如何产生、演变，以及它的活动空间与活动方式，等等。如果我们不花大力气作这种扎扎实实的研究，却单纯跟在西方学者的后面，从概念到概念地争论中国有无"市民社会""公众领域"，那就是舍本而逐末，从土教条主义转向洋教条主义。

可能正是出于这种考虑，马敏教授以整整十年的时间，深入研究近代中国的绅商问题，其结果便是现今出版的这本专著——《官商之间：社会剧变中的近代绅商》。该书时空跨度很大，从古代"士"阶层的兴起、传统绅士阶层的形成和演变、绅商合流的萌发，一直延伸到近代绅商阶层的形成及其角色和作用；同时又通过绅商阶层的类型区分、社会属性、社会功能、政治参与的探讨，与西方的早期资产阶级作众多层面的比较，然后再附带陈述自己对于"市民社会"与"公众领域"的见解。书中对于绅商数量的估计，把绅商区分为士人型、买办型、官僚型并分别作个案论析，有关绅商过渡特征与中介角色的理论探讨，从"公"的领域到近代城市公益的扩展，新式商人社团的整合及其活动轨迹等部分，都有很多深具功力的新见。该书的出版不仅有助于推进近代中国绅商研究，而且可以深化人们对近代中国社会转型及其结构、体制变化的整体认识。

战后西方有关中国绅商的研究起步甚早，50 年代初始何炳棣、张仲礼的绅士研究即已发其端绪，60 年代末在芮玛丽（Mary C. Wright）组织推动下，一批东西方学者更加热衷于近代绅士或社会精英（elite）的研究，出现了许多观点各异而又颇具功力的论著，而其流风余绪至今未衰。相形之下，我国绅商研究不仅起步较晚而且长期比较冷落，这可能与史学领域的泛政治化消极影响有关，一谈到"绅"便联想到"土豪劣绅"，使研究者望而却步或至少是堵塞了思路。80 年代以后，对于个别绅商人物（如张謇、周学熙等）的研究有了较大的发展，但仍缺少把绅商作为整体的宏观研究的专著。马敏此书正好弥补了这方面的不足，它既吸收了海内外众多学者前此的研究成果，又在此基础上增添了自己的真知新见，并且构筑了一个比较完整的绅商研究理论体系。马敏属于 80 年代中期成长起来的新生代学者，思想活泼而又严谨治学。他不轻易发表作品，已经出版的论著大多能够体现学术境界的提升，此书的付梓使我们高兴地看到他又攀登了一个新的高度。

我并不认为此书已经完美无缺，无论从国内学术界还是从作者个人而言，绅商研究毕竟还是处于初始阶段。我国传统史学多半侧重于研究王朝与政府，1949 年以后转而侧重于研究人民，特别是下层民众，倒是前后都忽略了政府与百姓之间那块不算大也不算小的空间。UCLA 的黄宗智教授曾称之为"第三领域"（the third realm）。"第三领域"也好，"公众领域"也好，无非是探索这块不算大也不算小的空间，探索在这块空间中活动着的人和事，其中就包括绅士→绅商→新式社会精英。这是一个很大的课题，也是一个既有学术意义又有现实意义的课题。如何保持政府与民众之间的适度空间，如何在这个空间营造"政府—中介—民众"之间的良性互动关系，并使之成为推动社会健康成长的良好环境，这是一门大学问，更是一桩大工程，决非少数历史学者坐而论道所能迎刃而解。当然，人们也不必对学者寄予过高期望，即令是他们的最高研究成果，也无非是为理解社会历史的某个层面提供一把钥匙而已。加拿大陈志让教授曾经写过一本《军绅政权》，分量不大却很精辟，是从政权结构的角度为我们理解近代中国社会历史提供一把钥匙。而马敏此书，如果也能从绅商研究的角度，为人们提供一把窥探近代中国国情奥秘的钥匙，那就是这位年轻学者极大的成功。

该书对于绅商阶层生活方式与心态变化的刻画，虽然颇下功夫，但毕竟不够丰满。绅商阶层是活生生的一群人，他们的生活、心态与他们所处的社会地位一样，都是介乎新旧之间与官民之间，都有很多极为丰富而又多种多样的内容。他们不仅有自己的志向抱负与事业追求，也有自己的人际关系与家庭生活。他们的工作、应酬、休闲乃至内心世界的喜怒哀乐，都能从各个侧面反映这个阶层的共性与个性，都能更为突显这个过渡性社会群体的角色与形象。当然，一本书的容量总是有限的，总不能满足那些贪得无厌如我之类读者的形形色色要求。我们不妨再作等待，或许可以在作者未来的新著中得到这方面的新知。是为序。

1994 年春重返桂子山之后一月

目　录

Contents

图表目录

引论

绅商

——一个历史的透视点

一

19世纪末20世纪初，随着一系列空前的社会变动，中国社会流变出了一个颇为奇特的新的社会阶层——"绅商"。这个阶层既以科举功名和职衔、顶戴为标识，附骥于官场，又同时广泛涉足工商经营活动，孜孜牟利，成为晚清到民国初年一支举足轻重、极其活跃的社会集团力量。

绅商阶层的形成，是中国独特历史文化传统、社会结构以及其他历史条件交互作用的产物，体现了近代中国历史发展进程的多样性、特殊性和社会阶级结构的多层次性。在中国传统社会中，政治结构的基本特征表现为官、绅、民的准科层（semi-bureaucracy）体系，近于无限的君权和庞大有序的官僚机器构成高度科层化的专制国家政权，但由于小农经济和乡村家族制度的发达，近代的科层政权往往仅延伸到县一级。县以下基层社会的运作，则有赖于绅士来维持。绅士享有特殊的社会地位，掌握着文化知识，他们进则为官，退则为民，充当着官与民之间的中介或桥梁，构成封建专制统治的社会基础。举凡地方社会秩序的维持，兴办水利、道路、学校、慈善等公益事业，无一不经由绅士来操办。因而，在官、绅、民三者复杂而微妙的政治关系中，绅士所扮演的社会角色是关键性的。自秦至清，中国传统社会的社会等级结构则体现为"士农工商"的金字塔状的基本格局。在这一社会等级结构中，"四民并列，士属先尊"。① 绅士和商人阶层，一个居四民之首，备受尊崇；一个居四民之末，受到社会的轻蔑与排挤，二者之间有着一条难以逾越的社会等级鸿沟。所谓"士之子恒为士，农之子恒为农，工之子恒为工，商之子恒为商"。② 过去的研究，多强调科举制度导致绅士阶层内部成员经常不断地更新，相对加强了上下社会流动，从而在一定程度上缓和了森严的等级结构及其引发的社会紧张与矛盾，保证了专制国家政权相对的活力与效率。这是中国传统农业社会不同于西方封建社会的一个特点，并可由此解释中国集权官僚政治的长期延续。③ 从理论上说，这是正确的。但同时必须明确，在事实上，中国传统社会的社会流动是单向性的，其价值定向在于"四民之首"的绅士阶层。与科举制度相联系的社会流动并未改变"士农工商"社会等级结构的基本格局，也就意味着这种社会流动并不可能造成社会阶级关系的质性变化，绅士集团仍然是社会流动的汇合点和终点，维系传统社会内部稳定和社会均衡，舍绅士阶层莫属。

正因为绅士阶层是传统社会等级结构的中枢和官僚政治的基石，所以，考察近代中国社会阶级关系的转型，即应首先注目于绅士阶层

---

① 《劝儒道者信道文》，林乐知主编《教会新报》（一），台北：华文书局，1968，第305页。

② 《广育矿务人才论》，《申报》1894年5月21日，第1版。

③ 参见何炳棣《明清社会史论》，徐泓译注，台北：联经出版事业股份有限公司，2013。

的流转变迁。如果说，在传统绅士集团的近代转型中，以"兴学育才"，从事新式教育为矢志的"学绅"构成从封建士大夫向近代知识分子或自由职业者过渡的中介桥梁，那么，"绅商"则成为传统绅士向近代工商资本家转化的中介桥梁。这种转化又是通过由商而绅和由绅而商的双向社会流动的途径来实现的。绅与商的相互渗透融合，终于突破了士农工商尊卑有序的传统格局，使绅与商这两个处于等级结构两端的社会阶层相互趋近和吸纳，氤氲化生出具有近代因子的新的社会群体——"绅商"。亦绅亦商的绅商已不再是传统意义上的绅士或商人，但又不够真正近代工商资本家的资格，而仅仅是介于两者之间的"过渡体"或"中介物"。它兼具新旧两个时代的性格与特征，集中体现了近代中国社会转折、过渡的历史进程，构成一个观察近代社会阶级关系转型的绝佳历史透视点。诚如已故史学名家陈旭麓先生所指出："绅商（由商而绅，由绅而商）和乡绅是官与民的中介，前者多在市，后者多在乡；前者与工商业结缘，后者与宗法、地租联姻；从他们身上可以捕捉到中国近代社会的脉络。"①

二

作为一个特定的新兴社会阶层（而不是分散的个别人物），绅商群体主要活跃于堪称"千古变局"的 19 世纪末 20 世纪初，因而对辛亥革命史和中国民族资产阶级研究具有特殊的意义。有关辛亥革命的性质问题，是国内学者与海外学者长期争论、悬而未决的一段"公案"。近 20 年来，海外一些研究辛亥革命史的学者提出了形形色色的"绅士运动"说。他们把研究旨趣放在辛亥革命时期的社会和阶级结构考察上，力图从近代中国社会的内部运动来探求这场革命的

---

① 《陈旭麓学术文存》，上海人民出版社，1990，第 1378 页。

社会历史根源。其中虽不乏某些新颖、独到的学术见解，然而又都在不同程度上否定辛亥革命的资产阶级性质。有的学者断言，辛亥革命中扮演主角的士绅"是保守派，对仿效西方不感兴趣"，因此，辛亥革命所发生的仅仅是"改朝换代"。① "这场革命不是以'现代'势力对'传统'势力的胜利，而是以中国社会内部长期权力斗争达到登峰造极而展现出来。"② 也有的学者并不完全赞同上述见解。美国学者周锡瑞（Joseph W. Esherick）便认为不应当忽视清末城市传统绅士阶层所发生的分化、转型，提出以"城市改良派上流阶层"这个术语描述绅士阶层中分化出的一批新人，他们"明显地区别于旧式绅士阶层，但它尚未成长为资产阶级"。③ 法国学者白吉尔（Marie-Claire Bergère）更为明确地指出，清末存在一种绅商合流的历史倾向，"士绅和尚未取得明确社会地位的新生的（商业）资产阶级已经融合成为一个绅商阶级"。④ 日本学者小岛淑男也认为是"商绅"阶级在光复上海过程中起了领导作用。⑤ 然而，多数学者仍继续否定辛亥革命的资产阶级性质。白吉尔指出，辛亥革命的发生和发展，是以中国的（半）殖民地状况为背景的，因此，"具有明显的民族主义特征"，而不是一场西方意义的"资产阶级革命"。⑥

---

① Chūzō Ichiko, "The Role of the Gentry: An Hypothesis," Wright, Mary C. ed. , *China in Revolution: the First Phase, 1900 - 1913* (New Haven: Yale University Press, 1968), pp. 297 - 318.

② 〔美〕柯文（Paul A. Cohen）：《美国研究清末民初中国社会历史的新动向》，蔡尚思等：《论清末民初中国社会》，复旦大学出版社，1983，第 326 页。

③ 〔美〕周锡瑞：《改良与革命——辛亥革命在两湖》，杨慎之译，中华书局，1982，第 81 页。

④ Marie-Claire Bergère, "The Role of the Bourgeoisie," Wright, Mary C. ed. , *China in Revolution: the First Phase, 1900 - 1913*, p. 240.

⑤ 小岛淑男「辛亥革命における上海独立と商绅层」東京教育大学文学部東洋史学研究室アジア史研究会・中国近代史部会編『中国近代の社会構造 辛亥革命史の位置』汲古書院、1973。

⑥ Marie-Claire Bergère, "The Role of the Bourgeoisie," Wright, Mary C. ed. , *China in Revolution: the First Phase, 1900 - 1913*, p. 240.

周锡瑞则认为，辛亥革命是由一个西方化的、城市的、改良派的上流阶层所领导的社会变动。"在许多方面，1911 年的革命，是一个很不革命的革命。"① 爱德华·罗兹也认为，广东地区的辛亥革命并不是一次社会革命，而毋宁是一次"有利于商人和新绅士的城市化的政治和文化革命"。不幸的是商人并没有足够强大到可以形成一个新的政权的基础。②

看来，问题的关键仍在于如何判断绅商阶层的社会属性，如何评估绅士集团的近代转型。本书认为，尽管绅商阶层同传统绅士和旧式商人阶层有着密切的历史渊源，带有明显的"过渡"特征，但从本质上已不同于二者，在新的时代氛围下，其价值趋向是"近代"的，而不是简单回归传统；虽然尚不可同完全意义的近代资产阶级画等号，但它已初步具有近代工商资本家阶级的某些经济、政治和思想特征，同帝国主义和封建势力存在着明显的矛盾，从而构成早期工商资产阶级的主干。③ 因此，不是绅商（或新绅士）同资产阶级结成同盟，而是近代绅商阶层本身就归属于早期资产阶级（处于转化、形成过程中的资产阶级）的一部分。在全国范围内，绅商人数虽不算多，但由于他们财力雄厚，享有特别的社会地位，并通过各种类型的新式社团组织相联结，故而具有很大的政治活动能量。在早期资产阶级参加的晚清收回利权运动、抵制美货运动和立宪运动中，绅商扮演了领导和骨干的角色；在推翻封建帝制的辛亥革命中，绅商仅扮演了二流角色，他们通过从权应变，对革命施以积极和消极两方面的影响。辛亥革命的性质，从根本上说当然不单纯是由参加者的社会成分所决定，但资

---

① 〔美〕周锡瑞：《改良与革命——辛亥革命在两湖》"引论"，第 8 页。

② Edward J. M. Rhoads, "Merchant Associations in Canton, 1895 - 1911," Skinner G. William & Mark Elvin eds., *The Chinese City between Two Worlds* (Stanford：Stanford University Press, 1974).

③ 所谓早期资产阶级，系指资产阶级的不完备形态，即过渡形态，时间上约为 1860 ~ 1913 年。

产阶级化绅商的附义，多少有助于说明这场革命的资产阶级性质及其社会阶级基础。至少，以"传统绅士运动说"否定辛亥革命的资产阶级性质似乎是难以成立的，因为席卷到革命大潮中的绅士，在很大程度上已是非传统的了。过去常说中国民族资产阶级同封建传统势力保持着千丝万缕的联系，怎么联系？很大程度上是通过绅商阶层的中介沟通。绅商阶层中有功名和职衔的商人占据主导地位的事实，进一步印证了中国商业资本和金融资本大大超过工业资本的畸形经济发展，已直接造成商业资本家阶级居支配地位的畸形阶级结构。而如人们曾经指出的那样，中国的商业资本和西方近代商业资本不同，它们虽然也和工业资本发生一定联系，但主要还是与小农业和家庭手工业互为依存，有的商业资本继续和封建性土地经营纠结在一起，这就使中国早期资本家阶级难以划清同地主阶级的经济界限。其次，早期资本家阶级虽已从官僚、士绅、地主和旧式商人中分离出来，但又经由绅商的中介回复过去，这固然是新兴资本家阶级在政治上谋求发展的一种特殊形式，但同时也反映出早期资本家阶级在政治上尚未获得完全独立和充分的发展。此外，绅商中部分成员的"士人"经历，又说明传统儒教文化对中国资本家阶级意识形态的熏染是根深蒂固、难以摆脱的。概言之，中国早期工商资本家阶级与西方近代资产阶级"同"中又有"异"，和后者相比较，中国资产阶级全部政治斗争的格局，使之表现出某些不同于西方早期资产阶级革命的特点。为什么辛亥革命中资本家阶级与其激进的政治代表革命派在政治觉醒上存在如此罕见的差距和脱节？为什么辛亥革命难以造成广泛、深刻的社会变动，而流产又是如此迅速？这一切当然有着十分复杂的社会历史原因，但中国早期资本家阶级通过绅商阶层所集中体现出来的对封建统治势力的严重粘连性和依附性，以及由此而导致的经济和阶级结构的致命弱点，不能不说是其中的重要根源之一。

三

那么，接下来一个饶有兴趣的问题是：为什么由传统绅士和商人阶层向近代资本家阶级的历史转化，一定要通过绅商阶层来"中转"呢？从文化价值观看，自秦以来，中国基本上是一个"官本位"的社会，国家在社会生活中占据着异乎寻常的地位。层层节制的庞大官僚机构，不仅牢牢控制着国家行政、立法、司法、军事、财政，而且还直接干预社会经济生活和文化意识形态。官僚体制的最高代表——皇帝对臣民拥有生杀予夺的绝对权力。"予之在君，夺之在君，贫之在君，富之在君；故民之戴上如日月，亲君若父母。"① 这与中世纪西方社会国家组织松散，对社会生活干预能力不足，以至存在着若干工商自治城市的状况恰好形成鲜明对比。唐以后，科举制度将权力、地位、财富和学识结合起来，造就出一个遍及城乡的绅士阶层，使读书应举、出仕为官成为知识阶层的必由之路，更加强化了弥漫全社会的"官本位"意识。在科举制日臻完善的宋代，出现了民间流传甚广的名句："万般皆下品，唯有读书高。"而读书之所以高贵，完全又在于它是入仕谋官的终南捷径，"男儿欲遂平生志，六经勤向窗前读"。在"官本位"格局下，政治权力至上，用政治权力获取财富比用财富去获取权力来得更容易，这就决定了富依赖贵，财依仗权，权可以生钱。所谓"书中自有千钟粟""书中自有黄金屋"，一语道破天机。

由此就不难理解，当一个官本位社会向近代工商社会过渡时，金钱与权力在新的时代条件下的广泛结合，势必要借助于"绅商"这一介于官与商、封建特权与近代资本之间的特殊社会群体，新兴社会势力只有在财富与政治权力的牢固联姻中，即钱权结合中，方能排除阻

---

① 《管子·国蓄》。

力，应运而生。1905 年科举制度废除后，更促进了以地位和权力谋取财富的趋势，"士人经商"变得空前时髦和普遍。既能迎合传统官本位社会的流风余响，又能适时顺应西方商品经济挑战的绅商阶层的存在，多少缓和了中国近代社会转型中的巨大社会冲突和紧张，为融合中西截然不同的社会价值体系提供了某种灵活的社会机制，敷设了一条由此达彼的"桥梁"，尽管其作用是短暂的和临时性的。

可见，中国近代工商资本家必须经由亦官亦商的绅商阶层来转化过渡，乃是传统使然，时代使然。

物换星移。时至今日，当我们正在通过改革迈向社会主义市场经济之际，尽管"绅商"早成昨日故事、历史陈迹，但官本位意识通过文化心理结构的积淀和遗传，仍阴魂不散。今日"官商""官倒"，岂不是昨日之"绅商""职商"的翻版？尽管时代背景不同，名目称谓各异，但借社会特权以谋财，假政治靠山而致富，金钱与权力联姻如出一辙。所不同的是，在当时的历史条件下，绅商合流具有某种进步历史意义，多少促进了从传统社会阶级结构到近代社会阶级结构的转型，催生了新兴的资本家阶级，而现时代的"官商""官倒"却有百害而无一利，他们只能阻碍市场机制的发育，扼杀现代企业精神，从而贻误现代化建设的大局。19 世纪英国历史学家阿克顿勋爵有一句名言："权力导致腐败，绝对的权力绝对地腐败。"尤其当权力与金钱通过不正当的途径勾结时，大量腐败现象几乎必然随之滋生。在此意义上，中国社会的进步和实现现代化，显然有待于"官"与"商"的进一步分开。

由此观之，"绅商"研究的历史课题似乎又涵孕着现实的意义。历史已成过去，但过去可以昭示现在，展望未来，如果这本小书中所叙述的那一段历史和那一特殊的社会群体可以多少有补于今人、今世，余心足矣，余愿达矣！

第一章

"熊掌与鱼"

——绅、商合流的历史回溯

鱼，我所欲也；熊掌，亦我所欲也。

二者不可得兼，舍鱼而取熊掌者也。

——《孟子·告子上》

第一节　传统绅士阶层

中国近代绅商实则来源于古代社会传统的绅士和商人两大社会阶层，是这两大社会阶层长期融通、趋合的结果。因此，讨论近代绅商问题，首先有必要将探索的镜头摇向遥远的古代，弄清绅士与商人这两大社会阶层在历史上的大致演化情形。

一　"士"阶层的兴起

有关中国绅士阶层的起源，最早似可追溯到春秋战国之际的"士"。

春秋以前，"士"基本上是西周封建等级制中的一个层次。其社会等级在"大夫"之下。孟子答北宫锜问周代爵禄等级制度，谓："天子一位，公一位，侯一位，伯一位，子、男同一位，凡五等也。君一位，卿一位，大夫一位，上士一位，中士一位，下士一位，凡六等。"至于俸禄，"君十卿禄，卿禄四大夫，大夫倍上士，上士倍中士，中士倍下士。下士与庶人在官者同禄，禄足以代其耕也"。① 孟子这里所言的"爵"，即是封建等级制中表示身份地位的称号，由天子亲赐，并可世袭。西周是否存在严格的五等或六等爵制，近世史家多存疑，但通常认为，西周的确存在按血缘关系所确定的诸侯、大夫、士的爵位等级，而且官爵合一，"爵"定位次之尊卑，"官"定职务之大小，由此形成森严的封建等级制，不可逾越。如祭祀，"诸侯祀天地三辰及其土之山川，卿、大夫祀其礼，士、庶人不过其祖"。② 如丧葬，"天子棺椁七重，诸侯五重，大夫三重，士再重"。③ 经济地位上，"公食贡，大夫食邑，士食田，庶人食力"。④

春秋战国之际，社会剧烈动荡，等级秩序崩坏，各诸侯国之间征战不已，空前促进了社会阶级对流。所谓："圣王不作，诸侯放恣，处士横议，杨朱、墨翟之言盈天下。"⑤ 处在贵族与平民阶级之间的"士"，恰好成为上下对流的汇合之所，其队伍迅速扩大，各诸侯国"养士"之风大盛，齐国孟尝君、赵国平原君、魏国信陵君、楚国春申君门下养士均达千人以上，其中，由贵族沦落为"士"的，不乏其例，但更为普遍的则是庶民上升为"士"。"虽庶人之子孙也，积文学，正身行，能属于礼义，则归之卿相士大夫。"⑥ 这是指下层庶民可

① 《孟子·万章下》。
② 《国语·楚语下》。
③ 《庄子·天下》。
④ 《国语·晋语四》。
⑤ 《孟子·滕文公下》。
⑥ 《荀子·王制》。

以通过“学”的途径进入士的行列。其实例可证之于《吕氏春秋·尊师》篇。

> 子张，鲁之鄙家也；颜涿聚，梁父之大盗也，学于孔子。段干木，晋国之大驵也，学于子夏。高何、县子石，齐国之暴者也，指于乡曲，学于子墨子。索卢参，东方之巨狡也，学于禽滑黎。此六人者，刑戮死辱之人也。今非徒免于刑戮死辱也，由此为天下名士显人，以终其寿，王公大人从而礼之，此得之于学也。

鸡鸣狗盗之徒也可以借助“学”成为受到王公贵族礼遇的“文士”，这是以前不可想象的。随着军功制的兴起，一大批有功平民因功邀赏，而上升为“武士”。如顾颉刚先生言：“然战国者，攻伐最剧烈之时代也，不但不能废武事，其慷慨赴死之精神且有甚于春秋。故士之好武者正复不少。彼辈自成一集团，不与文士混。”[1]

“士”在数量上的激增和性质上的变化，影响及于社会阶级关系，即打破了“士之子恒为士”的等级界限，使“士”逐渐演变成一个包容庞杂的社会阶层。这个阶层介于贵族与平民之间，成为沟通彼此的中间转换地带，集中体现了春秋战国时期由封建君主制向大一统官僚帝国转折、过渡的时代特征。等级之“士”与阶层之“士”的本质区别在于：等级之士依赖于血缘宗亲，可继承和世袭，有明确的经济和社会地位；阶层之士通常无固定的名分和职业，流动不居，其官职爵禄不能继承和世袭，所谓“无恒产而有恒心者，惟士为能”。[2]

根据先秦诸子的记述，士阶层大致具有下列社会性格特征或基本

---

① 《武士与文士之蜕化》，顾颉刚：《史林杂识初编》，中华书局，1963，第88页。
② 《孟子·梁惠王上》。

规定性。第一，"士志于道"，有一定的理想和抱负，能超越一己私利，发展出对道义和社会的终极关怀。《论语·泰伯》曰："士不可以不弘毅，任重而道远。仁以为己任，不亦重乎？死而后已，不亦远乎？"王子垫问孟子曰："士何事？"孟子答曰："有志。"又曰："士穷不失义，达不离道。"① 孔子和孟子对士的要求虽然带有几分理想化色彩，却指明了士在精神境界上的追求。第二，士又以出仕从政为实现自己理想的途径。周霄问孟子："古之君子仕乎？"孟子回答："仕。传曰：'孔子三月无君，则皇皇如也。'"孟子又说："士之失位也，犹诸侯之失国家也。""士之仕也，犹农夫之耕也。"② 墨子对士之出仕有同样的议论："今天下之王公大人士君子，请将欲富其国家，众其人民，治其刑政，定其社稷，当若尚同之（说）不可不察"，③ 士以治国平天下为其天职是很明显的。第三，士又格外讲求人格塑造和道德修养，既出仕为官，又不完全折服于权势，具有一种超然的独立人格。《荀子·荣辱》说："义之所在，不倾于权，不顾其利，举国而与之不为改视，重死、持义而不桡，是士君子之勇也。"这里所言的"士君子"，当属士之上品，他们常常代表和体现了士阶层的道德价值追求，"穷则独善其身，达则兼善天下"。④ 第四，士通常喜迁徙，无常主，体现了大变动时期的社会流动性，所以，战国之士又称"游士"。孔子说："士而怀居，不足以为士矣。"⑤ 倡导"合纵""连横"的苏秦、张仪等著名"辩士"，即是凭借三寸不烂之舌，周旋于各国君王之间。

那么，何为士阶层的根本社会规定性？

过去，国内学界多以新兴地主阶级来规定士的阶级属性，认为士

---

① 《孟子·尽心上》。
② 《孟子·滕文公下》。
③ 《墨子·尚同中》。
④ 《孟子·尽心上》。
⑤ 《论语·宪问》。

阶层的兴起体现了新兴地主阶级取代没落奴隶主阶级的历史变动，是封建制战胜奴隶制的先声。但从上引"士无恒产"的史料来看，从经济地位上将士归属于地主阶级似难以成立。有鉴于此，顾颉刚先生很早就提出战国之士是由"武士"向"文士"的蜕化，他们中"大部分人皆趋重于知识、能力之获得"，"而惟以读书为专业，揣摩为手腕，取尊荣为目标"。① 这是最早揭示出士的知识分子特征。余英时先生在探索中国知识分子历史轨迹的大著中更明确地提出："'士'是知识分子的一个最重要的历史来源，'士'从固定的封建身分中获得解放，变成可以自由流动的四民之首，严格意义的知识分子才能出现于古代中国。"②

由于士显然不是一个社会阶级的概念，士之为士主要不是由其经济地位决定的，因此，从知识分子的历史来源的思路来探索士的社会规定性是极为可取的。但是，值得注意的是，士又不是一般的（更不是西方意义的）知识分子，而是同官紧密结合在一起的知识分子，或者说是高度政治化的知识分子。作为一个社会阶层，士的根本特性即其包容性、不确定性、过渡性。它既是中国古代知识分子的原始形态，也是中国文官阶层的原始形态，某种意义上还是新兴的军功地主阶级和武官阶层的原始形态。知识、德行和勇力是构成士的三原色，由这三原色而演化成士多彩多姿的外在形象。从纵的方面讲，士介于社会上层（贵族）与下层（平民）之间，构成上下对流的通道。在横的意义上，它又构成各社会职业阶层的中介，反映了各社会阶层的交融，士是一个巨大的容体，包容了众多变动不居的社会成分；士又是一眼活泼畅通的涌泉，催生了包括知识分子在内的众多新兴社会阶层，把中国社会阶级关系的演变导向一个复杂多变的时代。这可从两

① 《武士与文士之蜕化》，顾颉刚：《史林杂识初编》，第88页。
② 余英时：《士与中国文化》，上海人民出版社，1987，第87页。

方面证之：其一，士阶层职业范围的广大，几乎包罗万象。仅《庄子·徐无鬼》中对士的分类就有"知士""辩士""察士""抱世之士""中民之士""盘力之士""勇敢之士""兵革之士""枯槁之士（隐士）""法律之士""礼教之士""仁义之士"等。其他先秦文献中，尚有"虎贲之士""剑士""商贾之士""策士""教士""吏士"等类别。据说，仅战国史籍中有关文士的各种称谓即不下三四十种。这充分证实了士阶层社会成分的复杂，以"知识分子"尚不能概其全。

其二，士阶层层级结构复繁。士本身是一个多层次结构的社会阶层，上士之下有中士，中士之下有下士；以产业分，贫士之上有自耕之士，自耕之士之上有富士。贫士有如张仪，已到了"贫无行"的地步。① 连庄子也是著名的穷士，常常身着打补丁的粗布衣服。士阶层成员的境况差别极其惊人，上者可为王侯卿相的座上宾，《墨子·亲士》曰："归国宝，不若献贤而进士。"视士为国宝。而下者则可与仆隶、鸡鸣狗盗之徒为伍，至贫至贱。李斯将西入秦游说，辞其师荀卿曰："诟莫大于卑贱，而悲莫甚于穷困。久处卑贱之位，困苦之地，非世而恶利，自托于无为，此非士之情也。"② 困顿悲痛之情溢于言表。

士阶层的包容性、不确定性和过渡性为该阶层尔后的进一步分化和组合埋下了伏笔。这种分化和组合又是伴随秦汉大统一帝国社会阶级关系的进一步大调整而展开的。

二 "士大夫"的世界

"士大夫"一词为历代典籍沿用，治史者也每每视其为一独立社

---

① 《史记·张仪列传》。
② 《史记·李斯列传》。

会阶层，其实，"士大夫"的内涵随时代、社会的变迁而有着微妙的变化，只是一般人不察而已。严格地讲，"士大夫阶层"也只是一定时代的产物，而不像通常认为的贯穿了中国古代和近代社会。

战国以前，"士"和"大夫"基本上是两个分离的封建等级，同属于贵族阶级，因此，史籍中很少士、大夫连用。甫及战国，群雄竞起，"处士横议"，一部分士陆沉为民，成为"庶士"或"士庶人"；一部分士则平步青云，上升到与卿大夫平起平坐的地位。于是在先秦诸子文献中，"士大夫"的概念应运而生，它反映了当时士、大夫相融合的事实。在社会意义上，"士大夫"是官与知识分子的混合体。首先，它具有官的规定性，多指在职之人。"农分田而耕，贾分货而贩，百工分事而劝，士大夫分职而听。"① 这里的职即指官职。除文官外，士大夫也可指武官，"将死鼓，御死辔，百吏死职，士大夫死行列"。② 从有关史料看，"士大夫"又多指职位较高的官员，而区别于一般小吏。《荀子·君道》中载："故天子诸侯无靡费之用，士大夫无流淫之行，百吏官人无怠慢之事，众庶百姓无奸怪之俗，无盗贼之罪，其能以称义遍矣。"同书《强国》篇讲："大功已立，则君享其成，群臣享其功，士大夫益爵，官人益秩，庶人益禄。"其次，"大夫"有时也指没有官职的士——文人。《韩非子·诡使》载："今士大夫不羞污泥丑辱而宦。"显然，在任官之前，这些无德行的士大夫只是一批文人而已。

"士大夫"的称谓虽然在战国时期已十分流行，但此时的"士大夫"尚不是一个独立的社会阶层，它只是士阶层中与社会上层相联结的部分。西汉司马迁作《史记》，屡以"士大夫"称谓替前朝武将立传，正透露出时人观念中，"士大夫"不过是上层之士（文士和武

---

① 《荀子·王霸》。
② 《吴子·励士》。

士）的别称。

秦依靠"士"灭六国，建立了中国历史上第一个统一的帝国。但秦始皇过河拆桥，不复重用士，反焚书坑儒，结果短短 15 年而亡。继起的汉王朝吸取秦覆亡教训，立国之初即采取种种措施拉拢士、稳定士，并促使士阶层在西汉王朝的鼎盛时期发生了巨大的社会变化，其结果便是"士大夫"愈来愈具有比较明确、稳定的社会含义，并于西汉末年演变成一个比较清晰的社会阶层——"士大夫阶层"。过去认为东汉光武政权的建立是士族地主的胜利，其实，所谓"士族地主"，从历史延续性看，即是由"士"演化出的"士大夫阶层"。

有关汉代"士大夫阶层"的形成过程，余英时先生论之甚详。

> 历史进入秦汉之后，中国知识阶层发生了一个最基本的变化，即从战国的无根的"游士"转变为具有深厚的社会经济基础的"士大夫"。这个巨大的社会变化特别表现在两个方面：一是士和宗族有了紧密的结合，我们可以称之为"士族化"；二是士和田产开始结下了不解之缘，我们可以称之为"地主化"或"恒产化"。……"士族化"与"恒产化"事实上是同一社会发展的两面，其作用都是使士在乡土生根。离不开乡土的士当然就不再是"游士"了。①

这是十分精当的论析。的确，正是与宗族和田产的结合，使西汉之"士大夫"与战国"士大夫"有了质性的不同。"士族化"和"地主化"构成西汉士阶层演化的两项主要内容。但是，有必要加以补充的是，西汉士阶层的大规模"官僚化"乃是"士族化"和"地主化"的基础和前提。"士大夫"广置田产，结成强宗，凭恃的无非官势和

---

① 余英时：《士与中国文化》，第 77 页。

官权。汉武帝时，征和二年（公元前 91 年）春诏曰："故丞相贺倚旧故乘高势而为邪，兴美田以利子弟宾客……"① 汉哀帝时鲍宣上书说："群臣幸得居尊官，食重禄，岂有肯加恻隐于细民，助陛下流教化者邪？志但在营私家，称宾客，为奸利而已！"② 这里，"营私家""兴美田"皆以"居尊官""乘高势"的超经济手段为前提条件。因之，汉初士人的大规模官僚化倾向，不能不予以足够重视。

西汉士人的大规模官僚化源于汉高祖刘邦所创选贤任能的"察举"之制。高祖十一年（公元前 197 年），刘邦诏曰："盖闻王者莫高于周文，伯者莫高于齐桓，皆待贤人而成名。……今吾以天之灵、贤士大夫定有天下，以为一家，欲其长久，世世奉宗庙亡绝也。……贤士大夫有肯从我游者，吾能尊显之。布告天下，使明知朕意。"③ 诏书规定，各级官吏（诸侯王、郡守）必须向朝廷举荐人才，如果有贤而不举，察出后给予免职处分。地方长官察访本乡贤才，要亲自登门拜访，请其出仕（"身劝"），然后由公家备车驾送他们进京（"公车"一词即源于此）。此后，这种由地方官僚察访人才、举荐朝廷的办法逐渐演化成"察举制"。"察举制"的实行，为吸收有才能的士人出仕为官洞开了一道大门，由此开中国文官制度之先河。汉武帝时，董仲舒提出"罢黜百家，独尊儒术"，进一步奠定了大一统官僚政治的基础，儒生入仕更是天经地义。

所以，西汉末年士大夫阶层的形成，是士人大规模官僚化、地主化和士族化的合力推动。在时间顺序上，官僚化在先，地主化和士族化紧随其后，求学→入仕→利禄→田产→宗室构成士大夫人生的必由之路。士大夫的世界，是由官场、田园和家族构成的三维空间。他们在这不算太窄的空间中进退出入，优游人生，形成中国所特有的士大

---

① 《汉书·刘屈氂传》。
② 《汉书·鲍宣传》。
③ 《汉书·高帝纪》。

夫文化。

我们可以从外在行为方式和内在品质世界两个层次来把握"士大夫文化"的内涵。

在外在行为方式上，士大夫群体往往以"穷则独善其身，达则兼善天下"为处世准则，兼具参与与避世、入世与出世的双重政治性格。用孔子的话来说，则是"邦有道则仕，邦无道则可卷而怀之"。① 当政治昌明，社会、历史条件许可时，士大夫往往积极入世，投身社会，以"治国平天下"为己任，建功立业，光宗耀祖，在政治舞台上大显身手，此时的士大夫虽也不乏贪赃枉法，欺上瞒下之辈，但大多数能发扬儒家积极入世的精神，以"天将降大任于斯人""舍我其谁"的豪迈阳刚之气，辅佐君主治理天下。他们心目中的理想人格是"守文奉法，任官职事，辞禄让赐，不受赠遗，衣服端齐，饮食节俭"。② 这大抵是历史上匡时济民的清官循吏形象。

然而，当天下无道，或政治抱负难以伸展时，士大夫往往又采取一种消极避世的不合作态度，回归田园世界，纵情山水之间，松风明月，溪间垂钓，一似闲云野鹤，无拘无束。东晋陶渊明不愿为五斗米折腰，辞去彭泽县令时所咏《归去来辞》，最能表现士大夫因失意而揖别充满险恶的官场，回归大自然时的轻松、愉悦心境。

> 归去来兮，田园将芜胡不归？既自以心为形役，奚惆怅而独悲？悟已往之不谏，知来者之可追；实迷途其未远，觉今是而昨非。舟遥遥以轻飏，风飘飘而吹衣，问征夫以前路，恨晨光之熹微……

这是何等的洒脱，何等的无拘无碍！但隐匿其后的，却是一种深

---

① 《论语·卫灵公》。
② 《说苑·臣术》。

沉的遁世主义。这种情绪发展到极致，则成了放浪形骸的愤世嫉俗，标新立异的名士风姿。如"竹林七贤"之一的阮籍，"嗜酒荒放，露头散发，裸袒箕踞"①，俨然是一不拘礼法、反叛型的士人。

士大夫一正一反的行为方式的两极，统一于内在的、相对一致和稳定的文化—心理结构，我们称之为"学人品格"。士大夫可以出仕，可以退隐乡曲，外在职业和处境可以有这样那样的变化，但他们自始至终是学人，是文化知识的垄断者，是以"诗书传家"的。通过对文化知识的垄断而形成一种优越的社会地位及一种不同凡俗的文化素养，正是士大夫内在的一致性，或目之为士大夫之所以成为士大夫的基质。士大夫的外在行为方式（进与退、仕与隐的抉择）是由其内在基质所决定的。正因为如此，他们在为官从政时，也有一种内在的"儒雅"气质，"明习文法，以经术润饰吏事"。②

构成士大夫"学人品格"的，首先是"以身载道""以身殉道"的强烈使命感。孔子云："天下有道则见，无道则隐。"③ 孟子也说过："天下有道，以道殉身；天下无道，以身殉道。"④ 所谓"道"，在孔子和孟子那里是有特定内涵的，主要指以"仁义"为核心的儒家之道。然而，在更广泛的含义上，我们亦可理解为与"政统"相对的"道统"，即一套士大夫所信奉的政治、道德的理念和原则，后人谓之"思想上的信念"（intellectual convictions）。"道统"和"政统"可以是统一的，也可以是相悖的。

由于士大夫主要以"道统"的承载者自命，可以相对地脱离政治和批评政治（"隐世"是一种消极的批评），因此便发展出一种自卑、

———————

① 《世说新语·德行》注引王隐《晋书》。
② 《汉书·循吏传》。
③ 《论语·泰伯》。
④ 《孟子·尽心上》。

自珍的相对独立意识，这是"学人品格"的又一层内涵。陶渊明的"猛志逸四海，骞翮思远翥"与"采菊东篱下，悠然见南山"；阮籍的"弯弓挂扶桑，长剑倚天外"与"寄颜云霄间，挥袖凌虚翔"，所表现的虽然是截然不同的理想境界，但内中含蕴的决然独立意识却是相通的，乃是同一文化同一心理品质在不同条件、场合下的外泄。此为他们借以抗拒（官）"势"的内在依据。

士大夫的"学人品格"还表现为由学问上的涵养所陶冶的"雅"的审美情趣。士大夫多能诗善文，自不待言。正是从士大夫群体中产生了李白、杜甫、白居易等中国最伟大的诗人及韩愈、柳宗元、欧阳修等中国第一流的散文名家。士大夫的"雅"的趣味还体现在对书法、绘画、音乐、围棋等方面的精湛造诣。通过书法艺术在线条运用上的刚劲、流畅、匀称、紧密、迅捷、蕴蓄、优雅或洒脱等无穷无尽的变化，士大夫们训练了自己对美的欣赏力。而通过戏称"墨戏"的"士夫画"（文人画），士大夫们使自己郁结的情怀得到了抒发，压抑的自我得到了表现。优美的音律，精妙的弈道，更足以使士大夫怡情养性，培养出很高的审美情趣，以及对生活的艺术之把握。甚至连语音，士大夫们也有属于自己的"雅音"（即文言），而区别于平民百姓的"俗语"（即白话）。这种"雅"的审美情趣在发展中国的文学和艺术上，起到了不可估量的作用。

在哲学基础上，"学人品格"以儒家入世的"实践理性"为主干，而羼以老、庄，融入释教，这样，就使士大夫的世界观显得斑驳芜杂，迷离多样，既有"致君尧舜上，再使风俗淳"的入世冲动，又有"优游偃仰""逍遥一世"的超脱洒逸。这使他们多少能在专制的君权之下进退伸缩、自我保护。

总之，多维多面的"学人品格"，正是千百年来延续下来的"士"的传统，先秦之士开其先河，两汉、晋、唐之"士大夫"集其大成，明清之绅士续其尾章。

三 "绅士"的含义

有了以上两节的铺垫，我们便可直接切入对绅士内涵及其社会意义的探讨。

有关绅士（gentry）的定义，史学界见解不一。以研究中国绅士问题成名的张仲礼先生认为，绅士阶层包括享有功名、职衔之人以及在职和退休的官员，"绅士资格一般通过职衔、功名而获得，官吏则自然而然地成为绅士集团的一员"。① 张仲礼又进一步将绅士划分为上层和下层两大部分，上层绅士包括进士、举人、贡生以及所有官员，下层绅士则包括生员、增生以及捐贡生。② 何炳棣也主要从科举功名来界定绅士阶层，但侧重强调进入这一阶层的社会流动性。③ 近年来，一些美国学者和日本学者对张仲礼和何炳棣等前辈学者过分强调科举功名的决定意义，以及过分强调绅士与国家权力的关系表示强烈的怀疑。从大量个案研究中，他们发现许多所谓的地主"绅士"并不一定享有功名，而主要依靠土地占有、宗族特权以及对地方事务（如义仓、善举、赈灾等）的管理而跻身"名流"（elite）之列。④ 有的学者则较为强调绅士阶层的知识分子内涵，认为他们虽不一定等同于知识分子，却是中国知识分子阶层的主要社会来源。⑤

在我们看来，科举功名虽是绅士集团的重要特征，但并不是其唯一的特征。所谓绅士，应当是指以科举功名之士为主体的在野社

---

① Chung-li Chang, *The Chinese Gentry：Studies on Their Role in Nineteenth-Century Chinese Society*（Seattle：University of Washington Press，1955），p. 3.

② Chung-li Chang, *The Chinese Gentry：Studies on Their Role in Nineteenth-Century Chinese Society*，p. 3.

③ 参见 Ping-ti Ho, *The Ladder of Success in Imperial China*（New York：Columbia University Press，1962）。

④ 参见 Joseph W. Esherick and Mary B. Rankin，*Chinese Local Elites and Patterns of Dominance*（Berkeley：University of California Press，1990）。

⑤ 参见余英时《士与中国文化》。

会集团，同时也包括通过其他渠道（如捐纳、保举等）而获得身份和职衔者。功名和职衔是绅士的基本标识，他们因此而被赋予政治、经济和社会的特权，从而"高居于广大普通老百姓即'平民'之上，统治着中国社会及经济生活，同时又源源不断地输送各种大小官吏"。① 在古代典籍中，就文字字义言，绅、衿、士各有不同。绅，许慎《说文解字》解为"大带也"，引申为"束绅之士"。缙绅又称搢笏，"搢笏之士者，搢笏而垂绅带也"。② 衿指青衿，系古代衣服的交领，后来成为"生员"的服饰，转意为生员的代称。士的含义更广，但大抵可理解为知书达礼之人。绅衿、绅士合用通常指地方上有地位、有势力，同时又有学问的人，绅衿、绅士、士绅的称谓，在明末清初已可见，清中叶以后则变得十分普遍，且可相互替代。

> 为官不接见绅衿，甚属偏见，地方利弊，生民休戚，非咨访绅士不能周知。③

> 搢绅之强大者，平素指挥其族人，皆如奴隶。而性畏见官，有事则深匿不出，或阴使其族人为诸不法。……绅士信官，民信绅士，如此则上下通，而政令可行矣。④

因此，谨慎一点讲，至少在明清之际，中国社会已开始形成一个

---

① Chung-li Chang, *The Chinese Gentry: Studies on Their Role in Nineteenth-Century Chinese Society*, pp. 3–6.

② 梁章钜：《称谓录》卷25 "绅"条，天津古籍书店，1987，第5页。

③ 叶镇：《作吏要言》，官箴书集成编纂委员会编《官箴书集成》第7册，黄山书社，1997，第108页。

④ 贺长龄辑《皇朝经世文编》，载沈云龙主编《近代中国史料丛刊》第74辑，台北：文海出版社，1996，第856页。

区别于当权的"官"的在野绅士集团，或称绅衿，或称绅士。到清代中叶，绅士或士绅开始成为指称这一特定社会阶层的一体化概念，与官、农、工、商并称。绅士阶层大致包括：（1）有生员以上功名者（在职官员除外）。在科举制度中，生员又称秀才，是科举等级中的最低层。已通过县、府两次考试的童生，在每年举行的"考试"中被录取后即为"秀才"。"大抵为秀才者，区区小功名足以自异于人，而人亦以其秀才而相与异之。"[1] 具有秀才身份者即可跻身绅士之列，而与普通平民相区别。生员之上有贡生（分岁贡、选贡、优贡、副贡、恩贡）、举人、进士、状元。清初顾炎武谓："今天下之生员，县以三百计，不下五十万人。"[2] 另据张仲礼先生对 19 世纪（太平天国前）绅士的统计，生员为 739199 人，其中举人、贡生、进士等上层绅士为125000 人。[3]（2）乡居退职官员与乡居有职衔者。"已仕而致政归里"的官员在出仕做官之前多半已邀有生员以上的功名，退居乡间后，其功名身份仍在，其社会特权如故，所以从属于绅士集团。明清之际，取得身份已不限于科举一途，通过捐纳、保举、军功等亦可获得职衔（通常为虚衔），从而成为高于平民的绅士。明人孙承泽《春明梦余录》说："吏途纷杂，名器混淆，有赀即可博官，才品俱在勿论。"晚清湘军在镇压太平天国后，将领们多邀有军功，衣锦还乡，仅湘乡一县二品以上军功绅士将近两千家，形成湖南"军兴以来绅权大张"之势。[4]（3）此外，通过捐纳而获取的监生（"例捐"），具有武科功名出身者，也都应包括在绅士之列。据张仲礼的估计，19 世纪中国绅士人数大致为 100 余万人，如果把其家庭成员算上，总数可达 550 万

---

① 《论秀才轻重》，《申报》1883 年 10 月 18 日，第 1 版。
② 顾炎武：《顾亭林诗文集》卷 1 "生员论上"，中华书局，1983，第 21 页。
③ Chung-li Chang, *The Chinese Gentry: Studies on Their Role in Nineteenth-Century Chinese Society*, pp. 102, 132.
④ 杨世骥：《辛亥革命前后湖南史事》，湖南人民出版社，1958，第 8 页。

人，约占当时人口总数的 1.3%。[1]

从社会历史的角度看，将明清之际的绅士与政府官员区别开来，作为一个独立的社会阶层看待，对于明确绅士集团的社会历史内涵，评价其社会角色和社会功用，具有十分重要的认识意义。张仲礼等前辈学者通常将政府官员包括在绅士范畴之内，这样，在阐释绅士的社会角色和社会作用时，难免引起混乱。在我们看来，明清绅士阶层的特色，恰恰在于其地方性和在野性。所谓地方性，指绅士常是乡居的，是地方上的头面人物，"盖乡绅者，众人之领袖也"。[2] 所谓在野性，指绅士并不像官那样是封建统治权力的直接代表，他们并不参与国家政策的制定和实施，并无实际的政治权力，而只是封建政权统治地方的中介和工具。绅士固然可以出而为官或曾经在位为官，但当他们作为绅士而存在的时候，乃"无官一身轻"之人，仅仅享有象征性的功名、职衔和顶戴。正是在这一意义上，费孝通等社会学家非常强调，"尽管绅士阶层事实上与士大夫那样有着密切联系，但还是应当将其与士大夫相区别"。[3]

绅士阶层与士大夫相剥离，系一个同科举制度的兴衰紧密相连的历史过程。在中国历史上最为辉煌灿烂的盛唐，随着世族门阀的衰落和庶族士人的兴起，孕育于西汉的科举制度终于应运而生，从而为"被褐怀珠，无因自达"的下层寒士洞开了入仕的大门，士大夫阶层空前壮大，各方人才均囊括其中，大有"春风得意马蹄疾"之势。到宋代，科举制已臻高度成熟和完善，规模亦更宏大。宋太宗在位 22

---

[1]　Chung-li Chang, *The Chinese Gentry：Studies on Their Role in Nineteenth-Century Chinese Society*，p. 139。根据本书对绅士的定义，这一统计数字应减去当时在职官员的人数，约 10 万人，即为 90 万人左右。

[2]　铁崖：《警告全蜀》（续第 1 号），《四川》第 2 号，光绪三十三年十二月十二日，第 16 页。

[3]　Hsiao-tung Fei, *China's Gentry：Essays in Rural-urban Relations*，Chicago：University of Chicago Press，1953，p. 17.

年间，仅进士一科取士近万名，平均每年达 450 余人，[①] 而唐朝 290 年间取进士总数不过 6000 多人。严明考试法规，扩大取士名额，使北宋成为中国士大夫的黄金时代，一大批彪炳史册的杰出人才脱颖而出，中国最早的文官政治体制由是奠定基础。然而，科举制度规模扩大随之也就带来冗官之弊。北宋晚期，官僚机构的庞大臃肿、叠床架屋，已成为严重问题，"士大夫列于版籍者，可谓至冗矣。京官自承务郎至朝议大夫，凡二千八百余人，选人（候补官吏）一万余人，大使臣二千五百余人，小使臣一万三千余人，举天下之员阙不足以充入仕之人"。[②] 到明清之际，科举所造成的冗官之弊更形严重。清初仅江南四府一县黜革降调的绅衿 2171 名，生员 11346 名，总共达 13517 名[③]。清同治年间，张树声上奏折言江苏官吏臃滞情形："江苏地势适中，官斯土者利其舟楫之安，服食之便，溯从同治三年克复省城至今，各班指省人员，业经验看引见分发到省，道府以至未入流，现计不下二千余员，内州县一班多至六七百人。臃滞情形为各省所未有。"[④] 在僧多粥少的情况下，士人要谋到一官半职极其困难，"进士固即时任用，而得意者尚不及半。举贡分途，消纳十不得一"。[⑤] 没有补到实缺的官员，只能维持长期候选或候补的身份，以职衔和顶戴徒供炫耀。这样一大批没有得到官职的士人和有官职而无实缺的候补官僚逐步积淀下来，形成一个徘徊于官场和广大平民百姓之间的较稳定的社会集团——绅士。绅士因有限的官职而不可能都去做官，又因特殊的社会身份（功名、职衔）而不屑以为民（普通老百姓），遂成为中国封建社会后期一个非常特殊的社会特权阶层。据张仲礼先生的统

---

① 《宋史·王禹偁传》。

② 《续资治通鉴长编》卷 386。

③ 叶梦珠：《阅世编》卷 6 "赋税"，来新夏点校，上海古籍出版社，1981，第 136 页。

④ 何嗣焜编《张靖达公（树声）奏议》卷 1 "暂停分发折"，载沈云龙主编《近代中国史料丛刊》第 23 辑，台北：文海出版社，1973，第 47 页。

⑤ 何刚德：《春明梦录·客座偶谈》，张国宁点校，山西古籍出版社，1997，第 135 页。

计，清末全国绅士约有 145 万人之多，政府官僚机构仅能容纳 15 万人左右，因此，闲居乡间的绅士至少也有 130 多万人。

相对普通平民阶层，绅士享有广泛的社会特权。其一，优免赋税、差徭的政治经济特权。封建官府的各种苛捐杂税和差徭一般不摊及绅士，这在法律上有明文规定。清顺治九年（1652），"训士规条"称：对学校生员"免其丁粮，厚以廪膳……各衙门官以礼相待"。① 因此，"家有举贡士，敢把钱粮蚀"。② 其二，绅士享有法律特权，包括见官不必下跪，触犯法律不得像对普通百姓那样滥施刑具等。甚至在官司纠葛中传讯绅士也有许多不成文的规则，"士夫或被人牵告，止许家人代理，票中不得开士夫姓名，若系上司词状，开而不点"。③ 官司讼牒中不点缙绅姓名，已是明代衙门中通行的规矩，"故事，官批讼牒，必以朱笔点讼者姓名，其人或系缙绅，则用圈焉"。时有一县令不明此理，误以笔点涉讼缙绅汪应铨名。汪闻之大怒，作诗一绝戏云：

> 八尺桃笙卧暑风，喧传名挂县门东。自从玉座标题后，又得琴堂一点红。④

其三，在日常生活中绅士也享有若干特权。如乘轿，明初规定只许在京三品以上得乘轿。万历后期，只准许三品以下乘小轿，其后进士亦可。到晚明时，举人、监生及新进学的秀才等也都可乘轿，以乘轿作为衡量社会地位的标准之一。

---

① 昆冈等纂《钦定大清会典事例》卷 389，光绪二十五年重修本。
② 钱麟书：《潜皖偶录》，林庆彰主编《晚清四库丛刊》第 5 编第 84 册，台中：文听阁图书公司，2010，第 233 页。
③ 郑端辑《政学录》卷 3，王云五主编《丛书集成初编》，商务印书馆，1936，第 96 ~ 97 页。
④ 王应奎：《柳南随笔》卷 4，王彬、严英俊点校，中华书局，1983，第 76 页。

绅士既与官休戚与共，享有种种社会特权，但同时又与基层民众保持着密切联系，成为官与民之间的缓冲与中介，如费正清所言："他们（绅士）构成了地方官吏和官府统治的基础，没有这个基础，官府是不能有所作为的。"① 作为官府的触角的延伸，但凡官府政令的实施，赋税的征收，地方治安的维持，离开绅士的配合就无以措手；而作为民的代言人，绅士又可代表地方利益与官府打交道，或消极抵制，或积极抗争，缓和官府与民众的矛盾。因此，绅士的社会角色和阶级性格是双重的，他们既可为虎作伥，助长封建专制的气焰，鱼肉乡里；也可集众抗官，与官府分庭抗礼，强化地方在政治上的自治和相对独立性。在传统封建社会中，绅士伸展手脚的空间主要是官府权力鞭长莫及的"地方"或"乡里"。他们是地方上的天然领袖，举凡地方公产，如义仓、社仓、育婴堂、节妇堂等多由绅士管理；地方公益和教育事业，诸如修桥补路、兴修水利、设馆授徒等多由绅士操持。此外，如防盗、防匪，包揽词讼，教化乡民也是绅士当仁不让的义务。"凡地方之公事，大都由绅士处理……绅士之可否，即为地方事业之兴废。"② 正由于绅士与地方事务有如此密切的关系，在一定意义上将绅士称为"乡绅"亦无不可。当然，严格意义上的"士绅"和"乡绅"是有区别的。"士绅"主要以科举功名和职衔、顶戴为标识，普通"乡绅"不一定有功名、职衔，主要凭恃土地占有、财富、宗族权力，甚或声望而统治乡里。显然，普通乡绅与作为"士绅"的乡绅相比，同官方的联系相对不那么紧密。绅士遂成为沟通城市与乡村、封建皇权与基层地方社区的重要社会力量，使中国基层社会的行政权和自治权奇妙地融为一体。可以说，这种官、绅、民三重结构的

---

① 〔美〕费正清编《剑桥中国晚清史》上卷，中国社会科学院历史研究所编译室译，中国社会科学出版社，1985，第17页。

② 攻法子：《敬告我乡人》，《浙江潮》第2期（光绪二十九年二月二十日），"论说"，第8页。

社会组织形态正是中国传统社会区别于西方社会的重要特点之一，也是高度专制集权的中国王朝体系能相对保持均衡的秘密所在。

集知识、权势、声望和特权于一身的"士"在中国传统社会中始终扮演着重要的社会角色，但在漫长的历史过程中，士本身也经历了一系列的流转变迁。从战国时期的"士阶层"到西汉、唐代的"士大夫"，再到明清时期的"绅士"，士在官场与民间、城市与乡村之间转进转出，在不同时期有不同的面目和不同的具体内涵，但其"上可以济国家法令之不及，下可以辅官长思虑之所未周"①，在统治者与被统治者、中央和地方社区之间充当中介与缓冲的基本功能却一直未变，这正是绅士阶层的本色所在。费正清认为："在过去一千年，士绅越来越多地主宰了中国人的生活，以致一些社会学家称中国为士绅之国。"② 这种评估并非过誉之词，而自有其历史的内涵和依据。

第二节　古代商人阶层

一　"伊壁鸠鲁的神"

古希腊哲学家伊壁鸠鲁有一种颇为独特的神学观，他认为茫茫寰宇内有无数个世界，这些世界按一定的自然规律自生自灭。神虽然存在，但超然于世界之外，存在于各个世界之间的空隙之中，对宇宙的发展和人类的生活没有任何影响。或许是受到伊壁鸠鲁的神的超然性的暗示，马克思在其《资本论》中不无诙谐地将专在夹缝中求生存的古代商业民族比作伊壁鸠鲁的神。

古代的商业民族存在的状况，就像伊壁鸠鲁的神存在于世

① 《绅衿论》，《申报》1872 年 6 月 6 日，第 1 版。
② 〔美〕费正清：《美国与中国》，张理京译，商务印书馆，1987，第 26 页。

界的空隙中，或者不如说，像犹太人存在于波兰社会的缝隙中
一样。①

　　的确，商业和商人的本性有几分接近于飘忽不定、难以捉摸的
伊壁鸠鲁的神。商人既不是生产者，也不是消费者，他们只是沟通
二者的中介人，他们通过自己的媒介活动使产品交换迅捷而方便。
"商人是通过他的运动本身来确定等价的。"商业和商人不属于某
个固定的社会形态，在各个社会形态中都可以发现他们的游踪。他
们具有一种神奇的本领，可以像变魔术一样，使财富成倍增殖，
但同时又使既存的社会体系解体，从而促进世界文明的新陈代谢。
正由于此，世界上曾辉煌一时的古代文明——古希腊文明、古罗
马文明、古埃及文明、中华文明或多或少同商业的兴盛相关，世界
上几个主要的古老民族——中国人、犹太人、印度人和阿拉伯人
都被认为是很会做生意的。尤其是犹太人几乎成为"商人"的同
义语。

　　在中国上古社会，很早就有关于商业活动的记载，《易·系辞》
中谓："庖牺氏没，神农氏作，列廛于国，日中为市，致天下之民，
聚天下之货，交易而退，各得其所。"已湮不可考的神农时代，系我
国由原始社会过渡到农耕社会的时代，农产品的交换已使"市"开始
出现，这是有关商品市场最早的记载。

　　夏、商、周（西周）三代，中国社会发展已结束原始社会，进入
奴隶社会和封建领主制社会，从而跨入人类文明时代。中国有文字可
考的历史，即始于"三代"。这一时期，工商业得到进一步发展，至
少在西周立国之初，已有关于商人的明确记载。周文王在程作《程
典》以告示周民。

---

① 《马克思恩格斯全集》第 31 卷，人民出版社，1998，第 272 页。

> 士大夫不杂于工商，使各专其业，商不厚，工不巧，农不力，不可力治，必善其事，治乃成也；士之子不知义，不可以长幼；工不族居，不足以给官；族不乡别，不可以入惠。

这里的"商"不再单纯指商业活动，而是指明确的社会职业分工，商人已成为有别于士、农、工的社会经济职业。西周通常划定王宫、官府的背后为"市"，而且还规定每天集中进行三次交易，"大市，日昃而市，百族为主；朝市，朝时而市，商贾为主；夕市，夕时而市，贩夫贩妇为主"。① 这里已指明了商人的存在。西周官制，"地官司徒"下设有各种管理商贾和市场的职事官，如"司市"总揽市场管理之责，"掌市之治、教、政、刑，量度、禁令，以次叙分地而经市，以陈肆辨物而平市，以政令禁物靡而均市，以商贾阜财而行布，以量度成贾而征㠯"。② 余如"贾师""质人""司㽙""廛人""泉府"，各有专责。因此，稳妥一点而言，中国至少在西周已产生了最早的商人和商业资本。

礼崩乐坏的春秋战国时期，旧的统治秩序陷于混乱，消费欲求的增加、土地自由买卖的广泛出现，促进商品的流通进一步扩大，商业迅猛发展。一个新兴的商人阶层因缘际会，应运而生，"设智巧，仰机利"活跃于各诸侯国之间。史载：

> 周人之失，巧伪趋利，贵财贱义，高富下贫，喜为商贾，不好仕宦。③

> 北海则有走马吠犬焉，然而中国得而畜使之；南海则有羽

---

① 《周礼·地官司徒下》。
② 《周礼·地官司徒下》。
③ 《汉书·地理志》。

翮、齿革、曾青、丹干焉，然而中国得而财之；东海则有紫、
绤、鱼、盐焉，然而中国得而衣食之；西海则有皮革、文旄焉，
然而中国得而用之。①

这的确是一个"伊壁鸠鲁的神"大显身手的时代。在此期间，富
商大贾或买贱鬻贵，或居肆列货，大发其财，有的大商人甚至"比一
都之君"，"与王者同乐"。

范蠡是家喻户晓的"卧薪尝胆"故事中的主角之一，他曾辅佐在
会稽战败的越王勾践，"十年生聚""十年教训"，忍辱负重，治理越
国，20 年后兴兵灭吴。帮助越王复仇之后，他知趣地功成身退，逃离
越国，辗转来到北方的陶国，"逐什一之利"。结果在 19 年之中三致
千金，成为巨万富翁，号"陶朱公"。后来"陶朱公"三字变成有钱
人的代名词，范蠡则被后世商家尊为经营之神，传说，"长袖善舞，
多钱善贾"的格言即出自范蠡。② 另一位著名商人是周国的白圭。他
精于贾道，眼光敏锐，善于捕捉商机，"人弃我取，人取我予"，"趋
时若猛兽鸷鸟之发"。他提出经商要像伊尹、吕尚那样运用谋略，要
像孙武、吴起用兵，商鞅行法那样敢于决断。如果"智不足与权变，
勇不足以决断，仁不能以取予，强不能有所守"，是无法取得经营成
功的。《史记》中评价白圭，"盖天下言治生，祖白圭"。"故其经商
之术，又出子贡、范蠡上也。"③ 其他名噪一时的商人，尚有孔子的门
徒子贡（名赐，卫国人），"子贡结驷连骑，束帛之币以聘享诸侯，所
至，国君无不分庭与之抗礼"。④ 孔子之名反借重这位"不受命"的
富弟子而扬于天下。还有鲁国的穷士猗顿，经营盐生意发家。传说，

---

① 《荀子·王制》。
② 《史记·货殖列传》。
③ 《史记·货殖列传》。
④ 《史记·货殖列传》。

猗顿当初"耕则常饥，桑则常寒"，后来向陶朱公范蠡请教致富之法，得经商精髓，"赀拟王公，驰名天下"。①

同商才辈出的春秋战国时期相比，汉代因实行抑商政策，自由经营空气稍逊，但商业活动依然十分活跃。文帝时晁错曾经描述：

> 商贾大者积贮倍息，小者坐列贩卖，操其奇赢，日游都市，乘上之急，所卖必倍。故其男不耕耘，女不蚕织，衣必文采，食必粱肉。亡农夫之苦，有仟伯之得。因其富厚，交通王侯，力过吏势，以利相倾。千里游敖，冠盖相望，乘坚策肥，履丝曳缟。……今法律贱商人，商人已富贵矣。②

晁错所勾画的志得意满的汉代商人形象，可证之于《史记》对汉初商人活动情况的记载："汉兴，海内为一，开关梁，弛山泽之禁，是以富商大贾周流天下，交易之物莫不通，得其所欲，而徙豪杰诸侯强族于京师。"③

司马迁"天下熙熙，皆为利来；天下攘攘，皆为利往"的名句，可以认为正是针对这种"富商大贾周流天下"的情势有感而发。

逮及至唐宋，中国大一统的传统农业社会历经千余年的发展，已趋于高度成熟。这一时期，虽然有过安史之乱、五代十国割据两次大的破坏，但统一和稳定是历史的主调，加之庶族地主取代士族豪强在政治上处于统治地位，农民对地主的人身依附关系有所松动，社会生产获得进一步发展，工商业空前繁荣。唐代，陆路商品流通十分畅达，"东至宋、汴，西至岐州，夹路列店肆待客，酒馔丰溢。……南诣荆、襄，北至太原、范阳，西至蜀川、凉府，皆有店肆，以供商

---

① 《史记·货殖列传》。
② 《汉书·食货志》。
③ 《史记·货殖列传》。

旅。远适数千里，不持寸刃"。^① 水路商品运转也很灵便，"天下诸津，舟航所聚，旁通巴、汉，前指闽、越。七泽十薮，三江五湖，控引河洛，兼包淮海。弘舸巨舰，千轴万艘，交贸往还，昧旦永日"。^② 宋代商业之繁，又超乎于唐，吴自牧《梦粱录》记临安（杭州）商况：

> 自大街及诸坊巷，大小铺席，连门俱是，即无虚空之屋。……客贩往来，旁午于道，曾无虚日。^③

> 江商海贾，穹桅巨舶，安行于烟涛渺莽之中，四方百货，不趾而集。^④

在唐宋商品经济繁盛的基础上，滥觞于春秋战国时期的商人阶层至此已完全定型，其人数和拥有的巨大财富，也远非上古时代可比。唐代姚合诗云："客行野田间，比屋皆闭户。借问屋中人，尽去作商贾。"^⑤ 在一定程度上反映了当时的社会实况。

从唐宋商人那里，我们已可概见典型形态的中国旧式商人阶层的若干发展特点。

其一，商人阶层的发展缘于城市经济的发展，同时，商业和商人又是促进城市经济繁荣的源头活水。如果说伊壁鸠鲁的神居住在世界的隙缝中，那么，城市则是商人这一特殊的"伊壁鸠鲁的神"栖身的最佳场所。唐宋时期商人阶层的成长同唐、宋两代城市的发展密不可分。在唐代，作为主要经济中心的城市首推两京，即西京

---

① 《通典·食货七》。
② 《旧唐书·崔融传》。
③ 吴自牧：《梦粱录》卷13 "铺席"，商务印书馆，1939，第114页。
④ 吴自牧：《梦粱录》卷18 "恤贫济老"，第172～173页。
⑤ 《全唐诗》卷498。

长安和东京洛阳。长安建筑雄伟，城周长七十余里，分东西二市。东市"街市内货财二百二十行，四面立邸，四方珍奇，皆所积集"。西市"市内店肆，如东市之制"。"但商贾所辏，多归西市。"① 东京洛阳，设丰都、大同二市，内有一百二十行，三千余肆，四百余店，"货贿山积"。②

到宋代，城市由古代型向近代型商业城市过渡，突破了沿袭千年的坊市制度，商店货摊不再按行业分肆列市，"朝聚夕散"，而是任意开设于城内各处，并且出现了明清小说中屡见不鲜的面向大街开设、有招牌和柜台的铺面（时称铺席）。北宋京城汴京（开封），"十字街南去，姜行，高头街北去，从纱行至东华门街，晨晖门，宝箓宫，直至旧酸枣门，最是铺席要闹"。那些出售珍珠、匹帛、香药的大商铺和从事金银、采帛交易之所，均"屋宇雄壮，门面广阔，望之森然，每一交易，动即千万，骇人闻见"。③ "东十字大街，曰从行裹角，茶坊每五更点灯，博易买卖衣服、图画、花环、领抹之类，至晓即散，谓之'鬼市子'。"④ 俨然一幅声情并茂的《清明上河图》。南宋都城临安（杭州）在吴自牧笔下也是一个极尽繁华的大城市。

> 杭州大街，自和宁门杈子外，一直至朝天门外清和坊……自五间楼北至官巷南街，两行多是金银盐钞引交易，铺前列金银器皿及现钱，谓之"看垛钱"……自融和坊北至市南坊，谓之"珠子市"，如遇买卖，动以万数。又有府第富豪之家质库，城内外不下数十处，收解以千万计。⑤

---

① 宋敏求：《长安志》，辛德勇、郎洁点校，三秦出版社，2013，第291页。
② 沈垚：《落帆楼文集》卷13外集7，《续修四库全书》编纂委员会编《续修四库全书》第1525册，上海古籍出版社，2002，第528页。
③ 孟元老：《东京梦华录》卷2"东角楼街巷"，中国商业出版社，1982，第15页。
④ 孟元老：《东京梦华录》卷2"潘楼东街巷"，第15页。
⑤ 吴自牧：《梦粱录》卷13"铺席"，第112~113页。

从以上封建文人栩栩如生的描述中，可以看到唐宋城市中工商业规模之大，分工之细，交易手段之多，在当时世界上可谓绝无仅有。在一个以自然经济为主的传统农业社会中，商品经济和商业资本能得到如此广阔的发展，实有赖于中国古代城市的超前发展。中国旧式商人阶层主要是活跃于工商业中心城市及其附近地区。因此，中国商人阶层的诸多特点是由中国古代城市的性质和特点所决定的。

其二，中国商人阶层很早就有自己独特的行会组织，他们既受同业行会组织一定的约束，又具有相当大的经营自由和竞争空间。

"行"的名称最早指不同的行业，如"三十六行""七十行"等。到唐代，由于同一行业的商人和手工业主经常聚集一起，推选"行头"与官府打交道，应付官府的摊派科索，同时协调行业内部事务，逐渐形成一种较固定的组织形式，即行会。宋代，这类组织有进一步的发展，多数称作"行"，也有称为"团""市""作"的。据傅筑夫先生的考证，宋代的工商行会组织大致有以下特点：（1）各行均有行老或行头，为一行的首领，代表本行进行对外（主要是对官府）交涉和对内协调（主要是议定价格等）。（2）各行均有固定的交易地点，各行头多以茶馆为谈判接洽的地点。（3）各行有其传统的活动及经营方式，历久相沿，成为惯例。（4）各行有专供的神祇，有自己的宗教活动。同西方中世纪的基尔特（行会）组织不同，中国早期工商行会组织的主要功能不是限制同行竞争、保护会员均等的经济地位，而是应付官府的差派、科索。因此，同行之间竞争激烈，各行大户往往得以垄断市场，操纵物价。[①]

其三，由于古代中国不存在西方中世纪那种与乡村对立的自治城市，城市与城市、城市与乡村之间是相互沟通的，城市对外来商人完

[①] 参见《中国工商业者的"行"及其特点》，载傅筑夫《中国经济史论丛》（下），生活·读书·新知三联书店，1980，第387页。

全开放，因此，中国城市商人通常是五方杂处，籍贯复杂。如宋代临安（杭州）："杭城富室，多是外郡寄寓人居……其寄寓人多为江商海贾。"① 而广州、扬州、泉州等城市中还经常寄居着大批"胡贾"（外商）。这使中国商人常依籍贯和行业结成商帮，即所谓"结党联群"，并为后来明清城市中商业会馆的兴起提供了历史前提。

其四，同行商人之间竞争激烈，结果是"能者辐凑，不肖者瓦解"，中国商人阶层很早就有了内部等级分化，贫富悬殊，商业资本往往集中于少数富商豪贾之手。与多数小工商业者惨淡经营、潦倒折阅形成鲜明对照的，则是少数富商大贾的豪奢无比。唐高宗时的富商邹凤炽"其家巨富，金宝不可胜计"。② 唐玄宗曾问长安富商王元宝有多少家财，答曰："请以一缣系陛下南山树，南山树尽，臣缣未穷。"③ 余如王布、任令方、张高等人，无不藏镪千万，富比侯王。北宋初年间，"京城资产，百万者至多，十万而上，比比皆是"。④ 王安石曾慨叹：大农（地主）、富工和豪贾之家，往往能"广其宫室，高其楼观，以与通邑大都有力者争无穷之侈"。⑤

其五，中国古代城市的特点是经济中心、军事中心和政治中心合一，政治中心这一点尤为突出。城市是庞大官僚机器的所在地，衙门林立，官多如毛。因此，商人不仅同官府发生经济联系，而且有着十分密切的政治联系，他们热衷于结纳权贵，奔走侯门，为自己的牟利活动编织一张权力和关系之网。如唐代巨商王元宝、杨崇义、郭万金等"各以延纳四方多士，竞于供送，在朝名僚，往往出于门下"。当时各地仕客来到长安，也是"先问十常侍，次求百公卿"。缺乏自治

---

① 吴自牧：《梦粱录》卷18"恤贫济老"，第172～173页。
② 《太平广记》卷495《邹凤炽》引《西京记》。
③ 冯贽：《云仙杂记》卷9"缣系南山树"，中华书局，1985，第65页。
④ 《续资治通鉴长编》卷85。
⑤ 王安石：《王临川先生文集》卷83《杭州通判厅见山阁记》，中华书局，1959，第873页。

权和独立性，严重依附于封建国家机器乃是中国旧式商人的一个最突出的特征。此外，就总体而论，中国封建社会以重农抑商为主，但在各朝立国初期以及较为开明的君主统治时期往往又实行"恤商"之政。这样，中国旧式商人阶层的升降沉浮同国家工商政策的变化关系甚大，他们得意时可以富比国君，交通王侯，但失意时也可能折阅潦倒，贱如皂隶。总之，官商关系的演变是决定中国商人阶层历史命运的一大关键。此点容后申论。

二 "四民社会"秩序

对古代商人阶层的社会价值评价，必须置于"四民社会"的结构框架中来进行。中国传统社会，基本上可以认为是由士、农、工、商等级秩序所构成的"四民社会"。

通常认为，士、农、工、商"四民"之说，始于《管子》。《管子·小匡》中说："士农工商四民者，国之石民也"，并主张"四民分居定业"。《管子》一书托名管仲①所作，但据有关史家的考证，实际上非一人一时之作。其中早者可能成书于战国中期，反映了春秋战国之际的历史情况；晚者可能成书于西汉文景时代，反映了西汉初年的历史。

从历史演变看，士、农、工、商"四民"之区分，开始主要是一种职业区分，分别代表了春秋战国时期士、农、工、商四个社会集团。《管子》中曾设想"四民"职业世袭，按职业划分地区"定四民之居"，但当时似乎并无实现的可能。"四民"中农、工、商分别为社会经济的三大门类，职业范围是非常清楚的。只有士的职业在当时十分复杂，但有一点是共同的，即士皆以"仕"（任官）为其基本职业

---

① 管仲（？～前645年），春秋时期齐国著名政治家，曾辅佐齐桓公称霸。《管子》一书在很大程度上反映了管仲的经济思想，当属可信。

选择。成书较晚的《春秋穀梁传》成公元年条谓："古者有四民：有士民、有商民、有农民、有工民。"这里的士、商、农、工仍然是一种职业集团区分，同汉代初年士、农、工、商的"四民社会"等级秩序有别。但值得注意的是，这里出现了"士民"这样一个新名词，"把士的社会身份正式地确定在'民'的范畴之内，这是春秋晚期以来社会变动的结果"。①"士民"一词在战国时期已常见于文献。《荀子·致士》云："国家者，士民之居也。……国家失政则士民去之。"

　　春秋晚期虽然已有"四民"的区分，但"四民"中的商与工并未受到特别的贱视，反之，各派学说毋宁带有一缕古典重商主义的色彩。儒学亚圣孟子曾主张"劳心者治人，劳力者治于人；治于人者食人，治人者食于人"②，为几千年来"劳心者"统治"劳力者"的制度提供了基本理论依据。孟子又讲，"仁义而已矣，何必曰利"③，以后成为正统的儒家"义利观"，对中国历史进程影响甚大。但孟子这里所讲的，无非关乎"天下之通义"的社会价值观，并没有特别轻视工商的意思。在另一处地方，孟子也讲过："市，廛而不征，法而不廛，则天下之商皆悦而愿藏于其市矣。关，讥而不征，则天下之旅皆悦而愿出于其路矣。"④"市，廛而不征"，"关，讥而不征"，显然在于鼓励商业流通。在《滕文公下》中，孟子与戴盈之有一段关于减免商税的精彩对白，如下：

　　　　戴盈之曰："什一，去关市之征，今兹未能。请轻之，以待来年，然后已，何如？"

　　　　孟子曰："今有人日攘其邻之鸡者，或告之曰：'是非君子之

① 余英时：《士与中国文化》，第20页。
② 《孟子·滕文公上》。
③ 《孟子·梁惠王上》。
④ 《孟子·公孙丑上》。

道。'曰：'请损之，月攘一鸡，以待来年，然后已。'如知其非义，斯速已矣，何待来年？"

孟子以偷鸡的不正派行为喻重征商税，认为既已知道这种行为不合理，就该立即停止，而不应像戴盈之设想的那样等到明年再来改正。否则，就像把偷鸡行为从每天偷一只改为每月偷一只那样可笑。

一般又以《管子》为倡导重本抑末的始作俑者，因《管子》中主张"好本事"，禁"末产"。[①] 但其实《管子》所说的末产，仅仅是指影响农业生产的奢侈品的生产和流通，并不包括一般的工商业在内，"今工以巧矣，而民不足于备用者，其悦在玩好；农以劳矣，而天下饥者，其悦在珍怪；女以巧矣，而天下寒者，其悦在文绣"。[②]《管子》中充分肯定了工商业"以其所有，易其所无"的流通作用，主张对工商业不是抑而是惠，"发伏利，输滞积，修道途，便关市，慎将宿"，"关，几而不征；市，廛而不税"。[③] 管仲相齐期间，因实行恤商政策而使齐国的工商业非常繁盛，由此奠定了齐国霸业的基础。

战国时期，土地分封制急剧向土地私有制过渡，重本抑末、重农抑商的思想主张开始占据主导地位。商鞅从维护地主阶级利益出发，首先把本末概念置于农工商关系中，提出"事本而禁末"的主张。商鞅认为农为立国之本，治国之要在于"令民归心于农"，"民喜农而乐战"，然后才能富国而强兵。而要使农富，就得"禁"（限制）工商末业，使"商贾技巧之人无繁"。[④]

作为战国末年杰出的思想家，荀况一方面肯定工商业在经济发展

① 《管子·权修》。
② 《管子·五辅》。
③ 《管子·五辅》。
④ 《商君书·农战》。

中的作用，认为"商贾敦悫无诈，则商旅安，货财通，而国求给矣。百工忠信而不楛，则器用巧便而财不匮矣"。① 但另一方面又认为农业是财富的最基本的来源，"工商众则国贫"，因此应"省工贾，众农夫"②，"轻田野之税，平关市之征，省商贾之数，罕兴力役，无夺农时，如是则国富矣"。③ 韩国的韩非虽是荀况的学生，但集先秦法家思想之大成，将重本抑末、重农抑商论推向极端，明确地把工商列入末作，主张予以有力抑制，"夫明王治国之政，使其商工游食之民少而名卑，以寡趣本务而趋末作"。④ 韩非甚至将工商业者比作"五蠹"之一，主张应像对待蛀虫那样予以清除。

然而，值得特别注意的是，在先秦诸子各种抑末、抑工商的言论主张中，并未格外强调"四民"中"士"的重要性和优越性，反而不时把"士"与工商阶层相提并论，统统列入"末"的范围。在他们眼中，"农"的社会地位甚至应凌驾于"士"之上。如商鞅所要禁的"末"，包括："谈说之士，资在于口；处士，资在于意；勇士，资在于气；技艺之士，资在于手；商贾之士，资在于身"，这"五民加于国用，则田荒而兵弱"，"故汤武禁之"。⑤ 又说："末事不禁，则技巧之人利，而游食者众"，所谓游食者，即"化而好辩，乐学，事商贾，为技艺，避农战"之民。⑥ 这里士人的社会地位与商贾无异，同属"游食"之民，而且，商贾亦可称为士，即"商贾之士"。荀况也并不鄙视商人和手工业者，认为商人和手工业者有君子所不及的特长，"通财货，相美恶，辨贵贱，君子不如贾人；设规矩，陈绳墨，

---

① 《荀子·王霸》。
② 《荀子·君道》。
③ 《荀子·富国》。
④ 《韩非子·五蠹》。
⑤ 《商君书·算地》。
⑥ 《商君书·农战》。

便备用，君子不如工人"。① 同时，他认为士大夫同工贾一样，不能直接创造社会财富，因此宜少不宜多，"士大夫众则国贫，工商众则国贫，无制数度量则国贫"。② 韩非所讲的五种社会蛀虫（五蠹）中，除"商工之民"外，尚包括专讲仁义的学士、讲演纵横术的游说家、带剑的侠士、侍从的近臣③，一言以蔽之，即士阶层。

由此可见，春秋战国时期虽已有了"四民"的社会分工，但并不存在后来的"四民"等级社会秩序。从先秦诸子文献中所反映的历史实际情形看，当时最活跃的社会阶层可能是士与商，这从上引《春秋穀梁传》成公元年条士民、商民、农民、工民的排列顺序中可以找到旁证。然而，彼时之士民似尚未获得后世所享有的社会特权，彼时之商民亦尚未被打入"四民"之末，受到社会的鄙视。在先秦重农学派眼中，士与商皆属末流，都应予以抑制，但真正实行重本抑末、重农抑商政策的，仅商鞅辅佐的秦国一家。因此，就整个社会而言，春秋战国时期的"四民社会"与后世的"四民社会"秩序有着本质的差别。

等级秩序意义的"四民社会"当始于西汉前期。西汉初期，尤其文、景时代的政治有两大特点：一是崇士，尊士为"四民之首"，极尽拉拢、利用之能事，如前文所述。二是承袭秦制，全面实行抑商政策，开两千年贱商、抑商之先河。

首先，在法律和社会地位上，商人已开始遭受明显的歧视。秦汉时期，政府将在城市中从事工商业者一律载入另册，称"市籍"，一旦商人入了市籍，株连三代，视同罪犯。秦代"谪戍"（征戍卒），"先发吏有谪及赘婿、贾人，后以尝有市籍者，又后以大父母、父母尝有市籍者，后入闾，取其左"。④ 汉武帝时也有类似法令，天汉四年

① 《荀子·儒效》。
② 《荀子·富国》。
③ 《韩非子·五蠹》。
④ 《汉书·晁错传》。

（公元前 97 年）"发天下七科谪及勇敢士，遣贰师将军李广利将六万骑，步兵七万人，出朔方"。[①] "七科谪"依次为：罪吏、亡人、赘婿、贾人、有市籍者、父母有市籍者、大父母有市籍者。工商业者竟占四类。

汉代有关贬斥商人、抑制商贾的诏书、律令不绝于史。汉高祖八年（公元前 199 年），"（令）贾人毋得衣锦、绣、绮、縠、絺、纻、罽，操兵（器），乘骑马"。[②] 汉武帝时，又规定："贾人有市籍者，及其家属，皆无得籍名田，以便农。敢犯令，没入田僮。"[③] 不能穿绫罗绸缎的衣服，不能出仕做官，不能带自己的武器，不能乘车骑马，不能享有田宅权，同春秋战国年间"金玉其车，文错其服，聘享诸侯"的富商大贾相比，汉代商人的社会地位跌落，真不可以道里计！

除在法律和社会地位上贬抑商人外，汉代还在经济上实行一系列打击商人的政策。首先实行对商贾"重税以困辱之"的商税政策。汉高祖四年（公元前 203 年）规定，成年男女每人每年纳赋一算，称"算赋"，计一百二十钱，商人及妇婢加倍。汉武帝元狩四年（公元前 119 年），初定"算缗钱"，对工商业、高利贷业、运输业开征营业税。元鼎三年（公元前 114 年）正式公布"告缗令"，规定商人、手工业者、高利贷者、囤积货物者，不论有无市籍，都得按其货物估值申报纳税，每二千钱纳一算，加重加倍征收商税。[④] 实行"告缗令"的结果，使"商贾中家以上大率破（产）"。此外，还大力推行桑弘羊等人倡导的"禁榷"（盐铁官营）、均输平准等经济措施，既打击了"因其富厚，交通王侯，力过吏势"[⑤] 的富商大贾，也祸及一般中

---

① 《汉书·武帝纪》。
② 《汉书·高帝纪下》。
③ 《史记·平准书》。
④ 《史记·平准书》。
⑤ 《汉书·食货志》。

小商民，造成"商者少，物贵"，"民偷甘食好衣，不事畜藏之产业"① 的社会恶果。

如果说春秋战国时期社会舆论多肯定和赞美商人，那么在汉代雷厉风行的抑商政策下，社会舆论开始转而谴责商人，多强调商人欺骗、奸诈的一面。张衡《西京赋》中描写商人的营业方法是："尔乃商贾百族，裨贩夫妇，鬻良杂苦，蚩眩边鄙，何必昏于作劳，邪赢优而足恃。"注云："先见良物，价定而杂与恶物，以欺惑下土之人。……欺伪之利，自饶足恃也。"因博取"邪赢""奸利"，"奸商"的帽子一戴就是两千余年。从此，商人的社会角色评价开始为正统儒家观念所不容，抑末转变为主要抑商，贵义贱利被诠释为"防塞利门"，"排困市井"。② 士已从"末"中被排除掉了。

汉代全面贱商、抑商不是偶然的。秦汉时期，中国大一统封建社会秩序正式确立，而商人所由产生和代表的社会经济因素和价值观念均与这种大一统的封建等级社会秩序全面冲突。大一统封建社会的经济根基是分散的小农经济，农为立国之本，每个人的社会位置是根据他同土地的关系来决定的。而商业的本性在于流通，商人是真正脱离土地束缚的阶层，商人的活动和影响，必将与农民争利，迫使农民脱离土地，从而导致国家财政收入和兵源的锐减。正如汉代文学、贤良们所认为："国有沃野之饶而民不足于食者，工商盛而本业荒也。""故商所以通郁滞，工所以备器械，非治国之本务也。"③ 其次，大一统封建社会中，政治上以官为本位，社会地位的高低和财富的多寡，主要按照权力的大小来决定，而商业社会的逻辑则是要以人们的经济活动能力为依据进行社会财富的分配，进而按照社会财富的占有来确定人们的社会地位。所以，商业社会的逻辑和价值观同大一统官本位

① 《史记·平准书》。
② 《盐铁论·本议》。
③ 《盐铁论·本议》。

社会秩序是相抵触的。封建士大夫之排斥工商，维持既定社会秩序，乃是十分自然的。

汉以后，各朝代抑商的具体办法和程度有所不同，在需要的时候，也可能实行某些临时性的恤商政策（如唐初），但是重农抑商、崇士贬商的基本精神却无根本改变，抑商贱商的诏令、奏章、条规屡见于各朝历史文献。

东汉和帝永元十一年（公元99年）诏曰："商贾小民，或忘法禁，奇巧靡货，流积公行。其在位犯者，当先举正。"①

西晋王朝抑商更是变本加厉，立国之初即"申戒郡国计吏守相令长，务尽地利，禁游食商贩"②，并在服饰方面作出许多侮辱工商的规定，"佥卖者，皆当着巾，白帖额，题所佥卖者及姓名，一足着白履，一足着黑履"。③ 又规定："百工不得服大绛、紫襈、假髻、真珠、珰珥、文犀、玳瑁、越叠，以饰路张，乘犊车。"④ 如此种种人身侮辱办法，可谓挖空心思。

南北朝时，南北方统治者均坚持抑商。梁武帝时，郭祖深上书奏称："广兴屯田，贱金贵粟，勤农桑者擢以阶级，惰耕织者告以明刑。"⑤ 北方王朝中，苻坚曾诏令："非命士以上，不得乘车马于都城百里之内。金银锦绣，工商、皂隶、妇女不得服之，犯者弃市。"⑥

明代和清初，封建统治者仍在实行重农抑商、崇士贱商的传统政策。明朝规定，只许农民家庭穿䌷、纱、绢、布，商贾家庭则只许穿绢、布。如农民家庭中有一人为商贾，全家亦不得穿䌷、纱。⑦ 清雍

---

① 《后汉书·和帝纪》。
② 《晋书·武帝纪》。
③ 《太平御览》卷828。
④ 《太平御览》卷775。
⑤ 《南史·郭祖深传》。
⑥ 《晋书·苻坚载记》。
⑦ 《明会典·士庶中服》。

正五年（1727）上谕说：

> 朕观四民之业，士之外，农为最贵。凡士工商贾，皆赖食于农。以故农为天下之本务，而工贾皆其末也。[1]

所以，正是在西汉，"古代'封建'秩序崩坏之后，经过春秋、战国的转化阶段，一个'四民社会'的新秩序逐渐在大一统政府之下建立起来了。典型的游士、游侠的时代一去不复返了"。[2] 中国古代典型形态的"四民社会"仍然是一个尊卑秩序有定的等级社会，相对于天子、贵族和在职官僚，士、农、工、商同属于平民的范畴，但社会地位却有天壤之别，其基本特征是："尊儒尚学，贵农贱商。"[3] "四民"序列中，"士"的社会角色评价值最高，为"四民之首"，享有种种法律和社会特权，成为历代统治者维护和巩固大一统专制王朝的社会中坚力量。"农"虽然也属下层社会，但系大一统传统封建社会的经济基石，其社会角色评价值又高于工商。"工"与"商"则居于次要地位，其中又以"商"的社会评价值最为低贱。"商"事实上并没有取得自由民的平等地位，所以，尽管他们的实际经济地位和物质生活远较一般农民优越，甚至连士也不及，但他们的社会和政治地位却一直很低，不仅在伦理道德上遭受贬斥，而且在法律、政治和社会生活中都遭受歧视。历代王朝的统治者都试图使这种"四民"等级秩序固定化、长久化，以维护其大一统专制统治的长治久安，所谓："国有四民，各修其业。不由四民之业者，谓之奸民。奸民不生，王道乃成。"[4] 至此，"四民"已不再仅仅是春秋战国时期的职业集团区

---

① 《清朝文献通考》第1册，商务印书馆，1936，第5219页。
② 余英时：《士与中国文化》，第80页。
③ 《晋书·傅玄传》。
④ 《汉纪》卷10。

分，而是有了等级区分的内涵，成为一种东方农本社会的典型模式。传统"四民社会"秩序在汉代确立后，下迄清初，两千余年一脉相承，构成大一统封建社会的基本组织形态。

当然，在长达两千余年的历史中，"四民"等级秩序并非完全一成不变，商人的实际境遇也时有好坏，不可一概而论。一方面，商业毕竟是国民经济中一个不可或缺的部类。随着封建经济的发展，社会分工日益发达，商品经济及与之紧密相连的商业阶层必然会逐步向前发展，这是不可阻挡的社会发展趋势。一些头脑清醒的封建士大夫也意识到这一点，所以提倡对商业抑而不禁，对商人存而贱之。魏晋时期的傅玄就说过："夫商贾者，所以伸盈虚而获天地之利；通有无而壹四海之财。其人可甚贱，而其业不可废。"[1] 在当时的时代氛围和认识水平上，这已是相当通达的见解。另一方面，商人所具有的伊壁鸠鲁之神的本领，又使他们能在封建统治者的政治、法律、道德等重重压力下，夹缝中求生存，发展出自己的一块小天地。俗语云：天网恢恢，疏而不漏。编织得再密集的网络，也有疏空之处，更何况在各级官僚拼命聚敛财富的情况下，作为财富化身的商人必可交通官宦，使各种贱商、抑商条令在很大程度上成为一纸空文。事实也是如此，汉时禁止商人穿锦绣绮罗，但贾谊上疏中说，富家大贾至以纨縠髹绣为墙衣，虽僮婢亦绣衣丝履。[2] 唐制不许工商骑马，但当时商人不但乘马，并且雕鞍银镫，装饰焕然，让小童骑马相伴。[3]宋代苏洵曾言：

> 先王患贱之凌贵而下之僭上也，故冠服器皿皆以爵列为等差，长短大小，莫不有制。今也工商之家抴纨锦，服珠玉，一人

---

[1] 《群书治要·傅子》。
[2] 《汉书·贾谊传》。
[3] 《唐会要》卷31《杂录》。

之身循其首以至足，而犯法者什九。①

苏洵称这种状况"举天下皆知之而未尝怪者"，可见许多法律上的明文规定，在实际生活中又常被破坏。历代王朝一再颁行各种重农抑商、崇士贱商的诏令、文告，正从反面说明士庶界限、"四民"秩序常遭破坏，屡禁不止。到明末清初，伴随中国社会内部正在酝酿的新的社会异动，"四民社会"秩序更趋于名实不副、岌岌可危的境地。

第三节 绅、商合流的萌发

一 明清之际中国社会的异动

自明代中叶以来，中国传统农业社会开始酝酿着重大的变化。在经济上，明显的社会变化集中体现为工商业的空前繁荣。农产品的商品化进一步增强，手工业与商业进一步结合，商品经济的发展远远超过以往的时代。

有关明清之际工商业的繁盛情况，前人论述已多②，本书不拟申论，仅拟作一概略性交代。根据吴承明等人的研究，明清之际工商业的发展呈现出如下态势。

首先是商路的进一步拓展。由大运河所沟通的南北货运的流畅，是明代市场扩大的标志之一。明永乐九年（1411）重开会通河，使运河畅行无阻，河漕（利用黄河一段）以下，船运尤繁，"自杭走汴，水陆二千里，如游乡井，如入堂奥，如息卧内"。③ 明后期长江中下游

---

① 苏洵：《嘉祐集笺注》，曾枣庄、金成礼校注，上海古籍出版社，1993，第 116 页。
② 参见傅衣凌《明清时代商人及商业资本》（人民出版社，1956）和许涤新、吴承明主编《中国资本主义发展史（第 1 卷）：中国资本主义的萌芽》（人民出版社，2003）等著作。
③ 孙作：《沧螺集》卷 2 "送淮南省掾梅择之序"，载《四库全书》第 1229 册，上海古籍出版社，1987，第 490 页。

贸易也有进一步发展，沙市、九江、芜湖、宁波等成为新兴商业城市。明人描述当时的长距离商品贩运情况为："燕、赵、秦、晋、齐、梁、江、淮之货，日夜商贩而南；蛮海、闽广、豫章、楚、瓯越、新安之货，日夜商贩而北。"① 到清代，长江中上游商运发展的结果，出现了号称"九省通衢"的汉口这样的商业大镇，人口达十万（乾隆时）。清代鸦片战争以前，我国内河航程在五万千米以上，沿海航线约一万千米。②

其次是粮食、棉花、丝和丝织品等几种主要商品流通量的扩大。明后期，较长距离的粮食运销，估计约一千万石，约值银八百五十万两。明代棉纺织业，主要集中在松江、嘉定、常熟三地，又以松江产量最大。明代作为商品流通的丝主要是浙江湖丝，其次是四川保宁府的阆丝。清代前期，上述商品流通又有进一步扩大。据吴承明先生的估计，鸦片战争前商品流通额中，粮食居第一位，约为 245 亿斤，占 42%；棉布居第二位，约为 255.5 万担，占 24%，以下依次为盐、茶、丝织品等。③

最能体现明清时期工商业繁盛程度的是若干工商业都市的兴起。明代有大工商业都市 30 余处，除南京、北京外，尚有苏州、杭州、福州、广州、武汉、南昌、成都、重庆、开封、济南、临清等。明代工商业都市，又大部分集中在东南沿海一带，江、浙两省差不多就占了全国大都市的三分之一。其中苏州、杭州两地，繁盛甚至超过南北两京。所谓"上有天堂，下有苏杭"的俗语在明清时期非常流行。史籍中记载明代苏州商业繁荣情形："列巷通衢，华区锦肆，坊市栉列，桥梁栉比。"④ "货物店肆，充溢金闾，贸易镪至辐辏。然依市门者称

---

① 张海鹏、王廷元主编《明清徽商资料选编》，黄山书社，1985，第 5 页。
② 吴承明：《中国资本主义与国内市场》，中国社会科学出版社，1985，第 249 页。
③ 参阅吴承明《中国资本主义与国内市场》，第 251 页表。
④ 同治《苏州府志》卷 2。

贷鬻财,多负了母钱,远方贾人挟资以谋厚利。"① 明万历年间的杭州"内外衢巷绵亘数十里……民萌繁庶,物产浩穰"。② "米资于北,薪资于南,其地实啬而文侈,然而桑麻遍野,茧丝绵苎之所出,四方咸取给焉。"③ 到清代,东南工商业都市已开始孕育出资本主义的萌芽。最为典型的要数苏州丝织业。乾隆年间,苏州"东城之民,多习机业,机户名隶官籍。佣工之人,计日受值,各有常主。其无常主者,黎明立桥以待唤。缎工立花桥,纱工立广化寺桥,又有以车纺丝者曰车匠立濂溪坊,什百为群,粥后始散"。④ 从这条记载可见,当时苏州已经产生了早期的雇佣劳动和劳动力市场,并且在雇佣劳动者中已有初步的专业性分工。

在繁荣的都市中,随着工商业的发展,一个新兴的市民阶层逐渐形成。这一市民阶层主要包括"四民"中居城的绅士、地主、商人、高利贷者、手工业主(作坊和工场的主人),也包括各种自由职业者,如搬运夫、车夫、船夫等,还有属于城市贫民的失业流浪者、职业流氓、乞丐等。这些五花八门的市井人物与严格意义西欧封建时代的城市市民不完全相同,已具有中国近代市民阶层的某些特征,同工商业的关系非常密切。明清时期市民阶层的兴起,使"四民社会"中贵贱有别的等级秩序变得多少有些混乱起来。

意识是存在的反映。明清时期中国社会内部的经济和社会变动折射到思想意识领域,即表现为宋代以来占统治地位的程朱理学的式微,一股与正统儒家观念背道而驰的启蒙思潮油然勃兴。这一思潮最初体现为王阳明以"致良知"为纲领性口号的"心学",尤其是王学的激进派如王畿等人的学说。到晚明,又由充满儒学异端色彩的李贽

---

① 《古今图书集成》卷 676《职方典》。
② 万历《杭州府志》卷 34。
③ 张瀚:《松窗梦语》卷 4《商贾纪》,盛冬铃点校,中华书局,1985,第 83 页。
④ 乾隆《元和县志》卷 10。

推向最高潮。其基本内容就是突出人的伦理主体性、个体的历史责任感和自我意识感，要求承认个体的尊严，尊重人的情感，肯定人的自然欲望，反对程朱正统派"存天理，灭人欲"，禁锢人性的理学。

在这股升腾的启蒙思潮中，最能紧扣时代脉搏，直接反映新兴工商业者利益的，是言私、言利的"治生"论和与之密切相关的"新四民论"。

"治生"一词源出于汉代司马迁《史记·货殖列传》，泛指谋生，有时指经商营工。明代"治生"问题已成为士大夫阶层普遍关注的问题。王阳明讲学时，其弟子即屡次提出儒者治生问题。

> 直问："许鲁斋言学者以治生为首务。先生以为误人，何也？岂士之贫，可坐守不经营耶？"先生曰："但言学者治生上，尽有工夫则可。若以治生为首务，使学者汲汲营利，断不可也。且天下首务，孰有急于讲学耶？虽治生亦是讲学中事，但不可以之为首务，徒启营利之心。果能于此处调停得心体无累，虽终日作买卖，不害其为圣为贤。"①

这里，王阳明较前所给答案"许鲁斋谓儒者以治生为先之说亦误人"② 退了一步，承认若调停得当，虽整天做生意，也可以不妨碍为圣为贤，但仍不赞成"以治生为首务"。显然，若回到孟子的命题，以熊掌喻义，以鱼喻利，王阳明最终还是认同于舍鱼（利）而取熊掌（义）的传统。

但王阳明哲学到其继承人李贽那里，却发生了重大变化。如果说王还是羞羞答答地颔首默许学者"治生"，李贽则大张旗鼓地反对一

---

① 王守仁：《王阳明全集》（下），吴光、钱明、董平、姚延福编校，上海古籍出版社，2015，第964页。

② 王守仁：《王阳明全集》（上），第17页。

切虚伪和矫饰，完全不讳言"私"与"利"。"夫私者，人之心也。"①
"虽圣人不能无势利之心。"② "若不谋利，不正可矣……若不计功，
道又何时而可明也？"③ 与宋儒倡导的"正其谊不谋其利，明其道不
计其功"大唱反调！

李贽以后，尤其到清儒那里，"治生"论在士人当中已有"靡然
向之"之势了。1656 年，陈确著《学者以治生为本论》一文，比较
全面地讨论了学者"治生"问题。

> 学问之道，无他奇异，有国者守其国，有家者守其家，士守
> 其身，如是而已。所谓身，非一身也。凡父母兄弟妻子之事，皆
> 身以内事，仰事俯育，决不可责之他人，则勤俭治生洵是学人本
> 事。……确尝以读书治生为对，谓二者真学人之本事，而治生尤
> 切于读书。……故不能读书、不能治生者，必不可谓之学；而但
> 能读书、但能治生者，亦必不可谓之学。唯真志于学者，则必能
> 读书，必能治生。天下岂有白丁圣贤、败子圣贤哉！岂有学为圣
> 贤之人而父母妻子之弗能养，而待养于人者哉！鲁斋此言，专为
> 学者而发，故知其言之无弊，而体其言者或不能无弊耳。④

在陈确看来，儒生应具备两方面的本事：一是"治生"，二是
"读书"，而"治生"比"读书"更为重要和迫切，因为"治生"才
能解决学者的生计问题，为个人道德的修养和学问的长进提供必不可
少的物质基础。连父母妻子都不能养活的"败子圣贤"同"白丁圣
贤"一样既可怜又无用。陈确的见解一反"唯有读书高"的传统儒家

---

① 李贽：《藏书》第 10 册，中华书局，1974，第 1827 页。
② 张建业主编《李贽文集》第 7 卷，社会科学文献出版社，2000，第 358 页。
③ 李贽：《藏书》第 10 册，第 1828 页。
④ 《学者以治生为本论》，陈确：《陈确集》（上），中华书局，1979，第 158 页。

伦理，明确强调心性修养的经济保障，多少反映了明清之际儒家伦理的一个新变化。陈确能突破宋明理学的局限，为儒家注入物质追求的新内容，同他肯定个体之"私""欲"不无关系。在这方面他又与李贽一脉相承。陈确坚决反对将"天理"和"人欲"绝对对立起来，而主张二者的渗透和转化，他说：

> 饮食男女皆义理所从出，功名富贵即道德之攸归……确尝谓人心本无天理，天理从人欲中见，人欲恰好处，即天理也。……欲即是人心生意，百善皆从此生，止有过不及之分，更无有无之分。①

"人欲恰好处，即天理"，功名富贵是道德修养的结果，这就为儒者名正言顺地从事"治生"（介入商业经营）提供了哲学理论依据。

清儒中另一个将"治生"问题讲得很透的是稍晚出的沈垚（1798～1840）。沈垚为浙江湖州府乌程县人，府学廪生，道光甲午年优贡生，虽善读书，但郁郁不得志，42岁即早亡。与他自己一介寒士的生活经历有关，他在其《落帆楼文集》中曾数度谈到士人的"治生"问题。

> 今之公卿率庸猥鄙啬，概置天下大小事不问，惟孳孳焉庇私人殖货利是务。士之能读书者，居则无所得食，转死沟壑，出而幸见赏公卿，亦不过颐指使之，犬马畜之，而旋以千秋之报责之，故居者出者皆无以自立。②

> 宋儒先生口不言利，而许鲁斋乃有治生之论。盖宋时可不言

---

① 《无欲作圣辨》，陈确：《陈确集》（下），第461页。
② 沈垚：《落帆楼文集》卷7外集1"记小皮受挞"，《续修四库全书》编纂委员会编《续修四库全书》第1525册，上海古籍出版社，2002，第453页。

治生，元时不可不言治生，论不同而意同。所谓治生者，人己皆给之谓，非瘠人肥己之谓也。明人读书却不多费钱，今人读书断不能不多费钱。①

若鲁斋治生之言则实儒者之急务，能躬耕则躬耕，不能躬耕则择一艺以为食力之计，宋儒复生于今亦无以易斯言。而不为威惕，不为利疚，不欺幽独，不侮鳏寡，能是数语，即不为宋儒之言，已无愧宋儒之行矣。②

沈垚不仅肯定许衡（许鲁斋）关于儒者以"治生"为当务之急的说法，而且指出读书人只有在经济上独立自主，政治上才能不致依附于他人，人格上才能做到"自立"、自尊。相对于宋儒"饿死事小，失节事大"的迂腐见解，沈垚的议论代表着新儒家对国计民生和人的社会存在的经济保障的关注，这是明清启蒙思潮中唯物理性的体现，同时也使儒学从空洞的理念和心性玄谈返回到现实人间。

如果说，"治生论"尚是士大夫群体内部初步的自我觉醒，那么，"新四民论"的出现则涉及农商关系和士商关系演变这一重大社会史主题。

"新四民论"在王阳明"古者四民异业而同道"的说法中已初见端倪，到明末清初黄宗羲提出"工商皆本"论时，则已变得十分普遍和明确。

明清之际的"新四民论"一反传统的重本抑末、崇士贱商的价值观念，根据社会分工协作的需要，将商（有时包括工）业提升到本业

---

① 沈垚：《落帆楼文集》卷 9 外集 3 "与许海樵"，《续修四库全书》第 1525 册，第 472 页。

② 沈垚：《落帆楼文集》卷 9 外集 3 "与许海樵"，《续修四库全书》第 1525 册，第 472 页。

的地位，与农业并重，认为：

> 士农工商，生人之本业。①

> 古圣王之道以工商为专，妄议抑之；夫工因圣王之所欲来，商又使其愿出于途者，盖皆本也。②

> 重本抑末之说固然，然本宜重，末亦不可轻。假今天下有农而无商，尚可以为国乎？③

既然商亦为本，商人在"四民"中的排列顺序就不应当再屈居其末，由农业向商业转化、流通也势在必行。"四民固最次商，此在古代物鲜而用简则然；世日降而民日众，风日开而用日繁，必有无相通，而民用有所资，匪商能坐致乎？"④ 明人何良俊对当时农村人口向城市和工商的迁徙有一个基本估计，他说：

> 余谓正德以前，百姓十一在官，十九在田，盖因四民各有定业，百姓安于农亩，无有他志。……自四五十年来，赋税日增，徭役日重，民命不堪，遂皆迁业。昔日乡官家人亦不甚多。今去农而为乡官家人者，已十倍于前矣。昔日官府之人有限，今去农而蚕食于官府者，五倍于前矣。昔日逐末之人尚少，今去农而改业为工商者，三倍于前矣。……大抵以十分百姓言之，已六七分去农。⑤

---

① 赵南星：《赵忠毅公诗文集》卷 10 "寿仰西雷君七十序"。
② 黄宗羲：《明夷待访录·财计三》，中华书局，1981，第 56 页。
③ 李塨：《平书订》卷 11，中华书局，1985，第 83 页。
④ 光绪《石门县志》卷 6。
⑤ 何良俊：《四友斋丛说》卷 13，中华书局，1959，第 112 页。

虽然何良俊是以十分忧虑的心情描述农村的这种变化，60% ~ 70% 的人离开农村和土地，也难以令人置信，但从一个侧面反映了传统重本抑末政策正在失去其效用，有"土崩瓦解之势"。

而在有的士人看来，商人的实际社会地位，似乎已经超过农民，仅次于士人。如 16 世纪的何心隐说：

> 商贾大于农工，士大于商贾，圣贤大于士。①

这里，"四民"的排列次序已是士、商、农、工，这或许正是当时社会阶级结构现实的反映。到清代，则已有士不如商的说法。如沈垚说：

> 当今钱神为贵，儒术道消，知己之士可以闭户不出矣。②

沈垚的话，可能是一介寒士的牢骚言，但商人社会地位上升，士的社会地位相对下降，士、商界限趋于模糊，却是自明中叶以来社会阶级结构变化的基本趋势。对此，沈垚也为我们勾画出了一个大致轮廓。

> 古者四民分，后世四民不分。古者士之子恒为士，后世商之子方能为士。此宋、元、明以来变迁之大较也。天下之士多出于商，则纤啬之风益甚。然而睦姻任恤之风往往难见于士大夫，而转见于商贾，何也？则以天下之势偏重在商，凡豪杰有智略之人多出焉。其业则商贾也，其人则豪杰也，为豪杰则洞悉天下之物

---

① 何心隐：《何心隐集》卷 3《答作主》，中华书局，1960，第 53 页。
② 沈垚：《落帆楼文集》卷 10 外集 4 "与纪石斋"，《续修四库全书》第 1525 册，第 493 页。

情，故能为人所不为，不忍人所忍。是故为士者转益纤啬，为商者转敦古谊。此又世道风俗之大较也。①

诚如余英时先生所言，沈垚这段文字统宋、元、明、清而言之，失之笼统，但若看成对 16 世纪至 18 世纪中国社会状况的描写，则大致可以成立。这批敏感的封建文人，见微知著，多少已体察到了明清社会异动所导致的社会价值系统的深刻而微妙的内在变化。

那么，上述明清士人的判断在多大程度上能够得到历史事实的佐证呢？这是我们下面要紧接着讨论的问题。

二 "士商相混"——绅与商的早期对流

如上所述，传统"四民"社会中，绅士与商人具有截然不同的社会位置和社会功用。"士志于道"，肩负着治国安天下、传承"道统"的神圣使命。他们拥有知识、特权、名望以及与官方的联系，主要发展社会制度和精神的一面。士的社会地位是崇高的，故为"四民之首"。商人是财富的拥有者，他们通过自己的贸易活动使财富迅速增殖，过着富裕而舒适的生活。尽管商人被贬在"四民"之末，但确也有令人羡慕的一面。优越的社会地位和炙手可热的权势固然是人们孜孜追求的，锦衣玉食的富裕生活其实也同样是人们梦寐以求的。于士人而言，主要碍于传统的伦理观念，不得不在表面上对逐末之人和金钱抱鄙视态度，但暗地里却时时对财富垂涎。这就应和了孟子古老的命题：鱼（财富），我所欲也；熊掌（权势），亦我所欲也。二者不可得兼，舍鱼（财富）而取熊掌（权势）者也。但设若有熊掌（权势）与鱼（财富）可以兼而得之的机会呢，自然二者都不会放过了。

---

① 沈垚：《落帆楼文集》卷 24 别集 "费席山先生七十双寿序"，《续修四库全书》第 1525 册，第 604 页。

这就是历史上绅士和商人两大社会群体总是冲破人为阻隔，陈仓暗度，涓涓对流的根本原因所在。

自两汉迄于明清，官吏和士人或暗或明的经商，可以说是史不绝书。汉武帝曾明令禁止官员经商，但霍光当政之后，霍光之子霍禹即率先违禁经商，"私屠酤"，即私营屠宰业并兼售酒业。① 唐开国之初，曾令"禁五品以上过市"②，以后又规定："食禄之人不得夺下人之利"，若在职官员及其家属经商，须罢黜其职任。③ 然而真实情况却是诸王、公主和官吏置邸店贩鬻者，不乏其人，他们往往唯利是图，坐收倍蓰之息。唐德宗时陈少游"三总大藩，征求货易，且无虚日，敛积财宝，累巨万亿"。④ 宋代官吏和士人经商之风更炽。仁宗时，王安石痛陈："方今制禄，大抵皆薄，自非朝廷侍从之列，食口稍众，未有不兼农商之利而能充其养也。……故今官大者，往往交赂遗、营私产，以负贪污之毁；官小者，贩鬻乞丐，无所不为。"⑤ 不少举子在赴京参试途中，顺带贩卖货物，名利双收。如宋徽宗时，湖州六名举人"入京师赴省试，共买纱一百匹，一仆负之"。⑥

明清之际，伴随中国社会内部酝酿着的新的变动，尤其是随着士人"治生"论的兴起，从江南和东南沿海的殷富地区，到内地的繁华城镇，越来越多的官吏和士人兼营工商，孜孜牟利，远非前朝可比。如明代的新安，归有光说：

多大族，故虽士大夫之家，皆以畜贾游于四方。⑦

---

① 《汉书·赵广汉传》。
② 《新唐书·太宗纪》。
③ 《大唐六典》卷3。
④ 《太平广记》卷239《陈少游》。
⑤ 王安石：《王临川集》卷39。
⑥ 洪迈：《夷坚丁志》卷11。
⑦ 归有光：《震川先生全集》卷13"白庵程翁八十寿序"，商务印书馆，1935，第226页。

又如商业繁华的苏州，黄省曾《吴风录》载：

> 至今吴中缙绅大夫，多以货殖为急，若京师官店，六郭开行债典，兴贩盐酤，其求倍克于齐民。

何良俊《四友斋丛说》记述松江地区士大夫经商情况，云：

> 宪孝两朝以前，士大夫尚未积聚。……至正德间，诸公竞营产谋利，一时如宋大参恺、苏御史恩、蒋主事凯、陶员外骥、吴主事哲，皆积至十余万。[①]

一般无官职的士人经商，则多是出于仕途不达，维持生计（治生）的需要。下举明代数例，即很能说明下层寒士"弃儒治贾"的缘由。

> 黄继宗，晋江人，幼慧，习举业。既长，父殁，家贫，稍治生。[②]

> 杨宗叙，晋江人，幼警敏。以贫辍儒业，为贸迁计，赀稍集。[③]

> 杨乔，安平人，十岁通经史大义。会父及伯兄继殁，仲光遭宿疾，不任治生，乃辍儒之贾。[④]

---

① 何良俊：《四友斋丛说》卷 34，第 313 页。
② 乾隆《泉州府志》卷 59《明笃行》。
③ 乾隆《泉州府志》卷 59《明笃行》。
④ 乾隆《泉州府志》卷 59《明笃行》。

清代情况也如此，如：

> 屠继序，字淇篁，号兔园，鄞人。年十七，补诸生，刻意治
> 进士业。既屡试不获售，则弃去，思以读书自娱。然家贫，不能
> 多读书，则设书肆市中。①

> 徐北溟，邑东南杨树庄人。补县学生。家酷贫，无以自给，
> 乃赴杭州贩书度日。②

明清官吏、士人经商的具体动机可能千差万别，或出于聚敛的本
性，或出于"治生"的需要，或出于仕途的挫折，或出于政治方面的
原因③，但基本动机则一，即受财神的驱动，为着逐利发财。"钱神为
贵"乃为明清时期极其普遍的价值取向。晚明有一首《题钱》的民
歌，云：

> 人为你跋山渡海，人为你觅虎寻豹，人为你把命倾，人为你
> 将身卖。细思量多少伤怀，铜臭明知是祸胎，吃紧处极难布摆。
> 人为你名亏行损，人为你断义辜恩，人为你失孝廉，人为你
> 忘忠信。细思量多少不仁，铜臭明知是祸根，一个个将他务本。④

这与莎士比亚所讥讽的西方资本主义原始积累时期的金钱拜物教

---

① 吴德旋：《初月楼闻见录》卷5，台北：明文书局，1985，第67页。
② 王端履辑《重论文斋笔录》卷6，《续修四库全书》第1262册，上海古籍出版社，
1996，第593页。又据日本学者重田德的研究，仅安徽婺源一县而言，清代"弃儒就商"的
实例便不下四五十个，参见重田德『清代社會經濟史研究』岩波书店、1975、294～349页。
③ 参见余英时《士与中国文化》第537页所论士人因政治原因"弃儒就贾"。
④ 薛论道：《林石逸兴》卷5，《续修四库全书》第1739册，上海古籍出版社，1996，
第142页。

有异曲同工之妙。

> 金子！黄黄的，发光的，宝贵的金子！
> 只这一点点儿，就可以使黑的变成白的，丑的变成美的，错的变成对的，卑贱变成尊贵，老人变成少年，懦夫变成勇士。[①]

总之，金钱这个古怪的玩意儿"把一切封建的、宗法的和田园诗般的关系都破坏了。……它把宗教虔诚、骑士热忱、小市民伤感这些情感的神圣发作，淹没在利己主义打算的冰水之中。它把人的尊严变成了交换价值"[②]。金钱就是一切，为了钱，士大夫的尊严可不要，"文曲星"（读书人）的架子可不摆，等级名分被统统破坏掉了。末流文人逐利时的冷酷和鲜廉，可于下例中窥见一斑。

> 明洞庭山消夏湾蒋举人某，屡试春官不第，遂效垄断之术，居积取盈，算入骨髓。周恤义举，虽至亲不拔一毛。不数年称高赀矣。[③]

实际反映清代康、乾时期社会生活的讽刺小说《儒林外史》中，借士人林少卿之口，道出了士大夫对富商大贾的艳羡："盐商宝贵奢华，多少士大夫见了就销魂夺魄。"小说中如此，现实生活亦如此。士大夫纷纷拜倒在金钱脚下，又与明代中叶以后社会风尚日趋奢华，"豪门贵室，导奢导淫"不无关系。如何良俊描状明代江南士绅竞相比富的奢侈风气：

---

① 〔英〕莎士比亚：《雅典的泰门》，《莎士比亚全集》第 8 册，人民文学出版社，1978，第 176 页。
② 《马克思恩格斯文集》第 2 卷，人民出版社，2009，第 36 页。
③ 康熙《苏州府志》卷 147《杂记》。

今寻常燕会，动辄必用十肴。且水陆毕陈，或觅远方珍品，求以相胜。前有一士夫请赵循斋，杀鹅三十余头，遂至形于奏牍。近一士夫请袁泽门，闻肴品计百余样，鸽子斑鸠之类皆有。尝作外官，囊橐殷盛。①

近吾松士夫家所用酒器，惟清河、沛国最号精工。沛国以玉，清河以金。玉皆汉物，金必求良工访古器仪式打造，极为精美。每一张燕，灿然眩目。②

要维持如此阔气的排场和如此奢华的生活，势必要竞相营产牟利，集聚钱财。由此观之，明清官吏和绅士之介入工商业正是悄然降临的商业社会风气使然。

有趣的是，在官吏、绅士艳羡商人财富的同时，商人又反过来觊觎官吏的权势和士子的儒雅，竞相钻营官场，攀缘儒林。由商而绅的渗流也是自古有之③，但到明清时期却演成一新格局，范围和数量均较前朝为大。沈垚"古者士之子恒为士，后世商之子方能为士"，正是针对这一世风变异有感而发。

商人之楔入官僚、绅士阶层，在传统社会中似乎有两条道路可走：直接参加科举考试或通过输财捐纳。但在实际生活中，由于科举考试资格的种种限制和长期占统治地位的贱商风气，商人能由正途而仕的，实属凤毛麟角，输财捐纳自然成为商人向官僚、绅士阶层夤缘登进的主要阶梯。

所谓捐纳，实系封建国家的一项奇特的卖官制度。这种制度导源

---

① 何良俊：《四友斋丛说摘抄》卷 34，中华书局，1985，第 357 页。
② 何良俊：《四友斋丛说摘抄》卷 34，第 360 页。
③ 有关唐宋商人买官入仕情况，参见林立平《唐宋时期商人社会地位的演变》，《历史研究》1989 年第 1 期。

于汉代的纳粟拜爵，其后各代均有援用。明景泰初年，始开纳监（生）之例，"凡生员纳粟上马者，许入监，止千人"。① 明代赋役苛重，监生可以避役，故民间趋之若骛，以致"商贾舆台隶役，咸厕其中"。南明宏光时期，奸臣当道，凡童生、生员、职方、监纪、都督、推点、翰林，不论虚衔实授，均可用金钱购买，民间作谣讽刺：

> 中书随地有，都督满街走，监纪多如羊，职方贱似狗。荫起千年尘，拔贡一呈首，扫尽江南钱，填塞马家（马阮）口。②

清承明制，到雍正时期，始行常例捐纳。捐纳所得始作为户部的经常性收入。捐纳的范围亦大大推广，举凡文武生员、内外官吏乃至平人，均可捐纳实官、虚衔、出身、加级纪录、分发、封典等项。前清捐纳收入每年多则一千四百八十余万两，少则一二百万两，或几十万两不等，一般占财政收入总额的30%左右。③

明清之际商人通过捐输或捐纳混迹官场者，不乏其例，如安徽休宁的汪松峰系明正德隆庆间人，幼年有志于学，"弱冠乃改业，挟重赀游吴楚间，而多居货于豫常"。抗倭期间，他捐金数百以助军饷，被授以指挥使职衔。"宗谱"中评曰："公以超逸之材，得杖钺柄事，必能乘时以树奇伟之绩，韩、白、卫、霍不能及，公何辞之有哉？"④

生活于清康、乾年间的安徽丰南盐商吴钖，以附贡生循例捐候选道，并加四级，诰授资政大夫。乾隆南巡时，因承办文房差务有功，

---

① 黄瑜：《双槐岁钞》，转引自许大龄《清代捐纳制度》，燕京大学哈佛燕京学社，1950，第6页。
② 三余氏：《南明野史》，商务印书馆，1930，第23页。
③ 罗玉东：《中国厘金史》上册，商务印书馆，1936，第3～5页。
④ 《休宁西门汪氏宗谱》卷6《挥金新公荣归序》，转引自张海鹏、王廷元主编《明清徽商资料选编》，第380页。

恩加顶戴一级，并被赏赐荷包、银锭、貂皮、文绮、藏香等。①

乾隆时扬州药商陈见山，"开有青芝堂药材，为扬城第一铺。得郑侍御休园为别业，捐同知衔，居然列于诸搢绅商人之间。每有喜庆宴会，辄着天青褂五品补服"。②

商人通过科试而进入官场的，虽不多见，但也有这方面的事例。清归庄《传砚斋记》追述苏州洞庭富商严氏先祖事迹，说："芥舟先生奋起于货殖之中，而登科第，仕至二千石。……士之子恒为士，商之子恒为商，严氏之先，则士商相杂，舜工又一人而兼之也。"③ 此外，安徽黟县人汪纯粹，字惊士，于清代嘉、道年间"由商籍补杭府学生"④；明代徽州休宁人金声，字正希，"随父商武昌，以嘉鱼籍中天启甲子乡试"。⑤

不少商人在致富之后则鼓励自己的后人弃贾业儒，以求在仕途上飞黄腾达。一个典型的例子是明代安徽歙县富商江才。这位商人三岁丧父，幼年家祚中落，"茕然无以生也"。稍长随兄售米盐杂物，后来"辞其兄，北游青、齐、梁、宋间，逐什一之利，久之复还钱塘，时已挟重赀，为大贾"。经商发达后，江才回到家乡，让膝下两子继续服贾，其余两子则读书学文致力举业，双双入学为诸生。其中一子后来果然乡试高中，进士及第，授官江西瑞州府高安县知县。儿子当官后，江才喜形于色，勉励其子："吾祖宗厚积久不发矣，汝今始受命为民司牧，汝其勉哉！"⑥ 明代江南著名才子唐寅（唐伯虎）也是一个富商的儿子。乃父经商致富后，即希望唐寅另辟新径，走社会普遍

① 《丰南志》第5册，转引自张海鹏、王廷元主编《明清徽商资料选编》，第383页。
② 钱泳：《履园丛话》卷21《笑柄·陈见山》，中华书局，1979，第557～558页。
③ 归庄：《归庄集》卷6，上海古籍出版社，1984，第359页。
④ 道光《黟县续志》卷6《人物·孝友》。
⑤ 邵廷采：《东南纪事》卷4，转引自张海鹏、王廷元主编《明清徽商资料选编》，第488页。
⑥ 歙县《溪南江氏族谱·处士终慕江翁行状》，转引自张海鹏、王廷元主编《明清徽商资料选编》，第387页。

看重的科举道路。少年唐寅立志甚高，埋首书卷，青灯夜读，孜孜不倦。他曾有《夜读》一诗，写当年苦读情状和胸中大志。

> 夜来欹枕细思量，独卧残灯漏转长。深虑鬓毛随世白，不知腰带几时黄？人言死后还三跳，我要生前做一场。名不显时心不朽，再挑灯火读文章。

这位出言不凡的商家弟子，日后果然在 29 岁那年于应天府（今南京）乡试中以第一名中举。但次年赴京会试时，却因牵涉科场舞弊案，身陷囹圄，从此断绝了仕途上谋求发展的希望，转而造就成历史上家喻户晓的风流才子。

明清商人之所以纷纷解囊捐纳，或弃贾业儒，一方面，是出于传统的社会价值认同，艳羡官吏、绅士的权势和社会特权，希冀能厕身其间，"尝见青衿子（人）朝不谋夕，一叨乡荐，便无穷举人。及登甲科，遂钟鸣鼎食，肥马轻裘，非数百万则数十万。试思此胡为乎来哉，嗟嗟！……彼且身无赋，产无徭，田无粮，物无税，且庇护奸民之赋徭、粮税，其入之未艾也"。[1] 如此名利双收，正是"性喜射利"的商人们梦寐以求的。另一方面，则是为了通过巴结和直接楔入官府，从而保护自己的经商逐利。商人虽有钱财，但如果家中没人做官，则不能获得政治上的庇护，做生意也难求一帆风顺，免不了来自专制国家机器的干扰烦难。

明清时期日益加强的绅商对流，使"士商相混"成为一种比较普遍的社会现象。它表明传统"四民社会"中地位悬殊的士人和商人阶层开始彼此趋近和融合。尽管此时尚无"绅商"一词，但那种集官品、功名和经商活动于一身的绅商人物事实上已崭露头角，成为一种

---

[1] 计六奇：《明季北略》（上），魏得良、任道斌点校，中华书局，1984，第 194 页。

非常特殊的商人。然而，社会阶级结构的变化又才刚刚开始，明清之际的绅商尚不成其为一个社会阶层，甚至连社会群体的资格也够不上。因为，其一，这些绅商人物多出现于商品经济较为发达的东南沿海一带，或商人家族聚居之地，尚不是一种全国性的普发现象。其二，绅商之间尚缺乏横向联系，仅为一些独立存在的个体，也没有形成自己独立的思想意识和社会组织。就整个社会风气而言，士尊商卑仍是主流意识。《儒林外史》中胡屠父打了新中举的范进一个嘴巴，即感到是冒犯了天上的"文曲星"，手也有些隐隐发痛，正是当时普遍社会心理的写照。

绅与商的广泛融合，绅商阶层的最终形成，尚有待历史之轮迈进中国近代这一大分化、大变动的历史时期。

第二章

"物竞天择"

——绅商阶层的形成

夫物既争存矣，而天又从其争之后
而择之，一争一择，而变化之事出矣。

——严复译《天演论·察变》

第一节　"千古变局"的冲击效应

一　近代社会大变动

如果说人类社会发展进程可以大体区分为两种不同的运动形态，即古代时间递进型的历史运动和近代空间传动型的历史运动①，那么，明清之际中国社会的异动虽然包含若干空间传动型的因素，但基本从

---

① 有关两种历史运动形态的理论构思，请参见乐正《近代上海人社会心态（1860～1910）》，上海人民出版社，1991，第7～19页。古代历史运动虽以时间递进型为主，但也包含空间传动型的方式；近代历史运动虽以空间传动型为主，但也不能完全脱离时间递进型。从总体而论，人类历史运动应是两种方式的统一。

属于时间递进型。它是古代的而非近代的。它根源于中国传统农业宗法社会长期演变的自然积累，变化的范围和力度均十分有限，还不足以撼动大一统传统农业社会的根基，商品经济在东南沿海一带虽有长足发展，但基本上仍是小农经济结构的补充。市场流通的主要产品是从属于农业经济的米粮和丝、棉；耕织结合，以织助耕的农村家庭手工业构成手工业的主要形式；生产技术和管理方式均属简单、落后的中世纪模式，与近代机器工业无缘。微弱的资本主义萌芽虽已依稀可辨，但淹没于封建自然经济的汪洋大海之中，无从与启蒙思潮相衔接，形成巨大的社会变革力量。借用黄仁宇先生的比喻，要从明清之际的商品经济和雇佣关系中发育出近代资本主义，其艰难程度，无异于走兽之蜕化为飞禽。

同明清之际的社会异动相比较，以鸦片战争为嚆矢的近代社会大变动具有截然不同的性质。它是以"西力东渐"所体现的近代空间传动型历史运动猛烈冲击中国的结果，并以巨大的动力从根本上改变了中国社会原来的发展方向。生活于那个时代的头脑比较清醒的中国人，已多少觉察到近代社会大变动的严重性和深刻性，从而产生巨大的危机意识，其中尤以李鸿章"数千年来未有之变局"与"数千年来未有之强敌"这一著名命题表达得最为清晰和完整。

> 今东南海疆万余里，各国通商传教，往来自如，麇集京师及各省腹里，阳托和好之名，阴怀吞噬之计，一国生事，诸国构煽，实为数千年来未有之变局。轮船电报之速，瞬息千里，军械机事之精，工力百倍，炮弹所到，无坚不摧，水陆关隘，不足限制，又为数千年来未有之强敌。[1]

---

[1] 李鸿章：《筹议海防折》（同治十三年十一月初二日），顾廷龙、戴逸主编《李鸿章全集》第6册，安徽教育出版社，2008，第159~160页。

较之于鸦片战争前龚自珍"日之将夕，悲风骤至"的"衰世"呼号，李鸿章的命题已不单纯着眼于"贫富不相齐"、人才受摧残、"浇漓诡异之俗，百出不可止"等来自封建社会内部的危机征候，而是从西方列强的强大挑战来认识封建帝国所面临的前所未有的巨大危机。所以，龚自珍所开出的药方是："只贩古医丹"，即强调宗法、均田，注重人才、整顿吏治之类，而李鸿章则一针见血地指出："外患之来，变幻如此，而我犹欲以成法制之，譬如医者疗疾，不问何症，概投之以古方，诚未见其效也。"尽管有其时代和阶级的局限，但李鸿章已把大清帝国面临的危机，概括到前无古人的高度。

所谓"千古大变局"，一言以蔽之，即中国传统农业宗法社会在"欧风美雨"的冲击下，被迫开始向资本主义工业化社会过渡，以多少有些屈辱的方式被强迫纳入世界资本主义近代一体化发展进程。这是中国社会结构的一次整体性重构运动，是一种高度成熟的封建农业文明与近代资本主义工业文明的大搏斗、大决战和大转换。近代维新思想家梁启超曾以充满激情的笔触描述了这一"大变局"中的大过渡。

> 今日之中国，过渡时代之中国也。……中国自数千年以来，皆停顿时代也，而今则过渡时代也。……惟当过渡时代，则如鲲鹏图南，九万里而一息，江汉赴海，百十折以朝宗，大风泱泱，前途堂堂，生气郁苍，雄心翯皇。其现在之势力圈，矢贯七札，气吞万牛，谁能御之？其将来之目的地，黄金世界，荼锦生涯，谁能限之？故过渡时代者，实千古英雄豪杰之大舞台也，多少民族由死而生，由剥而复，由奴而主，由瘠而肥所必由之路也。美哉过渡时代乎！①

---

① 任公（梁启超）：《过渡时代论》，《清议报》第 83 册，光绪二十七年五月十一日，第 1 页。

梁氏这里所讴歌的,乃是"大过渡"所体现的根本历史方向,其实,由"大变局"开其端的"大过渡"不仅仅是一个"生气郁苍,雄心裔皇"的充满希望的过程,同时也是一个由血与火、泪与恨交织的充满痛苦和反复的过程。在实际进程中,它表现为一种挑战与回应、冲击与反应的连锁运动。用"冲击—反应"模式来解释中国近代历史的演变,最初是由邓嗣禹和费正清在其合著的《中国对西方的反应》一书中提出的。这一理论的基本构想是,由于中国传统社会长期处于停滞状态,因此,只有经过西方冲击才有可能发生剧变,从而向近代社会过渡。西方入侵与中国反应构成中国近代历史的主要线索。近年来,这一在20世纪五六十年代盛行一时的理论由于本身所具有的严重"欧洲中心论"和忽视中国内部历史变化的简单化倾向,受到越来越严厉的批评和挑战。尽管如此,在我们看来,如果放弃以该模式解释中国近代全部历史的奢望,仅仅从近代中国社会变迁的最初动因考察,那么"冲击—反应"模式仍然是具有其理论价值和说服力的。无论如何,西方冲击始终是近代中国社会大变动、大过渡的逻辑起点。

从冲击的一头看,西方资本主义最早用来叩击中国大门的,乃是最不文明的鸦片与枪炮。1840年,为倾销鸦片而轰鸣的炮声,打破了天朝帝国不可战胜的神话,"天朝帝国万世长存的迷信受到了致命的打击"(马克思语),持续百年的历史大变动就此拉开沉重的帷幕。在第一次鸦片战争后的五口通商时代,以大炮为后盾的商品输入已开始冲击和瓦解中国传统的自然经济结构,但这一历史过程才刚刚开启,来自中国社会内部的反应是极其迟钝和微弱的。从贸易情况看,尽管较之于战前闭关时代有很大增长,但增长速度甚慢且具有起伏不定的特征。1845~1846年,英国对华棉织品输出的价值从1735141镑跌至1246518镑;毛织品输出价值从539223镑跌至439668镑。[1] 美国对中

---

[1] 姚贤镐编《中国近代对外贸易史资料》,中华书局,1962,第511页。

国的输出品仅在 1851 年、1852 年和 1853 年三个年头与 1845 年 2079341 美元的数字相等，其他年份均低于 1845 年的数字。① 这种反常情况使当初过于乐观的外商大感失望和觉得不可思议，"自五口通商后，洋商对于新辟之商埠，期望颇奢，惟宁波、福州、厦门三处开埠后，贸易状况反使人异常失望，殊出意表"。②

西方加强对中国的冲击和引起中国社会内部较为显著的变化主要发生在 19 世纪 60 年代以后。第二次鸦片战争的结果，使清政府被迫增开了 11 个通商口岸，西方侵略势力得以溯长江而上，并逐步向内地渗透。第二次鸦片战争刚结束时，在中国的外国洋行总共不到 40 家，而到 1872 年已达 343 家，该年在华洋商总数为 3673 人。③ 从洋行外商到买办，再到若干坐贾、行商，直到直接生产者和消费者，形成了一个完整的洋货推销网和土产收购网。该商业网以通商口岸为据点渗入广大内地农村，建立起联系紧密的商品流通渠道。19 世纪 70 年代初西方资本主义国家在中国已经建立了 78 家工厂，但列强对中国的大规模资本输出，主要始于 1894 年甲午战争以后，其形式包括企业投资、铁路投资、银行投资、借款、商业投资等。1902 年，各主要资本主义国家在中国的投资额已达 812777000 美元，其中英国最高，占 32.53%。④ 在一连串的军事失败之后，接踵而至的便是割地赔款、利权外溢，清帝国所面临的威胁和挑战空前加剧。

从反应的一头看，戊戌维新运动以前，近代中国社会大变动主要体现为心理震慑和工艺—科技的物质层面的改革，大致经历了从"兵战"到"商战"，从"自强"到"求富"的历史转变过程。

鸦片战争的刺激，在全国上下首先引起的是一种巨大的心理震动

---

① 姚贤镐编《中国近代对外贸易史资料》，第 511 页。
② 班思德编《最近百年中国对外贸易史》，海关总税务司统计科，1931，第 35 页。
③ 姚贤镐编《中国近代对外贸易史资料》，第 1000 页表。
④ 吴承明编《帝国主义在旧中国的投资》，人民出版社，1955，第 52~53 页。

效应和对侵略暴行的义愤填膺。对第一次鸦片战争中英军的暴行和中国的惨败，魏源曾大声疾呼："此凡有血气者所宜愤悱，凡有耳目心知者所宜讲画。"历经两次鸦片战争的奇耻大辱后，冯桂芬悲愤地痛陈："有天地开辟以来未有之奇愤，凡有心知血气莫不冲冠发上指者，则今日之以广运万里、地球中第一大国而受制于小夷也。"① 痛定思痛，人们不得不冷静思考摆脱危机的出路，最早的思索和结论凝聚于魏源"师夷之长技以制夷"的具有划时代意义的命题之中。魏源的命题闪烁着启蒙思想的火花，开启了近代学习西方文明的道路，但其师夷长技的重点所在，仍是效法西方的"坚船利炮"，即"一、战舰，二、火器，三、养兵练兵之法"②，基本属于"兵战"的范围；稍后崛起的以李鸿章等为首的洋务派，虽提出了变法图强的新主张，但思路却仍循魏源"师夷之长技以制夷"的老命题，不出制造枪炮轮船和建立海军的故辙。

> 欲防海之害而收其利，非整理水师不可，欲整理水师，非设局监造轮船不可。③

> 西洋诸国以火器为长技，欲求制驭之方，必须尽其所长，方足夺其所恃。④

同上述认识相一致，洋务派办洋务首先是从兴办近代军事工业做起，以求所谓"自强"，立足点仍在抵抗外辱的"兵战"。直到兴办

---

① 冯桂芬：《校邠庐抗议·制洋器议》，上海书店出版社，2002，第48页。
② 魏源：《海国图志·筹海篇议战》，中州古籍出版社，1999，第100页。
③ 左宗棠：《拟购机器雇洋匠试造轮船先陈大概情形折》，《左宗棠文集》第4册，上海书店出版社，1986，第2845页。
④ 李鸿章：《京营弁习制西洋火器渐有成效折》（同治三年十二月二十七日），顾廷龙、戴逸主编《李鸿章全集》第1册，第630页。

近代军事工业遇到无法克服的经济困难，李鸿章等才逐渐产生了先富而后能强的思想："臣维古今国势，必先富而后能强，尤必富在民生，而国本乃可益固。"① 由此，近代中国社会大变动开始从抵抗西方军事侵略的"兵战"，转向引进西方商业组织和工厂制度，大力发展近代国民经济的"商战"时代。约在 1874 年，早期民族资本家郑观应刊印《易言》一书，首次较系统地提出了"习商战"的主张，以此为嚆矢，近代重商主义在阴霾密布的中国大地油然勃兴。

二　晚清重商主义的兴起

晚清重商主义的兴起既是近代"千古变局"冲击效应的产物，又从根本上体现了近代社会变革的方向。我们虽然可以从西欧重商主义那里追溯到晚清重商主义的理论渊源，但它们之间的不同处远远大于相同处。西欧重商主义产生于 15 世纪，全盛于 16、17 世纪。作为原始资本积累时期代表商业资本的意识形态，这是西欧早期殖民主义者对外扩张和掠夺的思想工具，反映了当时流行于西欧的追求黄金的狂热和新兴资产阶级对货币的渴望。反之，晚出世约两三百年的晚清重商主义，产生于中国由一个封闭的农业宗法社会向半殖民地半封建社会过渡的历史条件下，当时的中国不仅不可能通过海外扩张和贸易来积累原始资本，反而受到西方殖民势力的侵略和掠夺。不同的历史背景，使晚清重商主义较之于西欧重商主义，具有形相似而质不同的内容特征。

在山河破碎、国势危急的严重挑战下，救亡成为近代中国压倒一切的主题。晚清重商主义的兴起十分自然地同救亡联系在一起，首先体现为一种抵抗外国经济侵略的危机意识和救亡意识。

---

① 李鸿章：《试办织布局折》（光绪八年三月初六日），顾廷龙、戴逸主编《李鸿章全集》第 10 册，第 63 页。

海禁既开，白人竞拓商场于东方大陆。懋迁之所及，即成为势力范围。不费一兵，不遗一镞，即能吸我膏血，握我利权。①

今日之世界，经济竞争之世界也。……争之而不胜，则领土日蹙，国势大衰，虽欲维持其二等国之地位，而尚不可终日。②

早期工商资本家兼维新思想家郑观应提出"商战"的口号，着眼点亦在救亡。"习兵战不如习商战"并不是不要兵战，而是强调无形的"商战"——外国的经济侵略，比有形的"兵战"——外国的军事侵略，在某种意义上更隐蔽、更难以对付。

今日开海上某埠头，明日开内地某口岸，一国争，诸国蚁附；一国至，诸国蜂从。滨海七省，浸成洋商世界；沿江五省，又任洋舶纵横。③

故兵之并吞祸人易觉，商之揞克敝国无形。我之商务一日不兴，则彼之贪谋亦一日不辍。纵令猛将如云，舟师林立，则彼族谈笑而来，鼓舞而去，称心餍欲，孰得而谁何之哉？吾故得以一言断之曰：习兵战不如习商战。④

显然，商战虽是对兵战的突破，但同时又是兵战在更深意义上的展开。在郑观应等人看来，只有大力发展民族工商业，壮大本国的经济实力，才是爱国救亡的根本途径。如郑观应认为，"欲制西人以自

---

① 《论振兴商务当先兴农业工业》，《东方杂志》第2卷第7期，光绪三十一年七月二十五日，第101页。
② 《论各国经济竞争之大势》，《商务官报》第1期，光绪三十二年四月初五日，第1页。
③ 夏东元编《郑观应集》上册，上海人民出版社，1982，第610页。
④ 夏东元编《郑观应集》上册，第586页。

强，莫如振兴商务"。[1] 何启、胡礼垣也认为"夫利济天下，惠及群生者商也"，"商务不兴，则不能与敌国并立"。[2]

早年曾留学法国，思想观点最为接近西欧重商主义的马建忠，在论述其经济理论时，思考和立论的出发点也是如何抵制外国的经济侵略，富国强兵。如马建忠强调对外贸易的作用和金银矿的开采，主要即出于对外国商品疯狂倾销和货币财富大量外溢的担忧，他指出：

> 自通商以来，金银之流出者众。以彼各国皆用金钱，我则上下皆以银为市，已失子母相权之道，久受制于外人。若我中国产金既饶，则金价必贱，而货款之出入，华商之贸易，所裨益匪浅鲜矣。[3]

> 要使中国多出一分之货，外洋即少获一分之利，而中国工商转多得一分之生计，凡此皆所谓仿造外洋之货以聚我未散之财者也。[4]

值得注意的是，晚清重商主义虽强调商业和外贸的作用，但并不像西欧早期重商主义那样，过分渲染商业是致富之源，相对忽略产业资本的发展，而是工商并重，对引进和扩充机器工业寄予厚望。曾任出使西欧四国大臣的薛福成提出了著名的"工体商用"论，他说：

> 泰西风俗，以工商立国，大较恃工为体，恃商为用，则工实尚居商之先。[5]

[1] 夏东元编《郑观应集》上册，第614页。
[2] 何启、胡礼垣：《新政真诠：何启、胡礼垣集》，郑大华点校，辽宁人民出版社，1994，第131、137页。
[3] 马建忠：《适可斋纪言》，中华书局，1960，第89页。
[4] 马建忠：《适可斋纪言》，第5页。
[5] 薛福成：《庸庵海外文编》卷3《振百工说》，《清代诗文集汇编》编纂委员会编《清代诗文集汇编》第738册，上海古籍出版社，2010，第336页。

薛福成通过考察西方各国发展经济的经验，已朦胧地意识到工业生产是商业发展的基础，脱离了近代工业的发展，靠商业致富是难以持久的，所以，他建议劝导商民"仿洋法织布纺纱尤为第一要义，其次开矿，其次炼铁，其次纺织呢羽毡绒，其次仿造自来火及制炼煤油"。① 郑观应则更明确地提出应运用机器进行生产，以获厚利。他认为西方各国"论商务之原，以制造为急；而制造之法，以机器为先"。② 因而主张中国"亟宜招商集款，购办机器，自行织造，擅其利权"。③

如所周知，西欧从早期重商主义（以重金主义和货币平衡论为特征）发展到晚期重商主义（以贸易平衡论和重工主义为特征），经历了漫长的一个多世纪，而晚清重商主义一出世，便兼容并包西欧早期和晚期重商主义的特征，尤以后者为重，这实是迫在眉睫的民族危机和尽快发展民族经济的急切心理使然，反映了中西近代历史进程的不同特点。

如果说，强调振兴工商业在民族救亡中的重要作用是晚清重商主义的首要特征，那么，它的另一重要特征则是强调商人在近代社会中所扮演的举足轻重的角色。较之于明清之际，贱商心理的逆转已不限于东南一隅，在各通商大埠，商人的社会地位扶摇直上，其职业价值亦得到社会舆论的普遍承认和赞誉，商人已俨然成为近代社会的宠儿。何启、胡礼垣提出："振兴中国，首在商民。""今之国若有十万之豪商，则胜百万之劲卒。"④ 又说："他日中国之能信服外人，维持全局者，必在商民。若华商联合则其力足以显作长城，隐若敌国。"⑤

---

① 薛福成：《庸庵海外文编》卷 3《海关出入货类叙略》，《清代诗文集汇编》第 738 册，第 339 页。
② 夏东元编《郑观应集》上册，第 626 页。
③ 夏东元编《郑观应集》上册，第 89~90 页。
④ 何启、胡礼垣：《新政真诠：何启、胡礼垣集》，第 168 页。
⑤ 何启、胡礼垣：《新政真诠：何启、胡礼垣集》，第 402 页。

随着贱商心理的逆转和轻商风气变易，商人开始变得自重、自尊，逐渐具有了某种社会责任感，他们自道：

> 我们经商的人，生在这西历一千九百余年，叫什么二十世纪实业竞争的时代，也真正尊贵的很了。……天下最有活泼的精神，最有发达的能力，能够做人类的总机关，除了商，别的再也没有这种价值了。[1]

> 上古之强在牧业，中古之强在农业，至近世则强在商业。……富强之基础，我商人宜肩其责。[2]

这些言论尽管有些夸大其词，但也透露出与近代经济发展相联系的新兴社会力量所具有的自信和抱负。

商人社会地位的大幅度提高，使传统"四民"社会秩序遭到进一步破坏，商与工的地位有凌驾于士、农之上的趋势。在上海等通商口岸，甚至出现了"士与商"的社会价值评价发生倒置的现象。当时的一部社会小说《侠客谈》中，主人公议论道：

> 余入商界四年，余所得实不鲜。商之勤勉胜士，商之活动胜士，商之言行相近胜士，商之取财胜士，余所去士而投身商者为此也。[3]

有关商人在"四民"中的社会地位，薛福成、郑观应明确提出

---

① 《经商要言》，张枬、王忍之编《辛亥革命前十年间时论选集》第 1 卷下册，生活·读书·新知三联书店，1960，第 890 页。

② 《兴商为强国之本说》，《东方杂志》第 1 卷第 3 期，光绪三十年三月二十五日，第175 页。

③ 《新新小说》第 1 号，转引自乐正《近代上海人社会心态（1860～1910）》，第 65 页。

"商握四民之纲"的论断，将商推上了"四民"领袖的位置。薛福成认为商在中国长期处于"四民之殿"，"而西人则恃商为创造国家，开物成务之命脉"，所以"握四民之纲者，商也"。郑观应说：

> 商以贸迁有无，平物价，济急需，有益于民，有利于国，与士农工互为表里。士无商则格致之学不宏，农无商则种植之类不广，工无商则制造之物不能销。是商贾具生财之大道，而握四民之纲领也。商之义大矣哉![1]

薛福成、郑观应的论断虽具有明显的重商主义倾向，对工商、农商关系的理解亦有不尽完善之处，但对于破除传统"重本抑末""尊士贱商"的心理定式和社会积习，仍有很大冲击作用。

晚清重商主义的兴起，又同近代"大变局"条件下人们对"利义观"的新诠释相联系。在重商思潮的冲击下，儒家正统义利观开始在人们心目中逐渐贬值，而求利、致富观念则逐渐占据上风，深入人心，成为时势所趋。首先，儒家"不言利"的观念遭到自明清以来最为尖锐的抨击。陈炽揭露儒家的"不言利"其实是相当虚伪的，那些表面上道貌岸然的伪君子，实际上往往贪得无厌，大讲私利。他指出："吾虑天下之口不言利者，其好利有甚于人也，且别有罔利之方，而举世所不及觉也。"[2] 也有人认为，欲望与求利的本能是人与生俱来的自然属性，没有必要加以人为的压抑。个人利益的追求往往同物质生活的进步和经济发展密不可分，所谓：

> 天下攘攘而往者何为？熙熙而来者又何为？曰为利耳。富者

---

① 夏东元编《郑观应集》上册，第 607 页。
② 赵树贵、曾丽雅编《陈炽集》，中华书局，1997，第 212 页。

持筹握算，贫者奔走驰驱，何为乎？曰为利耳。泰西之人不惮数万里之程，不顾重洋之险，挈妻孥偕朋友来通商于中国，何为乎？曰为利耳。……吾茫茫四顾，见四海之大，五洲之众，非利无以行。中外通商以后，凡环附于地球者，无一不互相交易以通有无。当今之天下，实为千古未有之利场；当今之人心迹，亦遂为千古未有之利窟。①

明清之际曾在江南儒士中引起激烈争论的"义利之辨"，在近代社会条件下，被赋予若干新的诠释。陈炽将社会上的人分为"圣人"和"中人"两大类，"中人"又占绝大多数。由于在人群中真能重义轻利的"上智"毕竟是极少数，多数人都是重利、趋利的"中人"，因此，不能讳言利。"夫天下滔滔大抵中人耳，惟有利而后能知义，亦惟有义而后可以获利。"②

一些开明士绅认为，道德与功利并非绝对相互排斥，而是可以统一起来，"义利者，一合而不稍离，故凡真正利己之道，未有与道德相违反者"。③ 因此，完全不必"重义轻利"。何启、胡礼垣等维新思想家还别出心裁地将利与财、利与私以及利与商民的自主之权挂上钩，在"利义之辨"中融入新的时代内容，道出了新兴资产阶级的心声。

凡事而能使人心悦诚服竭力而前者，惟财；凡物而能令人取怀中割爱与我者，亦惟财。天下无所谓胜负也，无所谓强弱也，有其财则虽负亦胜，虽弱亦强。性善之外，则天下事事物物无不

---

① 《利害辨》，《申报》1890 年 7 月 23 日，第 1 版。
② 《陈炽集》，第 273 页。
③ 蛤笑：《论中国儒学之误点》，《东方杂志》第 4 卷第 6 期，光绪三十三年六月二十五日，第 102 页。

因财而动，因财而成矣。①

　　为今日而言，则家不妨私其家，乡不妨私其乡，即国亦不妨私其国，人亦不妨私其人。……于是各得其私，而天下亦治矣。②

　　天下之利当与天下共之，必不可独揽其权者也。……中国国家未必有掊克其民之心，而官府则事事有与民争利之意。③

　　财富面前人人平等，无所谓等级，无所谓贵贱，谁能赚钱谁好汉；个人价值第一，人人可追逐私利，国家机器不得干预，这些，正是近代资本主义社会所奉行的基本价值准则。何、胡诸人围绕义利之辨所作的大文章，正在于试图以近代功利主义价值观取代传统的伦理价值观，为新兴资产阶级之登上历史舞台大造舆论。

　　晚清重商主义的特点，还在于它不仅是一种思潮，而且是一个实实在在的历史行动和经济行为，并体现于清末国家机器的经济法令和政策之中。以1901年开始推行的"新政"改革为契机，清政府开始改弦更张，将过去历代王朝实行约两千年的"重农抑商"政策一变而为"振兴工商实业"政策，在国家权力干预下大力发展民族工商业，这在中国历史上是前所未有的。有关上谕中提出："通商惠工为古今经国之要政。自古相沿，视工商为末务，国计民生日益贫弱，未始不因乎此，亟应变通尽利，加意讲求。"至此，明清重商主义开始由一种思潮和地方经济活动转化官方政策，对中国近代化历程产生深远的影响。晚清振兴工商实业的内容极其芜杂，举其要者，大致包括以下数端。

---

① 何启、胡礼垣：《新政真诠：何启、胡礼垣集》，第485页。
② 何启、胡礼垣：《新政真诠：何启、胡礼垣集》，第413页。
③ 何启、胡礼垣：《新政真诠：何启、胡礼垣集》，第390页。

第一，设立商部以为统辖。

1902 年，清廷特选派庆亲王长子、贝子振国将军载振赴欧美和日本考察商务；10 月，载振归国，即提出设立商部的请求。同年 11 月，庆亲王奕劻亦奏请设立商部，"以为振兴商务之地"。① 经过一段时期紧锣密鼓的筹备，清廷于 1903 年 8 月正式谕令设立商部，任命载振为商部尚书，伍廷芳、陈璧任左右侍郎。实际主持商部事务的，则有"谙达时务，熟悉商情"的唐文治（右丞）、王清穆（左参议）、杨士琦（右参议）、张振勋（考察南洋商务大臣）等官员和绅商。

商部系"联络官商之情"的重要国家机构，负有督促和领导振兴工商实业的职责。有人认为，中国"实业之有政策，以设立商部始"②，足见商部这一新设国家机构在应付西方挑战，发展中国国民经济中的重要地位。当然，商部在已病入膏肓的封建专制国家机器中能否真正有效率地发挥作用，那又另当别论了。

第二，制定商律以为保护。

1903 年 5 月，还在筹组商部的同时，清廷已谕令载振、袁世凯、伍廷芳等人"先订商律，作为则例"。商部成立后，即上奏朝廷："目前要图，莫如筹办各项公司，力祛曩日涣散之弊。庶商务日有起色，不致坐失利权，则公司条例，亟应先为要订。"③ 1904 年 1 月，商律中的《公司律》及卷首的《商人通例》告成，旋即由清廷颁布施行。《商人通例》九条，比较具体地规定了商人的身份及经商权力，"凡经营商务贸易买卖贩运货物者均为商人"；"商人营业或用本人真名号，或另立店号某记某堂字样均听其便"。④ 《公司律》共 131 条，分为

---

① 《清实录》卷 506，中华书局，1987，第 58 册，第 685 页。
② 高劳：《十年以来中国政治通览·实业篇》，《东方杂志》第 9 卷第 7 期，1913 年 1 月 1 日，第 87 页。
③ 《商部拟定商律折》，《东方杂志》第 1 卷第 1 期，光绪三十年正月二十五日，第 203 页。
④ 上海商务印书馆编译所编纂《大清新法令 1901～1911》第 4 卷，洪佳期等点校，商务印书馆，2011，第 171 页。

"公司分类及创办呈报法""股东权利各事宜"等11节，详细规定了贸易公司的组织形式、创办方法及经营管理方法等，并给予商办公司与官办公司同等的法律地位。由于中国农业宗法社会中，历来是"诸法合体"，不存在任何专门的商法，因此，这部尚不完全的《商律》是为我国第一部正式的商法，为商人的经商活动提供了某种法律保障，同时也为解决商事诉讼提供了一定的法律依据。然而，《商律》作为我国的第一部正式商法，又是极不完备、漏洞百出的。对此，民族工商业者深为不满，竭力呼吁必须制定一部"文明""完备"之商法，"征引各国现行之商律，参酌考订，成一专书。必详必尽，宁烦勿漏。……事无大小，悉依已定之法律"。①

第三，颁行奖商章程以为鼓励。

在传统贱商风气之下，商处于"四民"之末，其社会地位形同罪人，自然无投资热情和积极性可言。商部设立后，认为"商情观望已久，倘无以鼓舞而振兴之，决难冀其踊跃从事"②，旋即制定《奖励华商公司章程》，宣布根据商人集股多少，分别授予顾问、议员等名誉称号或加赏不同品级的顶戴，拟通过爵赏激励人们的投资热情。1907年又修定《奖励华商公司章程》，大幅度降低了所定集资奖励标准。如授头等顾问官头衔加头品顶戴，原订须集股2000万元，现改为800万元，平均约降低60%以上。③ 1906年，商部颁行《奖励商勋章程》，规定凡能制造轮船、火车、发电机及对探矿、冶炼、水利、垦植等卓有成绩者，可颁给不同等级的商勋。翌年8月，清廷又颁布《华商办理农工商实业爵赏章程》，规定，凡华商投资2000万元、1800万元、1600万元以上者，分别特赏一、二、三等子爵；投资

---

① 《论商部与商业之关系》，《东方杂志》第2卷第2期，光绪三十二年二月十五日，第3页。

② 《奏为酌拟奖励公司章程折》（光绪二十九年九月二十一日），中国第一历史档案馆藏，档案号：03-7131-021。

③ 《大清新法令1901～1911》第4卷，第259页。

1400 万元、1200 万元、1000 万元以上者,分别特赏一、二、三等男爵;投资 700 万元、500 万元者,分别特赏三品卿、四品卿;投资在 10 万元以上者,奖给五品衔。[①]

种种奖励工商实业的规定,直接促使社会风气为之大变,"商"的社会地位大幅度提高。从"四民之末"的卑贱到邀享"加头品顶戴""赐双龙金杯"的恩宠,对人们投资近代工商业的确有着很大的刺激作用。后人曾为之感慨:"今乃以子男等爵,奖创办实业之商,一扫数千年贱商之陋习,斯诚稀世之创举。"[②]

除以上各端外,设立商会亦为晚清振兴工商业的重要措施,并对推动绅商阶层登上历史舞台起过重要作用。出于叙述结构的原因,我们将在以下的有关小节中加以讨论。

第二节　绅、商合流的增强

正是在上述广阔社会历史背景下,明清之际在江南地区比较突出的"士商相混"现象迅速扩大,成为影响遍及全国的社会潮流。根据张仲礼先生的研究,19 世纪中国绅士阶层有两个比较明显的变动:一是新绅士(非绅士家庭出身者)人数不断增长。19 世纪新绅士占绅士总人数的比例,由前五十年的 32% 上升到后五十年的 37%,增长值为 5 个百分点。二是绅士阶层收入来源结构发生变化。总的倾向是土地收入逐步减少,商业性收入稳定增长。[③] 其实,这两种变动趋势反映的不过是同一个历史倾向:绅、商合流。而绅与商的合流又主要循着商→绅和绅→商,两条渠道进行。下面分别作些考察。

---

① 《大清新法令 1901~1911》第 4 卷,第 259~260 页。
② 杨铨:《五十年来中国之工业》,转引自陈真等编《中国近代工业史资料》第 1 辑,生活·读书·新知三联书店,1957,第 7 页。
③ Chung-li Chang, *The Chinese Gentry——Studies on Their Role in Nineteenth-Century Chinese Society*, p. 215.

一　由商而绅的渗透

较之于明清之际，晚清商人向绅士阶层的渗透，范围更广，数量更大，而且已经成为一种全国性的普遍现象，形成一股不可遏制的潮流。"惟经营大获，纳赀得官，乃得厕身缙绅之列。"①　广泛流行的捐纳和捐输，仍是商人跻身于绅士群体的主要途径。②

清前期商人捐官还不普遍，捐官者以地主和下层士人为多。到清末，清朝国势江河日下，财政短绌达于极点。光绪年间，中央收支之数不敷常在数千万两左右。因此，卖官鬻爵的情形更趋泛滥，各省遍设捐局，捐官银数也一再折减以相招徕，但由于财源枯竭，生民疲困，年收不过 150 万两之谱，转不及乾隆年间的一半。③　广开捐例，直接导致吏治紊乱，仕途冗塞。据统计，仅捐监一项，从嘉庆二十一年（1816）至道光十年（1830），便共得监生二十余万人，以至有人悲叹世风的变化，说：

> 不谓十余年后风气递变，竟至院司衙泰之期，官厅拥列者十九有之……城中绅士喜庆过从，品顶花翎者满堂环坐。即此一端，可见名器之滥，至今而已极矣。④

清政府吏治与财政的恶性循环，给手中握有钱财的商人洞开了进入上流社会的门户。同治元年（1861）御史裴德俊上疏谓"近来捐例频开，流品几不可问，吏治因此废弛。……臣愚以为急宜察禁者，莫如商人捐官为最要。……并闻有众伙捐，一人出名赴官，众人随同牟

---

① 《论茶务可望转机》，《申报》1891 年 5 月 14 日，第 1 版。
② 捐纳与捐输是两种不同的形式，据许大龄的说法，"捐输是奖励，捐纳是卖官"。
③ 《清史稿》卷 112，中华书局，1977，第 3237 页。
④ 《书张幼樵宫庶条陈停捐善从疏后二》，《申报》1883 年 3 月 31 日，第 1 版。

利"。① 光绪九年（1883）《申报》上一篇文章也云："目前由商而官者不胜枚举。某局某总办家资数十万，其官由候补候选道也，而其出身固不失为生意中人。"② 光绪二十七年（1901）清廷虽明令停捐买官，但"虚衔、封典、翎枝、贡监及现行常例"仍准照旧纳捐。

江苏作为经济繁庶之区，捐纳亦最为泛滥。光绪年间的奏议上说："江南民物殷阜，人多好义急公，从前剿办发捻各匪，绅商捐助军饷，为数甚巨，近来各省赈捐，集款亦属不少。"③ 持论激进的杂志《江苏》上的一篇文章，对江苏人这种唯官是趋的态度颇不以为然，曰：

> 江苏人任枢要之职者无有也，而捐一五品县丞，买一未入流到省候补者，固不可胜计。其未得实缺者，日上衙门，逢迎上司，冀得一缺。有钱而善钻谋者，固操必得之权。然缺有优劣之分焉，无钱而尚能趋奉者，则委一差使。彼无钱而又怠于趋奉者，竟不得一差。得差到任之后，如饿虎出山，其食囊无底也。④

清末绅商群体中，绝大多数人都是顺着这股捐纳恶潮而跻身绅士行列的。"时富商大贾，得以破格奖叙者，比比皆是。"以商人捐纳较为普遍和典型的苏州为例，许多商人都有纳赀买官（多为虚衔）的经历，如：

张庆铺，江苏吴江县人，绸商，曾任盛泽商务分会首届总理。他于光绪十六年（1890）在苏省筹捐局报捐监生、布政司经历。光绪十九年（1893）又在徒阳赈捐局加捐五品衔候选光禄寺署正。⑤

---

① 《皇朝道咸同光奏议》"治法通论"，转引自许大龄《清代捐纳制度》，第149页。
② 《再论保护商属》，《申报》1883年11月3日，第1版。
③ 《江南防务事例原奏》，转引自许大龄《清代捐纳制度》，第96页。
④ 王守善：《江苏工业之前途》，《江苏》第11、12期合本，1904年，第133～134页。
⑤ 《清末苏州商会档案》（全宗号乙₂₋₁，下均略为乙₂₋₁），苏州市档案馆藏，第4卷"盛泽分会选举职员衔名清册"。

庞延祚，字天笙，浙江归安人，钱业商人，数届商会议董，民国初年曾任苏州商会会长。他于光绪二十七年（1901）顺直赈捐案内，捐纳同知衔候选布政司理问。[①]

黄驾雄，浙江绍兴人，鞋商，宣统元年（1909）为了挤进当时的上流社会，"出资捐了个监生衔"。[②]

季筱松，字厚柏，江苏吴县人，著名木材商，虽有"宁从商，莫为官"的父训，但仍出资捐得候选府经历的职衔而成为一名绅商。[③]

李庆钊，江苏昆山绸缎、钱庄商人，光绪四年（1878）在苏沪滇捐分局捐纳监生，光绪十年（1884）在长门等处随营帮办文案，保奖五品花翎，光绪二十七年（1901）在陕西捐饷总局加捐州同职衔，并加随带一级，给予五品封典。[④]

还有一大批苏州绅商，虽没有关于他们捐纳情况的具体文献记载可考，但通过对有关碑刻、档案、"科第谱"、"诸生谱"和地方志等资料的检索，同时结合清代任官制度、捐例情况等进行综合的考察，大致可以判断其所获功名、职衔的来源。如晚清苏州23个工商公所37名董事的功名、职衔来源情况见表2-1。

再如苏州商会第三届73名绅商功名、职衔来源情况可参见表2-2。

表2-1 苏州工商公所部分董事功名、职衔来源

途径	由科举	由捐纳	总计
人数（人）	5	32	37
百分比（%）	14	86	100

资料来源：《江苏省明清以来碑刻资料选集》《明清苏州工商业碑刻集》等。

---

① 《苏州商团档案汇编》（未刊稿），苏州市档案馆藏，第547页。
② 苏州市政协：《文史资料选辑》第9辑，第125页。
③ 季坤文：《季筱松生平事略》（未刊稿）。
④ 章开沅等主编《苏州商会档案丛编》第1辑（1905～1911年），华中师范大学出版社，1991，第141～142页。

表 2 - 2　苏州商会（第三届）绅商功名、职衔来源

途径	由科举	由捐纳	总计
人数(人)	11	62	73
百分比(%)	15	85	100

资料来源：《清末苏州商会档案》"第三届职员表"。

从表 2 - 1 和表 2 - 2 可以看出，清末苏州绅商的功名、职衔约有 85% 来源于捐纳，仅有 15% 左右来源于科举仕途。同苏州相比较，全国其他各地的情况可能有程度的不同，但捐纳和捐输为绅商形成的主要途径当属无疑。如"宁波帮"的开山鼻祖、浙江籍巨商严信厚早年在杭州信源银楼任职期间，曾由店主胡光墉（字雪岩，号称红顶商人）于 1872 年推荐给直隶总督李鸿章为幕僚。后严又出资捐了候补道，由李鸿章委派长芦盐务督销、天津盐务帮办等职，为其今后在金融和工商界大展宏图奠定了政治基础。[①] 江苏无锡籍的"面粉大王"荣宗敬，虽乃父曾教诫他"小官得资不正，不堪供父母，大官无本事做"，因此应回避官场三分，但他仍于 18 岁那年捐了监生。[②] 多财善贾的汉口巨商宋炜臣亦不惜花费巨款联络官府，并捐得候补道官衔，后又获二品顶戴，"亦官亦商"，声望大增。[③] 上海著名商人曾铸，也是因"历年各处水灾，慨捐巨款"，故"叠奖一品封典花翎候补道"[④]，系由捐输发迹。据张仲礼先生的研究，19 世纪一大批盐商、广东行商及山西票号商都是通过捐纳或捐输而混迹绅士阶层。[⑤] 如著

---

① 陆志濂：《"宁波帮"开山鼻祖——严信厚》，中国人民政治协商会议宁波市委员会文史资料研究委员会编《宁波文史资料》第 5 辑，1987，第 41～42 页。

② 许维雍、黄汉民：《荣家企业发展史》，人民出版社，1985，第 3 页。

③ 皮明麻等编《武汉近代（辛亥革命前）经济史料》，武汉地方志编纂委员会办公室，1981，第 254 页。

④ 《上海县续志》卷 81，台北：成文出版社，1970，第 48 页。

⑤ 参见 Chung-li Chang, *The Income of the Chinese Gentry*（Seattle：University of Washington Press，1962）。

名的广东行商伍氏家族就是通过贿赂、捐输和报效，同清廷和地方官府建立了密切联系，又通过捐纳和钻营，获得大量的官衔、封荫及官职。①

近代商人之所以竞相解囊捐纳，渗入绅士阶层，同明清时期一样，一方面是出于对绅士社会地位和特权的企羡，多少也想分润一点。另一方面则是为着保护自身的经营活动，取得同官府打交道的资格。清初顾炎武曾说过，一旦从布衣成为生员，"则免于编氓之役，不受侵于里胥；齿于衣冠，得于礼见官长，而无笞捶之辱，故今之愿为生员者，非必其慕功名也，保身家而已"。② 这段话移至近代，同样适用。商人一经厕列于绅士，就有了相应的面子和保护伞，说话办事都硬气得多，这是社会价值认同仍定向在绅士群体使然。

但是与明清之际不同的是，自近代开埠通商后，商人在社会经济生活中所起作用日益增大，明清以来名实不副的矛盾显得更为突出。商人事实上已不处在"四民"之末，自然要求改变富而不贵的现状，要求在社会政治地位上得到相应认可。同时商人们对于像"伊壁鸠鲁的神"那样在农业自然经济的夹缝中辗转求生已感到厌烦和愤怒了，他们亟待为自己开拓一个更广阔的天地，以谋求更大的经济发展。然而，他们本身尚未能取代绅士阶层成为左右社会的基本社会力量，更谈不上与封建统治势力公开对抗。这些，便决定了商人不得不转而借助于官府和绅士的权势来求谋自身发展。有人追述近代商人兴起的过程，说："盖中国官商不相融洽，商虽饶无与国家，且往往见轻于时。自西人请弛海禁，南北海口遍立埠头……而渐有官商一体之意。然非各路剿荡发匪饷项支绌，借重殷商捐垫巨款，则商人尚不免市侩之

---

① 参见章文钦《从封建官商到买办商人——清代广东行商伍怡和家族剖析（下）》，《近代史研究》1984 年第 4 期。
② 顾炎武：《顾亭林诗文集》卷 1 "生员论上"，第 21 页。

羞，终不敢与大员抗礼，故商人之见重当自东南收复之日始也。"① 这段史料说明历史重心向商人阶层偏移，大致始于咸、同之际清政府镇压太平天国起义期间，在此前后，"官商一体"，既互相依赖又互相竞争，始终是近代历史的突出现象。正如官商盛宣怀所说："目前办理商务，若不愿为他人下，仍可列主事之衔。"②

历史在看似逆动中曲折地向前发展。近代社会阶级结构的分化与重组也在由商而绅的逆向流动中悄然地进行。因此，我们对商人捐官和热衷功名身份的独特现象，必须作两面观。近代商人之楔入绅士阶层，多少分化和改变了这个传统权势阶层的内部构成，为之融入了某些近代因素，使长期相对稳定的传统社会阶级结构终于发生了某种裂变，多少增强了新兴资产阶级的社会影响力，这是具有积极意义的一面，也是由商而绅逆向社会流动的本质含义所在。但在另一方面，商人在与绅士阶层发生部分融合化生的过程中，难免不习染一些"官气"，从而使商人阶层的素质发生某些不利变异，这又构成消极影响的一面。以上两方面结果，都将会对中国民族资产阶级性格的形成带来严重影响，并将间接影响到中国近代化的历程和近代政治变迁的格局。对此我们应有充分的估计。

二　由绅而商的转化

从由绅而商的变迁看，19 世纪末以来，尤其 1894 年甲午战争后，传统绅士和官员向工商界的转化大大加剧，"弃士经商"已蔚然成时尚，连向来贱商的清廷也不得不表态。

向来官场出资经商者颇不乏人，惟狃于积习，往往耻言贸

---

① 《论官商相维之道》，《申报》1883 年 12 月 3 日，第 1 版。
② 虞和平编《经元善集》，华中师范大学出版社，1988，第 352 页。

易，或改换姓名，或寄托他人经理，以致官商终多隔阂。现在朝廷重视商政，亟宜破除成见，使官商不分畛域。①

风气所及，甚至连蟾宫折桂的封建科举时代最高功名获得者——状元也率先"下海"。1895 年，长江以北的南通有新科状元张謇奉命兴办大生纱厂，成为"通官商之邮"的大绅商；1896 年长江以南的苏州则有同治年间状元陆润庠②创办苏纶纱厂。"状元办厂"一时传为美谈。封建科举时代最高功名的获得者，居然涉足一向为士人轻视的商场，不约而同地对工厂发生了兴趣，这既是一个辛辣的讽刺，也是历史进程的缩影，反映出实业活动实际上已成为仕途之外另一条可以为士人们所接受的出路。

状元而外，其他级别的绅士由科举仕途转入工商界的，更不乏其例，作为传统士人麇集之所的江南，既得风气之先，由绅而商的转化亦最集中、最明显。以文人荟萃的苏州为例，不少当地著名的工商实业人物都是从科举仕途蜕变而来。

王同愈，字胜之，晚号栩缘老人，江苏元和人，光绪十五年（1889）进士，授翰林院编修。光绪十七年和十九年两度任顺天乡试同考官，继又任清朝驻日公使参赞。甲午战争爆发后，王同愈回国在吴大澂军中辅襄军务，后又外放湖北学政。光绪二十九年（1903）因女儿病故返回苏州原籍，"不复有出山志"。遂脱离官场，积极参与地方商务和学务，1905 年发起组织苏州商会，起草呈商部稿。商会成立后被选为名誉会员，开始由绅向商转化。清末民初被举为苏经苏纶丝纱厂总经理，并供职苏省铁路公司，同时积极参与预宪派活动，成为

① 《本部奏定酌改奖励华商公司章程》，《商务官报》丁未第 19 期，光绪三十三年七月廿五日，第 33 页。
② 陆润庠（1841～1915），字凤石，江苏元和（今吴县）人，同治状元，国子监祭酒，以母丧归苏州，除苏纶纱厂以外，他还创办了苏经丝厂。

姑苏声名颇著的亦绅亦商人物。[①]

尤先甲，字鼎孚，江苏吴县人，祖上是安徽徽州大商人，前清移居苏州。尤先甲自幼熟读四书五经，志在登科及第。光绪二年（1876）中举人，授职侍读衔内阁中书。但他并未赴京任官，而是留在苏州从事商业活动，为同仁和绸缎庄东，亦做颜料、中药等生意。苏州商会成立后，尤先甲先后出任五届商会总理，被视为苏州地方工商界的代表人物。可以说他是一个比较典型的由士人转化而成的绅商。[②]

潘祖谦，字济之，江苏吴县人，祖籍福建三山，占籍安徽新安，后移居苏州。潘家系苏州首屈一指的世宦大族。有清一代，潘氏一族共出了一个状元，十名进士，三十一名举人，二十名贡生，可谓誉满江南。潘祖谦的父亲潘世恩是乾隆癸丑科状元，官至宰相。其兄潘祖荫从一甲三名中进士，光绪年间出任军机大臣。在这样的显宦家庭中，潘祖谦耳濡目染，埋首诗书，咸丰九年（1859）被取入吴县学广额第一名，同治十二年（1873）拔为优贡生，授职三品衔分省补用道，因未任实缺，潘祖谦选择了留苏经商办学的道路，担任潘万成酱园店东，并开有典当铺，历任数届商会议董。他也是一个由绅而商的典型人物。[③]

此外如进士蒋炳章、吴本齐，举人彭福孙、高人俊、陶惟坻等都不同程度地介入商业或商事活动，成为苏州知名绅商。余如经营范围涉及纺织、面粉、皮革、玻璃、肥皂、农林等众多行业的江苏海州（今东海）大绅商沈云沛，为进士出身，1906 年授农部右参丞，次年署农部右侍郎。[④] 上海商务总会首任总理、上海通商银行总董严信厚，

---

① 据王同愈《栩缘日记》（上海图书馆藏善本书）及《苏州商会档案》。
② 据《苏州商会档案》和尤先甲后人尤大年口述资料。
③ 据《大埠潘氏族谱》（苏州市博物馆藏），同时根据对潘祖谦之孙潘尔卿先生的访谈记录。
④ 外务省情报部编『现代支那人名鑑』東亜同文会調査編集部、1924、1052 頁。

曾"由贡生入李鸿章幕",后又出赀捐了候补道,并由李鸿章委派长芦盐务督销、天津盐务帮办等职。① 上海另一著名绅商李钟珏(字平书),优贡功名,1890 年开始在广东任清厘积案局总办、全省洋务局委员等职。1894 年署陆丰县知县,1895 年署新宁县知县。② 曾任上海总工程局议董的穆湘瑶(字抒斋),举人出身,1905 年始经营棉业、煤炭和纺织业等,亦绅亦商。③ 浙江举人余兆熊曾于 1904 年绣刺古佛围屏八幅呈给皇宫,被授予四等商勋。后来他专程到北京开办绣工科,改良刺绣工艺,因"实能推陈出新,为洋商所推许",又复赏给五品顶戴。④ 浙江镇海人盛炳纪,早年埋首经书,辗转场屋,光绪年间先后为金坛、溧阳、常熟幕友几十年。其后弃职经商,至沪创设泰东面粉公司,旋于汉口创办汉丰面粉公司,并兼任汉口浙江兴业银行分行总理。浙江监生王承准于光绪年间开设织布工厂,因"能以华机纺织东洋各布",由浙江巡抚奖给五品顶戴,"以示鼓励"。⑤

江南以外,全国各地"弃士经商"者也大有人在。在广东,1905 年琼州府绅士曾联合筹议组织轮船公司,"以换利权而维商务"。⑥ 在湖南,1896 年地方绅士王先谦(进士)、张祖同(前刑部官员)和杨巩(候补道台)创设恒丰火柴公司,张祖同和杨巩还联合创办了恒丰木材公司;张和另一位绅士又在长沙创建了一家早期的矿粉精炼厂。⑦

---

① 《上海县续志》卷 22,第 14 页。
② 李平书:《且顽老人七十岁自叙》,《近代中国史料丛刊续编》第 5 辑,台北:文海出版社,1974。
③ 《总工程局上海道禀》,《申报》1907 年 7 月 12 日,第 19 版。
④ 《本部奏请奖给余兆熊沈正恂商勋顶戴折》,《商务官报》丁未第 10 期,光绪三十三年四月廿五日,第 7~8 页。
⑤ 《浙江巡抚廖给鄞县监生王承准奖札》,《时务报》第 48 册,光绪二十三年十一月二十一日,第 9 页。
⑥ 《各省航路汇志》,《东方杂志》第 2 卷第 11 期,光绪三十一年十一月二十五日,第 149~150 页。
⑦ 汪敬虞编《中国近代工业史资料》第 2 辑下册,科学出版社,1957,第 919、875 页。

1902 年监生禹之谟在湘潭开设了一家毛巾厂，次年迁至长河。[①] 在四川，巴县秀才杨海珊租德国商牌在南江门外晒坝设立了一家火柴厂。[②] 1907 年巴县、江津贡生陈祖虞、职员李荣芳、监生周海平，绅粮敖蔚廷等二十六人，禀请巴县知县，要求设瓦窑公司，未获批准。[③] 在山东，烟台的一位生员孙乐修拟设立牲畜公司，抽收经纪费，因章程不妥，未被官方批准。[④] 在福建，有闽县人陈璧，系光绪三年（1877）进士，授内阁中书，后涉足商界，"开办工艺局，兴工业；设纺织局，教女工"。[⑤] 另有生员孙逊在厦门开设一家电灯公司。[⑥] 类似的事例不胜枚举。从这些事例可以看出，晚清士绅之经商营工已不再单纯是偶发逐利或赶时髦，而是从上到下，从南到北，汇聚成一股不可逆转的潮流，蕴含了某种新的社会意义。

促成由绅而商的社会运动的直接原因，首先是因为近代新的生产关系发生后，经济结构的内在变动及社会关系的调整，使传统价值观开始真正失去与之相符的社会现实。在由农业宗法社会向工商业社会的过渡转折中，金钱开始代替功名成为衡量社会成就和社会地位的标志。人们逐渐用经济成就的大小，而不是道德文章的高低来评判一个人的社会价值。"近来身列仕途者，不可不兼明经商之道也。"[⑦] 于是，"由于功名意义的贬值，士大夫们过去那种为世人所瞩目的日子也就一去不复返了"。[⑧] 往昔趾高气扬，目空一切的士人，现在却不得不俯首低眉，亟亟为稻粱谋。《中外时报》上一篇题为《论士人不讲求实业之非》的文章，道出了近代社会中随着士人的"相对贫困化"

① 陈新宪等编《禹之谟史料》，湖南人民出版社，1981，第 4 页。
② 《各省工艺汇志》，《东方杂志》第 1 卷第 10 期，光绪三十年十月二十五日，第 182 页。
③ 四川省档案馆编《四川保路运动档案选编》，四川人民出版社，1981，第 75 ~ 76 页。
④ 《商部要批一览表》，《商务官报》第 7 期，光绪三十二年五月初五日，第 25 页。
⑤ 汪敬虞编《中国近代工业史资料》第 2 辑下册，第 928 页。
⑥ 汪敬虞编《中国近代工业史资料》第 2 辑下册，第 739 页。
⑦ 《论居官经商》，《申报》1883 年 1 月 25 日，第 1 版。
⑧ 乐正：《近代上海人社会心态（1860 ~ 1910）》，第 65 ~ 66 页。

所产生的新一轮"治生"问题，"欲为士则家世寒微，景况窘迫，又无途以就学，始不得不迫而为工，以为糊口之计"。① 新的社会现实要求与之相符的新的价值观念，权势垂青财富，文人趋近商人成为不可逆转的社会趋势。

> 然观于现在之官，则往往以亏本为词，奴颜卑膝，奔走富商巨室之前，求其弥补弥补。②

> 曩所谓转移风俗权操于士者，今且为商所攘。况士气不振，虽有一二明智，顾名思义能矫流俗克守为士之天职也，其碌碌者，或以托业寒素依附商人以救其乏。③

其次，绅士之纷纷转为商人又同晚清科举制度的变革乃至最终废弃有着极大关系。

到晚清，封建士人视之为安身立命之基的科举制度已是流弊丛生，成为维新改革人士的众矢之的。在他们看来，科举制度的突出弊端之一，就是"以八股取士"，造成文人学士的普遍空疏无学（指有助于国计民生的"实学"），无法适应"商战"时代发展社会经济的需要。冯桂芬指斥八股取士的科举制，使中国"聪明智巧之士，穷老尽气，销磨于时文、试帖、楷书无用之事，又优劣得失无定数，而莫肯徙业者，以上之重之也"。④《申报》上一篇名为《论秀才轻重》的文章，也鞭辟入里地指出：

---

① 《论士人不讲求实业之非》，《东方杂志》第 1 卷第 6 期，光绪三十年六月二十五日，第 64 页。

② 《官场亏本发财之比较》，《华商联合报》第 17 期，宣统元年九月十五日，"海内外比较杂志"，第 1 页。

③ 《广商学以开商智说上》，《申报》1904 年 10 月 31 日，第 1 版。

④ 冯桂芬：《校邠庐抗议》"制洋器议"，第 50 页。

今日秀才之多，亦实无地可以位置，举人进士正途也，而百中选一。……此外为商则无本，为农则无力，为文则无艺，刑名钱谷则乏佐治之才，刀笔官司则守怀刑之戒，宇宙虽宽，直无一处可以作寒士之生涯者。①

变革科举考试制度已属势在必行。康有为在 1898 年起草的《请废八股试帖楷法试士改用策论折》中，主张首先废八股试帖，改试策论，内容应包括中外古今的知识，"犹可救空疏之宿弊，专有用之学问，然后宏开校舍，教以科学，俟学校尽开，徐废科举"。梁启超等在著名的《公车上书请变通科举折》中，明言："为国事危急，由于科举乏才。"要求变革科举，请求自下科考试起，"停止八股试帖，推行经济六科，以育人才而御外侮"。梁氏这里所讲的"经济六科"，包括内政、外交、理财、经武、格致和考工，其目的即要通过"专门之学"造就"专门人才"，以培养近代新型知识分子，满足近代社会变革的人才需求。

然而，事实证明，对科举制度进行枝节的变通，并无助于从根本上改变中国"贫于人才"的局面。因此，1905 年清廷终于痛下决心，谕令"立停科举以广学校"，宣布："自丙午（1906 年）科为始，所有乡会试一律停止，各省岁科考试亦即停止。"② 至此，在中国历史上推行长达一千三百年的科举制度终被废除。

科举制度的废除，使读书—升官—发财三者之间失去了天经地义的必然联系，士人再无法抱有"侥幸得第之心"。同时，也使各省数百万童生、数十万生员和数万举贡"生计顿蹙"，不得不抛弃功名，另谋出路，重新确定自己的社会角色。在大批举贡、生员涌向新式学堂谋求教职，一变而为半新半旧的"学绅"的同时，部分士人则硬着

① 《论秀才轻重》，《申报》1883 年 10 月 18 日，第 1 版。
② 《光绪朝东华录》第 5 册，中华书局，1958，第 5392～5393 页。

头皮闯进一向被他们视为贱业的商场，孜孜牟利，沦为亦绅亦商的绅商，开始了向近代工商资本家的艰难蜕变。总之，1905 年废科举之举是强制传统绅士阶层发生大分化，促使绅、商合流趋势空前增强的一大关键，对近代社会阶级关系的调整和重组有着深远的影响。

在近代社会转型和社会流动的相关意义上，如果说由商而绅的广泛渗透体现了近代早期（约为 1894 年甲午战争前）的逆向社会流动，即新兴商人阶层通过附归占统治地位的特权社会集团——传统绅士，而逐渐崭露头角，攀上时代的中心舞台，那么，在甲午战争后迅速升温的由绅而商的转化，则属于符合时代潮流和社会变化趋势的顺向社会流动。诚如有的论者所指出，这种顺向社会流动"在绅士集团转型中具有鲜明的时代特征，它基本上淡化了传统身份的吸附作用，形成了一种新的社会流动现象。这一趋向是由身份社会向职业社会的变动，而这种由职业取代身份地位的变动，本质上就是人的解放过程，是挣脱等级束缚，获取'个性'自由的历史过程，尽管在近代中国，这是极为有限的"。[①] 社会流动的方向取决于近代社会的转型程度。由绅而商的顺向流动取代并压倒由商而绅的逆向流动，既是社会价值定向由虚趋实、由士而商的转变结果，也是社会结构转型明显加快的表征。

第三节　绅商阶层形成的标志

绅与商在晚清社会中进一步相互渗透、合流的结果，是在 19 世纪末 20 世纪初形成了一个与半殖民地半封建过渡社会形态相适应的特殊的绅商阶层。这一新兴社会阶层既有一定的社会政治地位，又拥有相当的财力，逐渐取代传统绅士阶层，成为大、中城市乃至部分乡

---

① 王先明：《近代中国绅士集团转型初探》，《东南文化》1990 年第 4 期。王先明在该文中对近代社会阶级流动中的"逆向渗透"与"顺向渗透"现象作了比较清晰的描述，给予笔者以很大启发。

镇中最有权势的在野阶层。他们集绅与商的双重身份和双重性格于一身，上通官府，下达工商，构成官与商之间的缓冲与中介，起到既贯彻官府意图，又为工商界请命的"通官商之邮"的作用。绅商阶层的形成，既是明清以来绅与商长期对流的结果，更是近代社会历史变动的产物，具有鲜明的时代特征。

一　绅商的内涵

"绅商"一词在19世纪以前的历史文献中绝少使用。明清之际论及绅士和商人合流现象时，多以"士商相杂"谓之。这里的"士商"，通常指士人和商人两类人，偶尔也兼指亦士亦商、浑然一体的群体或个人。如前引归庄《传砚斋记》所云"严氏之先，则士商相杂，舜工又一人而兼之者也"，即暗示严舜工的身份系一亦士亦商的"士商"。19世纪以后，"绅商"或"商绅"的称谓始出现于有关历史文献中，到20世纪初年，已使用得非常普遍。

余英时先生曾引麟庆（1791～1846）自述他1823年任徽州知府事中"劝谕商绅，疏通河道，以妨壅遏"一语，以证其时之"商绅"应分指两类人。余先生又引江苏巡抚费淳在嘉庆二年（1797）所立《重浚苏州城河记》中"于是郡中绅士商民，输金产麇至"一语，以证后来的"绅商"应即"绅士商民"的简化。[①] 应当说余英时先生的判断大抵是不错的，直至20世纪初年，文献中使用"绅商"一词时，多指"绅士和商人"（gentry and merchants），是一个复合性的概念。如1908年《南洋第一次劝业会简章》中"职员"条云："正会长一人，南洋大臣任之。副会长五人，宁藩司、金陵关道、江海关道，余由在股绅商公举绅商学界之有名望者两人。"[②] 此条中后一"绅商"

---

① 参见余英时《士与中国文化》，第574～575页。
② 章开沅等主编《苏州商会档案丛编》第1辑（1905～1911年），第392～393页。

很明显地分指绅士、商人。又如 1906 年《苏省绅商为成立铁路公司呈商部文》中，谓："现经在籍绅商屡次集议，拟集股款一千万元设立苏省铁路有限公司。"这里的"绅商"究竟指什么人呢？紧接着的下文给出了答案："……职等或服官京师，或散处乡里，往复电商，意见相同。"[1] 由此可见，上文所谓绅商系分指绅士和商人这两类人当属无疑。《天津商务总会试办便宜章程》第二十条云："无论绅商，凡有特别条议，果于商务有益，准随时来会声明，以资条择。"从这条史料的语气推断，绅商非常明显地分指两类不同类型的人。

然而，在另一方面不可否认的是，伴随绅士与商人在新的经济基础上进一步渗透、融合，有时二者已是浑然一体，难分彼此，变成某种亦绅亦商，兼具绅、商特征的独特社会群体。这在晚清文献中亦得到清晰的反映。如《上海商业会议公所第一次章程》中提及："特会者，遇有不平之事，欲求伸诉，由受屈之人先三日将事由告知本公所，刊发传单，邀集公正绅商届期同为调处，以评曲直，捏诬者罚。各董事既须入会，即公正殷实绅商。"[2] 如果说前句的"公正绅商"尚不清楚究竟指浑然一体的绅商群体，还是分指绅士和商人，那么后句中的"殷实绅商"一语已可明显感觉到系指由绅士和商人融合生成的新的社会群体。又如官方文书《天津府凌守复陈商务公所情形禀并批》中，有"并委绅商宁世福、么联元、卜煜光、王贤宾等为公所董事"一语。在这里"绅商"一词的单指性已更加明显，而事实上宁、么、卜、王四人均系绅化的商人，亦商亦绅，但又以商的身份为主。在某些官方文书中，我们甚至还看到纯粹单指性的"该绅商"之类的称谓，将"绅商"的招牌挂在某一个人的身上。1906 年《商务官报》上刊登的一则商部《批京西业煤绅商常春等禀》云：

---

[1] 章开沅等主编《苏州商会档案丛编》第 1 辑（1905~1911 年），第 772 页。

[2] 上海市工商业联合会、复旦大学历史系编《上海总商会组织史资料汇编》（上），上海古籍出版社，2004，第 50 页。

> 该绅商所请每年包雇五千车认缴运费自可照准等因。查此案既经北洋大臣核复照准，所有该绅商等设立栈房、运储煤灰一事，自应准其立案。①

这条史料中，官方将商人常春直接称呼为"绅商"（a gentry merchant），使"绅商"一词不再具有"绅士和商人"（gentry and merchants）的复合含义，表明当时绅与商相融合的事实，已在人们观念中得到反映；绅与商已浑然一体，不复可剥离开了。

晚清商会档案文献中使用率很高的另一名词是"职商"。职商是有职衔和功名的商人对商会和官方行文时的自称之词②，其实也就是指绅与商的结合体——绅商。职商与绅商是两个可以互换的概念。有关绅商的内涵，日本人于20世纪初年辑成的《中国经济全书》第1辑中称：

> 次之者为绅商，此中国亦有相当之官阶，或至为官为商，竟不能显为区别，常表面供职于官府，而里面则经营商务也。③

在我们看来，所谓绅商，狭义地讲，就是"职商"；广义地讲，无非指从官僚、士绅和旧式商人向资产阶级转化的一部分人。他们既不再是传统意义上的绅士，也不是近代工商资本家，而是介于二者之间，具有相对统一、明确的经济和政治特征：既从事工商实业活动，又同时享有传统功名和职衔，可以视作新旧时代

---

① 《商部要批一览表》，《商务官报》第17期，光绪三十二年八月十五日，第8页。
② 在晚清商会档案中，"职商"的称谓俯拾皆是，如"具禀麟记烟卷有限公司县丞职衔纪臣汾禀为阻扰销路，恳请移行出示保护事：窃职商创设公司制造纸烟，已由贵会详请农工商部注册立案各在案……"［天津市档案馆等编《天津商会档案汇编（1903～1911）》，第1169页］由这条史料已可证职商为有职衔之特殊商人。
③ 《中国经济全书》第1辑，两湖督署藏版，1908，第119页。

之间的一种过渡性社会阶层。绅商阶层的社会结构特征，如图2-1所示。

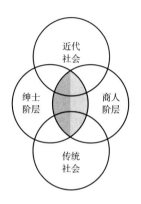

图2-1 绅商阶层社会结构特征

从图2-1的阴影部分可见，绅商处在传统与近代、士绅与商人的交会点上，成为传统社会阶级力量向近代社会阶级力量过渡的"承载物"和"中转站"。美国学者费正清主编的《剑桥中国晚清史》也认为绅商是一个新兴的社会阶层。

> 商、绅、官已形成一个新的绅商社会阶层，但此时尚未变成一个佼佼的资产阶级。在大商埠，绅商的数目很大，致使他们的日常生活方式、价值观、社会和政治倾向都变得十分与众不同。但是他们仍然缺乏一个完全的统一目的。并且对传统的乡土和宗族关系仍承担着强烈的义务。①

亦绅亦商的"绅商"与"学绅"（从事新式教育的绅士）两大社会群体发生密切的联系，构成近代中国"新派绅士"的中坚，与传统绅士相区别。当然，就"绅商"本身而言，内在的"商"的气质已

---

① 〔美〕费正清编《剑桥中国晚清史》下卷，第470页。

大于外在的"绅"的招牌，其总的发展趋势是由传统社会之绅向近代社会之商进化，虽绅、商特性兼具，但又以商的身份为指归。

由明清以来散在的、缺乏明确共同特征和共同利益的绅商而形成为近代绅商阶层，不仅需要相应的数量规模，使之成为覆盖全国的普发现象，而且需要一个"由散而聚"，"连点成线"的社会凝聚过程，使之逐渐从传统社会阶层中分离出来，开始具备独立社会阶层的明确社会特征。在这一过程中，1905 年前后各地商会的普遍设立成为绅商阶层正式形成的重要标志。

二　谕设商会的意义

创设商会是晚清重商主义的重要内容之一。早在 19 世纪末年，维新思想家们即发出了仿效西方、设立商会的呼声。1896 年，陈炽在《续富国策》一文中提出应立商部、设商会，以"恤商情、振商务、保商权"。[①] 同年，张謇也撰写了《商会议》一文，认为如无商会组织，"则商无校能之地"。主张"各行省宜有（商务）总会，各府宜有分会"，并报请督抚"为之主持、保护"。[②] 戊戌变法期间，康有为曾多次向光绪皇帝呈递兴商学、办商报、设商会的条陈。但由于当时历史条件尚不成熟，新兴资产阶级还没有发展成为一支独立的社会阶级力量，随着"百日维新"的夭折，商会的种子也被压抑而难以破土崛出。20 世纪揭幕之后，随着民族资本主义经济的初步发展，早期资产阶级愈发感受到传统的会馆、公所等商业组织毕竟是中世纪封建经济的产物，不能适应近代商业社会的需要，他们更加迫切地期望建立商会这样一个联络工商各业、维护自身利益的近代社团组织，他们提出：

---

① 引自赵靖、易梦虹主编《中国近代经济思想资料选辑》中册，中华书局，1982，第 84 页

② 《商会议》（1898），李明勋、尤世玮主编，《张謇全集》编委会编《张謇全集》第 4 册，上海辞书出版社，2012，第 26 页。

> 欲兴商务，必以各设商会，始行之有效，各商会再联一大商会，庶由点成线，由线成面，内可与政府通商人之情况，外可与各国持商务之商涉，非设商会不为功也。①

当时，全国从上到下，从官方到民间几乎都把振兴商务，使中国富强的希望寄托在商会身上。晚清商会正是在这种重商主义的时代氛围中应运而生的。

1898 年以后在清廷授意下，各省始陆续设立商务局，以作为管理工商事务的准官方机构。该局"大都选派候补道府各员作为驻局总办"②，官商殊途，门禁森严，根本无法起到振商保商的作用。因此1902 年以后，始有商业会议公所这类组织出现。如果说商务局距近代商会尚相当遥远，只不过含有一点商会的芽蘖，那么，商业会议公所则已经是商会的胚胎形态，绅商在其中起着重要作用。于 1902 年创设的上海商业会议公所由盛宣怀拟定宗旨为："痛除官场习气，随时随事集各商切实考求利弊。"③ 札委中国通商银行总董、候补道员严信厚为总理，试用道、四明公所商董周金箴和候补道毛祖模为副总理（毛似未到任）。又由严信厚、唐杰臣、梁鲸堂、陈润夫、朱葆三五名绅商担任总董，并组成董事会，主持公所事务。这五名有职衔的总董分属于四明公所、广肇公所等大商帮和银钱、汇业、茶业、五金洋货业等大的行业。另外，"就南北市各行业各举商董二人入会，名曰议员"。④ 这些来自各行业为数 75 人的议员和会员约等于后来商会的会

---

① 《书税务司理财要略后（录新闻报）》，《江南商务报》第 2 期，光绪二十六年二月十一日，"列说"，第 4 页。

② 《商部奏请各省商务局员酌充议员折》，《东方杂志》第 1 卷第 11 期，光绪三十年十一月二十五日，第 119 页。

③ 盛宣怀：《愚斋存稿》卷 7，沈云龙主编《近代中国史料丛刊续编》第 13 辑，台北：文海出版社，1975，第 220 页。

④ 《上海商业会议公所第一次章程》，严廷桢编《上海商务总会历次奏案禀定详细章程》，上海集成图书公司，1907，第 4～6 页。

员，据此，有人称上海商业会议公所为"中国第一商会"。该公所 80
余名总董、议员和会员中，身份可考者，有 27 人系有职衔的绅商，
约占 33.75%。[1] 1903 年，天津绅商仿照上海商业公所，创设天津商
务公所，公举并经袁世凯委任盐商、花翎二品顶戴河南补用道王贤
宾，花翎三品衔候选知府、买办宁世福等为公所总董，各行业大者公
举董事两名，小者一名随时赴公所讨论有关商务各事项。其章程规
定："凡有于商业不便之事，应即设法改革，如有众商乐办尚须本公
所提倡者，本公所亦应相机筹办。"[2] 此外，广州和汉口也于 1902 年
分别创设了商业会议公所和商会公所。商业会议公所一类组织可以视
作由名实不尽相符的商务局向商会转化过渡的中间组织，它们起到了
"创商会之先声，促商务之进步"[3] 的历史作用。

我国之有正式的商会，当始于 1904 年初清政府颁行《商会简明
章程》二十六条，谕令各省迅即设立商会，规定："凡属商务繁富之
区，不论系会垣，系城埠，宜设立商务总会，而于商务稍次之地，设
立分会。"[4] 上海首于该年初在商业会议公所基础上改设商务总会，
"修正章程"，订"试办详细章程七十二条，举绅商严信厚为总理，徐
润为协理，周金箴为坐办"。[5] 同年 11 月天津商务公所也改组为商务
总会，公举绅商王贤宾为总理，宁世福为协理，么联元为坐办。[6] 在
此前后，江宁（今南京）、广州、重庆、苏州、杭州等地也相继创立
商务总会。到 1905 年底，全国共创设商务总会和分会约 70 个，而次
年（1906 年）一年之内即设立商务总、分会 102 个。与此同时，外

---

① 据徐鼎新、钱小明《上海总商会史（1902~1929）》，上海社会科学院出版社，1991，
第 43~47 页表。
② 天津市档案馆等编《天津商会档案汇编（1903~1911）》，第 3 页。
③ 上海市工商业联合会编《上海总商会议事录》第 1 册，上海古籍出版社，2006，第
22 页。
④ 《商部奏定商会简明章程二十条》，《大清新法令 1901~1911》第 4 卷，第 224 页。
⑤ 《上海总商会概况》，上海总商会，1928 年编印。
⑥ 《天津商会档案全宗》（128），二类，天津市档案馆藏，卷 251。

洋各埠的华侨商人也纷纷创设中华商务总会。

商会在全国范围内的普遍设立，标志着绅商已作为一个新兴的社会阶层正式登上历史舞台。绅商不仅是各地商会的倡设者，而且是各级商会组织的实际把持者。就绅商在商会中的地位和人数看，称商会为绅商团体，似乎并不为过。如天津商务总会第三届（1907）总理、协理、坐办和14名会董，小到候选从九品，大至二品候补道，全都捐有官衔或功名（参见表2-3）。

表 2-3　天津商务总会第三届（1907 年）总协理及会董名单

职务	姓名	籍贯	职衔	执业行号
总理	王贤宾	天津	花翎二品顶戴河南补用道	中立店鹾务财东
协理	宁世福	天津	花翎三品衔候选知府	新泰兴洋行财东
坐办	刘承荫	天津	候选同知	公记粮行财东
会董	黄玉坤	天津	同知衔候选州同	义泰昌洋布庄财东
会董	曹永源	天津	五品蓝翎候选县丞	大来生机器磨房财东
会董	刘锡保	天津	同知衔	桐达银号执事
会董	张文翰	天津	候选从九品	裕丰泰绸缎庄财东
会董	李向辰	天津	生员	信诚源米庄财东
会董	胡维宪	天津	候选同知	溢源银号执事
会董	顾文翰	天津	五品衔候选主簿	天长仁洋行财东
会董	纪联荣	天津	同知衔	敦庆隆绸缎庄财东
会董	张维骐	天津	五品封职	和泰洋布庄执事
会董	徐　诚	天津	花翎二品衔广东补用道	麦加利银行执事
会董	郑金鼎	天津	蓝翎守御所千总	桐达银号执事
会董	杨庆林	天津	蓝翎同知衔	森记杂货庄铺东
会董	朱嘉宽	天津	府经历衔	公裕厚银号执事
会董	季长泰	天津	候选从九品	成发粮号执事

资料来源：天津市档案馆等编《天津商会档案汇编（1903~1911）》，第109页。

1906~1911 年在直隶各州县建立的 48 个商务分会，其会董也几乎无一不捐有功名或职衔。[①] 唯分会董事所捐功名、职衔以监生、九品等低级价廉者为多。如静海县独流镇宣统二年（1910）商务分会所开具"董事衔名表"中，共列董事 36 名，其中监生 10 名，九品 6

---

① 《天津商会档案全宗》（128），二类，总会及各地分会名册。

名，两类合占44%（参见表2-4）。汉口商务总会第一届（1907年）至第四届（1911年）6名总、协理（二人曾任两届）全部为有职衔的大商人。其中第一届总理卢鸿沧系浙江鄞县人，江苏补用道，汉口交通银行经理；协理刘歆生系湖北夏口人，候选道，东方汇理银行买办。[①] 清末上海商务总会各届总、协理也全是绅商，如第二届总理曾铸（字少卿）系花翎二品封典候选道，福建帮商人；协理朱葆三（字佩珍）系三品衔候选道，五金洋货业商人兼怡和洋行买办。[②] 而苏州商务总会及下属八个商务分会的成员几乎全部都是享有各种职衔或功名的绅商（参见表2-5）。广东的情况稍有不同，从1905年到1908年成立的29个商务总、分会看，总、协理及会长共31人，其中27人是有职衔的绅商，占总人数的87%。[③] 尽管有的研究者强调在广州绅士与商人之间往往处于矛盾对立状态，但是从自我标榜为纯粹商人组织的粤商自治会看，其骨干分子或为同知职衔，或享有拔贡、生员功名，仍然为绅商所把持。[④] 这就意味着，在广州同样也存在绅商阶层，"士绅和商人之间确实难作明显的区分"。[⑤] 即如偏远的西南重镇重庆，自1905年10月设立总商会以来，历届总、协理和会董也几乎全是绅商。如商会第一届总理系号称"西南首富"的重庆最大票号天顺祥的老板，分省补用知县李正荣（字耀庭），协理为候选布经历杨怡。[⑥] 甚至连外

---

① 参见皮明庥《武昌首义中的武汉商会、商团》，中华书局编辑部编《纪念辛亥革命七十周年学术讨论会论文集》上册，中华书局，1983，第332页。

② 参见丁日初《辛亥革命前的上海资本家阶级》，中华书局编辑部编《纪念辛亥革命七十周年学术讨论会论文集》上册，第296页。

③ 参见邱捷《广东商人与辛亥革命》，中华书局编辑部编《纪念辛亥革命七十周年学术讨论会论文集》上册，第362~396页。

④ 参见《广州文史资料》第7、9、17辑及《粤商维持公安会同人录》等。

⑤ Edward J. M. Rhoads, "Merchant Associations in Canton, 1895-1911," in Mark Elvin and George Willam Skinner eds., *The Chinese City between Two Worlds*, California: Stanford University Press, 1974.

⑥ 《商部咨札委李正荣杨怡为重庆商务总会总理协理文》，《四川官报》第13册，乙巳五月下旬，"公牍"，第1页。

洋各埠中华商务总会的主持者，也大都通过捐纳报效而邀有清政府颁给的职衔、封典和顶戴。例如，位于爪哇万隆的渤良安商务总会总理杨明简，原籍福建，为花翎道衔知府；副总理陈云龙为广东人，五品功牌。泗水商务总会正、副总理李炳耀、蒋报科均系福建人，道衔。[①]如此等等，不胜枚举。

表2-4　天津静海县独流镇商务分会会董名单（1910年）

职务	姓名	衔名	年龄（岁）	所营商业
总理	朱尔濂	候选通判	43	乾合顺酒行
评议董事	张俊臣	附生	40	文成泰布行
评议董事	张曰贤	九品	58	四聚成草行
评议	孙鸿文	五品附生	58	三瑞堂酒行
评议	韩金铎	武生	54	瑞德隆醋酱坊
会计	张忠贤	县丞	33	酒行
会计	王炬荧	监生	38	烟土行
庶务	刘恩铭	附生	41	酒行
庶务	刘逢源	附生	40	酒行
文牍	朱凤彤	廪生	35	粮行
行董	宋恩霖	廪生	32	酒行
行董	贾祥荣	廪生	60	钱行
行董	宋云书	五品	66	酒行
行董	张恩多	武监	56	酒行
行董	孙鸿典	九品	38	酒行
行董	侯维程	九品	37	布行
行董	刘元第	监生	59	粮行
行董	蔺杏林	五品	59	粮行
行董	阎金铎	五品	58	木行
行董	夏如春	中书衔附生	37	杂粮酒行
行董	王万贤	中书衔附生	51	杂粮酒行
行董	刘树芬	中书衔附生	41	干鲜杂货行
行董	王兆庆	中书衔附生	52	醋酱坊
行董	贾作霖	中书衔附生	41	山东油行
行董	刘桂林	中书衔附生	61	蒲苇席行
行董	周青选	九品	45	煤灰行
行董	张曰贤	九品	38	草行
行董	王炬荧	监生	38	烟土行
行董	郝桂岩	从九品	40	锡器行
行董	王毓棠	监生	53	茶食行
行董	左宝明	监生	55	糖稀行

① 据光绪三十四年（1908）《农工商部统计表》。

续表

职务	姓名	衔名	年龄(岁)	所营商业
行董	杨玉成	监生	66	蒲包行
行董	王楷	监生	38	过货行
行董	吴玉发	监生	52	烟叶行
行董	王恩俊	监生	38	羊肉业
行董	张万起	监生	50	猪肉业

资料来源：天津市档案馆等编《天津商会档案汇编（1903～1911）》，第261～264页。

表2-5 苏州商务总、分会职员功名、职衔统计

单位：人

会别	合计人数	三品职衔	五品职衔	六品职衔	候补、试用知府	候选郎中、员外郎	候选同知、州同	候选州同、州同衔	都察院都事衔、光禄寺署正衔	布政司理问衔	按经历、府经历	太常寺博士、中书衔	候选通判、州判	候选县丞、知事	盐大使、盐提举衔	试用训导、八品军功	从九职衔	进士	举人	贡生	监生、武生、附生、童生
苏州商务总会(1908年)	65																				
总协理	2							1											1	1	
议董	16	1	—	—	1	3	1	1	1	1		2			3				1	1	
会员	44					1	3	1	4	1	4	2	2	4	3	1	6			2	6
名誉会员	3																3				
平望商务分会(1909年)	30																				
总理	1																				
议董	9		3																		
会员	20		2													1					16
江震商务分会(1906年)	39																				
总理	1																				
议董	10		2						1					1					2		4
会员	28		2					1												1	24
昆新商务分会(1907年)	32									1											
总理	1									1											
议董	8		2														1				
会员	23		2														1	1		4	15

资料来源：《苏州商会档案》第68卷、第5卷、第8卷有关资料。

以各地商会的纷纷设立作为绅商阶层正式形成的重要标志，这不仅是因为商会在人事上基本为绅商所把持，更重要的还在于，商会的出现使绅商阶层得以在合法形式下迅速团聚，开始突破同乡、同业的狭隘范围，进而联袂组合到一个区域性的商界共同体中，在正在来临的近代商业社会中发挥更大的社会作用。诚如商部的一篇奏折所说：

> 中国历来商务素未讲求，不特官与商隔阂，即商与商亦不相闻问。不特彼业与此业隔阂，即同业之商亦不闻问。计近数十年间，开辟商埠至三十余处，各国群趋争利，而华商势涣力微，相形见绌，坐使利权旁落，浸成绝大漏卮……现在体察情形，力除隔阂，必先使各商有整齐画一之规，而后臣部可以尽保护维持之力。则今日当务之急非设立商会不为功。①

这段话虽是针对整个商人阶层而发，但对绅商这个特殊的社会阶层同样适用。正是借助于商会的胶合力，绅商的阶层属性和特征乃至于政治归宿都日趋明朗了。也正是凭借商会的组织网络，绅商的社会影响力开始从通商大埠弥漫到周围城镇，从沿海地区辐射到广大内陆腹地。

三　绅商的数量估计

19 世纪末、20 世纪初年绅商人数激增，是绅商阶层形成的另一个重要表征。前面已提到，捐纳制度构成绅商来源的主要渠道，明代和清前期虽也不乏商人捐官之例，但毕竟还不成其为一个带普遍性的社会问题，其数量规模也极为有限；商人竞相捐纳，如潮水般涌入绅士群体，主要发生在咸、同以后。根据对 1907 年苏州、吴江、昆山、

---

① 天津市档案馆等编《天津商会档案汇编（1903～1911）》，第 20 页。

新阳等地约 80 名绅商年龄情况统计，最大的 70 岁，出生于 1837 年（张履谦，苏州典商，三品衔户部郎中），最小的 28 岁，出生于 1879 年（张圣祥，昆山染业商人，监生），平均年龄为 47 岁。[1] 另对天津和静海县独流镇 1910 年约 60 名绅商的年龄统计，最大的 68 岁，出生于 1842 年（芮玉坤，天津洋布商人，同知衔候选州同），最小的 32 岁，出生于 1875 年（宋恩霖，独流镇酒业行董，廪生），平均年龄为 51 岁。[2] 据此可推知，那批活跃于清末民初社会生活中的绅商，其可能进行捐纳功名、职衔的时间，一般当在咸、同、光、宣四朝，即 1851～1911 年这 60 年间。[3] 而商人捐纳最为集中的时间，又当在光绪一朝，即 1872～1908 年这 30 余年间。换言之，绅商人数激增的现象主要发生在 19 世纪和 20 世纪之交，是近代社会阶级关系剧烈变动、调整的产物。此外，普遍采用"官督商办""官商合办"等企业创办形式，以及前文提到的 1905 年科举制废除，也是造成绅商人数激增的重要社会原因。

那么，清末全国到底有多少绅商？由于资料缺乏，很难作出比较准确的数量估计。最近几年得以整理出版的天津和苏州两地的较为系统的商会档案，为我们评估当地的绅商数量提供了较足征信的原始资料。根据对苏州商会档案和其他地方史料的综合考证，苏州城厢的绅商人数，有功名、职衔可考者和无征者，合计在 200 人左右，主要任职于商务总会、商团、各业公所，约占该城绅士总人数的 10%，占总人口的 0.04%。[4] 由于苏州地区众多的小市镇一般商品经济和文化都

---

① 据《苏州商会档案丛编》第 1 辑（1905～1911 年），"总会组织沿革""分会概况"中的职员衔名清册。

② 据《天津商会档案汇编》"商会组织状况"中有关职员衔名清册。

③ 在有关商会档案中见到的最晚的一例商人捐纳，系苏州鞋商、浙江绍兴人黄驾雄于宣统元年（1909）纳资捐一监生衔。

④ 有功名、职衔可考者系根据《清末苏州商会档案》《苏州商团档案汇编》《明清苏州工商业碑刻集》等资料统计，约得 100 余人，无考者数字系笔者根据各种零星资料所见估算，可能有一定出入。

比较发达，因此乡镇上的绅商也不在少数。仅吴江、震泽、盛泽、昆山、新阳、梅里等六个县、镇有功名和职衔可考的绅商就近200人。[①]依据天津商会档案，直隶49个商务总分会的会董和行董两类人几乎全系有各种功名职衔的绅商，据此推断，清末直隶省的绅商人数约为1000人。其中天津绅商近百人，约占10%。

至于全国绅商的数量规模，唯一可供统计、评估的资料，是清政府于1908年和1909年所编制的《农工商部统计表》和民国政府农商部于民国初年刊印的第一次和第二次《农商统计表》。在这些统计表中，对全国的商会数、商会会董和会员数等分别作了初步的统计。由于统计技术上的原因，这些统计一般都较为粗率，错漏也较多，但在没有其他更为精确的统计资料可供参照的情况下，上述资料对于我们考究晚清绅商的数量规模仍有一定的价值。

从清政府的两次统计中，我们大体可以知道1908年前后商会会董和会员的人数总和为7784人，但若以此作为推算绅商规模的依据，时间上似偏早了些。因为1908年尚处于"劝办商会"的阶段，全国大约还有四分之一的省、市尚未成立商务总会，有三分之二以上的县、镇尚未成立商务分会。因此，比较可取的做法，是以民国元年（1912）的商务总会和分会会董数字作为估算近代绅商人数的基数。之所以取商会会董人数为基数，是因为根据各地的有关资料，商会会董（包括天津、上海等地的行董）一般为有功名、职衔的绅商，而商会的一般会员则多系一般工商业者。像晚清苏州商会那样总会和分会会员几乎全系清一色绅商的情况，在全国其他各地（尤其是内地）并不多见。综合民国元年和民国二年两次统计表的数字，我们得出1912年全国绅商人数估计表，见表2-6。

---

① 据《清末苏州商会档案》中"商务分会职员衔名清册"统计。

表 2-6　1912 年全国绅商人数估计

地区	绅商人数（人）	百分比（%）	地区	绅商人数（人）	百分比（%）
京师	154	0.70	浙江	2384	10.83
直隶	1799	8.17	湖北	463	2.10
奉天	1368	6.21	湖南	485	2.20
吉林	405	1.84	陕西	116	0.53
黑龙江	32	0.15	甘肃	109	0.50
山东	917	4.17	新疆	15	0.07
河南	977	4.44	四川	1841	8.37
山西	547	2.49	广东	3527	16.03
江苏	2578	11.71	广西	900	4.09
安徽	335	1.52	云南	148	0.67
江西	1617	7.35	贵州	173	0.79
福建	1118	5.08	合计	22008	100

资料来源：《民国元年第一次农工商统计表》《民国二年第二次农工商统计表》。

从以上较为保守的估算中可知，近代绅商阶层的最低基数为22000 余人，人员分布于全国各地，其中以广东、江苏和浙江等东南沿海地区人数最多，约占 38.57%，内地和边疆地区则相对稀少。这同江浙地区商品经济和教育较为发达，绅商对流相对频仍不无关系。倘若从宽估计，即将江浙地区的商会会员全部视作绅商（事实上江浙绝大多数地区的确如此），那么 1912 年前后全国绅商较高估计数字约5 万人。考虑到统计本身的疏漏和某些绅商可能没加入商会，无法加以统计，以约 5 万人作为近代绅商的概数可能是比较合理的。以 5 万人计，近代绅商人数约相当于绅士阶层总人数的 3.3%，约占全国人口的 0.01%。[①]

---

① 绅士阶层总人数据张仲礼的估计数字：150 万人；全国人口总数据珀金斯对 1893 年中国人口的估计数字：38500 万人。

　　种种征候表明：19 世纪末 20 世纪初，绅商阶层已作为近代中国一个特殊的社会阶层而崭露头角。他们人数虽不算太多，但跨居绅士和商人两大社会阶层之间，上通官府，下达工商，集权、钱于一身，把持着最重要的社会组织——商会，具有不可低估的社会活动能量。

第三章

"人以群分"

——绅商的社会解析

人以群分，物以类聚。

——格言

第一节　士人型绅商

一　"贾而好儒"的儒商

若按受教育的程度和与儒学文化关系的深浅来划分，绅商阶层可以区分为士人型（士商）和普通型（民商）这两大类型的社会群体。前者受儒学文化的浸染甚深。"言商仍向儒"（张謇语），与其说是商人，倒更似一介儒士。后者则一门心思逐利发财，绅士的招牌不过用来唬人而已，对儒家经典和伦理亦无多大兴趣，颇似于近代那种专事"吃教"（靠教会供养）的教民。近代绅商中，真正的"士商"为数并不太多，但他们以其知识和涵养而构成绅商阶层的中坚，成为各地绅商的领袖人物。

近代"士商"（即士人型绅商），同明清时期"贾而好儒"的儒商一脉相承。从明清"儒商"的身上我们可以捕捉到近代"士商"的若干特征。

明清时期的儒商有些是已博得功名的儒生，但更多的则是没有功名的普通商人，他们行为方式的共同特征是对儒学有浓厚、持久的兴趣，"虽为贾者，咸近士风"。[①] 嗜书如命，乐此不疲。如苏州洞庭山商人施凤（字鸣阳）随其父在江北经商，无时不忘情于书，"书执烹饪，夜勤诵读，或行道中默诵所肄，人莫觉也"。[②] 有的儒商不仅是饱学之士，而且在学术上也有相当造诣。苏州人钮树玉是清初著名经学家，同时又是贩运木棉的行商，融业儒与经商为一体，相得益彰。

业贾贩木棉，舟船车骡之间，必载经史以随。归则寂坐一室，著书终日。每负贩往来，必经邢上，留与邑中经学之士讲论数日乃去。[③]

在儒学经典的熏陶下，儒商直接受到儒家道德伦理规范的影响，从外在行为方式到内心世界均与正统儒生无别，他们"商名儒行"，身在沽肆中，志在阿堵（钱财）外，并不过分计较钱财，倒更看重自身的名节与修养。"有大志，不局局锥利间，治贾不暇给，而恂恂如儒生"[④]，这就是儒商的自画像。以下数例，可以加深我们对儒商德行、气质的认识。

---

① 戴震：《戴震集》上编《文集》卷12 "戴节妇家传"，上海古籍出版社，1980，第257页。

② 王鏊：《东冈高士传》，《王鏊集》，上海古籍出版社，2013，第323页。

③ 李斗：《扬州画舫录》卷10，江苏广陵古籍刻印社，1984，第234页。

④ 《新安歙北许氏东支世谱》卷3《鸢溪传》，转引自张海鹏、王廷元主编《明清徽商资料选编》，第453页。

徽商黄敬宗，幼时读场屋（科举别称）书，年纪稍长，因家庭变故而"堕功名事"经商。在往来各地经商途中，黄氏时常"以墨池交结天下士，见者谓其有元龙之象"。经商大发后，黄氏遂腰缠十万贯归乡闲居，筑庭园，凿渠引流栽花植竹，"日与二三老徜徉其间，或论文，或抚琴，且夕无倦容"[1]，怡然自得地过上了"隐士"日子，于贸迁逐利事全无眷恋。

徽商郑作，号方山子，以曾读书方山中名之。弃儒为商后，不改初衷，"挟束书，弄扁舟，孤琴短剑，往来宋梁间"。识者谓其"虽商也，而实非商也"[2]。意指他表面上是个商人，骨子里却是个儒生，所以"实非商"。

徽商孙大峦，婺源人，曾援例入国学生，气量恢宏，"好与文人学士游，多闻往古嘉言懿行，开拓心胸，故能扫尽市井中俗态，虽不服儒服，冠儒冠，翩翩有士君子之风焉"。其后代也是"衣冠济济，玉树森森，读鸿渐之经，服贾咸蒙乐利"[3]。

鄂商张本列，为人慷慨磊落，广交游，所与往来皆一时名士。又"性朴素少文，笃于孝友"。因憾于不能在科试中"扬名显亲"，故凡是有名望的士人经过其地，"必折简招致其家，极欢而罢"[4]。

同普通商贾相较，儒商不仅一扫"市井俗态"，恂恂"有儒者风"，具备某种独特的书卷气、文人气，并且多以儒家伦理道德律己，仗义疏财，恤孤济贫，对家族和社会有着自发的责任感和强烈的义务感，认为"用财于此，义莫大焉"。如徽商吴国锦，系清代休宁和村

---

[1] 《新安黄氏会通谱·黄处士仲荣公墓志铭》，转引自张海鹏、王廷元主编《明清徽商资料选编》，第438~439页。

[2] 歙县《郑氏宗谱·明故诗人郑方山先生墓图志》，转引自张海鹏、王廷元主编《明清徽商资料选编》，第450~451页。

[3] 婺源《湖溪孙氏宗谱》卷1《萃峰孙公传》，转引自张海鹏、王廷元主编《明清徽商资料选编》，第454~455页。

[4] 《刊水张氏宗谱·柳溪处士传》，湖北省武穴市档案馆藏。

人，由经营盐业而致富，时常接济乡人，"姻族邻里之缓急不能婚葬者，皆力为周济，六十年如一日"。[①] 鄂商宋胜庵，"家故素封，性慈祥，喜于周急……族中有贫不举火者，亦时行赈恤焉"。[②] 刊水（位于鄂东）商人张健斋，"每值荒旱，捐数千金，济族中贫乏者"。[③] 商人柯敬传也是乐善好施，"造桥梁以资利涉，构驿亭以荫渴人，倾襄捐以赒恤族党"。[④] 明清儒商还融儒家伦理于经商活动之中，"以儒术饰贾事"，从而形成与西方商业传统大不相同的东方"贾道"。这种贾道基于儒家"天人合一""极高明而道中庸"的哲理，以仁、义、礼、智、信、诚等儒家道德规范为其内核，将经商营工视同为治家、治国的大事，讲究宽容大度、至诚待人、信用第一、义在利先等经商原则，反对唯利是图、见利忘义的做法。典型有如徽商鲍雯，其《墓志铭》中说："君少敦敏，喜读书，手录六经子史大义，积数十箧。"因父丧而弃儒就贾后，"虽混迹廛市，一以书生之道行之，一切治生家智巧机利悉屏不用，惟以至诚待人"。这显然是一个大智若愚的人物，但其"贾道"居然也奏效，"人亦不君欺，久之渐致盈余"。[⑤] 具有类似品质的还有潭渡商人黄长寿，"少业儒，以独子当户，父老，去之贾。以儒术饰贾事，远近慕悦，不数年赀大起"。[⑥] 薄利多销的做法亦属儒商所尊奉的"贾道"之一。如书贾陶正祥即大行此道：

> 与人贸易书，不沾沾计利所得。书若值百金者，自以十金得之，止售十余金。自得之若十金者，售亦取余。其存之久者，则

---

① 嘉庆《休宁县志》卷14《人物·孝友》。

② 《宋氏宗谱·宋胜庵先生传》，湖北省武穴市档案馆藏。

③ 《刊水张氏宗谱·健斋公暨郭烈女合传》。

④ 《柯氏宗谱·传》，湖北省武穴市档案馆藏。

⑤ 《歙新馆鲍氏著存堂宗谱》卷2《鲍解占先生墓志铭》，转引自张海鹏、王廷元主编《明清徽商资料选编》，第451页。

⑥ 歙县《潭渡黄氏族谱》卷9《望云翁传》，转引自张海鹏、王廷元主编《明清徽商资料选编》，第449页。

多取余。曰："吾求赢余以糊口耳。己好利，亦使购书者获其利。人之欲利，谁不如我？我专利而物滞不行，犹为失利也。"以是售书甚获利。①

这位书商所阐明的大道理，与一般庸商锱铢必较的做法真是大异其趣，似乎也聪明许多。当然儒商的"贾道"也并非无往而不利，有时也会遭到挫折，如明代新安商人张朴，"以儒贾不肯事龌龊琐屑，较计锱铢，滋息日亦薄，赖伯兄善征逐，家稍隆起"。② 要不是在商场中"善征逐"的伯兄出手帮忙，这位好心肠的儒商很可能会蚀财破产。可见"以儒服贾"需要一定的社会文化环境与之相适应，不可一概而论。

近代"士商"群体全盘继承了明清时期"儒商"的传统和特性，又在近代历史条件下加以调整，融入新的时代内容，从而形成独具一格的个性特征。下面，将结合两个典型的近代"士商"人物，作进一步的分析。

二 张謇与经元善

"状元资本家"张謇系最为典型的士人型绅商，有关他的传记是车载斗量，无须再作赘述，我们仅想围绕其"士商"的性格特征，做些新的探索。

自1896年筹办大生纱厂之日始，张謇即开始了向近代绅商的蜕变过程。作为"介官商之间，兼官商之任，通官商之邮"的过渡性人物——绅商，张謇的性格特征一言以蔽之，即"言商仍向儒"。诚如

---

① 孙星衍：《清故封修职郎两浙盐课大使陶君正祥墓碣铭》，《孙渊如先生全集·五松园文稿》卷1，载《四部丛刊初编》集部第299册，上海书店出版社，1989，第35页。

② 《新安张氏续修宗谱》卷29，转引自张海鹏、王廷元主编《明清徽商资料选编》，第451页。

章开沅先生所言："张謇虽然一只脚已经跨进企业家群体，躯干和另一只脚却仍然处于士人群体。"①

"言商仍向儒"，说明张謇虽然跨于士人和商人两大群体之间，兼具士与商的社会特征，但基本认同点仍在于士。商不过是张謇借以实现自己人生抱负的手段和形式，以儒家道德规范为标的的士才是他赖以生根立命之基。这是"言商仍向儒"的第一层内涵。张謇的这一人生选择同他曲折的生活经历不无关系。出生于江苏海门一个富裕农民兼小商人家庭的张謇，从 15 岁就开始了漫长的科试生涯，其间不知经历过多少寒窗苦读的艰辛、场屋蹉跌的惆怅。同治十二年（1873），时年 20 岁的张謇参加江南乡试再度落榜后，不无伤心地在当天的日记中记道："是日传各处新捷讯，风声鹤唳，纷纷不一，余自知康了（即落第之意）矣。三场辛苦，徒结灯火之缘；千里往来，权了文章之债，穷达信有命，念群公知遇之恩，不能不耿然于方寸耳。"② 历经二十六度寒暑的曲折坎坷，在大小近 30 余次场屋搏杀之后③，张謇终于在年逾不惑之际达到了士人生涯的最高目标——状元及第。他不无感慨地在当天的日记中写道："栖门海鸟，本无钟鼓之心；伏枥辕驹，久倦风尘之想。一旦予以非分，事类无端矣。"④ 看来，旷日持久的追求，反倒使张謇多少看淡了功名利禄与宦海沉浮。但不管个人志趣如何，在这崎岖而漫长的场屋生涯中，儒家伦理道德观念已深深印在张謇的脑海之中，他的士人心态和人生观早已定型。

正因为如此，当为时势所迫不得不置身历来被士大夫视为末业的商界时，张謇内心的矛盾和痛苦是难以言喻的。他曾自述初创大生纱

①　章开沅：《开拓者的足迹——张謇传稿》，中华书局，1986，第 88 页。
②　《柳西草堂日记》，同治十二年（1873），《张謇全集》第 8 册，第 4 页。
③　此据章开沅《开拓者的足迹——张謇传稿》第 19～21 页"考试详表"。《柳西草堂日记》光绪十八年（1892）四月十一日曾记："合戊辰以后，计凡大小试百四十九日在场屋之中矣。"参见《张謇全集》第 8 册，第 343 页。
④　《柳西草堂日记》，光绪二十年（1894），《张謇全集》第 8 册，第 379 页。

厂时的黯然心境：“驵侩黠吏阴嗤而阳弄之者比比皆是，然而闻谤不敢辩，受侮不敢怒，闭目塞耳，趱程盲进。”① 在《为纱厂致南洋刘督部书》中，他也曾抱怨道：“抑三载以来，謇之所以忍侮蒙讥，伍生平不伍之人，道生平不道之事，舌瘁而笔凋，昼悲而夜恢者，不知凡几。”② 由“蒙世疑谤，不可穷诘”等外在因素所造成的心理压力倒在其次，真正使张謇心态严重失衡的，是来自他长期视作人生信条的士大夫价值观与现实的尖锐冲突。作为一介寒士，张謇曾说过他“自少不喜见富贵”，仅以“读书励行，取科名，守父母之命为职志”。而身处实业则势必与富人为缘，“适违素守”，因此，他将自己以状元身份办实业视为“捐弃所恃，舍身喂虎”③，是“以嚼然自待之身，混秽浊不伦之俗”。夫子自道，何其沉痛。由此可见，在当时被守旧士大夫目为叛逆的张謇，骨子里却依然是一道地的士人，他以士林豪杰的身份投身实业，某种意义上也是一种“自我牺牲”。如其所言：“认定吾为中国大计而贬，不为个人私利而贬，庶愿可达而守不丧，自计既决，遂无反顾。”④

作为士人型的绅商，张謇兴办实业的主要目的在于振兴教育，牟利倒在其次。张謇素来重视教育的作用，认为“图存救亡，舍教育无由，而非广兴实业，何所取资以为挹注？是尤士大夫所当兢兢者矣”。⑤ 人才出于教育，但兴办教育需要经费，这又不得不仰仗于实业。这就是张謇曾说过的“父教育而母实业”。由士林出发，经过商贾又回归

① 曹文麟编《张啬庵（謇）实业文钞》，载沈云龙主编《近代中国史料丛刊》第 44 辑，台北：文海出版社，1969，第 94 页。
② 曹文麟编《张啬庵（謇）实业文钞》，载沈云龙主编《近代中国史料丛刊》第 44 辑，第 112 页。
③ 曹文麟编《张啬庵（謇）实业文钞》，载沈云龙主编《近代中国史料丛刊》第 44 辑，第 178 页。
④ 曹文麟编《张啬庵（謇）实业文钞》，载沈云龙主编《近代中国史料丛刊》第 44 辑，第 178 页。
⑤ 《柳西草堂日记》，光绪二十九年（1903），《张謇全集》第 8 册，第 566 页。

士林，此为"言商仍向儒"的第二层内涵，也是张謇等士人型绅商区别于一般绅商的地方。士以读书为本，儒以授道为业。认真说起来，教育才是张謇最为擅长的本业，同时也最适合于他的本性。早在科举时代，张謇即曾担任崇明瀛洲书院、南京文照书院和安庆经古书院的院长，博学鸿儒，一代宗师。甲午战争后，张謇一一辞去旧式书院的职位，上书学部，请设立新式学堂，先后出任江苏学务总会总理和江苏省教育会会长。他更在家乡通州利用办厂所得的资金和通过其他渠道筹得的经费，兴办了通州师范学校和一批中、小学校，并参与筹办工科大学、南洋大学等高等教育机构。

中国传统士大夫多有治国平天下的宏图大志，希望在仕途上有一番作为，但作为一名士人型绅商，张謇的性格比较独特，他不仅"不喜见富贵人"，甚至连官也不想做，淡泊于仕途，自称："愿成一分一毫有用之事，不愿居八命九命可耻之官，此謇之素志也。"① 他公开批评："中国之士大夫多不能免有贵介之习气，有名士之习气，有大官之习气，有要人之习气，有市侩之习气。"② 张謇真正的志趣，在于甘居地方士绅的角色，踏踏实实地办实事。这里的实事即从实业入手，而后教育，而后慈善，而后公益，而后整个地方自治。他曾回顾："窃謇抱村落主义、经营地方自治，如实业、教育、水利、交通、慈善、公益诸端。"③ 有关实业、教育、慈善和公益之间的关系，张謇说："以为举事必先智，启民智必由教育，而教育非空言所能达，乃先实业。实业、教育既相资有成，乃及慈善，乃及公益。"④ 可见，张謇虽淡泊于仕途，但仍然具有士大夫忧国忧民之心、救国救民之志，

---

① 《致沈曾植函》（光绪二十三年三月初二日），《张謇全集》第 2 册，第 83 页。
② 曹文麟编《张啬庵（謇）实业文钞》，载沈云龙主编《近代中国史料丛刊》第 44 辑，第 360 页。
③ 《呈报南通地方自治第二十五年报告会筹备处成立文》（1921 年），《张謇全集》第 1 册，第 523 页。
④ 《谢参观南通者之启事》（1920 年 3 月 6 日），《张謇全集》第 5 册，第 198 页。

只不过将书生"治国平天下"的空洞抱负，落实于脚踏实地的地方自治事业。这既是张謇的独特处，也是张謇的高明处。"言商仍向儒"，初衷不改，所改的乃是读书人只骛虚名，无益社会的积习。在一次股东会的演说中，张謇曾袒露自己的胸怀："天下无速成之事，亦无见小之功……凡鄙人之为是不惮烦者，欲使所营有利，副各股东营业之心，而即藉各股东资本之力，以成鄙人建设一新新世界雏型之志，以雪中国地方不能自治之耻，虽牛马于社会而不辞也。"① 张謇之志，大矣哉！

从南通"状元资本家"张謇的身上，我们已可概见近代士人型绅商群体的若干特征。这些特征究竟是否适用于其他士人型绅商呢？我们以上海绅商经元善为例，比照观之。

经元善（1841～1903），字莲山（或莲珊），原籍浙江上虞。经家世代"以耕读生，潜德不耀"，至经元善父亲，才因贫于1818年"弃儒之沪"学商，结果"白手致富数十万金"。其父因长于社交，好行善举，名闻沪上。经元善自幼迁居上海，年十七即学贾，追随乃父左右。1865年其父死后，经元善于次年接任上海同仁辅元堂董事。1871年继承"仁元钱庄"。1880年，经元善以其在义赈慈善活动中所表现出来的才能和经验，与郑观应一起被李鸿章委任为上海机器织布局会办，开始了其洋务企业生涯，先后出任上海电报局会办、官督商办电报局沪局总办等职，表现出卓越的经营管理才能。经元善年少经商，未及涉于科场，但在经办电报局中，因业绩突出，由盛宣怀保荐为三品衔候选知府，补缺后以道员用，成为一名颇有作为的绅商。

经元善虽未曾致力于举业，邈有功名，但综观其思想和言行，仍然可以归于士人型绅商之列。同张謇一样，经元善也是"言商而向儒"，并不把利润的追逐作为唯一的目的，而是涵泳于儒家典籍之中，

---

① 曹文麟编《张嗇庵（謇）实业文钞》，载沈云龙主编《近代中国史料丛刊》第44辑，第194页。

寓志于功名利禄之外，淡泊宁静，豁达大度，疏财仗义，见善必为。1878 年，经元善的两个弟弟赴豫、秦办理赈灾，临别之际，经元善赠言赠书，颇能反映其生平志趣。所赠书籍包括《格言联璧》十册、《老学究语》二十册、《聪训斋语》十册，又四书一部，余莲村先生《得一录》一部，悉为儒学之书。经元善特别嘱咐："此数种不特可养身心，即是办赈扼要秘诀，遇万分为难处，但取此数书详味，必能得一定办法。赵韩王半部论语治天下，是心得之言也。"赠言数条，皆为士人"持身涉世"的道德训条，如："总之心平气和四字，固无往而不自得也。""试问君子与小人，其大关键在何处？曰但看事事肯吃亏而局量宽宏者，必是君子；事事要占便宜而胸襟狭隘者，必是小人"。① 如此等等。

经元善对义赈救灾和兴办教育格外热心。尤其是在举办义赈慈善事业方面，恐怕还要超乎张謇之上。1877 年冬，经元善从报上获知河南等省发生特大旱灾，"天旱两三载，地赤数千里，死亡枕籍，人已相食"。② 恻隐之心，怦然而动，决定联合沪上绅商，开办义赈，募捐救济豫灾。由此开始了在他一生中占有重要地位的领导、组织民间救灾活动。次年（1878 年），为专心致力于筹赈，经元善毅然将世业"仁元钱庄"停歇，以该地创设"协赈公所"，作为组织上海绅商进行义赈慈善活动的常设机构。③ 作为上海绅商义赈活动的实际领袖人物，从 1878 年到 1893 年经元善参与组织和办理过豫、晋、秦、皖、苏、浙、鲁、奉天、顺直等几次重大的义赈活动，先后"募款达数百万，传旨嘉奖者十有一次"。④ 除举办义赈外，经元善的慈善事业还包括设立公济堂、放生局、善堂等救济孤寡病老者。

---

① 《送两弟远行临别赠言》，虞和平编《经元善集》，第 11～13 页。
② 《急劝四省赈捐启》，虞和平编《经元善集》，第 4 页。
③ 《沪上协赈公所溯源记》，虞和平编《经元善集》，第 326～327 页。
④ 姚文枏：《上海县续志·游寓》卷 21，台北：成文出版社，1970，第 15 页。

经元善的兴学育才活动，虽然较义赈慈善活动起步稍晚，但也搞得比较有成效，体现了他言行一致，富于实干的一贯作风。经元善所创办的第一所学堂，系于1893年底在上海城南高昌庙附近开设的"经正书院"，延梁启超、王敬安等名噪一时的新学人物任教其中，"中西并课"，招收"世家裔教育之"。① 1897年下半年，经元善在"经正书院"停办一年后，又发起创办第一家"中国女学堂"，这在当时为开风气之举，参加共同发起的绅商学界人物有严信厚、郑观应、施则敬、汪康年、康广仁、梁启超等。经元善办女子学堂主张女子教育与男子并重，并提倡放脚，招致士大夫的普遍不满。面对朝野舆论压力和经费困难，经元善以"以身饲虎"的决心，"一意孤行"，终于"苦心栽培此女校成功"。② 1898年夏，在中国女学堂正式开办以后，经元善又拟在其家乡余姚和上虞两县创办"农工学堂"，"以改良农事，振兴工艺"。③ 后因浙江巡抚迟迟不予批准，加之戊戌变法失败后经元善患病，终未办成。

经元善于经商之余热心从事慈善、教育活动，其思想依据主要在于儒家伦理所倡导的"中和之道"和服务社会、舍己利人的思想。在儒家整体宇宙观中，讲求"天人合一"，个人与社会合一；在天、人与社会之间应当维持一种和谐的关系，不能拂逆天意去争己利，也不能漠视群意去谋私利。"喜不至于过喜，怒不至于过怒，哀不至于伤，乐不至于淫"④，"富贵在天，非人力所可强也"。富商大贾须懂得"持盈保泰""长守其富"的道理，"夙兴夜寐，先求遗业可久，再求可大"。⑤ 骤至暴富则应拿出一部分钱财来周济社会，以求节制私欲的过分膨胀。"抑又思余以不学无术之人，年方少壮，假使骤得大富，

① 《致郑陶斋、杨子萱、董长卿论办女公学书》，虞和平编《经元善集》，第275页。
② 《先翁经元善简历》，虞和平编《经元善集》，第406页。
③ 《拟办余上两邑农工学堂启》，虞和平编《经元善集》，第245页。
④ 《送两弟远行临别赠言》，虞和平编《经元善集》，第11页。
⑤ 《治家经营浅说八则》，虞和平编《经元善集》，第124页。

声色沈迷，即不至死亦或成废。"① 因此，经元善主张商贾应"安分守己，虽在市中不敢争利"。② 唯其不争利，方有大利。经元善还将佛教的因果报应，道教的祸福相倚等思想纳入自己的"士商"贾道之中，作为及时行善、造福社会的思想依据。他认为："盈天地间之物，有成必有败，有聚必有散……金银财帛之不宜积贮可知已。"③ 人算不如天算，商人应趁因果报应的"大算盘珠"未拨动之前，"而代天先拨，急急散财施粟，无使老天动手"。④

归结起来，经元善思想、言行所体现的近代士人型绅商的特性，约有如下数端。

第一，"不背儒宗非他教"，以儒律己，融儒于商。经元善虽从未应试，但"惟四子书幼读颇熟。三十岁前，从大学之道起，至无有乎尔，经注均能默诵"。所以，"终身立志行事，愿学圣贤，不敢背儒门宗旨"。⑤ 忠实于儒家的信条和道德规范，正是"士商"的根本特征。

第二，淡于功名利禄，强毅不阿。经元善要求自己做到三点：一是"不徇世俗乖直道"，决不媚世投时，堂堂正正地做人。即使官高名重如张之洞者，经元善也敢于坦言直陈，批评其办厂选址不当，"窃观鄂中织布、铁政两局基地，皆不合宜"。⑥ 二是"不掠众善邀虚誉"，诚诚实实地做人。如经元善继承父志，完成水利工程——海宁塘工，清政府拟赐给头品红顶花翎，经元善却一口谢绝，认为自己出资出力造堤，"为人民安宁"，"非为受虚名享利禄也"。⑦ 三是"不戴

① 《富贵在天说》，虞和平编《经元善集》，第 242 页。
② 《富贵在天说》，虞和平编《经元善集》，第 242 页。
③ 《祸福倚伏说》，虞和平编《经元善集》，第 7 页。
④ 《祸福倚伏说》，虞和平编《经元善集》，第 8 页。
⑤ 《五誓斋记》，虞和平编《经元善集》，第 238 页。
⑥ 《上楚督南皮张制府书》，虞和平编《经元善集》，第 236 页。
⑦ 《先翁经元善简历》，虞和平编《经元善集》，第 405 页。

珊顶晋监司"，即不用钱财捐买实官，不入仕途，官、商有别，各行其道。虽"每见仕宦烜赫，未尝不艳之"，但经元善仍能严守父训："凡我子孙，除正途出身受职外，以捷径幸得功名者，即为不孝"，从未敢出资捐纳官位。[1]

第三，不为金钱所累，逐利适可而止。在经元善看来，"锱铢必较，实非本性所近，且所觅蝇头，皆是末中之末"[2]。"士志于道，而耻恶衣恶食者。"[3] 士商应有远大的抱负，应以服务社会、造福乡里为己任，而不能猥琐求利，耽于豪华奢侈的生活，"由俭入奢易，由奢入俭难，可深懔焉"。[4] 对子孙的教育也应注重儒家伦理道德的修养，培养其经商的才能，而不必将钱财悉数留给子孙，任其挥霍。经元善的父亲曾留有遗训："莫管儿孙后来事业，且积自己现在阴功。"经元善自己则作有三字经，"人遗子，金满籝；我教子，惟一经"。[5] 这里说的"经"，自然是指儒家经典。

以上张謇和经元善的思想、性格特征树立了某种理想形态的近代"士商"标准，并沉淀成为一种独具一格的近代士商伦理。较之于明清时期的儒商伦理，近代士商伦理继承了其中重视德行和教化，强调服务社会和乡里的传统，但更重视推广新式教育，兴学育才与合群结社，实行地方自治、商人自治。总之，士人型绅商群体的出现，是儒学文化对近代商人发生深刻影响的结果。该社会群体上承古代士的历史传统，下开东亚儒家型企业精神之先河，在传统商人与现代工商资本家之间起着某种"示范"和中介桥梁的作用。

---

① 《五誓斋记》，虞和平编《经元善集》，第 239 页。
② 《富贵在天说》，虞和平编《经元善集》，第 241 页。
③ 《复某姻世兄书》，虞和平编《经元善集》，第 125 页。
④ 《五誓斋记》，虞和平编《经元善集》，第 238~240 页。
⑤ 《五誓斋记》，虞和平编《经元善集》，第 240 页。

第二节 买办型绅商

一 买办与买办的绅化

买办（comprador）是随着西方资本主义对中国的经济渗透而兴起的一个特殊社会阶层。早在第一次鸦片战争（1840～1842 年）以前的"公行贸易"时期，在广州、澳门等地便开始有买办在活动。同当时的通事、捎客、跟随一样，买办系服务于来华外商的人员，但地位甚低，仅相当于沙文（仆役，servant 的音译）头目，职责在于为外商经管杂务，并不具备后来经营中外贸易的经济职能。道光十五年（1835）所奏定的《防范夷人章程》中规定，外国商馆所需守门、挑水等项人夫，"责成买办代雇，买办责成通事保充，通事责成洋商（即行商）保充，层递钳制"。[①]

第一次鸦片战争以后，外商获得自由雇用买办的特权，[②] 不再需要行商、通事保充。随着行商制度的取消，买办迅速取代行商、通事的地位，其职能日益复杂化，开始在外国经济势力的扩张和迅速扩大的中外贸易中充当中介人角色。"买"与"办"的内容，从替外商采买物料、食品，管理杂务到替洋行经纪买卖和代理买卖，具体讲就是替外商收购土货，推销洋货，从而收取佣金、经纪费。19 世纪六、七十年代之交，外商控制下的买办商业网已正式形成。第一次鸦片战争刚结束时，在中国的外国洋行总共不到 40 家，而到 1872 年已达 343 家，该年在华洋商总数为 3673 人。[③] 从洋行外商到买办，再到若干坐商、

---

① 梁廷枏主编《粤海关志》卷 29，台北：成文出版社，1975，第 32 页。

② 外商"可得自由雇用领港人、仆役、买办、通译、驳船及水手等而不受干涉"。载于《望厦条约》第八条，《五口通商章程》第一条、第十条，王铁崖编《中外旧约章汇编》第 1 册，生活·读书·新知三联书店，1957，第 31、52～54 页。

③ 姚贤镐编《中国近代对外贸易史资料（1840～1895）》第 1 册，中华书局，1962，第 1000 页表。

行商，直到直接生产者和消费者，形成了一个完整的洋货推销网和土产收购网。该商业网以通商口岸为据点渗入广大内地农村，建立起联系紧密的商品流通渠道。

买办商业网的形成标志着买办制度业已在中国正式形成。在这一制度下，买办通过签订"合同"，缴纳一定数量的"保证金"而受雇于洋行。为开展业务的需要，总买办在外资企业内设立买办间（comprador office），或称买办账房、办房。买办之下，往往设置"副买办"或"帮买办"，以及看银师等各种名目的华籍雇员。买办的收入除洋行支付的有限薪俸（通常只是象征性的）外，主要靠生意成交后收取的佣金，即回扣。最初，买办的佣金一般为2%，后来（19世纪70年代以后）下降为1%。不过，买办真正的大宗收入在于依靠买办身份从事自己的工商经营活动所赚取的高额利润。如汇丰银行的第二任买办王槐山（1869～1874年在职）利用拆票利息和市场挂牌利息的差额，居间谋取利润，"银行获息无算，王亦骤富"①，短短六年买办生涯，积累起几十万两银子的财产。余如唐廷枢、徐润、郑观应等人在担任怡和、宝顺、太古洋行的买办时，都曾同时经营自己的钱庄、当铺、茶栈、绸庄、布号等。其自营商业所赚取的利润远远超过洋行付给他们的薪俸和佣金。依据郝延平对买办阶层收入的估计，1842～1894年买办的总收入为五亿三千万两。② 正因为充任买办往往"千金赤手可致"，所以，随着外商在华贸易的扩大，买办阶层的人数不断增长。1854年，买办总人数仅有250人，1870年增至700人，到1900年已达20000人。③

有关买办所扮演的角色，用《中国经济全书》编撰者的话来说，

---

① 《程符游客答书》，《字林沪报》1884年1月11日，第1页。

② Yen-Ping Hao, *Comprador in Nineteenth Century China：Bridge between East and West* (Cambridge, Mass.：Harvard University Press, 1970), p. 105.

③ 曹文麟编《张啬庵（謇）实业文钞》，载沈云龙主编《近代中国史料丛刊》第44辑，第102～105页。

"即谓立于欧洲商人与清国商人之间不可缺之媒介是也"。① 这固然不错，但似乎还得加上一句，买办同时又是沟通洋商与清朝官府之间的媒介。最为洋商所欣赏的买办，不仅要能够接近华商，熟悉商情，有效地拓展业务，而且要有本事与封建统治者通达款曲，打通关节，结交地方官绅势力。因此，买办的绅化，势属必然。19 世纪 50 年代，英商贝德福洋行就物色了一位秀才丁建昌入行，专事翻译处理公牍、禀帖、札文、奏章等官方文件。该洋行老板表示，作为一位"知名之士"和有学识的学者，丁建昌每天只需在行中待上一个钟头即可，并不与闻洋行的业务，而只是经常周旋于官衙之间。② 丁建昌虽无买办的名义，但已是一个买办化的绅士。

除个别例外情况③，多数买办的绅化都是通过出资捐纳官衔的渠道。1900 年前后，上海的 40 个知名买办，至少有 15 人出资捐了候补道台的职衔。④ 那些从事军火交易的"军装买办"皆与官场接近，"一般捐有功名，有的捐了候补道"。⑤ 大买办如怡和洋行的唐廷枢和唐茂枝兄弟、宝顺洋行的徐润、太古洋行的郑观应、鲁麟洋行的虞洽卿（后改任华俄道胜银行及荷兰银行买办）等无一不捐有道台、观察之类的官衔。其中徐润于 1862 年"由监生报捐光禄寺署正"；1863 年"在江南粮台报销局加捐员外郎并报捐花翎"；1866 年由李鸿章"奏保加四品衔"；1872 年"在皖捐局捐升郎中，仍分发兵部双月选用并捐免保举"。⑥ 英美烟公司所倚重的买办邬挺生在进入英美烟公司

① 《中国经济全书》第 2 辑，两湖督署藏版，1908，第 243 页。
② 〔美〕马士：《中华帝国对外关系史》第 1 卷，张汇文等译，生活·读书·新知三联书店，1957，第 55～56 页。
③ 如怡和洋行买办杨坊曾企图用重金直接贿买苏松太道的职位，以便操纵上海地区的对外贸易，从中渔利。
④ Yen-Ping Hao, *Comprador in Nineteenth Century China: Bridge between East and West*, p. 184.
⑤ 中国人民政治协商会议上海市委员会文史资料工作委员会编《旧上海的外商与买办》，上海人民出版社，1987，第 37 页。
⑥ 参见《徐愚斋自叙年谱》，香山徐氏刊印，1927，第 9、11、13、16 页。

初期，公司很满意他在扩大业务方面的成绩，出钱为他捐了个候补道官衔，使他能够出入官府，交结显贵，利用官衙势力为公司扩大卷烟推销。这位"外资"绅商当时结交的全是上层名流，出门办事，总在豪华饭店宴请宾客，在最大的戏院里请客看戏，还常陪一些达官贵人打牌玩乐。作为回报，每逢英美烟公司新牌卷烟上市，碍于"邬大人"的面子，总有人为之捧场推销。①

手握巨资的买办通过捐纳堂而皇之地跻身于绅士之列，从而形成一种亦买办、亦商人、亦绅士的买办型绅商群体。他们兼具买办与绅商两个社会阶层的特征和功能，周旋于外商与官府之间，财大气粗，呼朋引类，成为新兴商业社会中带有几分"夷膻气"的弄潮儿。有关买办型绅商的复杂特性，一位中国经济史专家曾评论道："在这些士绅、商人和买办之间，划一条严格的界限是很困难的，他们之间，是经常相互顶替、相互为用的。"②

买办型绅商既通晓外国语言文字，了解西方商业制度，又谙习于中国国内商情，兼理本国商业的特点，也颇为中国官方的某些开明人士所赏识。洋务派官僚更急于借重他们与外商的关系以及他们所积累的巨大财富来发展自强求富的洋务事业。因此，在19世纪60年代兴起的洋务运动中，买办型绅商成为各地方督抚和洋务大员竞相延纳的对象。中国第一家民用大型近代资本主义企业——轮船招商局，即长期由买办型绅商唐廷枢、徐润主持，二人分任"总办"和"会办"。从1876年起，唐廷枢还受李鸿章的委派筹办和经营大型洋务企业开平煤矿。一些过去尚无官衔翎顶的买办则在洋务运动中迅速转化为买办型绅商。1863年曾国藩、李鸿章为开办机器局，遍求洋务人才，物色到容闳和丁日昌。容闳系我国第一个从美国耶鲁大学毕业的留学

---

① 《旧上海的外商与买办》，第 147 页。
② 汪敬虞：《十九世纪西方资本主义对中国的经济侵略》，人民出版社，1983，第 506 页。

生，回国后为生活计，曾充任琼记、宝顺洋行的买办。1863 年经曾继圃介绍入幕曾国藩以后，容闳很快被授以五品军功，并得戴蓝翎。同年 11 月曾国藩委派容闳携巨款赴美国购买机器。1865 年容闳回国，曾国藩为之专折请奖，破例授予五品实官。此后容闳便以候补同知的资格充当译员，月薪高达二百五十金。[①] 丁日昌过去也是"以诸生充洋行雇用"的买办人物[②]，1864 年被李鸿章委任为苏松太道，次年又负责创办最大的洋务军事企业江南制造局，"由上海道而盐运司而藩司，未几而升为江苏巡抚"[③]，俨然成为一位洋务大员。

值得注意的是，买办型绅商的划分固然与这些人的买办出身有很大关系，但又不仅仅在于此。更重要的还在于由于其买办经历所形成的思想气质特征。有许多买办后来虽然脱离了买办生涯而转化成较纯粹的民族资本家，但就思想气质和行为特征而言，仍是不同于"士商"的买办型绅商。过去的史学研究通常将买办视为外国侵略势力的忠实附庸，买办化或买办型亦包含有某种负面意义。其实，买办有着远比"卖国求荣""缺乏民族气节"等政治判语更为丰富的历史内涵，买办化或买办型的含义也绝非好与坏的简单二分法所能概括。就一种思想气质和行为特征而言，它们基本上是中性的。结合唐廷枢和郑观应的生平，我们或许可以获致对买办型绅商更为深入、具体的认识。

二 唐廷枢与郑观应

唐廷枢（1832～1892），字景星，广东香山县（今中山市）人。唐廷枢的父亲曾是居住在香港的美国传教士塞缪尔·布朗（Samuel

---

① 容闳：《西学东渐记》，湖南人民出版社，1981，第 84 页。

② 中国史学会主编《中国近代史资料丛刊·洋务运动》（以下简称《洋务运动》）第 1 册，上海人民出版社，1961，第 130 页。

③ 容闳：《西学东渐记》，第 98 页。

R. Brown）医生的听差（一说苦力），后来容闳就是由这位布朗医生携带去美国的。大概是由于这种关系，唐廷枢 10 岁时进入由布朗医生任校长的香港马礼逊教会学堂读书，与容闳同窗。后来又进入另一所英国教会学校，共接受了六年"彻底的英华教育"。[1] 离开学校后，唐廷枢于 1848 年进入香港的一家拍卖行担任职位很低的助手。从 1858 年起，凭着曾在香港与李泰国（H. N. Lay）同过事的关系，唐廷枢得以进入由李所把持的上海海关，任大写、正大写和翻译等职。1861 年他脱离海关，经同乡、怡和洋行买办林钦的介绍，进入怡和洋行，"代理长江一带生意"。两年后他被提升为怡和的总买办，接替了林钦的职务，任怡和买办达十年之久。这一时期，唐廷枢又同时兼营自己的生意，范围涉及当铺、棉花行、钱庄、茶栈、航运等。他在内地所设的七家茶栈，每年"每家至少提供一千二百箱茶叶"。[2]

　　唐廷枢"久贾而官"，1873 年以前已捐了候补府同知的职衔，以作为结交官府的进身之阶，成为一名买办型绅商。1873 年唐廷枢离开怡和洋行，参与以李鸿章为后台的轮船招商局的改组工作，被札委为招商局总办。与唐廷枢同时入局任会办的徐润，系唐的同乡和好友，也是上海知名的买办型绅商。从 1873 年到 1876 年，唐廷枢的活动和事业主要在轮船招商局。1876 年受李鸿章的委派，唐廷枢开始筹办开平煤矿。从 1885 年起，他完全脱离招商局，专管开平事务。唐廷枢的官衔随着他在洋务企业中地位和功绩的提升而上升，由同知升为道台，甚至得到李鸿章"堪备各国使臣"的保举。[3] 他 60 岁生日之时，唐山矿区四十八乡绅父老子弟"同送万民牌伞各件"[4]，盛极一时，俨然

---

　　① 《1871 年 6 月 1 日约翰森致机昔》，转引自〔美〕刘广京《唐廷枢之买办时代》，（台北）《清华学报》第 2 卷第 2 期，1961 年 6 月，第 150 页。
　　② 《1871 年 6 月 1 日约翰森致机昔》，转引自《清华学报》第 2 卷第 2 期，1961 年 6 月，第 150 页。
　　③ 《洋务运动》第 6 册，第 76 页。
　　④ 《徐愚斋自叙年谱》，第 57 页。

一派官绅架势。但就在这年（1892 年）的十月，唐廷枢却因病在天津去世。《北华捷报》发表评论说："他的死，对外国人和中国人一样，都是一个持久的损失。""要找一个人来填补他的位置，那是困难的。"[1]

从唐廷枢的生平，我们可以窥见买办型绅商的若干特征。

首先，他们大多精通西方语言文字，了解西方文化，对近代西方的商业制度和经营方式都较为熟悉，简言之，"西化"比较彻底。例如，六年"彻底的英华教育"，使唐廷枢能写一手非常漂亮的英文，"说起英语来就像一个英国人"。[2] 他还写过一本名为《英语集全》的书，卷首说明这本书是适应"广东人和外国人来往、打交道的需要"。[3] 从 1851 年起，唐廷枢又在香港英国殖民政府当过七年翻译。这种经历，使他较之于一般士大夫具有更为广博的见识，对世界情势的理解也更加真切。丁日昌在调任唐廷枢办理福建洋务时，除了夸他"于各国情形以及洋文洋语罔不周知"以外，还以官场习用的"才识练达，器宇宏深"相评价。[4] 1878 年，上海《远东月报》对他的评价是："唐君诚为明见远识之人，为余等从来所未经遇见……我西人日与华人互相周旋，惟此君之广识博览，实令人钦佩者也。"[5] 被封建官僚和西人所赏识不一定是绝对的好事，但也多少反映了唐廷枢一类人的气质。

其次，他们大多头脑灵活，善于察言观色、审时度势、随机应变，具有卓越的经营才干，是近代难得的商才。在早期对华贸易中，对那些不熟悉中国国情，缺乏开拓中国市场经验的外国商人来说，买办的经商才干是至为重要的。怡和洋行经理约翰森曾说："我意识到

---

① *The North-China Herald and Supreme Court & Consular Gazette*，Oct. 14th 1872，pp. 568，562.

② 《1873 年 1 月 6 日费伦致何德》，《清华学报》第 2 卷第 2 期，1961 年 6 月，第 169 页。

③ 《英语集全·卷首说明》，《清华学报》第 2 卷第 2 期，1961 年 6 月，第 172 页。

④ 中研院近代史研究所编《海防档（乙）·福州船厂二》，1957，第 686 页。

⑤ 《徐愚斋自叙年谱》，第 58 页。

这种生意的成功与否，决定于我们的买办是否机灵可靠。"① 在这方面，洋行老板对唐廷枢的才干情有独钟。他不仅通晓商情，而且"操纵有法"，成为洋行不可或缺的帮手。唐不仅替洋行管理库款，收购丝茶，运销大米，经营航运，投资当铺，开展对中国钱庄的拆票业务，提供食糖、桐油等经济信息，而且还经常奔走于上海、福州、镇江、汉口等通商口岸之间，与当地华商密切接触，扩大洋行在当地贸易业务，为洋行赚得了累累利润。同时，作为洋行雇员，在怡和洋行推销鸦片、染指内地矿产等不正当生意中，唐廷枢也扮演了助纣为虐、推波助澜的不光彩角色。② 洋务派官僚对唐廷枢的经营才干也十分欣赏。李鸿章之所以要让唐廷枢和徐润接办轮船招商局，原因之一就是最初委任的轮船招商局总办、沙船绅商朱其昂"既于外洋情形不熟，又于贸易未谙"，才力上也有所不及。③ 唐、徐二人主持局务后，提出轮船经营"归商办理"，"各事均照买卖常规"的原则，"请免添派委员"，"以节糜费"。④ 在唐、徐二人的苦心经营下，不仅很快打开了招股局面，而且盈利额直线上升，在激烈的商业竞争中屡屡获胜，甚至还兼并了曾称霸一时的外商旗昌轮船公司。据李鸿章1887年奏称："创招商局十余年来，中国商民得减价之益，而水脚少入洋商之手者，奚止数千万，此实收回利权之大端。"⑤

最后，买办型绅商一方面受雇于外商，替外国资本主义的经济渗

---

① 《1868年5月20日约翰森致机昔》，转引自 Yen-Ping Hao, *Comprador in Nineteenth Century China: Bridge between East and West*, p. 86。

② 1868年7月1日约翰森在致机昔的信中曾透露："在一般情况下，我不通过唐景星推销鸦片，但在特殊的情况下……我需要借他的光。"（《清华学报》第2卷第2期，1961年6月，第148页）

③ 欧阳辅之编《刘忠诚公遗集·奏疏》卷17，沈云龙主编《近代中国史料丛编》第26辑，台北：文海出版社，1966，第20页。

④ 《轮船招商局章程》，载交通铁道部交通史编纂委员会编《交通史航政编》第1册，交通铁道部交通史编纂委员会，1931，第145页。

⑤ 《轮船修费请免追缴片》（光绪十三年四月初七日），载顾廷龙、戴逸主编《李鸿章全集》第12册，第79页。

透穿针引线、搭桥铺路，具有明显的寄生性；另一方面，他们又独立投资于商业和近代工业，与封建官府过从甚密，保持着经济上的相对独立性和政治上的投机性。"他们作为买办的角色同他们作为独立商人的角色是根本无法分开的"。① 双重身份决定了买办（包括买办型绅商）具有复杂、矛盾的心态，在所依附的外国主人面前，他们既具有某种奴仆似的依赖和归附心理，但又具有一定的憎恶和反抗意识，孰轻孰重则依利害关系和社会情势为转移。买办时代之唐廷枢，虽然在所附股的三家外国轮船公司中，既是公司董事，又是华股领袖，然而在其怡和老板面前，他却始终是诚惶诚恐、低声下气地以"佣人"自居，声称："您完全可以信赖，只要我有为您服务的荣幸，我会尽最大的努力照看您的生意。"② 容闳后来曾把自己的买办生涯称作自己一生中的"黑暗时代"③，恐怕也是对当时那种寄人篱下的不正常心态的一种深刻反思。但是，若据此将买办一律视作卖国求荣、唯利是图之辈，则又大谬不然。买办时代的唐廷枢，不仅通过捐买官衔而挤进了士大夫的行列，并时时表现出一种爱国的意识和维护华商利益的决心。早在1872年，他就和徐润等人倡议广州、肇庆两府同乡，建立广肇公所，明确提出了"联乡里而御外侮"的主张。④ 作为外商企业中"华股的领袖和代言人"，唐廷枢对维护华商利益作出了极大的努力，在前文所引给怡和洋行老板的信中，他又同时写道："我现在拼命地干，只要我能腾出几分钟时间，我总是帮助我的本地朋友工作。他们全都要我担任他们和外国洋行发生联系的企业的代表。为了照顾他们的利益，我已被他们要求接受公正和北清两轮船公司的董事。"或许正是类似于唐廷枢这样的十分矛盾的心理状态，使大多数

---

① 转引自 Yen-Ping Hao, *Comprador in Nineteenth Century China: Bridge between East and West*, p. 95。

② 《1868年10月8日唐廷枢致机昔》，《清华学报》第2卷第2期，1961年6月，第164页。

③ 寿尔：《田凫号航行记》，《洋务运动》第8册，第420页。

④ 《徐愚斋自叙年谱》，第16~17页。

买办型绅商在时机成熟的时候，完全有可能脱离买办生涯，逐渐转化为严格意义的民族资本家。另一个典型的买办型绅商郑观应所说的"初学商战于外人，继则与外人商战"恰是这一类人曲折人生道路的写照。

郑观应（1842～1921），原名官应，字正翔，号陶斋，别号罗浮偫鹤山人、慕雍山人等，广东香山县（今中山市）人。郑观应出生在一个书香门第，秉承家学渊源，据说其父郑文瑞"夙承家学，读书过目成诵"，亦为一饱学之士。观应自幼随父读孔孟经书，"习举业"。17岁那年（1858年），郑观应因"小试不售，即奉严命，赴沪学贾"，从此弃儒而服贾。

郑观应离乡背井来到上海后，先是寓居在他的叔父郑廷江处帮办商务，兼习英语。当时郑廷江是英商上海新德洋行买办。1859年，通过他的姻亲曾寄圃和世交徐钰亭、徐润等人的关系，郑观应进宝顺洋行充当买办，管丝楼和轮船揽载，并兼做一点自己的生意。1868年宝顺停业，郑观应失去买办的位置，转而充当和生祥茶栈的通事，不久接办了这个茶栈。在经营茶栈的同时，郑观应又与其姻亲唐廷枢等一起，出资伙同外商经营公正轮船公司，并被推为董事之一。1869年，郑观应出资捐员外郎，次年又捐郎中，成为一名买办型绅商。1874年，应麦奎因之邀，郑观应当上英商太古轮船公司买办，任总理，兼管栈房、账房。在任太古买办期间，郑观应因1878年同经元善等在上海办赈灾有功，由清政府授予道员衔、双月选用。次年，奉李鸿章札委筹办上海机器织布局。1881年又兼任上海电报局总办。郑观应于1882年正式脱离太古，经李鸿章奏任为上海机器织布局总办和轮船招商局帮办，次年，又接替徐润为招商局总办。此后郑还负责经营过汉阳铁厂等大型洋务企业和协助盛宣怀办理铁路。

较之于唐廷枢和徐润，郑观应虽然也一生主要从事经济活动，有着卓越的经商才干和丰富的实践经验，而且经历与唐、徐二人大致相同，但郑现应却有着自己的独特之处，这就是站在民族工商业者的立场著书立说，比较早而且比较系统地提出了一套发展民族资本主义经济和政治的理论构想。早在 19 世纪 60 年代，当郑观应还是宝顺洋行买办之时，他就满怀忧国忧民之心，辑著了《救时揭要》一书，"触景伤时，略陈利弊"，以主要篇幅抨击外国侵略者贩卖"猪仔"和倾销鸦片的罪恶。之后，大约于 1874 年刊印《易言》三十六篇，进一步阐述了他的进步主张，包括：第一，御外侮，效法西方而图强。郑观应对外国侵略者欺压中国人感到无比的气愤，指出："凡西人所至之地，每以言语不通，律法不同，尊己抑人，任情蔑理"。① 他意识到要使列强按"万国公法"办事，尊重中国的主权和尊严，就必须师法西方的长技，"轮船、火车、电报宜兴也"；"天球、地舆、格致、测算等学宜通也"；"矿务、通商、耕织诸事宜举也，不举则彼富而我贫"。② 第二，设议院，改良政治。郑观应介绍了西方的议会制度，并以中国三代时的法度相比附，主张实行两院制的政治制度，实行君民共治。他说："所冀中国上效三代之遗风，下仿泰西之良法，体察民情，博采众议，务使上无扞格之虞，臣民泯异同之见。"③ 第三，主张商民自办企业，发展民族工商经济。郑观应认为中国自制轮船，"只归官办，不能昭大信而服商人"④，同时也应当允许民间用机器制造商品。郑观应的这些思想，在 19 世纪 90 年代刊印的《盛世危言》中，表达得更为丰富、明确和清晰。与《易言》相比较，《盛世危言》中增加了《商战》《银行上》《银行下》等篇章，中心思想在于"富强救国"，而实现"富强救国"的途径，一是学习西方的科学技术，发展近代工商业；二是设立议院，实行君民共治，以达到上下一心。如此全面地提出民族工商业者的经济和政治主张，在当时的中国，尚无

---

① 《交涉》，夏东元编《郑观应集》上册，第 184 页。
② 《论公法》，夏东元编《郑观应集》上册，第 66 页。
③ 《论议政》，夏东元编《郑观应集》上册，第 103 页。
④ 《论船政》，夏东元编《郑观应集》上册，第 92 页。

出其右者。这也正是《盛世危言》一再刊印，风行天下的原因。

然而，正如汪敬虞先生所言，如果结合郑观应的言与行来观察，在郑观应身上则存在着非常明显的矛盾：他出版《救时揭要》之日，正是他离开宝顺洋行六年之后，重新进入太古洋行充当太古轮船公司总买办的当口。他以买办身份而兼任织布局、电报局等洋务企业的要职，在当时也是非常罕见的。而从19世纪60年代就开始呼吁御外侮的爱国者郑观应，到1881年面临彻底脱离买办生涯抉择时，仍是考虑再三，举棋不定，陷入"心若辘轳，殊难臆决"①的极其矛盾的心境。

应如何解释郑观应身上表现出的如此明显的矛盾？恐怕还得从买办型绅商的特殊气质来寻求合理的答案。首先，作为一名买办型绅商，其职业买办的身份同独立商人的身份不能截然划分开，"洋行要求买办，首先必须是一名商人"。②尤其对于郑观应这种曾接受过系统儒家教育的绅商，在很多时候，商与绅的内在气质，往往超过买办职业所能施予的影响。青年时代的郑观应就是这样一面操着为士大夫不屑一顾的买办职业，一面以士大夫的眼光注视着中国局势的发展。郑观应曾追忆他写《易言》的初衷："庚申之变，目击时艰，凡属臣民，无不眦裂。"于是"每于酒酣耳热之下，闻可以安内攘外者，感触于怀，随笔札记，历年既久，积若干篇"。就其对亡国灭种的忧虑之心而言，郑观应与张謇等士人型绅商并无二致，甚至愤慨到了"眦裂"的程度，但买办生涯所赋予他的眼光和知识，又使他能从不同的角度来提出和思考问题，形成与西方近代资本主义思想更为接近的见解和主张，更直接地反映普通民族工商业者的要求。

郑观应在脱离太古而入招商局的问题上之所以顾虑重重，仍然是商人的本性使然。商人总是要计较利害得失的，头脑灵活的买办尤其如

①　郑观应：《复津海关道郑玉轩观察书》，夏东元编《郑观应集·盛世危言后编》，中华书局，2013，第958页。

②　*The North-China Herald*，Sept. 16th 1865，p. 146.

此。当时郑观应的主要顾虑有二：其一，担心他日遭洋务官僚的排斥。在他看来，"官督商办之局，权操在上，不若太古知我之真，有合同可恃，无意外之虑"。[①] 他甚为担心招商局一旦"日有起色"，钻营者必多，自己"平日既不钻营，安有奥援为之助力！"[②] 其二，尽管郑观应嘴上说"不计薪水之多寡，惟恐舍长局而就短局，有关名誉"[③]，但实际上对薪水还是甚为计较的，担心入招商局后不能保证在太古时约七千金的年薪。后来唐廷枢和徐润给他透露招商局的年薪"决不以六千金为限止也"，方打消了此顾虑。总之，郑观应思想境界与实际行动的差距，完全可以从买办型绅商的本质规定性中求得比较合情合理的解释。郑观应更多的是把买办视为一种较好的谋生营利职业，而绝不以此作为自己思想主张的出发点。

归结而言，依存于官、洋之间是中国早期民族资本的基本生存方式，买办型绅商亦属早期民族资本家之一翼，只不过较之于士人型绅商，他们的西化色彩更浓，中学底子则稍显不足；他们的心态更加开放，但气节操守稍逊一筹。如果说士人型绅商更多地起着承接传统与近代的桥梁作用，那么买办型绅商则更多地起到了沟通中西的桥梁作用。这里并不存在绝对的保守与进步、爱国与卖国的区分。

第三节 官僚型绅商

一 官商与绅商

过去习称的"官商"，通常指两类人：一是长期享有封建特权的

---

① 郑观应：《复津海关道郑玉轩观察书》，夏东元编《郑观应集·盛世危言后编》，第958页。

② 郑观应：《致招商局总办唐景星观察书》，夏东元编《郑观应集·盛世危言后编》，第959页。

③ 郑观应：《致招商局总办唐景星观察书》，夏东元编《郑观应集·盛世危言后编》，第959页。

皇商、盐商和行商（限于开埠通商前的广州一地）。二是泛指在职官员兼营商业者。

皇商和盐商古已有之，到明清时期又有新发展。明正德年间，原有的官店大多改为皇店，收入归宫廷挥霍。皇亲、贵族、太监在皇帝所赐官店、榻房（为商人交费寄存货物之所）外，纷纷开设私店、榻房进行盘剥。皇商依仗宫廷势力，"邀截商货，逼勒取利"①，如普通民商"稍有不从，辄便殴詈"。②清代内务府皇商地位更为显赫，营业范围也更为广泛。顺治、康熙、雍正时期，著名皇商有范永斗、王登库、王大宇等十余家。如范家除经营盐、铜外，又以皇商身份大做木材、人参、马匹生意，并参与对外贸易事务。由于明代和清前期均实行食盐禁帷制度，由官府分派给若干世袭性的大盐商包销专卖，盐商获利颇多。扬州为盐商集中的地方，他们将"官盐"运销长江中上游各省，"富者以千万计"。乾隆时，两淮盐商之富，到"全国金融几可操纵"③的程度。这些声势煊赫的盐商们挥金如土，"衣服屋宇，穷极华靡"，"金钱珠贝，视为泥沙"。④至于行商，则起于清朝康熙二十四年（1685）"开大海禁"，次年设十三行，专门垄断对外贸易。乾隆二十二年（1757），清政府又限定广州一口通商，逐步形成广东"公行制度"（又称"洋行制度"）。在"公行制度"下，行商不仅从官府获得垄断对外贸易的特权，并代办外商的全部出入口货税，传递外商与官府的往来文件，监督和管理来粤经商贸易的外商商馆。这些特权的取得，使十三行中的某些行商逐渐变成巨富。如怡和行伍秉鉴拥有的资产曾达二千六百万元以上；同文行的潘正炜，财产总计可值

---

① 《明英宗实录》卷 289，天顺二年三月乙卯，台北：中研院历史语言研究所，1962，第 6189 页。
② 《明英宗实录》卷 201，景泰二年二月丁酉，第 4313 页。
③ 许承尧：《歙县志》卷 1《舆地志·风土》，台北：成文出版社，1975，第 157～158 页。
④ 《清实录》第 7 册，第 180 页。

一亿法郎。[1]

虽然盐商和行商依靠封建特权集聚了大量财富，但在我们看来，他们似乎更应归属于绅商，而非官商。究其原因，第一，他们通常并无正式的官职，以商人身份为主，仅通过捐纳报效而获得各种虚衔、功名和封荫；第二，他们虽然享有垄断性的经营特权，但同时又要经常向官府贿赂、捐输和报效，以维系这种经营特权，这证明他们仍游离于官僚系统之外，与之保持一种若即若离的关系。例如著名行商之一的伍氏家族即通过捐纳及其他方式获得各种各样的功名、虚衔、封典甚至官职，一门朱紫，翎顶辉煌。其中，伍家第二代的伍秉鉴由清廷赠刑部员外郎、候选道布政使衔，特旨给予三代覃恩晋一品荣禄大夫封典。伍家第三代的伍元薇（商名绍荣）廪生出身，钦赐举人、候选道布政使衔，也特旨给予三代覃恩晋一品荣禄大夫封典，妻许氏晋一品夫人，姜芮氏、梁氏俱封恭人。仅 1801～1843 年，伍家向官府贿赂捐输和报效的钱财共达 1607500 两，这尚只是有案可稽的部分，那些无从查起的暗中报效更不知有多少。地方史志称："计伍氏先后所助不下千万，捐输为海内冠。"[2] 由此可见，伍氏一族以富求贵，上通朝廷，下连市廛，属于受到官府庇护和支持的绅商，而非直接利用自己的官权以谋私利的官商。

"官商"与"绅商"应是两个有所区别的概念。我们把"官商"严格限定为那些私下从事工商业经营活动的在任的各级政府职官。他们主要的社会职业和身份是官，而不是商，是以官而兼商。"绅商"如前所述，则是指有绅士身份的商人。这里所谓"绅士"包括经由正途考试或捐纳途径取得的进士、举人、生员、贡生、监生以及有各种虚衔、封典，但并未授实官的人，或已授实官但业已退职赋闲的乡居

---

[1] 梁嘉彬：《广东十三行考》，上海国立编译馆，1937，第 292、268 页。

[2] 史澄：《广州府志》卷 129《伍崇耀传》，光绪五年。转引自章文钦《从封建官商到买办商人——清代广东行商伍怡和家族剖析（下）》，《近代史研究》1984 年第 4 期。

官员。归结而言，官商与绅商的区别主要在于：（1）虽然二者均系官与商的结合体，但结合的紧密程度不同。官商系官权与经商的直接结合，官的气味远大于商；绅商系官权与经商的间接结合（经由社会等级的中介），带有更多的"民"的色彩，但与普通"民商"又有所区别。（2）官商与绅商均在不同程度上体现了权钱交换原则，但权钱交换的形式不同。官商依靠行使赤裸裸的国家权力而谋求财富；绅商则是依靠其社会声望和与官场的关系牟取利益。这种关系既可以是实质性的钱财、姻亲、师承关系，也可以是某种同道、世交、笃友的情感联系。它往往无形而有力，无声而致用，于酒酣耳热之际，交易已了然而成。

清代，于绅商而外，那种以现任官僚身份而经商殖产的"官商"比比皆是，屈大均曾记述清初广东官僚群起逐利经营的情况。

今之官于东粤者，无分大小，率务朘民以自封。既得重资，则使其亲串与民为市，而百十奸民，从而羽翼之，为之垄断而罔利。于是民之贾十三，而官之贾十七。官之贾，本多而废居易，以其奇策，绝流而渔，其利尝获数倍。民之贾虽极其勤苦而不能与争。……无官不贾，且又无贾而不官。民畏官亦复畏贾，畏官者以其官而贾也。畏贾者以其贾而官也。①

屈大均这里所言的"官之贾"，即所谓官商。乾隆时期的权臣和坤系一个典型的官商，据说他开设有当铺七十五座，本银二十万两；银号四十二座，本银四千万两；古玩铺十三座，本银二十万两。生活于康熙和雍正年间的湖州归安县人费金吾也是一个十分典型的官商。费金吾于康熙三十二年（1693）中举，授官广西桂林府同知。五年

---

① 屈大均：《广东新语》卷9《事语·贪吏》，中华书局，1985，第304~305页。

后，升调为云南永昌府知府。金吾入仕后，因官俸不足，且经常不能按时支发，故以仕而兼商，用商而养仕。后来，费金吾曾作《俸田解》一文，毫不掩饰地承认"凡仕之所余，皆商之所积"，并对官员仕而商的做法，作了如下两段不乏精彩的辩解。

> 予虽拙于官，幸工于商。用不敢薄天下之商。不宁惟是，且憾天下之仕者，不能尽如商也。盖精货殖之术，惠民不费在兹，廉吏可为亦在兹。……而腐儒空谈心性，徒尚苦节，势必扞格难行。①

> 古之仕羞商，今之商佐仕。仕或无商之利，商且收仕之功。商之有造于仕多矣。②

费金吾的辩解旨在说明自己仕而商的做法，既不违于儒道，又能解决国家无足够财力养仕的困难。其思想与明清之际新儒家的"治生"论不谋而合。

到近代，在重商主义思潮的裹挟下，官员经商更趋普遍，甚至连清初费金吾式的自我辩解也全然用不着了。《申报》上一篇题为《再论保护商局》的文章说：

> 且有在官而商者，通爵显佚，岁俸万金，头衔一、二品，包苴贿赂，坐而受之。其子弟挟资经商，附本店号，所在皆是。此亦重商之意，故衮衮诸公皆屑为之，似乎风气一转，官商俨然齐体矣。③

---

① 《射村费氏族谱》"孝集下""俸田解"。
② 《射村费氏族谱》"孝集下""俸田解"。
③ 《再论保护商局》，《申报》1883 年 11 月 3 日，第 1 版。

　　另一篇题为《论居官经商》的文章，则一语道破如此之多的官员"居官经商"，关键在于朝廷对此现象不仅不责怪惩戒，反有鼓励之意，"苟职官而兼经商，未足以云罪也，所以有此习者"。文章分析官员从商的具体原因大致有二：一是官多由士转化而来，士在成为官之前，往往已经为"治生"而营商，或承继祖业而经商，因此，做官之后继续做点生意牟利乃顺理成章之事。二是"现世捞"的做官心理作祟。过去或"家世式微"或"崛起于寒素"，好不容易费尽心机挣到了官位，自然要利用官权而经商营工，大捞一把，所谓："出而为官，处还为民"，"惟其官不世守一朝，罢职无异齐民"。① 这同当代那种"官权不用，过期作废"的当官心理定式，何其相似哉！

　　在近代形形色色的官商中，有一类人的面目极其模糊，类属颇难划定，他们即在洋务运动中随着创办和经营管理近代企业而崛起的"新官商"。这批人既不同于曾国藩、李鸿章、左宗棠、张之洞等权倾一方的地方督抚群体，也不同于唐廷枢、徐润、郑观应等买办型绅商群体，他们"既似商又似官，由似官而为官；用商力以谋官，由倾向于官发展到利用官势以凌商"。② 他们亦官亦商，忽官忽商。就其替官府兴办企业，靠官权聚敛财富言，他们无疑为货真价实的官商；然而就其职权范围主要系经营管理近代企业，商人气质更甚于官僚气质而言，似又可以划入近代绅商的范畴。在这种两难情形下，我们索性不尽恰当地将这批具有开拓性和经营气质的新起经济官僚名之为"官僚型绅商"，或称"官僚化的绅商"。盛宣怀和周学熙正是这类人的典型代表。

二　盛宣怀与周学熙

　　盛宣怀（1844～1916），字杏荪，别号愚斋、止叟、补楼，江苏武

---

① 《论居官经商》，《申报》1883 年 1 月 25 日，第 1 版。
② 夏东元：《论盛宣怀》，《社会科学战线》1981 年第 4 期。

进人。盛出身于官僚世家，其父盛康曾任知府、道员，与李鸿章早有结识。盛宣怀于 1867 年考中秀才，以后却屡试不中，遂纳赀为主事。

盛宣怀在官场中的发迹，始于 1870 年由李鸿章亲信杨宗濂推荐入李鸿章幕府，派委行营内文案兼充营务处会办。因盛宣怀在办事中表现出超群的精明、强干，官运也日益亨通，官衔亦由主事、候选直隶州，连升知府、道员，并赏花翎二品顶戴。1872 年李鸿章开办轮船招商局，盛宣怀在左右为之效力策划，遂涉身洋务运动，开始了"办大事""做高官"的显赫生涯。

"既似商又似官，由似官而为官"，这是对盛宣怀人生经历和特色的最佳概括。"做官"（服务于清廷）与"办事"（从事近代企业的经营管理）构成盛宣怀其人两个不可分割的方面，且互为挹注，使其"事"越办越大，官也越做越大。虽然在涉足洋务运动之初，盛宣怀与商的一致性较多，绅商的色彩也较浓，1884 年接手轮船招商局督办一职以后，官气越来越重，以至辛亥革命中被目为"前清逆臣"而遭到封产抄家的厄运，但那种"挟官以凌商，挟商以朦官"的官僚型绅商的特质则贯穿其一生，构成其不同于唐廷枢、徐润、郑观应，乃至张謇、经元善等人的个性特色。

首先，作为官僚型绅商，盛宣怀主要是以官方代表的身份而从事经营和管理洋务企业，并主要依仗官势和官权而积累自身的财富。1872 年，盛宣怀由李鸿章委派任轮船招商局会办时，并不像总办唐廷枢和另一名会办徐润那样拥有"商董"的身份和大量私人股份，而基本上扮演着替李鸿章"往来查察"，对唐、徐实行监督的角色。所以他虽"未责以专司招商局务"，也"向未驻局办事"，并"订明不经手银钱，亦不领局中薪水"，但权限却很大，凡与官场交涉，皆须由他出面。① 正是凭借与李鸿章的特殊关系和那种看不见摸不着，但又

---

① 《光绪七年二月十二日直隶总督李鸿章片》，《洋务运动》第 6 册，第 58 页。

无处不在无时不在的"官势"和"官权"，盛宣怀上下其手，平步青云，陆续将那些关乎国计民生的洋务企业一一攫入自己手中。到1899年，盛宣怀除控制全国电报外，又独揽轮船、银行、铁路、煤矿、纺织诸大政，借用经元善的话来说，叫作"一只手捞十六颗夜明珠"。①与此同时，盛宣怀的官阶也是扶摇直上，1884年调署天津海关道，专管北洋洋务和商务；1886年改任山东登莱青兵备道兼东海关监督，替李鸿章控驭"津沪枢纽"，1892年又被调补天津海关道兼津海关监督，为北洋集团经管对外交涉和"新钞两关税务"；1896年、1898年先后被授予太常寺少卿、大理寺少卿衔；1900年充会办商务大臣；1902年补授工部左侍郎；1908年补授邮传部右侍郎；1911年1月又被任命为权倾一方的邮传部尚书。

步步高升的官阶不仅成为盛宣怀扩大其洋务企业规模的保证，而且成为他化公为私，增值个人财富的"聚宝盆"。盛宣怀协助办理轮船招商局初期，据估计仅有股份一万两。他之占有大量股份当始自1884年吞占唐廷枢、徐润等人的股份，1887年有人说在他自己名下已有股份四万两。同年，有人还说他"经手招徕之股份实居十分之四五"，其中除部分确由他招徕的他人股份之外，不少当属由他化名隐匿的股份。②从1886年到1911年，直接与他有关的外债借款合库平银17600万两，他"得受回扣数百万两"。③在上海机器织布局旧址上建立起来的华盛纺织总厂经盛氏的几度移花接木，最后竟全部为他吞没。④1899年底，盛宣怀个人在通商银行的存款有40万两。⑤另外，

---

① 《经元善致郑陶斋、董长卿、杨子萱函》（光绪二十五年五月初三日），上海图书馆藏盛宣怀档案，转引自夏东元《盛宣怀传》，华东师范大学出版社，1981，第175页。

② 参见樊百川《中国轮船航运业的兴起》，四川人民出版社，1985，第424页。

③ 参见黄逸峰等《旧中国的买办阶级》，上海人民出版社，1982，第269页。

④ 参见严中平《中国棉纺织史稿》，科学出版社，1955，第342页。

⑤ 中国人民银行上海市分行金融研究室编《中国第一家银行——中国通商银行的初创时期（1897～1911）》，中国社会科学出版社，1982，第17页。

盛宣怀在汉冶萍公司的股份约 40 万两,占该公司全部商股的 30%。①
1911 年清政府垮台之际,盛宣怀又浑水摸鱼,将邮传部存款规银 200
万两转存外国银行,化到自己私人名下。清末像盛宣怀这样在新式企
业中拥有如此巨大资本的官僚实属罕见,其身份已多少具有官僚资本
家内涵。1880 年国子监祭酒王先谦弹劾盛宣怀"营谋交通,挟诈渔
利",是为确评。

其次,作为官僚型绅商,盛宣怀又不仅仅只像其他富商那样,
单纯以官权凌商、剥商,谋求封建国家资本与个人资本的同步增值,
反过来,对待官方而言,他又常常以绅和商自居,同社会上的绅商
有着广泛的社会联系。19 世纪六七十年代,在进入李鸿章幕府和会
办轮船招商局前后,盛曾混迹于上海著名绅商群体之中,共同举办
劝捐救灾的义赈活动,时相过从者,有上海的郑观应、经元善,苏
州的谢家福,无锡的李金镛等当时名噪一方的大绅商。1883 年,原
上海筹赈公所、扬镇筹赈公所、苏州筹赈公所同人,联合在上海设
立赈捐分所,以盛宣怀、郑观应、经元善、谢家福为经理人,唐廷
枢、徐润等为经募首董。该公所几乎囊括了当时上海所有的重要绅
商人物。② 李鸿章札委唐廷枢、徐润为轮船招商局总办、会办,便是
"由盛宣怀为之介绍"。经元善后来批评盛宣怀在洋务企业中的身份
是官还是商不明,"任官督,尚忽于统筹全局之扩张;任商办,犹未
能一志专精乎事功"③,正从侧面反映出盛宣怀虽为官但又时常以商
的身份自居。1902 年前后,盛宣怀同袁世凯争夺轮、电二局的控制
权时,更是以商民代表自居,对友人发牢骚说:"从前下走办理轮、
电,股份皆是我招,日与华商周旋,名为商人之督办,实则为公司

---

① 周泽南:《汉冶萍公司之内容》,《东方杂志》第 9 卷第 3 期,1912 年 9 月 2 日。
② 《上海筹赈无已时说》,《申报》1883 年 8 月 1 日,第 1 版。
③ 《经元善致郑陶斋、董长卿、杨子萱函》(光绪二十五年五月初三日),上海图书馆
藏盛宣怀档案,转引自夏东元《盛宣怀传》,第 175 页。

之首董。"① 此外，盛宣怀还像其他绅商人物那样，对兴办近代教育颇为热心。甲午战争后不久，就在天津创办中西学堂（后改为北洋大学堂）。1896 年又在上海徐家汇创办了南洋公学（上海交通大学前身），内设师范院、外院（附属小学）、中院（中学）、上院（大学）。中国第一个商会团体——上海商业会议公所其实也是在时任中英商约谈判首席代表之一的盛宣怀一再催促和亲自过问下设立起来的。②

盛宣怀集官、绅、商于一身的本质规定性，使他能够从容地周旋于官、绅、商各种势力之间，左右逢源，深得李鸿章等督抚大员乃至于清廷的赏识。张之洞在给直隶总督王文韶的电文中曾推崇他：

> 环顾四方，官不通商情；商不顾大局；或知洋务而不明中国政体；或易为洋人所欺；或任事锐而鲜阅历；或敢为欺谩但图包揽而不能践言，皆不足任此事。该道无此六病，若令随同我两人总理此局，承上注下，可联南北，可联中外，可联官商。③

另一个名气不及盛宣怀大，但在晚清和民国初期同样走红的官僚型绅商周学熙，似乎也能多少符合张之洞提出的具有"承上注下""联南北""联中外""联官商"的作用。

周学熙（1866～1947），字缉之，又字止庵，晚号松云居士，又号研耕老人，安徽至德人。周学熙出身于缙绅世家，其曾祖早年佐李鸿章幕府，官至山东巡抚、两江总督。像一般士人那样，周学熙"幼习举子业，年近三十始博第一"，但在举人中式之后，便放弃举业，入仕途做官并研求实学。历任天津道、长芦盐运使、直隶按察使、农

---

① 《盛宣怀致陈瑶圃函》（光绪二十八年十一月十六日），上海图书馆藏盛宣怀档案，转引自夏东元《盛宣怀传》，第 206 页。

② 参见徐鼎新、钱小明《上海总商会史（1902～1929）》，第 37～40 页。

③ 《致天津王制台》（光绪二十二年三月二十六日），苑书义等主编《张之洞全集》第 9 册，河北人民出版社，1998，第 6975 页。

工商部丞参。民国年间，曾两度出任财政总长。①

　　周学熙在晚清不像盛宣怀那样官至极品，经济事业如日中天，但在北洋势力范围的京、津、唐地区，也是权倾一方，业绩卓著，被誉为"北洋实业之导师，民国财政之权威"。由于周学熙和张謇都是由封建士绅向近代实业家转化的典型代表人物，两人所创的一南一北近代企业系统在中国实业发展史上均占有突出地位，故时人推崇二人为"南北四先生"（因他们两人在兄弟中都是排行第四），视之为中国实业草创时代的南北双雄，"南张北周"传为美谈。周学熙的后人曾对二人的实业成就作过一番比较，谓：

　　　　数十年来我国谈实业建设者，曰南北二四先生。南四先生者，张季直也。张以状元，富才思，创为棉铁救国之论，办南通棉垦，创大生纱厂，兴南通地方自治，规模宏远，至今犹令人钦服。然以用人不当，薰莸并进，又以志大才疏，有失缜密，棉垦工事屡败，经济日益竭蹶，南通事业中间顿挫，张竟以忧卒。北四先生者，吾祖也，平日不作言论，惟脚踏实地，逐步施行，赴之以敏，守之以勤，持之以恒，故数十年来，其成就固不在南张之下。②

　　后人作传，难免有抑张扬周之嫌，但将张謇与周学熙，乃至于盛宣怀作一比较研究，倒是很有意思的。作为士人型绅商的典型代表人物，张謇的企业活动主要依靠"状元"的金字招牌以及在地方上的声望和同权贵官员的密切关系，简而言之即所谓"官势"。虽然他也曾得到张之洞、刘坤一、瑞澂、沈云沛（署理邮传部尚书）等人不同程

　　① 《周止庵先生自撰墓志铭》，周叔媜《周止庵（学熙）先生别传》（以下简称《别传》），沈云龙主编《近代中国史料丛刊》第1辑，台北：文海出版社，1966，第219~220页。
　　② 《别传》，第191页。

度的支持，但总的来说同官方保持着一种若即若离的比较松散和不太固定的关系。反之，盛宣怀、周学熙这类官僚型绅商的企业经营活动则直接依靠自己手中的官权以及与之保持密切政治联系的官僚集团的支持。盛宣怀先是得到李鸿章的庇护，进而取得张之洞、王文韶甚至清廷的支持。周学熙资本集团则主要依靠袁世凯集团的支持。民国初年曾任国务总理的颜惠庆在其亲撰《周止庵先生事略》中说："清光绪间袁项城督直，一时北洋新政，如旭日之升，为全国所具瞻。所有工业建设，均出公（周学熙）手。"[①] 周学熙同袁世凯的密切关系由来已久。乃父周馥和袁世凯同出李鸿章幕府，且系儿女姻娅，私交至深。周学熙本人因其才干深得袁世凯赏识。1900 年袁世凯督直后，因天津地方制钱奇缺，商民窘困，袁世凯委派周学熙在天津创办北洋银元局。周学熙受命后，召集机匠日夜鼓铸，七十天之内铸出当十铜元150 万枚，发市行用，使天津钱市趋于稳定。袁世凯"诧其神速，推为当代奇才"，并"以一切工业建设相委"[②]，周学熙遂成为北洋实业建设的栋梁人物。

周学熙最初的实业活动，系在北洋官方的全力支持下，创办北洋官营实业。1903 年，他创设直隶工艺总局，以之为"振兴直隶全省实业之枢纽"。工艺总局下设实习工场、考工厂（后改为劝工陈列所）、工艺学堂（后改为高等工业学堂）等经济、教育实体，又创设北洋官造纸厂（1905 年）和北洋劝业铁工厂（1906 年）等近代官营企业，初步奠定了北洋官营实业体系。

周学熙的民营实业活动也因得到北洋集团的支持而获得长足发展。1906 年，周学熙在北洋大臣袁世凯的饬令下，经与英商交涉，收回最早由唐廷枢创办的唐山细棉土厂，改为官督商办的启新洋灰公

---

① 《别传》，第 214 页。
② 《别传》，第 11 ~ 12 页。

司。启新设立之初即获得袁世凯和清政府多方面的大力支持，包括：
（一）给予财政支持。批准周学熙"所有一切旧欠，均不与新公司相
干"的请求，使新公司能甩掉沉重的欠款包袱。又批准在商股募齐之
前，由淮军银钱所和天津官银号以期限五年、年息八厘，前三年只付
息不还本的优惠条件各拨垫 50 万两，以为抵注。（二）给予垄断性的
经营特权。启新在农工商部正式立案时就享有"于东北各省及扬子江
流域有优先设立分厂之特权"。① 清政府也曾明令："在直隶境内，他
人不得设厂。"销售上，规定京奉、京张、京汉、正太、汴洛、道清、
沪宁等路局须专用启新水泥，又规定开滦向启新供煤，"应酌减价
值"，价格不得超过平煤市价十分之七。根据启新与各铁路局及招商
局所订立的减水运费合同，一般按七八折收费。（三）给予捐税特权。
启新水泥及其他制品"无论运至何处，只完正税一道，值百抽五，沿
途概免重征"。② 可见，在资金供应、产品销售、捐税缴纳等各方面，
启新洋灰公司无不得到官方的优惠，这是一般私人企业所难以企及
的，甚至连张謇的大生集团也难望其项背。周学熙创办的其他民营企
业也不同程度地享有各种优惠和特权。例如，他所创办的开滦矿务公
司，资本额 200 万两中，北洋官股占 80 万两。他还以"此矿系为北
洋官家用煤便利而设"为由，请求袁世凯授予特权。将矿界由原来规
定的"不得超过三十方里"扩展到 330 方里之广。③ 他所创设的京师
自来水公司，曾呈请农工商部准许在股本未招齐之前，由天津官银号
"先行垫款"，并由官力"维持筹款保息"。④ 正是以北洋集团和民国
时期的北洋政府为后盾，以官权为神奇的"点金棒"，周学熙企业集
团在清末和民国初年获得异乎寻常的发展。该企业集团立足华北，面

① 南开大学经济研究所、南开大学经济系编《启新洋灰公司史料》，生活·读书·新知
三联书店，1963，第 190 页。
② 《启新洋灰公司史料》，第 90～93 页。
③ 《别传》，第 36～37 页。
④ 《别传》，第 42～43 页。

向全国，以启新洋灰公司这一全国最大的水泥工业企业和华新纺织公司这一华北地区最大的华商纺织工业企业为中心，广泛涉足建筑、煤炭、纺织、机器、玻璃制造和城市自来水等公用业和金融业。

60 岁以前，周学熙从政北洋，但以兴办实业为己任，集官、商于一身，与沉浮于宦海的普通政客已有所区别。60 岁以后，周学熙更是毅然决然地辞去一切政治和经济职务，告老还乡。其麾下的公司也通通交由信得过的人去办理。中国实业银行总理一职由龚仙洲继任；滦州煤矿正主任董事由陈一甫继任；启新洋灰公司总理由言仲远代理，加聘金伯屏为总经理；华新唐卫厂管理处正主任由杨味云继任；北平自来水公司总理则由傅沅叔继任。众公司曾筹议设立周氏集团实业总汇处，仍由周学熙主政，指导各司的业务。翌年，实业总汇处改为实业协会，举周学熙为会长，各公司均为会员。但周氏去意已决，不欲徒拥虚名，实业协会遂终至解散。① 解甲归田的周学熙似乎更接近于一个士绅的本色，唯以精修儒学为乐。"优游林下，手不释卷"，大有陶渊明之遗风。作为儒者的周学熙与隐士陶渊明的心曲是款款相通的。有诗为证：

> 漫道衰翁感慨深，任教霜雪鬓毛侵。
> 一身只合都无患，万事从来忌有心。
> 鸟迹印空原不着，鸿泥留雪更何寻。
> 待看水面风来候，吹皱波纹月影沉。②

> 人生七十风前烛，要脱天刑解桎梏；
> 扫除胸中闲是非，忘却世上虚荣辱。③

① 《别传》，第 185~186 页。
② 《别传》，第 203 页。
③ 《别传》，第 203 页。

　　然而，退隐的周学熙又并非成天只是叹老言空，无所事事，而是像其他地方绅士那样，非常热心于桑梓公益事业，"惟以济人利物为事，尤以故乡生计为念"。他独捐巨资，于家乡至德创办农林公会。该地设立试验场，先以官、民开荒植树造林，严禁冬季放火烧山。农林公会及其分会的活动持续十余年，颇有成效。又创办敬慈善堂，统管故乡各项社会事业。周学熙还追聘宿儒姚仲实、陈朝爵等，创办宏毅学舍，推广儒学；延请著名中医彭星台创办医学传习所，培养中医人才；复设蚕桑讲习所，以兴地方之利；办商业传习所，以培育经商人才。周还仿古代常平仓办法，自捐谷六千石，分存三乡，每年春夏之交，平粜济荒。还设义学于各区，以补地方教育之不足；设图书馆以开通民智。总之，一名地方绅士能为自己的家乡所做的一切，周学熙都尝试着去做，"不能行其道于国内，因致力于一邑之中，树之风声，以为国内示范"。①

　　总之，周学熙一生不失为一名典型的官僚型绅商，而愈到晚年，士绅的内在气质表现得愈充分，更接近于中国传统绅士的理想人格。

　　综上可见，绅商可以解析为不同的社会群体，这些群体分别体现了绅商阶层的不同侧面及内在多样性，同时，也是绅商与不同社会阶层互渗融合的结果。但各种类型之间又并非一成不变，而是可以转进转出，构成了一幅动态流动的画面。士人型绅商张謇等在其被任命为政府官员之后，多少便具有了官商的意味。而买办型绅商唐廷枢、徐润、郑观应等被委以洋务大员的头衔后，与官僚型绅商更趋接近。反之，像周学熙一类官僚型绅商在告老还乡，归隐林下之后，与士人型绅商又一脉相通。因此，绅商类型的划分，仅具有相对的理解上的意义，不具有绝对意义和不可逾越的界限。这种在各群体之间的转进转出，又取决于绅商阶层本身的多维社会属性。

---

① 《别传》，第185~186页。

第四章

"将新未新之际"

——绅商阶层的社会属性

吾人以一身立于过去遗骸与将来胚胎之中间。

——《远生遗著·想影录》

第一节　与传统的不解之缘

一　行业构成与经营方式

清末民初，我国近代工业发展尚处于起步的幼稚阶段，产业资本尚未从商业资本中最后分离出来，工商不分是当时的普遍状况，因此，晚清所谓"商业""商人"的含义是极其宽泛的。清政府于1904年颁布的《商人通例》中曾笼而统之地将"商人"界定为"凡经营商务贸易买卖贩卖货物者"，而民国初年刊行的《商人通例》，则对"商业"所包罗的范围作了如下划定：（1）买卖业；（2）赁贷业；（3）制造业或加工业；（4）供给电气、煤气或自来水业；（5）出版业；（6）印刷业；（7）银钱业，兑换金钱业或贷金业；（8）担承信托业；（9）作业或劳务之承揽业；（10）设场屋以集客之业；（11）堆栈业；（12）保险业；（13）运送业；（14）承揽运送业；（15）牙行业；（16）居间业；（17）代理业。[①] "商"在这里几乎涉及国民经济的各部门、各行业。这种笼统、模糊的"商业"和"商人"概念沿袭至今，以至于人们习惯地将从事经济经营活动统统称为"下海经商"，而"商人"（business man）俨然成为一切涉足经营活动的人（企业家、银行家、批发商、零售商等）的代称，而不论其真正的职业是否与促进商品流通的商业有关。

由此，近代绅商之成为一个包罗各行各业的复杂职业社会群体，也就不足为奇了。近代绅商阶层中虽然也有正在崭露头角的工业资本家，但绝大多数都是商业资本家和旧式商人，同晚清传统经济成分仍占绝对优势的社会经济结构相一致。近代绅商的行业构成具有明显的传统特征，他们主要从事传统的商业、银钱业和典质业，同传统农业宗法社会中古老的经济形式和组织保持着千丝万缕的血缘联系。

上海是近代史上最早开辟的通商口岸之一，也是近代工业率先发展的大都市。这里的工业资本家和买办在绅商阶层中所占的比重显然较其他各地为大，但他们往往崛起于旧式商帮，在投资近代企业的同时，又兼营旧式商业和金融业。1904～1911年担任各届商会总、协理的上海上层绅商中，严信厚、严子钧父子原属南帮汇业，相继经营商号、票号、盐号、纱厂、轧花厂等多种企业，介于新旧两类行业之间。严氏创设于上海的源丰润银号是其企业、商号的资金总汇处，创设资本为100万两白银，专门经营官商款项的汇解存兑，利源充盈，规模日宏，先后在北京、天津及长江沿岸城市设立十多处分号。[②] 陈

---

① 《商人通例》，《政府公报》第653号，1914年3月3日，第6~7页。
② 陆志濂：《"宁波帮"开山鼻祖——严信厚》，《宁波文史资料》第5辑，1987，第41页。

润夫是江西票号巨商。朱葆三主要经营五金洋货，系英商平和洋行买办，同时又投资于榨油、纺织和轮船等新式企业。徐润则以买办而兼营丝、麻、茶以及鸦片等贸易。周晋镳、曾铸、孙荫庭等人则一面投资于各种工矿、航运企业，一面开设各种店号，涉足商业。根据对设立于1902年的上海商业会议公所绅商执业情况的分析，其从业范围包括汇业、钱业、银行业、丝业、茶业、五金洋货业、洋布业、花业、豆米业、铁业、煤业、木业、报关业、参药业、沙船业、农垦业、营造业、典质业、买办业，以及纺织厂、丝厂、造纸厂、轮船招商局、电报局等20多个行业或企业。而以总理、副总理、总董和议员组成的领导层，则主要来自汇业、钱业、丝业、茶业、五金洋货业五大行业。① 这五大行业中前四个行业属于明清时期延续下来的传统商业，五金洋货业则属于开埠通商后兴起的新兴行业。如前所述，各地商会中的议董阶层一般为具有较高功名、职衔，拥资也较多的上层绅商，而江浙地区的普通商会会员也多属有各种功名、职衔或封典的绅商。表4-1反映了上海商会中绅商的行业构成情况。

表4-1　第一届（1904年）上海商务总会中绅商的行业构成

单位：人，%

会员总数	行帮代表													企业代表					
	茶业董事	木业董事	南市钱业董事	北市钱业董事	洋货业董事	花业董事	汇票业董事	典业董事	米业董事	珠宝业董事	质业董事	农业董事	合计	占会员总数比例	银行代表	轮船公司代表	工厂代表	商号代表	外商企业代表	合计	占会员总数比例
171	1	1	2	3	1	1	2	1	1	1	1	3	18	10.5	1	1	5	121	25	153	89.5

注：（1）表列"行帮代表"栏内茶业、木业、南市钱业、北市钱业、洋货业均属于趋新型同业组织，花业、汇票业、典业、米业、珠宝业、质业、农业均为传统同业组织。

（2）少数会员同时代表某一外资企业、某一华资企业或某一行业，今据实统计。

资料来源：徐鼎新、钱小明《上海总商会史（1902～1929）》，第61页表。

————————

① 据徐鼎新、钱小明《上海总商会史（1902～1929）》，第43～47页表格。

对表 4 - 1 细加审视，可发现 18 名行帮会员中，有 8 名来自具有一定趋新倾向的茶业、木业、钱业（南市、北市）、洋货业等同业公会；而有 10 名来自花业、汇票业、典业、米业、珠宝业、质业和衣业等纯旧式的同业公会。153 名企业会员中，工厂、轮船公司和银行等新式企业的代表仅 7 名，占企业会员总数的 4.6%；外商企业的代表（买办）共 25 名，占企业会员总数的 16.3%；而各类商号（其中半数以上属传统商业）的代表却有 121 名，占企业会员总数的 79.1%。由此可见，即使是在上海这样的近代城市中，绅商的行业构成也偏向于传统经济一头，新兴的产业领域还只有很少一部分具有近代意识的绅商涉足。

北方最大的通商口岸天津，虽然也是华洋杂处，外国资本主义势力入侵较深，买办阶层十分活跃，但绅商的行业构成还是呈现出十分明显的传统色彩。如，从 1905 年至 1911 年连任历届商会总理的王贤宾，职衔为花翎二品顶戴河南补用道，系直隶著名的盐商，长期担任长芦纲总，在直隶开设盐店多处。从 1906 年开始接替钱业绅商么联元任商会坐办的刘承荫，系直隶著名粮商，天津公记粮店财东，专营粮食批发业，职衔为花翎候选同知。第一届天津商务总会 22 名会董中，仅有一人是工业资本家，其余 21 人分别是著名的盐商、粮商、钱商、绸布商、金银珠宝商、进出口商和买办。表 4 - 2 汇录了 1905 ~ 1912 年天津重要绅商的职衔和执业情况。

据表 4 - 2，天津绅商中买办占有很大的比例，约为 31%；同传统经济密切相关的粮商、钱商、绸布商和盐商，合占 51.7%；真正能称得上工业资本家的仅 2 人（宁世福与曹永源），其中宁世福还以买办身份为主。

同上海毗邻的苏州，明清时期已成为我国东南地区著名的商业贸易和手工业中心，"五方杂处，人烟稠密，贸易之盛，甲于天下"。1895 年被辟为通商口岸之后，苏州开始一步步沦为半殖民地半封建城

表4-2　天津重要绅商的行业构成情况（1905～1912年）

姓名	职衔	在商会任职	社会成分	执业
王贤宾	花翎二品顶戴河南补用道	总理	盐商	盐业
宁世福	花翎三品衔候选知府	协理	买办	洋行
吴连元	花翎二品顶戴候选道	协理	买办	洋行
么联元	四品衔分省补用知县	坐办	钱商	钱业
刘承荫	花翎候选同知	坐办	粮商	粮食批发
顾文翰	五品衔候选主簿	会董	买办	洋行
张传清	同知衔	会董	买办	洋行
宫汝霖	廪膳生	会董	买办	洋行
王用勋	五品衔候选知县	会董	绸缎洋布商	绸缎洋布业
杨恩隆	五品蓝翎候选千总	会董	粮商	粮食批发
芮玉坤	同知衔候选州同	会董	洋布商	洋布业、房地产业
曹永源	五品蓝翎候选县丞	会董	粮商	粮食业、百粉业
胡维宪	花翎道衔	会董	盐商	盐业、钱业
纪联荣	同知衔	会董	绸缎洋布商	绸缎洋布业
刘锡保	同知衔	会董	钱商	银钱业
张文翰	候选从九	会董	绸缎洋绸布商	绸缎洋布业
张维琪	五品封典	会董	洋布商	洋布业
李向辰	同知衔	会董	米商	大米批发
徐　诚	花翎二品衔广东补用道	会董	买办	外资银行
郑金鼎	蓝翎守御所千总	会董	钱商	银钱业
朱嘉宽	府经历衔	会董	买办	银钱业
季长泰	候选从九	会董	粮商	外资银行、粮食批发
杨庆林	蓝翎同知衔	会董	杂货商	洋广杂货
贾学芳	同知衔	会董	洋布商	洋布业
黄宗衡	花翎候选同知	会董	买办	洋行
陈焕章	花翎三品衔直隶试用同知	会董	买办	洋行
赵士琦	五品顶戴	会董	钱商	银钱业
赵　振	同知衔	会董	洋布商	洋布业
刘钟霖	拣选知县	会董	木商	松木行

　　资料来源："天津商会档案历届会董情况表"，并参见胡光明《论早期天津商会的性质与作用》（《近代史研究》1986年第4期）一文附表。

　　市，但与上海和天津相比，苏州的半殖民地化程度较浅。近代史上的苏州，在很大程度上仍长期保持着传统商业消费城市的特征，新的殖民经济并不占据主要地位，传统商业和手工业仍继续呈现出畸形繁荣，旧式的商业资本和金融资本占据压倒优势。民国初年，苏州可以稽考的字号共 721 家，涉及 30 多个行业，其中又以纱缎、丝绸、钱庄、典当等传统行业为主。直接适应官绅大贾侈靡生活需要的绸绉、纱缎、金银、珠宝、玉器、烟酒等行业的商号共 237 家，占该城商号总数的 32.87%。①

晚清苏州绅商的行业构成同苏州传统商业消费城市的经济结构特点是相一致的。多数绅商都寄迹于典业、钱业和纱缎、绸缎等业。如先后五次出任商会总理的绅商尤先甲，是该地著名的绸缎商；曾四次担任商会协理的吴理杲，系钱业绅商；另外三名曾出任商会总、协理的绅商张履谦、倪思久、倪开鼎则分别为典业、钱业和珠宝业商董。表 4-3 梳理了出任历届商会议董的苏州绅商的行业构成。

表 4-3 苏商总会历届议董的行业构成

单位：人

届次	典业	钱业	纱缎业	绸缎业	珠宝业	米业	茶业	酱业	烟业	其他	总计
一	5	5	2	2	—	—	—	1	—	1	16
二	6	4	2	3	1	—	—	1	—	1	18
三	6	5	3	3	1	—	—	—	—	—	18
四	6	4	4	4	1	1	1	—	—	—	21
五	5	5	4	4	1	1	—	—	—	—	20
六	5	4	4	4	1	1	1	—	1	—	21

资料来源：《苏州商会档案》第 68 卷。

从表 4-3 可知，能出任商会议董的绅商，多是来自典业、钱业、纱缎业、绸缎业、珠宝业、米业、茶业和酱业等传统大行业的商董，无一人为工业资本家或买办。此种情况也反映在作为普通商会会员的

---

① 《苏州总商会同会录》，苏州市档案馆藏。

中小绅商的行业结构中，根据对苏商总会第一届会员执业情况的统计，其中63.1%来自钱业、典业和绸缎业、纱缎业及绸业。但普通商会会员有很大一部分则来自染业、药业、木业和农业等相对较小的传统行业。而根据苏州市档案馆所藏苏州地区部分商务分会会员名册，地处县和镇的商会绅商，大约有三分之二来自烛业、花业、猪业、板木、卤货、石灰等更小的传统行业。①

在全国各地，除汉口等个别较大的通商口岸较为接近于天津、上海的情况，洋行买办在绅商中占有较大比例而外，多数地区（尤其是内地落后省份）似更接近于苏州的情况，即传统商业和手工行业在绅商行业构成中占绝对的优势地位。根据对1909年上海、杭州、江宁、九江、汉口、重庆、贵州、江西、广州、陕西、吉林、黑龙江、天津等地334名商会议董（全系中上层绅商）执业情况的统计，仅有13人来自近代工矿和航运业，其余全部来自传统行业。②

近代绅商所依附的传统工商行业，通常具有源远流长的历史，在经营方式和组织形式上，大都保留了"前店后坊"的独资经营和在不同程度的封建家族、戚友、同乡关系基础上的合伙制度、学徒制度和行会制度。会计制度则长期沿用旧式的中式簿记，其主要特点是：用现金收付记账法和上记收下记付的直式账页，一般为单式记账，很难真实反映资产负债盈亏情况。总之，这些传统行业具有浓厚的中世纪色彩，是农业宗法社会商品经济不发达的产物，同近代从西方引进的新式工商制度和经营方式格格不入。

例如，各地绅商广泛从事的钱庄、票号和典当，均为封建传统社会原有的古老金融组织。钱庄起源于清代前期，乾隆时已经成为具有

---

① 章开沅等主编《苏州商会档案丛编》第1辑（1905～1911年），第76～200页，相关职员履历。

② 参见马敏、朱英《传统与近代的二重变奏：晚清苏州商会个案研究》第四章表2，巴蜀书社，1993，第266页。

相当规模的独立行业，主要分布于江苏、浙江、福建、河北等省。乾隆四十一年至嘉庆元年（1776～1796），上海的钱庄已有 106 家之多。① 早期的钱庄主要经营不同货币之间的兑换，后来经营存放款以及汇兑等业务，但"专以汇兑为交易而不放长期"②，不能与近代银行相提并论。钱庄的组织形式和各种制度规章，以及对店员的雇用、管理，无不带有浓厚的传统色彩。其业务活动，如放款等主要通过行帮、家族、亲友等封建宗法关系来进行，在其早期，甚至对存款的吸收还需熟人介绍，不是尽量开放、吸收资金。钱庄最大的利润来源是兑换收入，即在银两、银元兑换时取得"洋厘"差价，并利用"洋厘"的高低、"银拆"的变化，操纵钱市，从中渔利。1887 年 11 月 23 日《申报》记载："上海市面钱业，竟有虚做银洋拆息，买空卖空。欲求无本之利，情似赌博，势同垄断。"钱庄雇用职工，一般通过熟人介绍，绝少有公开招考。钱庄内部通行学徒制度，学徒要等三年后成为职员时才有工资，早期学徒只有 300 文的月规钱。钱庄普通职员的收入均难以维持家庭生活，只好在店内预支，而弥补预支的来源则有待于所谓分红。这就在原来雇佣关系之外，又以一重债权债务关系限制了店员转业的自由，这样的剥削方式不是一般意义的资本主义剥削，而是带有浓厚的封建色彩。钱庄的账务制度则长期袭用旧式账簿，行业中往往以"克存信义"这一名词代表定期存款账册，"利有攸往"代表定期放款，"月增月盛"代表月结，以其他吉利名词来代表各种其他账册，由此可以说明该行业的迷信程度。年终结账也没有什么决算报表，只是简略地记在账上。③ 总之，晚清钱庄很大程度上仍在传统的轨道上运行。

---

① 中国人民银行上海市分行编《上海钱庄史料》，上海人民出版社，1960，第 11～12 页。

② 《答暨阳居士采访沪市公司情形书》，《申报》1884 年 1 月 12 日，第 3 版。

③ 参见中国人民银行上海市分行编《上海钱庄史料》各节。

票号同样起源于清代前期，但较钱庄的封建色彩更浓。因经营票号的大多是山西商人，所以又有"山西票号"的说法。票号以汇兑为主要业务，汇兑方式为分号往来制，即利用设在各地的分号，彼此通汇。19世纪五六十年代，称雄一时的山西票号在北起蒙疆，南至闽粤，西起川康，东临海滨的重要城镇、商埠和码头，大都建立了通汇点。票号能陡起暴富、财运亨通，主要在于结纳封建官府，"藏富于官"。① 早在咸丰初年，"筹饷例开，报捐者纷纷，大半归票商承办"；太平天国起义爆发后"朝廷环顾各商，惟票商一业，忠实可恃，于是军饷丁粮胥归汇兑"；同治以后，"规模愈宏，即边陲之协款，内地之赈抚，皆资票行，以为抱注"。② 据统计，1891～1911年，全国由票号汇总的官款高达154711654两。③ 在经营官款的同时，票号商本身也纷纷纳赀捐买官职，从而成为亦官亦绅亦商的官商和绅商。据山西巡抚哈芬、恒春、王庆云等奏折中的资料，山西票号商中有日升昌、蔚泰厚、大德兴、元丰玖、志成信、锦生润、协同庆、协和信、乾盛亨、其昌德等号的东家21人输银捐买官职。同时，日升昌、天成亨、蔚泰厚、蔚丰厚、新泰厚、巨兴和、隆盛长、万盛长、聚发源、万成和、万成合、义兴永、光泰永13家票号的26个掌柜人报效银6182两，获得各种职衔。正由于票号同清政府存在荣枯与共的依存关系，所以辛亥革命以后便一蹶不振。因此，尽管清末民初票号也开展了对近代工矿企业发放少量贷款的业务④，开始具有旧式货币经营资本和新式借贷资本的二重属性，但前者始终占据主导地位，票号业最终并未完成向近代金融业的蜕变，延至20世纪二三十

---

① 《答暨阳居士采访沪市公司情形书》，《申报》1884年1月12日，第3版。
② 李宏龄：《山西票商成败记》，山西财经大学晋商研究院编《晋商研究早期论集》（二），经济管理出版社，2008，第1页。
③ 陈其田：《山西票庄考略》，商务印书馆，1937，第138～139页。
④ 参见张国辉《二十世纪初期的中国钱庄和票号》，《中国经济史研究》1986年第1期。

年代，终归澌灭。

典当是一个更为古老的行业，相传始自唐代贞观年间，斯时"圣君贤明，关心民间疾苦"，乃有倡设典当之议，以便于百姓"应紧借款"。为表彰典当出资人"济民为怀"的德行，朝廷特授予其"员外"称号，以便于同官府往来。传说虽不足征信，但考诸历代古典小说、笔记，典当确不同于一般商肆，甚是讲究官衙排场。一般典当的门面，俱是巍墙高屋，乌门双开，柜台高不可攀，给人一种森然的感觉。典当的雇员，特定"执管""朝奉""小郎"诸称，俨然官场气派。所以，民间广为流传着一句民谚："气死不告状，穷死莫当当。"将典当与衙门相提并论。由于从事典当业可名利双收，又煞是威风气派，故而成为明清绅商所鹜趋的行业。

古城苏州历来官宦绅商麇集，商业繁盛，典当为数之多，可称江南之冠。据民国元年的一项统计，苏州典当铺共有 50 家，资本 1741701 元。如表 4 - 3 所示，1905 年商会第一届议董中，典业绅商即占 5 名，其财富和势力于此可见一斑。据苏州典当业的从业人员回忆，旧时代苏州典当月息一般为二分左右，有时高达三分，以致清朝地方政府不得不特别规定：自同治八年（1869）起，当本三十两以上者减为二分四厘，十两以上者减为二分六厘，十两以内者减为二分八厘，仍以十二个月为满。① 典当收受押物范围极广，凡有价值有条件可以保管的任何财物，一概收受，甚至房屋、土地也可抵押，完全属于一种封建高利贷性质的行业。苏州典当通常排场门面很大，为便于接待官员，迎迓显宦，特地建造了名目繁多的所谓轿厅、官厅、花厅、关帝厅等建筑。有的典当甚至砌石堆山、栽花种竹，辟有小型花园，以备官僚前来怡情作乐。典当业内部雇用和管理制度采取封建性

---

① 《饬司核减苏省各典当利息议复》，赵春晨编《丁日昌集》（上），上海古籍出版社，2010，第 784 页。

很强的终身雇用制和等级管理制。所有雇员一入典业，无异卖身，不分智愚，不限年龄，也不论才干，概以先进山门为大，定其具体职称，排列名次，尔后凡有死亡与老弱告退，则逐级顺序递升，有的做到两鬓染霜，儿女成行，仍是一介学徒。典当管理的核心是遵循封建道德规范——"礼"。按照"礼"，必须逐级服从，顺序尊敬，不得稍有越级或违拗，连同桌进餐，对荤菜的举箸，也要按名次进行，否则便被视为"无礼"，会遭到惩戒。经长期"礼法"的熏陶和束缚，大多数雇员的共同特征是面无笑容、呆若木鸡，完全被此门禁森严的行规所异化了。[①] 从清代至民国时期，典当业的这一套陈规陋习基本无甚变化，固我依然地在传统中鹅行鸭步。

天津绅商所广泛从事的粮食业和盐业，也是当地历史悠久的传统支柱行业。先看粮食业。天津自元朝以来就是南北漕运的中心，明朝崇祯年间，从事漕运的大军，已达十二万余人；清代漕船数字曾高达 10455 只。漕粮的储存和管理，刺激了粮食业的兴盛。囤积于运河两岸的粮食，经粮商过斗发卖，从而形成著名的东、西、北集各斗店。每届封河之期，囤粮常达数十万石，开埠后更多达一百余万石。斗店业务基本与牙行经纪人相同，即介绍粮商与零售商及其他购粮者进行交易，居中过斗，收取佣金。斗店须经官府（县衙）批准并发予执照（即"龙票"）方可开业，每年交纳一定的牙行税。1855 年前后，一些富绅见斗店、粮商获利甚丰，遂将二者合而为一，名之为"斗局"，俗称"斗局子"。"斗局子"定有票号，摈弃粮商不设铺面的流动售粮的做法，同时吸收了斗店有粮待售的办法，前有铺面，后建仓库，兼营采购、运输、存储等全部业务，从而形成胚胎状态的粮食批发商业。1855～1900 年，"斗局子"最盛时多至

---

① 姬允奎：《苏州典当业的盛衰》，《近代中国典当业》编委会编《近代中国典当业》，中国文史出版社，1996，第 247～248 页。

八家（俗称"八大成"），其中又以成发号为行中巨擘，资力雄厚，生意活跃。① 因此，天津商会议董一级 30 名绅商中，粮商就有 5 名，占六分之一，殆非偶然。

再来看盐业。天津历史上是长芦盐的唯一集散地。长芦盐区有盐场 24 个，北起秦皇岛，南至山东利津，年产海盐 16 万引，清初规定芦盐包销直隶 80 州县，河南 34 州县，共 114 州县引岸。仅长芦盐区的天津三盐场，直接向清廷内务府贡纳盐二十四万斤，向内官监和光禄寺供应盐三十余万斤。康熙八年（1669）和十六年（1677），原设于北京的长芦盐运署和设于沧州的长芦盐运使司，先后移驻天津。于是形成了以天津为中心，以海河水系三百多条河道为网络，以盐、粮等生活必需品为主的商品流通网，天津也随之成为封建特权商——盐商的麇集地。在长达两百余年的时间中，天津盐商不仅集聚了大量财富，而且通过报效和捐纳获得各种功名职衔，成为津京直地区一个颇为显赫的特权阶层。盐商们除去挥霍和报效清政府外，还把剩余资金投入银钱、典当和房地产业。天津开埠后至庚子（1900）前，有大型当铺 44 家，资本总额在 660 万两左右，其中盐商执业的占半数以上。所以，清末天津盐商虽然没有作为一个行业加入商会，但身任长芦纲总的绅商王贤宾却长期居商会要职，连任七届天津商会总理，由此可见，天津盐商实力之强，枝蔓之广，实为天津传统商业经济中的一大支柱。②

绅商所从事的传统商业行业，在经营上多利用行会因素进行垄断，贸易方式也比较落后。这可以传统药材业为例。湖南湘潭一度为全国药材集散地之一，有药都之称。药材行有所谓"八堂"（金善堂、崇谊堂、崇庆堂、崇福堂、福顺堂、聚福堂、怀庆堂、公正堂）的组

---

① 朱仙舟：《天津粮食批发商业百年史》，《天津文史资料选辑》第 28 辑，1984，第 67~72 页。

② 参见胡光明《论早期天津商会的性质与作用》，《近代史研究》1986 年第 4 期。

织。药材买卖不论数量多少，都必须经药材行成交。违者，采取一致行动，与买卖双方断绝交易关系。① 苏州药材行则分为官料和草药二类，在历史上有所谓"六大行"之称，即泰来德、乾大仁、一大、德大、丰记恒、乾昶顺。六大行主要经营川、广、云、贵、闽、浙、山、陕的细料药材，以大家批发为主，同时以本地药店为销售的主要对象。经营形式以赊销为主，现金交易仅占很小比例。一般都是三节结算（端午、中秋、春节），每逢旧历春节是各行对客户总结算时期，各行的"水客先生"（即推销员）都要前往各地收回欠款，同时从事兜销工作（统称带回红账）。②

从以上挂一漏万的举例说明中，已可看出，晚清绅商所从事的行业和经营方式基本属于旧式的，是农业宗法社会中原有经济形式的延续，在这方面近代绅商阶层与传统保持着剪不断、理还乱的不解之缘。

二 乡土渊源

经商与置田

中国传统社会本质上是由无数个相对封闭和狭小的乡土社会所构成。农村居民（通常分为地主和农民）按照一定的土地关系居住在相对固定的地域内（乡和自然村），形成某种世世代代、祖祖辈辈生活在一起的经济性地域共同体。土地和血缘则是维系这一经济共同体的两大支柱。有关土地对于传统社会的重要性，晚清保守思想家曾廉③曾形象地做过比喻，"天下犹一身也，土地犹骨肉也，

---

① 张秀文：《湘潭药材行的经营情况》，民建湖南省委员会等编《湖南工商史料汇编》，1986，第63～72页。
② 陈宝昌等：《苏州药材业的回顾》，《苏州文史资料选辑》第9辑，内部发行，1982。
③ 曾廉（1857～?），字伯隅，湖南邵阳人，举人，曾由徐桐保荐参加编修《大清会典》，后授职知府盐运使衔，为戊戌变法时期反对变法维新甚烈的守旧派士大夫，著有《元书》及《瓠庵集》。

货财犹精血也"。① 他心目中的理想社会，应是那种以土地为本位、男耕女织的小农社会。

> 自古圣王之治天下，男子耕于外，女子织于内，遂至家给人足，物阜民康。……故以孜兵则兵强，讲礼则礼备，所谓百姓足，君孰与不足也。②

正由于土地对于维系传统社会的统治秩序有如许重要性，并构成主要的经济来源，所以，土地收入始终是传统绅士的主要收入来源之一。依据张仲礼先生对 19 世纪中国绅士经济收入的估计，绅士阶层通过土地占有而获得的收入，约为 2.2 亿两银子，仅略低于其做官或社会性服务的收入 3.11625 亿两银子，高于他们通过经商活动所得到的收入 1.136 亿两银子，约占其年总收入的 34%。③ 绅士与土地发生密切联系是显而易见的。在商人阶层方面，"以末（商业）致富，以本（农业）守之"的传统观念长期占有统治地位，他们往往用经商所赚的钱在乡下购买土地，视之为"恒产"。例如：

明代新安商人许竹逸在江南一带经商十余年，"资益大起"，遂"广营宅，置田园，以贻后裔"。④

明代歙县商人王友揽，"商于庐"，"家渐饶裕"，于是"买田千余亩，构屋数十楹"。⑤

---

① 曾廉：《应诏上封事》，中国史学会主编《戊戌变法》第 2 册，1957，第 496 页。

② 曾廉：《瓠庵集》卷 15，转引自赵靖、易梦虹主编《中国近代经济思想史》上册，中华书局，1964，第 401~402 页。

③ Chung-li Chang, *The Chinese Gentry：Studies on Their Role in Nineteenth-Century Chinese Society*, p. 197.

④ 《新安歙北许氏东支世谱》卷 8《竹逸许公行状》，转引自张海鹏、王廷元主编《明清徽商资料选编》，第 293 页。

⑤ 歙县《泽富王氏宗谱》卷 4，转引自张海鹏、王廷元主编《明清徽商资料选编》，第 293 页。

清代嘉庆年间的士商章江，系太学生，"自幼单身外贸，积蓄成家，广置田庐，以贻后嗣"。[1] 另一名婺源籍的监生詹泰圭，"贾余杭，时寄余资置田宅，父得以好行其义"。[2]

近代绅商承袭明清"士商"的传统，与封建性土地经营继续保持着不解之缘。或由祖传或经新置，一大批近代绅商的确广有田产，在经商营工的同时，又把目光放在土地上，染指于封建性地租剥削，并未完全放弃传统绅士生根立命之基。前文曾提及的买办兼绅商徐润，据其自述，在19世纪80年代初，所购之地未建筑者达2900余亩，已建筑者计320余亩，共造洋房51所，又222间，住宅2所，当房3所，楼平房街房1890余间，每年可收租金122980余两，地亩房产名下共合资本2236940两。[3] 另一个买办兼绅商王槐山曾在家乡浙江余姚购置田产7000亩，租给农民耕种，收取高额地租。[4] 浙江镇海籍绅商叶澄衷（观察）在上海通过独家经销美孚火油暴富，"资益丰，乃置祠田"，与封建土地剥削挂上了钩。[5] 绅商曾铸（花翎候选道）曾于"光绪间，购良田建瑞芝义庄"。[6] 另一名绅商（杨宗瀚）被革道员，"有田二百八十余亩，市房二十余间"。[7] 绅商薛南溟（薛福成之子）家族"以土地论，邻近田庄收买一空，复向远处发展，如郑陆桥一处即有良田三四千亩，设庄收租。综计所有达四万亩左右，地租收入，岁有二三万石"。[8] 曾担任天津商务局局董的盐业绅商李士铭

① 绩溪《西关章氏族谱》卷24《家传》，转引自张海鹏、王廷元主编《明清徽商资料选编》，第302页。

② 《婺源县采辑·孝友》，转引自张海鹏、王廷元主编《明清徽商资料选编》，第302页。

③ 参见《徐愚斋自叙年谱》，第34页。

④ 上海市工商业联合会史料科调查资料，转引自黄逸峰《关于旧中国买办阶级的研究》，《历史研究》1964年第3期。

⑤ 《清史稿》卷499，第13811页。

⑥ 《上海县续志》卷18，第47页。

⑦ 参见汪敬虞编《中国近代工业史资料》第2辑下册，第1021~1023页。

⑧ 参见汪敬虞编《中国近代工业史资料》第2辑下册，第1021~1023页。

（户部候补郎中），其拥有的田产包括小刘庄、西楼、南楼等五村田地1150亩，塘沽官马场沿黑猪河一带占有稻地3000亩、苇地5000亩。[1]另一名局董石元士系花翎二品顶戴湖北试用道，主要经营银号、典当和纱庄等商业，但同时也拥有各类田产百余顷。[2] 苏州几名拥有田产的上层绅商的产业及收入分布情况如表4-4所列。

表4-4 尤先甲等苏州上层绅商产业及收入情况

姓名	田产及收入	商业资本及收入	近代企业投资	其他收入
尤先甲	祖传田产六七千亩，年收租约5万元	同仁和绸缎庄资本2万元，年销售额约6万余元	投资苏经苏纶丝、纱两厂，新老股各占20股以上，最低资本额2600两	商会、学务活动中少量补贴
张履谦	祖传田产四五千亩，年收租约3万元	保裕典资本2万元，年营业额9万元，年收典息约1.5万元	投资苏经苏纶丝、纱两厂，但在该两厂经理期间垫款甚多	商会、学务活动中少量补贴
王立鳌	祖传田产约两千亩，年收租约1.5万元	同顺典资本6万元，年营业额9万元，年收典息约1.5万元。永生、晋生、元昌等钱庄资本共约5.6万元。另在上海开有大德、鼎康等钱庄	投资苏经苏纶丝、纱两厂，但在该两厂经理期间垫款甚多	商会、学务活动中少量补贴
潘祖谦	祖传田产约两千亩，年收租约1.5万元	潘万成酱园，资本不详。典当一间，资本不详	苏省铁路股东，贫民习艺所资本五千元	商会、学务活动中少量补贴
杭祖良	购置田产约数百亩	杭禄富记纱缎庄，资本约2万元	苏省铁路股东，苏经、苏纶厂少量股本	商会、学务活动中少量补贴

资料来源：《苏州商会档案》和笔者的走访调查。

从表4-4所列五人情况来看，其地租收入比重大于商业性收入的，尤、张、潘三人可能性较大。清末，他们三家都设栈收租，与中

---

① 参见胡光明《论早期天津商会的性质与作用》，《近代史研究》1986年第4期。
② 参见胡光明《论早期天津商会的性质与作用》，《近代史研究》1986年第4期。

张家巷王氏号称苏州收租"四大船"。每届收租时期，"四大船"扯起官衔旗幡，驰赴四乡，鸣锣收租，可谓威风张扬。但即便对此三人，也不好以"封建地主"论定，第一，他们的田、房产都由祖上传下来，属封建大家庭所有，不一定反映本人的经济活动重心。譬如尤先甲虽以长子名义继承尤家的田地、房产，但实际上田产主要由其弟尤先声管理，尤先甲则侧重经商。张履谦 1908 年出任苏经、苏纶两厂经理时，候选资格规定之一："被选举后能常川到厂任事者。"另据尚健在的老人们回忆，"潘祖谦当时主要身份是绅士和商人，不是地主"。第二，即使田租仍构成主要收入来源，但流向商业和新式企业的比率却逐渐增大，在本质上，他们的经济活动和利益是同城市经济联系在一起的。根据尤、张两家的后人回忆，家中在祖上都是经商致富。然后广置田、房产，以本守之。到清末民初，一般很少添置田产，而是"以田养商"，用田租收入扩大商业经营。仍以尤家为例，在尤先甲父亲一辈，主要是做药材生意，到尤先甲手里，方于光绪十九年（1893）创设同仁和绸缎庄（尤家主要商业收入来源），其时尤先甲已满 51 岁。以后又另辟颜料生意，并向苏经、苏纶厂投资。张家和潘家也是到张履谦、潘祖谦一辈，方逐渐投资于新式工厂和铁路。在田产大致不变的前提下，愈是广泛投资工商实业，总收入构成中田租比重自然愈少，这是不言而喻的。之所以会出现这种封建地租收入加速流向工商经营的趋向，除与社会环境和风气变化有关外，主要是由于田产作为不动产，虽有其稳定和可靠的一面，亦有难于大规模增值，资金周转滞迟的不利一面。到近代，田价日昂，要靠经营土地大量增加收入愈形困难。相形之下，经营工商业获利要丰厚得多，虽难免冒几分风险，但毕竟更具有诱人的魅力。

以上仅仅从纯经济来源角度分析，尤先甲等近代绅商的主要经济身份，可能列入"商人兼地主"一类比冠以"封建地主"或"地主兼商人"似更为妥当。近代绅商同明清绅商（或士商）的一个重要区别在于：前者是"以田养商"，地租收入逐渐向商业性收入转移，社会活动的重点从乡村移入城市；后者却是坚执"以末致富，以本守之"的不易古训，使商业性收入向封建地租收入回流，从城市退隐乡村。这是财富在不同社会和时代背景下的不同流动方式。由此可见，"经济收入来源"固然不失为判断一个人社会阶级属性的重要依据，但绝对不是唯一的标准，更重要的还在于他们本人在社会经济生活中的主要社会实践。从一部分近代绅商仍继续从事封建性土地经营的事实中，我们只能从中抽绎出近代绅商阶层仍然带有传统农业社会深刻印痕的结论，而不能据此断定近代绅商仍旧从属于封建地主阶级的范畴，同传统绅士和商人并无区别。后者只是一种简单的阶级归类法。

家族式经营

在传统中国社会，乡村的土地关系和血缘联系是水乳交融般相互纠结的。"土地不单单是自然物，而且蕴含着对家族祖宗认同的血缘亲情意识，体现着一种源远流长的人文精神。人们对祖宗家族的认同意识，促使着对土地的依恋和归属。"① 血浓于水。近代绅商阶层的"乡土渊源"，除体现在与土地的联系外，更体现在经商活动中所显现出的"家族意识"和"地缘意识"。这也是与传统的一种无法割舍的有机联系，并由此而形成近代中国工商资本家颇为独特的一面。近代绅商之经商营工仍多为家族式的，子承父业，亲族相帮，形成一个具有相当凝聚力的经济共同体，一个"自家人"的小社会。

江浙等地的钱庄家族，颇能反映近代绅商家族式经营的特点。钱庄的家族关系，往往由一两名先祖沿袭下来，随着大家庭的繁衍，不断分叉，依照多变的轴心形成广泛而复杂的企业网络。以上海为经营重心的浙江镇海方氏钱庄家族，最早（约1796～1820年）由方介堂

---

① 徐勇：《非均衡的中国政治：城市与乡村比较》，中国广播电视出版社，1992，第99页。

开始经营粮食、杂货商业，后来稍有积蓄，辗转至上海经营食糖买卖，开设义和糖行，并招族内子弟多人至沪协助经营。方介堂死后，他的族侄方润齐、方梦香两人设萃和糖行和振承裕丝号。1830 年前后，方润斋在南市设立履和钱庄，兼营土布及杂货，是为方家经营钱庄之始。方润斋、方梦香去世之后，又由他们的七弟方性斋接管家族的各项企业，并陆续在上海、汉口、宁波等处增设钱庄，鼎盛时期曾达 25 家之多，奠定了方家在上海等大商埠的企业基础。方氏家族的另一支为方介堂的族弟方建康，他最初在上海设泰和糖行，死后由儿子方仰乔继承父业，大事扩展，将营业范围扩大至钱庄业，先后在上海、宁波、杭州等地设立了 18 家钱庄。方家的两支均是由商业而钱业，再扩展至其他各业，经营范围遍及糖业、沙船、银楼、绸缎、棉布、药材、南货、渔业、书业、地产业等，以上海为重心，旁及杭州、宁波、绍兴、汉口、南京、沙市、宜昌、湖州、镇海各地，在清末形成一个庞大的家族企业网络。① 方家世系见图 4 - 1。

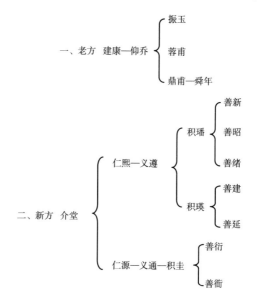

---

① 中国人民银行上海市分行编《上海钱庄史料》，第 730 ~ 733 页。

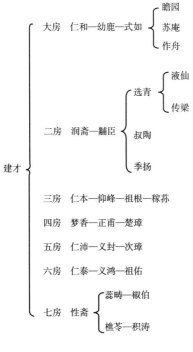

图 4-1 方家世系

　　另一个来自镇海的钱庄家族，系李氏家族。该家族在上海的经营始于李也亭 1822 年来上海闯天下，他由最初给人当学徒而跻身沙船业，约在 19 世纪中叶，已俨然成为上海滩上有名的沙船商，曾拥有沙船 10 余只，往来南北洋，每船值银数万两。当时沙船业全赖钱庄融资，故李也亭在世时即开始投资钱业，成为钱业资本家。李也亭在沪上经商期间，其家属仍居镇海，一应开支均由其兄李弼安（出自乾房）供给。为了报答其兄的恩情，也亭去世时，将自己财产的一半分给其兄，使其后代亦跻身商场。李氏子孙继承父业，又力加扩充，终于发展成为上海著名的钱庄、房地产业大家族，其中即有上海著名绅商李云书。① 李氏家族世系见图 4-2。

————————

① 中国人民银行上海市分行编《上海钱庄史料》，第 734~737 页。

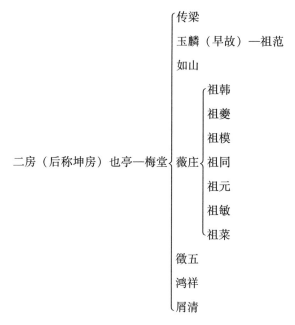

图4-2 李氏家族世系

在清末和民国时期牌号很响，专营棉布和绸缎的联销老字号瑞蚨祥，则起源于从康熙至光绪年间发展起来的山东章丘旧军镇的租佃地主兼商业巨头矜恕堂孟氏家族。这个家族在清末民初曾拥有田产二千亩以上。该家族经营商业始于矜恕堂的先辈孟衍升于乾隆初年在莱芜开设的两家杂货店，以及在新泰开设的"瑞麟祥"杂货店。孟衍升之后，两个儿子分家。长子孟兴智的堂号叫"强学堂"，嘉庆初年，强学堂在北京开设了"瑞生祥"布店，在济南开设了"庆祥"布店。孟兴智的长子孟毓翰和次子孟毓罡以后又再次分家，分别取堂号为强恕堂和学恕堂，各自发展商业。同治年间，矜恕堂经理人孟继笙由瑞生祥、庆祥提款，在济南开设了瑞蚨祥绸布店和泉祥茶庄。以后瑞蚨祥绸布店又在济南分设二处分店，在天津分设三处分店，在北京分设二处分店，在烟台分设一处分店，在青岛也设一分店，并在上海设立栈庄专门收购洋布和绸货，形成一个覆盖面很广的家族联销店。[1]

表 4-5 山东矜恕堂瑞蚨祥分店设置情况

地点	字号名称	经营范围	开设时间	备注
济南	瑞蚨祥	绸缎、洋货、皮货、百货、金银首饰	1862 年	
北京	瑞蚨祥	绸缎、洋货、皮货、百货	1893 年	
烟台	瑞蚨祥	绸缎、洋货、皮货、百货	1896 年	
北京	瑞蚨祥鸿记	绸缎、洋货、皮货、百货	1903 年	通称西号
青岛	瑞蚨祥	绸缎、药柜、百货、皮货	1904 年	
天津	瑞蚨祥鸿记	钱庄、布匹批发	1905 年	
北京	瑞蚨祥鸿记	新衣皮货	1906 年	
北京	鸿记	茶叶	1911 年	西号
北京	鸿记	茶叶	1918 年	东号
济南	鸿记	染坊	民初	
济南	鸿记	织布工厂	民初	
天津	瑞蚨祥	绸缎、洋货、皮货、百货	1912 年	
济南	瑞蚨祥鸿记	绸缎、洋货、皮货、百货	1924 年	
济南	瑞蚨祥昌记	绸缎、洋货、皮货、百货	1934 年	由原庆祥昌记改
天津	瑞蚨祥庆记	绸缎、洋货、皮货、百货	1934 年	由原庆祥改
上海	瑞蚨祥申庄	采购绸缎、洋货	不详	

资料来源：罗仑、景甦《清代山东经营地主经济研究》，齐鲁书社，1985，第 107 页。

矜恕堂系一较为典型的绅商家族，其重要经营者之一孟传珊（生于嘉庆二十五年），曾捐得"中书候选主事加三级"衔。孟传珊长子孟继符捐得"候选同知府衔加五级"衔；次子孟瑞簌捐得"盐运使衔候选知府加五级"衔；四子孟继笙于光绪十九年捐得"二品顶戴江苏

---

[1] 罗仑、景甦：《清代山东经营地主经济研究》，齐鲁书社，1985，第 96~108 页。

候补道”衔，民国初年曾出任济南商会会长。

家族式企业的一个基本特点，显然是以血缘关系为纽带。这种血缘关系可以是直系亲属的父子、祖孙和兄弟关系，也可以是非直系亲属的叔伯、甥舅或隔房亲属关系。但最为可靠和常见的自然是子承父业的财产继承关系。如清末重庆富商杨文光①即深知“凡做生意，非人力、财力相辅而不能成功”的经验，为了使自己费尽千辛万苦缔造的家族企业能保持兴旺发达，而对其子孙后代寄予了极大的希望。他于光绪二十四年（1898）亲手订立的《依仁堂家规》中写道：“余愿得忠厚仁慈，读书明理之辈，有其人以保吾家，余愿足矣。”光绪三十一年（1905），杨文光遣次子杨希仲和侄儿杨芷芬赴日本留学。杨希仲从日本学成归国后，又让他再前往美国深造。这一番苦心孤诣，无非为了确保家族企业的前途美好无虞。②

除父子关系而外，兄弟之间的联合也可以取得惊人的成功。清末民初的著名绅商中，兄弟双双以成功经营而享誉商界的，有“面粉大王”荣宗敬、荣德生兄弟，创办南洋烟草公司的简照南、简玉阶兄弟，永安公司的郭乐、郭泉兄弟，号称“棉纱大王”的穆藕初、穆抒斋兄弟等。1892年，荣氏兄弟以其父荣熙泰在厘卡司账任上的积蓄与人合作，在上海鸿升码头开设了广生钱庄，资本额3000元，荣氏兄弟出资一半，即1500元，其余半数招股。荣宗敬以长子身份任经理，荣德生为管账。这是荣氏兄弟合作自营事业的开端，也由此奠定了日后荣家企业王国的基础。简氏兄弟中，开始一直由当哥哥的简照南负责公司的业务，为弟的简玉阶在简照南于1923年逝世后，才充分展

---

① 杨文光（1854~1919），名焕斗，原籍江西省南城县，祖辈移居四川巴县。其父为清朝的廪生，屡试不第，在家设馆教书糊口。杨文光幼年时家道中落，不得不放弃科举功名的幻想，走上经商的道路，后成为重庆有名的富商。

② 中国民主建国会重庆市委员会、重庆市工商联合会文史资料工作委员会编《重庆工商人物志》，重庆出版社，1984，第28页。

露自己的经营才华，全面负责家族企业的营运。穆藕初①在晚清曾自费赴美攻读农业和棉业，回国后在乃兄穆抒斋（恕再）的帮助下筹款创设德大纱厂，因采用西方的先进技术和管理方法，获利甚丰。20世纪20年代初，穆藕初曾出任"华商纱厂联合会"会长。其兄穆抒斋虽不及弟弟的名气大，但在上海商界也是一位响当当的人物。但也有两兄弟共同经商办厂，仅一人出名的情况，南通"状元资本家"张謇兄弟就是如此。张謇以状元身份办厂，名噪一时，在政坛上也颇活跃，其哥张詧却很少出头露面，只是勤恳、精明地实际管理着张謇名下的企业，鲜为世人所知。

家族式企业的另一个特点是企业的高级职员大部分由本家族人出任，不假手外人。自1903年创办茂新面粉厂开始，到1922年止，20年中荣氏兄弟一共创办了茂新、福新面粉厂12个，申新纱厂4个，工厂分布于上海、无锡、汉口、济南等大中城市。这个庞大的企业系统基本采取股权独立，分散生产经营的无限公司或合伙的组织形式，以利于权力集中于荣氏兄弟之手。据1928年的调查，荣氏兄弟集团共有54个总经理、经理、副经理（副厂长）的职位，其中19个由荣宗敬本人担任，由于公司集团不设董事会，荣宗敬就是当然的决策人。其余的35个职位，有3个由他的弟弟荣德生担任，即茂新面粉一厂、三厂以及申新纺织三厂的经理。荣氏兄弟的3个儿子占4个位置，即分别担任申新纺织二厂、三厂和五厂的副厂长或助理。荣家的其余3个成员荣月泉、荣鄂生、荣吉人占有5个位置。其余的职位，大部分由荣家的姻亲担任。荣宗敬的女婿李国伟身兼福新面粉五厂和申新纺织四厂的副经理。与荣家联姻的王尧臣身兼5个厂的经理和副

① 穆湘玥（1876～1943），字藕初，上海人，幼读于私塾，1889年入棉花行习业，1897年始学英文，1900年考取江海关供职。1904年加入沪学会，1907年曾任江苏省铁路公司警务处长。1909年自费赴美习农，1914年学成归国，复开办棉纱厂，20世纪二三十年代号称中国的"棉纱大王"。

经理，而其哥哥王禹卿早在 1912 年就与荣氏兄弟合办福新面粉厂。此外，福新面粉二厂、四厂和八厂的副经理均是荣宗敬的姻亲。换句话说，荣家及其亲戚控制着该企业集团 83.5% 的高级职位（见表 4-6）。

表 4-6　荣家企业高级职员构成

人员构成	所占高级职位数	占高级职员总数的比例(%)
荣氏家族	31	57.5
联姻家族	14	26
助手和股东	6	11
技术专家	3	5.5
合计	54	100

资料来源：《荣家企业史料》上册，上海人民出版社，1980，第 287~289 页。

因为茂新—福新—申新荣氏家族企业集团基本上是按股份公司形式组织起来的，因此，荣氏兄弟对企业的控制权主要是通过控制股权来实现的。从申新一厂荣氏系统股额与其他股东股额的比率变动看，1916 年创办时，资本额为 30 万元，荣氏兄弟股额 15.90 万元，占53%，其他股东的股额为 14.10 万元，占 47%。1922 年增资至 300 万元，荣氏兄弟股额增至 190 万元，占 63.3%，其他股东的股额增至110 万元，占 36.7%。福新一厂、三厂主要股东为荣、浦（文汀）、王（禹卿）三家兄弟，其中，荣氏兄弟的股份额占 50%。1917 年增资后，荣氏兄弟股份额占比增至 60%。由此可见，随着企业的成长，荣氏兄弟的股权越来越大，并且越来越集中，形成荣氏兄弟大权独揽的格局。[①]

依靠家族管理企业固然是一种传统的办法，但从若干家族企业的业绩看，这种制度似乎并不与现代化相抵触，相反，它使中国近代绅

---

① 有关荣家企业情况，参见上海社会科学院经济研究所经济史组编《荣家企业史料》上册，上海人民出版社，1962；许维雍、黄汉民《荣家企业发展史》。

商确实可以不必打破社会传统就能适应现代经济的运转，从而成为绅商阶层向近代资本家阶级过渡的支点之一。在企业的资金筹措、经营管理和技术引进方面，家族亲情和血缘关系都可以起到很多功用，减少营办企业的风险，增加企业内部的凝聚力。同时，利用广泛的亲族联系，也有利于搞好企业与官方的关系，疏通各种渠道。例如，朱志尧之所以能够在1904年顺利创办求新机器厂，就是由于他的两个舅舅，即教育家马相伯和改良派人物马建忠利用他们与时任工部左侍郎的盛宣怀的关系，而给予支持的结果。另外，如前所述，周学熙创办北洋实业，也曾广泛利用其父周馥在官场上建立的各种关系，尤其是与北洋实力人物袁世凯的交往。诚然，家族企业任人唯亲，必然会给企业带来许多不利的影响，不可避免的家庭纠纷有时也会影响企业的发展。杨氏兄弟的聚兴诚银行成立不久，就因杨粲三与杨培贤不和而几近夭折。任何制度都会有长处与短处，关键在于什么样的制度可以适应经济事业的发展和市场竞争的需要。作为一种企业制度来说，家族企业本身并不是导致企业衰败的原因，问题在于如何操作。时至今日，西方发达资本主义国家仍存在不少父子公司和家族企业，即一个传统与现代可以很好结合的明证。

同乡团结

家族关系而外，乡亲关系对绅商的经济活动有着同等的意义。家族联系以血缘为纽带，乡亲关系则以地缘为基础。在某种意义上，乡土亲情是家族亲情的外延。因为家族成员必定是有限的，而同乡关系则几乎可以无限放大。在中国传统中，有小同乡（同一乡、同一县）和大同乡（同一府、同一省）的区分，两者的亲近程度不同，但均包含了由相同的籍贯所造成的亲近感。这种亲近感是因相同的口音，相同的生活习惯，相近的性格特征，甚至非常接近的审美情趣而营造出的。如四川人之吃辣椒，听川戏，坐茶馆，摆"龙门阵"（聊天），即一种绝对的地方文化，外省人则几乎无法认同。近代绅商可以说是非常成功地在自己的经营活动中利用了这种普遍接受的乡土观念。

前文提到，买办与绅商往往是合二而一的。而早期买办（19 世纪 70 年代以前）群体不是来自同一个家族就是彼此同乡，互相介绍，互相攀缘。早期上海买办大多是广东人，且主要是香山人。香山籍买办不断介绍他们的同乡充任买办，保持了香山人对这一职业的垄断。1863 年怡和洋行买办林钦辞职时，举荐同乡唐景星接替他。从此，唐家开始了同怡和洋行五十多年的交往。1881 年郑观应下决心进入轮船招商局时，替同乡杨桂轩作保，由杨替代他任太古洋行总买办。徐润也为他的同乡杨梅南充当太古洋行买办提供了部分经济担保。香山籍买办还总是倾向于雇请同乡作雇员。广东籍雇员在通商口岸人数众多，很受欢迎，其所得报酬比各通商口岸的本地人高出许多。[1] 19 世纪 70 年代以后，江苏籍买办开始逐渐取代广东籍买办在上海的地位。这很大程度上是苏州席氏买办家族崛起的结果。席家在苏州世代业商，太平军兴，席氏四兄弟仓皇逃到上海，开办了数家钱庄。1874年，排行最末的席正甫当上汇丰银行买办，经他的介绍，席氏家族的成员、亲戚和同乡许多人都成了上海外国银行的买办。

对于企业而言，同乡团结既是筹集资金的需要，又是在企业内部形成一种和谐、亲密的人事关系的前提。同乡情谊使雇员们对企业有一种特殊的感情，他们背井离乡，出外谋生，企业成了他们落脚的家，他们对这个"家"也就表现出格外的忠诚。在一个企业中，雇员的这种亲和力是非常重要的，它使企业变得更稳定和更具竞争力，实际上是一种无形的资本。分店遍及北京、济南、天津、上海等城市的老字号瑞蚨祥绸布店，雇用的店员即多为山东人，其中又以矜恕堂所在地的章丘人为主。[2] 荣氏兄弟旗下的茂新—福新—申新集团 20 世纪

---

① 葛元煦：《沪游杂记》卷 2，上海古籍出版社，1989，第 6 页。
② 参见罗仑、景甦《清代山东经营地主经济研究》，第 106～108 页。

20 年代所雇用的 957 名高级职员中，有 617 人（占 64.5%）是无锡人。但该集团设在无锡的工厂仅有四家，其余大部分设在上海，有的设在济南和汉口。① 大买办郑伯昭是广东中山县平岚人，1919 年他为推销英美烟公司产品而开设了永泰和烟行，该行总公司和外地分公司共有 200 余名职员，基本上都是郑伯昭的亲属和同乡，这些人直接从广东乡下来，社会联系很少，便于郑伯昭在企业中实行家长式的控制。②

而著名绅商张謇的大生资本系统，则基本上是一个以本乡本土人为主的乡土企业。张謇当初办厂的初衷之一，即要为其家乡南通的父老乡亲谋福利。大生纱厂的"厂约"头一条就是"通州之设纱厂，为通州民生计，亦即为中国得利计"。③ 所谓"为通州民生计"，一是要为当地百姓提供工作的机会，二是要为当地普遍发展的农村手织土布业提供充足的生产资料——机纱。作为一个乡土企业，大生纱厂商品市场的本质特征，在于它是一个农村商品家庭手工业的生产资料市场，而不是一个机制生活消费品市场。与典型的西方资本主义经济发展道路明显不同的是，这个商品市场的形成不是建立在当地农民家庭手工业被破坏、个体农民经济破产的基础之上，恰恰相反，它正是适应了当地农村家庭纺织业的发展需要，刺激和带动了地方经济发展④。因此，大生纱厂本身又从地方手工业发展中受益，获利丰厚。1899 年春，大生纱厂正式开车，仅日产粗纱 20 余包，1900 年即达 45 包。但此时仅关庄布年产量即达四百万匹，日需机纱 120 余大包。旺盛的市场需求和乡土企业所具有的其他有利条件，使大生从 1899 年到 1923 年的短短二十余年内，从一个资本不到 50 万元、纱锭 2 万余枚的小厂，发展到拥有 4 个厂，纱锭 16 万余枚，布机 1300 余台，有垦牧、

---

① 《荣家企业史料》上册，第 289 页。
② 《旧上海的外商与买办》，第 161 页。
③ 曹文麟编《张嗇庵（謇）实业文钞》，载沈云龙主编《近代中国史料丛刊》第 44 辑，第 109 页。
④ 参见林刚《试论大生纱厂的市场基础》，《历史研究》1985 年第 4 期。

盐业、交通运输、机器、粮油加工、造纸、印刷、房地产等综合企业，控制总资金达 2480 余万两的大生资本集团，赖以生活的当地人达数百万之众。[1] 大生企业集团的成功，可以说是近代产业与传统家庭手工业相接轨，有效发展乡土经济的一个成功的典型。其中，南通张謇的开创之功不容抹杀。

若跳出单个企业的小圈子，同乡团结又体现为城市中同籍商人、企业主之间在更大范围内的联系和合作。这种联系的方式由来已久，其起源就是明清以来逐渐形成的商帮和会馆的传统。在明清城市里，商人们大多生活在一个移民社会中，他们来自四面八方，带来各地的风俗习惯、经商办法，甚至操着彼此难以沟通的不同的方言。因此，无论是从感情联络出发，或是从实际经商需要出发，他们都需要一种组织形式来加以联结，而以地缘为基础的商帮和会馆恰好提供了这样一种社会组织形式。

商帮按地域划分，有本帮和客帮之分；又有按行业划分的行帮（由不同行业结成的帮）。而明清某一地区的商人，往往操同一行业，如山西商人之于票号，徽商之于典当。这样，地域之帮与行业之帮便重合起来，成为亦地域、亦行业的商帮，如山西票号帮等。但商帮首先是一个地缘性的概念，按商人的籍贯来划分，这点则是无疑的。如晚清上海的商帮就由宁波帮、绍兴帮、钱江帮、金华帮、徽宁帮、江西帮、湖北帮、湖南帮、四川帮、南京帮、扬州帮、江北帮、镇江帮、苏州帮、无锡帮、常熟帮、通州帮、山东帮、天津帮、山西帮、潮州帮、建汀帮、广东帮等 23 个帮组成。其中，宁波帮势力首屈一指。该帮实际人数有六七万人之众，主要从事银楼、钱庄、洋药、药材等行业，也有不少人在洋行当买办。广东帮势力略逊于宁波帮，人数约 5 万人，主要经营洋广货铺等，洋行买办亦为数不少。[2]

---

[1] 《大生系统企业史》编写组编《大生系统企业史》，江苏古籍出版社，1990，第 143 页。
[2] 杨荫杭：《上海商帮贸易之大势》，《商务官报》第 12 期，光绪三十二年六月廿五日，第 1~7 页。

会馆大多以商帮为基础组建，但又不尽其然。以会馆、分所为数最多的江南城市苏州为例，苏州的会馆始建于明朝万历年间，兴盛于清朝康熙、乾隆年间，是时"姑苏为东南一大都会，五方商贾，辐辏云集，百货充盈，交易得所，故各省郡邑贸易于斯者，莫不建立会馆"。① 迄于晚清，苏州会馆共约50所之多，已经查证明确的共47所。② 这些会馆按建馆者身份划分，可分为三类：第一大类系纯由工商业者（民商和绅商）创建的会馆，如钱江（绸商）会馆、仙翁（纸商）会馆、东越（烛商）会馆、大兴（木商）会馆、武安（绸商）会馆、毗陵（猪行）会馆等。第二类由地方官员和商人合建（称仕商会馆），如岭南会馆、三山会馆、江西会馆、邵武会馆、吴兴会馆、嘉应会馆、安徽会馆等。第三类系由地方文武官员创建的会馆，仅湖南会馆、八旗奉直会馆两所。苏州会馆创建人身份情况见表4-7。

表4-7 苏州会馆创建人身份

单位：人，%

创建人身份	数量	百分比
民商与绅商	32	68.17
官员与商人	10	21.28
官员	2	4.26
不详	3	6.38
合计	47	100

资料来源：《江苏省明清以来碑刻资料选集》《明清苏州工商业碑刻集》。

尽管苏州90%左右的会馆都与工商业有关系，但其中绝大多数均非限制同业间自由竞争、维护本行同业利益的严格意义的行会组织，而只是以地域性商帮为基础的同乡会性质的组织。由仕商共同创建的

① 《姑苏鼎建嘉应会馆引》，载江苏省博物馆编《江苏省明清以来碑刻资料选集》（以下简称《江苏碑刻》），生活·读书·新知三联书店，1959，第351页。
② 据《江苏碑刻》《明清苏州工商业碑刻集》统计。

会馆，目的固然在"凡会馆之设，仕商所以萃聚，亦往来借以驻足也"。[1] 许多纯由商人创建的会馆，作用也主要是为了"迓神庥，联嘉会，襄义举，笃乡情"。[2] 纠集同籍商帮，"相顾而相恤"。[3] 可见，虽然有的会馆同具行业性与地域性，但地域性与外来性才是会馆组织的基本特征。正因为如此，许多商业性会馆可以兼容诸行业，而不具有行业排斥性。如由福建商人建于明朝万历年间、重修于清道光十年（1830）的三山会馆，捐款修建者有洋货帮、干果帮、青果帮、丝帮、花帮、紫竹帮等。又如武林杭线会馆，乾隆初年由杭帮所建，绸箔两业附属于内。创建于乾隆三十五年（1770）的徽郡会馆，由徽州皮纸帮、捞油帮、蜜枣帮商人共建。[4]

归结而言，会馆组织有以下特点。

（1）它由流寓在外的客籍居民（大多为商人）所创办，有严格的地域划分（小自乡镇，大至省府），对外籍具有排斥性。

（2）会馆既是一种社会组织，又特指该组织所坐落的场所或建筑物。如按照习惯，各省在长江上游的会馆都普遍建有宫、庙、祠之类的建筑，诸如关圣宫系"楚籍人公建，故曰湖广馆"；天后宫系"粤籍人公建，一曰广东馆"；天上宫系"闽人公建，一曰福建馆"；万寿宫系"赣人公建，一曰江西馆"；威灵宫"即黄州会馆"；玉皇宫"即常德会馆"，如此等等（参见表4-8）。

（3）每一会馆内部均供奉有本籍所尊崇的神祇或先贤，关帝有之，大禹有之，张飞有之，甚至还有供奉文天祥的。仍以长江上游的会馆为例，其所供奉的神祇、先贤及主要建筑有如表4-8所示。

---

① 《重建嘉应会馆志》，《江苏碑刻》，第354页。
② 《潮州会馆记》，《江苏碑刻》，第340页。
③ 《正乙祠碑记》，载李华编《明清以来北京工商会馆碑刻选编》，文物出版社，1980，第11页。
④ 参见马敏、朱英《传统与近代的二重变奏：晚清苏州商会个案研究》书末附表五"苏州会馆、公所一览表"，第451页。

（4）会馆系一种十分松散的同乡组织，对成员缺乏约束力，通常仅推选几名董事负责日常馆务及资产。而这些董事往往又由有功名、职衔的绅商担任，以便于同官方打交道。如同治三年（1864）苏州宣州会馆烟业董事上江苏善后总局的一份呈文上具名的几位董事即全系绅商，他们分别是安徽籍贡生王德钦、从九品杜伯茂、监生胡毓英。[1] 另同治四年（1865）苏州各会馆代表联名呈递江苏布政使、按察使的一份呈文，具名者包括有职衔或功名的绅商18人，普通民商5人。[2]

表4-8 四川各省会馆所供奉神祇及主要建筑

会馆名称	主要建筑	供奉的神祇或先贤
江西会馆	万寿宫	许真人
福建会馆	天后宫、天上宫、天妃宫、庆圣宫、福圣宫	天妃
贵州会馆	南将军庙、黔阳宫、惠民宫、黔南宫、黔西宫、荣禄会	关帝、南大将军、黑神
广东会馆	龙母宫、南华宫、六祖会	关圣帝君、六祖
陕西会馆	三圣宫、三元宫、三义宫	刘备、关羽、张飞
湖广会馆	禹王宫、王府宫、关圣宫、全义宫、楚蜀宫、湖广馆	大禹
湖北会馆	帝主宫、齐安宫、威灵宫、靖天宫、江陵庙、湖北宫	大禹
湖南会馆	寿佛宫、太和宫、长沙宫、真武宫、濂溪祠、岳常澧会馆、衡永宝会馆、玉皇宫、威远宫、宝善宫	大禹
山西会馆	朝天宫、武圣宫、山西会馆、古南宫、玉清宫、文武宫、三圣祠、三义庙、崇圣宫	关帝
广西会馆	万寿宫、昭武宫、轩辕宫、萧公宴公庙、洪都祠、文公祠、仁寿宫	文天祥
河北会馆	忠义宫	
浙江会馆	列圣宫、浙江公所	
八省会馆	福禄宫	

资料来源：根据何炳棣（Ping-ti Ho）*Geographic Distribution of Hui-Kuan* 所列资料整理。引自王笛《跨出封闭的世界——长江上游区域社会研究》，中华书局，1993，第560页。

作为一种体现同乡团结的社会组织，会馆的实际作用在于：一是为流寓外地的同乡提供聚会、驻足和联络乡谊的场所，以解其乡愁；

---

① 《长元吴三县永禁烟业铺户伙匠私立公所擅设行头店总名目巧为苛索把持垄断碑》，《江苏碑刻》，第382页。
② 《长元吴三县永禁烟业铺户伙匠私立公所擅设行头店总名目巧为苛索把持垄断碑》，《江苏碑刻》，第382页。

二是为同乡办理善举，提供救济，以抒其羁旅之困顿；三是团结同乡，共同对付异域商人的竞争，以图其发展。明清之际，乃至于民国时期，不少绅商和普通商人均受惠于本省的会馆组织，从中获得极大的帮助。宁波籍商人之所以在上海经商能取得巨大成功，与拥有约6万名会员的资财雄厚的宁波会馆（即四明公所）的存在不无关系。著名绅商虞洽卿1872年从故乡镇海县（位于宁波附近）来到上海时，还是一个一文不名的小学徒。在以后他最终成为上海商会会长的传奇性的一生中，曾经多次得到实力强大的宁波帮及其所属的宁波会馆的财政和政治支援，他本人即长期担任宁波帮的首领之一。各会馆的董事或"首事"均与地方官保持着密切的联系，积极参与地方捐税征收、消防、治安、团体、赈济及其他慈善事业的管理，给商业活动提供了不少方便。

绅商与会馆、商帮的联系，属于与传统相联系的方式之一。这种联系，加强了商人们横向的社会联系，促进了同籍商人之间的互助，使其能较好地适应近代社会的变迁和急剧动荡。当然，由于地域性会馆的普遍设立，也容易导致各省商人和移民之间的隔阂和分离，使中国商人在总体上呈一盘散沙的状态，缺乏跨省区的沟通和联系，"而各乡之界限，即判于其间，界限愈判，排外愈甚"。① 这似乎又与工业化社会和商品市场经济的发展要求相抵牾了。

第二节　跨入近代的门槛

一　绅商的实业投资

中国近代社会转型，实质上是由传统农业社会向近代工业社会转

---

① 杨荫杭：《上海商帮贸易之大势》，《商务官报》第12期，光绪三十二年六月廿五日，第2页。

变，只是这种转变在中国近代并没有完成而已。因此，绅商阶层与近代社会的联系，很重要的即表现为他们同近代产业发展的关系。所谓产业，当时泛称实业，包括与国计民生关系最密切的工业、农业、交通运输业、公用事业和新式银行业。19 世纪末 20 世纪初，中国在外国资本入侵的刺激下，以"商战"相号召，先后形成了两次民间投资实业的热潮。第一次投资热潮发生在中国本国近代企业的兴起阶段（1872～1900 年），在此期间设立的商办厂矿数字和资本总额，均超过了以往二十多年的总数，并开始领先于官办或官督商办企业，取得了主要地位。到 20 世纪初年，民间资本较之以前又获得更加迅速的发展，出现了规模更大的第二次投资热潮。1901 年新设立民间工矿企业 16 家，1902 年为 21 家，1903 年为 8 家，1904 年为 31 家，1905 年多达 43 家。这一时期不仅开设厂数和投资额大大增加，而且投资的范围也较之前更为广泛。除原有的缫丝业、棉纺业、火柴业有长足发展外，电灯、肥皂、烟草、玻璃、锅炉、化妆品等行业也都有民间资本投资的工厂出现。①

在上述两次民间投资热潮中，不仅到处闪现着绅商人物翎顶辉煌的身影，而且在许多工厂和路矿公司中，他们还充任着主要创办人以及投资者和管理者的角色。光绪三十三年（1907）农工商部的一份奏折中，很具体地列举了若干达官贵人和地方绅士创办近代企业的"实迹"。

> 兹查有三品衔臣部头等顾问官翰林院编修张謇，创办江苏耀徐玻璃公司、上海轮步公司，集股一百万元以上。三品衔直隶候补道严义彬（即严信厚），创办浙江通久源轧花纺织厂，集股在八十万元以上。二品顶戴安徽候补道许鼎霖，创办江苏海丰面粉公司，集股在六十万元以上。四品衔候选州同楼景晖，创办浙江

---

① 汪敬虞编《中国近代工业史资料》第 2 辑下册，第 682～683 页。

通惠公纺织公司；三品衔中书科中书顾钊，创办浙江和丰纺织公司；三品衔兵部郎中萧永华，创办广东汕头自来水公司；候选道马吉森，创办河南六合沟（应为六河沟）煤矿公司；分部郎中蒋汝坊，创办江苏济泰公纺织公司，均集股在四十万元以上。二品衔度支部右参议刘世珩，创办安徽贵池垦务公司；御史史履晋，创办京师华商电灯公司；二品顶戴浙江候补道程思培，创办安徽裕兴榨油公司；候选道曾铸，创办镇江机器造纸公司；二品顶戴福建补用道程祖福，创办河南清华实业公司；候选道顾思远，创办山东博山玻璃公司，顾润章创办湖北扬子江机器制造公司，黄兰生创办（湖）北汉丰面粉公司，均集股在二十万元以上。皆能卓著成效。①

这个奏折中所提到的张謇、严信厚、许鼎霖、楼景晖等人都是当时著名的绅商，他们所创办和投资的企业，远不止奏折中所开列的那些公司和厂矿，表4-9列举了张謇等12名著名绅商参与创办企业的数量和资本额。

表4-9　张謇等12名绅商创办、投资企业情况（1913年以前）

姓名	身份	创办、投资企业数量(个)	资本额(千元)	备注
张　謇	状元、翰林院修撰	27	7087.7	
严信厚	贡生、道员	14	8064	
沈云沛	进士、翰林院编修	13	4118	
许鼎霖	观察、二品顶戴候补道	10	5547	
庞元济	候补四品京堂	6	2912	
周廷弼	三品衔修候补道	8	1440	
曾　铸	一品封典花翎候选道	3	1949	
楼景晖	四品候选州同	3	829	
张振勋	头品顶戴太仆侍卿	11	485.8	

①　汪敬虞编《中国近代工业史资料》第2辑下册，第925页。

续表

姓名	身份	创办、投资企业数量（个）	资本额（千元）	备注
李 厚	四品分部郎中	8	5793	内缺一家企业资本数字
宋炜臣	二品顶戴候选道	8	6969	
朱 畴	浙江试用道	7	3189	
合 计		118	48389	

资料来源：汪敬虞编《中国近代工业史资料》第2辑下册，第1069～1070、1091～1096页。

表4-9所列12名绅商中，又以南通"状元资本家"张謇所参与创设和投资的企业最多、涉及的行业也最广泛，包括纺纱、面粉、榨油、轮船、肥皂、瓷业、电灯、垦牧、盐业、渔业、水利、地产等。在以传统士大夫身份兴办实业，转化为近代工商资本家方面，张謇也不愧为天下第一的"状元"。《关册》中推崇他：

> 起家寒素，以第一人大魁天下，授职修撰，笃念桑梓，自以振兴实业为己任，于是制造各事次第举办，无不赖其维持，人皆称道不置。推张殿撰之意，凡由外洋运来各种货物，均应由中国自行创办，惟一己之力有限，须集众力以图之。在张殿撰声望夙著，人皆钦仰，一时富户，咸愿出资，推为领袖，以其遇事决断，不致有所掣肘。①

当中国近代工业起步之时，绅商阶层中拥有巨额资金的，首推那些在开埠通商后已先富起来的买办，而且，买办在同外商的长期交往中，业已认识到设立近代企业的重要性和有利可图。于是，买办型绅商在实业投资方面表现出极大的远见和热情，而且投资规模也远较一

---

① 《光绪三十一年通商各关华洋贸易总册》，中国第二历史档案馆、中国海关总署办公厅编《中国旧海关史料（1859～1948）》第42册，京华出版社，2001，第279页。

般商人为大。19 世纪 70 年代以前，以唐廷枢、徐润、郑观应为代表的买办型绅商主要投资于中外轮运业，70 年代以后，除继续投资轮运业外，投资范围扩大到矿业、棉纺织业、机器制造、面粉、电灯和其他行业。表 4 - 10 反映了祝大椿等买办型绅商的实业投资情况。

表 4 - 10　祝大椿等 6 名买办型绅商创办、投资企业情况（1913 年以前）

姓名	身份	创办、投资企业数量（个）	资本额（千元）	备注
祝大椿	花翎道衔,怡和洋行买办	10	3345	剔除虚报的源昌五金厂
朱佩珍	三品衔候选道,本和洋行买办	7	6708	—
虞洽卿	花翎二品顶戴试用道,荷兰银行买办,道胜银行买办	2	1501	—
刘人祥	候选道,立兴洋行买办、东方汇理银行买办	4	1567	一厂一矿缺资本数字
吴懋鼎	道员,汇丰买办	3	375	一煤矿缺资本数字
徐　润	花翎道衔,宝顺洋行买办	2	42	—
合　计		28	13538	—

資料来源：汪敬虞编《中国近代工业史资料》第 2 辑下册。据其他资料补充判明买办捐纳职衔情况，第 979 ~ 981 页。

表 4 - 10 所统计的买办型绅商的实业投资情况，是不全面的。一是因为某些买办是否捐有职衔殊难确定，无法将其投资统计进去；二是因为买办型绅商同时又向官办和官督商办企业大量投资，无法对之进行单独统计。例如，1878 年，唐廷枢筹办开平矿务局时，实收资本 1490280 两中，有很大部分即他本人和徐润等人的投资。而在 1873 年创办的轮船招商中，唐廷枢和徐润等人的投资估计高达 476000 两。但仅依据上列极不全面的统计数字计算，这批买办型绅商和前述张謇等 12 名绅商的投资总额已达 61927000 元，占 1895 ~ 1913 年全部商办企业投资额 90792000 元的 68.2%。

接下来，我们再从民办近代工业的几个主要行业考察一下绅商阶层的实业投资情况。

为抵制外资对中国利权的攫夺，采矿业成为近代绅商投资的一个重点行业。光绪三十三年（1907）正式创设的山西保晋矿务公司，即旨在抵制英商福公司（先由义商经营）在山西境内开采煤矿的计划。该公司的发起人有晋省绅士候补三品京堂渠本翘、候补五品京堂刘笃敬、翰林院检讨梁善济等，创设资本共收股银 1620000 余两。[①] 安徽铜官山煤、铜矿也是由在籍绅士李经畲、方履中等发起，从英商手中收回自行开采。到 1910 年，煤矿集得股本龙洋 100 万元，铜矿集得股本龙洋 120 万元。[②] 此外，光绪二十八年（1902）有江西候补道周掞、朱子春在江西乐本开办裕通煤矿公司。[③] 江西朱载亭观察于光绪三十二年（1906）招股 12 万两，开办新建县徐塘煤矿，月出煤约 500 吨，"厥利甚钜"。[④] 光绪三十二年（1906），山西省绅士刑部主事狄楼海，即用知县刘绵训，举人许上林、刘统均、邵允恭、张籁、许监观，优贡庞全泰，廪生王芳士、贾廷献、刘子荫、宋希程等，联络商会，就地筹款，集股 2000 股（每股银 50 两），设立平陆县矿务有限公司，专办本县各项矿务。[⑤] 湖南益阳举人、益阳久通公司总理梁焕奎，于光绪三十三年（1907）在长沙创设华昌纯锑炼矿厂，拟招集股本银 30 万两，以抵制洋商抑价收购锑砂。[⑥] 有关绅商在近代采矿业中的投资比例，可参见表 4 - 11。

近代新兴的棉纺织业是新兴民族工业的主干部门，同时也是绅商投资比较集中的行业。于 1878 年开办的中国第一家棉纺织厂——上海机器织布局，就是由绅商彭汝琮（前候补道）、郑观应（观察）等

---

① 《山西保晋公司报告书》，《时报》1910 年 10 月 24 日。
② 《籍绅集股开办铜官山煤矿》，《时报》1905 年 11 月 19 日，第 5 版；《安徽泾县煤矿铜官山铜矿有限公司招股广告》，《时报》1910 年 5 月 1 日，第 1 版。
③ 《乐平煤矿之调查表》，《时报》1905 年 9 月 30 日，第 6 版。
④ 《各省矿务汇志》，《东方杂志》第 3 卷第 3 期，光绪三十二年三月二十五日，第 88 页。
⑤ 《晋绅禀设平陆县矿务公司》，《时报》1906 年 5 月 12 日，第 5 版。
⑥ 《组织炼砂矿数》，《时报》1907 年 12 月 26 日，第 5 版。

表 4 - 11　绅商在近代商办采矿业中的投资

创办人身份	矿数(个)	百分比(%)	资本额(千元)	百分比(%)
绅商	19	40.42	5699	59.86
民商	13	27.66	1451	15.24
官员	6	12.77	1521	15.97
不明者	9	19.15	849	8.91
合计	47	100	9520	100

资料来源：汪敬虞编《中国近代工业史资料》第 2 辑下册。买办有职衔者计入绅商，无职衔者计入民商（第 921 页）。

创办，后由戴景冯（候补道）、龚寿图（补用道）、戴恒（翰林院编修）等代为主持。1880 年，在戴景冯等经营不善的情况下，复又公推郑观应"总持大纲"，经元善"驻局专办"。[1] 主要投资人有郑观应、经元善、蔡鸿仪（部郎）、杨宗濂（道员）、杨宗瀚（道员）、刘汝翼（前天津海关道）等绅商及买办卓培芳、盐商李培松、官员龚照瑗等人。苏州地区首屈一指的民族资本企业——苏经丝厂和苏纶纱厂，最初即由"丁忧在籍"的状元、国子监祭酒陆润庠领衔创办，1908 年上海绅商周廷弼和苏州绅商张履谦、吴本善、王立鳌、尤先甲等联合集股接办后，改名"苏经苏纶丝纱两厂股份有限公司"，续招新股合并老股共1057600 两，并选举张履谦为经理。苏州绅商投资该企业者不在少数，至少商会会董一级的绅商就有六人，其中张履谦、王立鳌、尤先甲三人的投资额最起码分别在2600 两以上。[2] 无独有偶，另一名状元资本家张謇在营造其大生资本集团时，也是从"绅领商办"纱厂起家的。其主要投资人除张謇兄弟外，还有当地"通董"蒋锡绅、沈燮均、高清、刘桂馨等绅商。至于各地绅商零星投资近代棉纺织业的，更不在少数。从表 4 - 12 可以概见晚清绅商投资近代棉纺织业的情况和所占比重。

---

[1] 《中国创兴纺织原始记》，虞和平编《经元善集》，第 286 页。

[2] 根据苏州商会档案中有关资料推算。

表 4 - 12 19 家较大纱厂创办人情况（1895~1910 年）

成立时间	厂名	资本（千元）	纱锭（枚）	创办人	资本关系
1895	上海裕晋纱厂	280	15000	可能为道胜银行的买办	开工不久，为外商收买，改为协隆。资本额据纱锭估计
1895	上海大纯纱厂	280	20392	盛某（上海富绅）	资本额系 1904 年数字
1896	宁波通久原纱厂	420	17018	严信厚（李鸿章幕僚，曾督销长芦盐务）	主要投资者为上海、宁波两地的"富裕中国人"
1897	无锡业勤纱厂	336	10192	杨宗濂（长芦盐运使）、杨宗瀚（曾总办台北商务）	内有江苏省积谷公款 10 万两
1897	杭州通益公纱厂	533	15040	庞元济（四品京堂、湖州富绅）	领有公款。后由与李鸿章有关之高凤德接办。李家资本甚多
1897	苏州苏纶纱厂	420	18200	陆润庠（国子监祭酒）	苏州商务局集私资创办；1908 年增资 20 万元
1898	武昌湖北纺纱官局	1200	50064	张之洞（湖广总督）	最初官商合办，旋全归官办，后又招商承租
1898	上海裕通纱厂	210	18200	朱幼鸿（浙江候补道朱鸿度之子，曾任浙江铜元局总办，与聂缉椝有关系）	
1899	南通大生纱厂	669	20300	张謇（翰林院修纂）	领用官机，并征集商人资本
1899	萧山通惠公纱厂	599	10192	楼景晖（候选同知）	楼景晖在 1895 年即已创办义和缫丝厂
1905	常熟裕泰纱厂	699	10192	朱幼鸿	朱幼鸿在本年除纱厂外，尚创办四民烟厂，投资于海丰面粉厂
1906	太仓济泰纱厂	699	12700	蒋汝坊（郎中）	
1906	安阳广益纱厂	699	22344	孙家鼐（尚书）、马吉森	
1906	宁波和丰纱厂	839	21600	顾剑（顾元琛，中书科中书）	
1907	崇明大生二厂	1211	26000	张謇	有冯韬庵、恽莘耘（道员）、王丹揆（按察使）、刘聚卿（参议）股份

续表

成立时间	厂名	资本（千元）	纱锭（枚）	创办人	资本关系
1907	无锡振新纱厂	210	10192	荣宗敬（钱庄主）、张石君（洋行买办）等	荣股占多数，荣宗敬在1896年开设广生钱庄，以广生盈余入股
1908	上海同昌纱厂	600	11592	朱志尧（东方汇理银行买办、同昌油厂主）	朱志尧在创办上纱厂前，曾先后创办或投资于大德、同昌油厂、求新机器厂、薄利呢革长
1908	江阴利用纱厂	420	15040	施子美、严惠人	
1910	宝坻利生祥纱厂	140			

注：无职衔的买办计入民商。

资料来源：汪敬虞《中国近代工业史资料》第2辑下册，第924页。

根据另一项统计，1895～1910年28家华资纱厂的创办人中，绅商占61%。[1] 因此，稳妥一点讲，当时约60%以上的近代棉纺织企业系由绅商创办和充当主要投资人。

除近代工矿业外，绅商在近代交通运输业中也有着很高的投资积极性。到1911年，我国总共创设了14家商办铁路公司，其总、协理几乎全是享有各种功名或职衔的绅商。[2] 在四川省，许多享有进士、举人等功名的谘议局议员，同时也是川汉铁路公司董事和股东会负责人，他们由此而进入"新绅商"的行列。[3] 苏省铁路公司的45名苏州籍股东，其姓名和职业可考的绅商有12人，分别是王同愈（进士、苏经苏纶公司总经理）、潘祖谦（优贡生、酱商兼典商）、杭祖良（候选员外郎、纱缎商）、吴本齐（郎中、商会名誉会员）、蒋炳章（翰林院编修、商会名誉会员）、倪开鼎（候选布政司理问、珠宝

---

[1] 根据汪敬虞前引书及严中平主编《中国近代经济史统计资料选辑》（科学出版社，1957）综合统计。

[2] 据《交通史路政编》《轨政纪要初编》等书的记载。

[3] 参见鲜于浩《试论川路租股》，中南地区辛亥革命史研究会、湖南省历史学会编《纪念辛亥革命七十周年青年学术讨论会论文选》，中华书局，1983，第363～368页。

商）、陶堆垠（前河南知县、农会总理）、吴理杲（同知衔中书、钱
商）、蔡廷恩（监生、茶叶商）、施莹（州同、洋广货商）、庞延祚
（候选同知、钱商）、吴韶生（二品封职、玻璃厂主）。① 1909 年，长
沙商务总会协理陈文炜曾联合其他绅商发起商办湖南全省铁路有限公
司，拟集股 2000 万元，与旧派绅士王先谦等创设的"粤汉铁路筹款
购地公司"相抗衡。② 在湖北，铁路股份的认购者也主要是一些绅商
人物。英国驻汉口总领事的报告中提到，"几位手面并不阔绰的绅士，
承担了巨额股份"。③

　　在投资近代工矿业、交通运输业的同时，晚清绅商还广泛投资于
钱庄、银行和各类新式商业，并积极倡设实业和商业学堂，举办商品
陈列所、劝工会、物产会等。总之，从南到北，从东到西，绅商阶层
同近代实业的发展发生了比较普遍和密切的联系，表现出资产阶级化
的共同趋向。当然，绅商并非一旦投资新式工矿企业，就已经完成了
向近代产业资本家的转化，而这仅仅意味着他们已开始接触近代工厂
制度和新的经济营运方式，并在这种与近代生产方式的密切接触中产
生某些潜移默化的变化，从而一步步跨入近代经济社会的门槛，日益
趋近于近代意义的工商资本家。

二　新的营运方式

　　投资和经营近代新式工厂企业，在尚未经历过资本主义原始积累的
清代中国，完全是一种崭新的事物。诸如巨额资本的筹措、企业预算的
编制、成本结构的确定、企业员工的管理，以及市场需求的预测，均是
儒家典籍中从未记载过的东西。买办型绅商通过同外国资本的长期交
往，尚能凭直觉和经验从容应付，其他类型的绅商则不得不一切从头学

---

① 据苏路股东常会编印《苏路股东意见书》（光绪戊申二月），1906 年刊行。
② 〔美〕周锡瑞：《改良与革命——辛亥革命在两湖》，第 100 页。
③ 〔美〕周锡瑞：《改良与革命——辛亥革命在两湖》，第 103 页。

起。在近代经济营运和科学的企业管理中，为传统社会所推崇的状元、进士的金字招牌，几乎完全无济于事，莘莘学子们不得不为此喟然叹曰："三年出一个状元易，三年出一个经纪难。"① 那些后来取得辉煌实业成就的绅商，"下海"之初也都曾付出了高昂的学费。

绅商们在创办近代企业过程中，首先遇到的难题，就是如何招商集股、筹措必要的启动资本。中国第一家官督商办的棉纺织企业上海机器织布局，在绅商彭汝琮主持创办期间，招徕资本十分棘手，甚至到了日常开支都捉襟见肘的地步，"房租食用，亦须代措"。② 后来交由绅商戴景冯、龚寿图主持，招股集资仍是一筹莫展。具有经营才干的绅商郑观应和经元善接手后，招股才有了起色。经郑、经改订的集股章程，拟招股四千股，每股规银一百两，共集股规银四十万两。其中半数由主要创办人认购，半数向社会公开招股。除公开登报招股外，经元善还别出心裁地委托钱庄商号，在通商大埠和繁荣城镇分设三十六个代收股份的处所，以方便购股。结果自"章程"公布不到一月，"应集之数承绅商源源招徕，将近满额"。③ 因附股者太多，不得不公议加收一千股，共集资五十万两，远远突破了原定计划。④

张謇初办大生纱厂时，也为股本的筹集伤透了脑筋。大生纱厂初拟商办，由张謇和"通、沪六董"⑤ 分头集股60万两，先办纱机2万锭，股票以百两为一股，共六千股。在上海招股40万两，通州本地招股20万两。结果，三位"通董"相当配合，先后招得股份五六万两，但"沪董"方面却不见动静，一味迟疑观望。厂址选定后，"旋

---

① 《上楚督张制府创办纺织局条陈》，虞和平编《经元善集》，第101页。
② 中国史学会主编《洋务运动》第7册，第478页。
③ 《答暨阳居士采访沪市公司情形书》，《申报》1884年1月12日，第3版。
④ 《答暨阳居士采访沪市公司情形书》，《申报》1884年1月12日，第3版。
⑤ "通、沪六董"分别为：沈燮均（海门花布商）、陈维镛（通州花布商）、刘桂馨（通州花布商）、郭勋（上海洋行买办）、樊芬（上海绅商、捐知府衔）、潘华茂（上海洋行买办）。

规画垫基、浚港、筑岸、建造行栈及监工驻宿之房，已用二万余，而潘、郭股不应，机亦不定"。① 在通沪联合，纯粹商办已无指望的情形下，张謇不得不转而考虑官商合办。时值原湖北南纱局向瑞记地亚士洋行订购的"官机"40800 枚纱锭堆放在上海杨树浦江边席棚中已整整三年，"日益锈坏"，两江总督刘坤一急欲脱手，命令上海商务局道台桂嵩庆贱价出卖。桂嵩庆苦于无人承购，张謇则苦于想购而又囊中羞涩，于是双方一拍即合，达成协议，将此锈烂"官机"折价 50 万两作为股金，另招商股 50 万两，总共 100 万两。大生纱厂的创办遂从商办改成官商合办。

但一经改为官商合办之后，又引起民间商人的疑惧，皆裹足不前，"凡以纱厂集股告人，闻者非微笑不答，则掩耳却走"，50 万两商股仍然无着。此时纱厂周转资金窘迫到了极点，连张謇到上海集资的旅费，因"不忍用公司钱，主于友人，卖字自给"。② 在百般无奈的情形下，张謇只能求助于"官机"的最初订购者湖广总督张之洞。在征得两江总督刘坤一同意后，确定将这批"官机"折价 50 万两，对半平分，由盛宣怀和张謇各领其半，分头在沪、通分办两厂，即所谓"绅领商办"。③ 绅领商办的措施，使大生纱厂得以减少集股 25 万两，稍微减轻了压力。但议定的由商认购 25 万两股本的承诺，认真实行起来，仍是艰难万分。在筹集股份最艰难之际，张謇曾"留沪两月，百计俱穷"，仍以卖字自筹旅费。每日晚间与一二友人在上海游人如织的大马路泥城桥一带徘徊，于电光之下，"仰天俯地，一筹莫展"。④ 后

---

① 《大生纱厂第一次股东会之报告》，曹文麟编《张啬庵（謇）实业文钞》卷 1，载沈云龙主编《近代中国史料丛刊》第 44 辑，第 90 页。

② 《大生纱厂第一次股东会之报告》，曹文麟编《张啬庵（謇）实业文钞》卷 1，载沈云龙主编《近代中国史料丛刊》第 44 辑，第 93～94 页。

③ 《大生纱厂第一次股东会之报告》，曹文麟编《张啬庵（謇）实业文钞》卷 1，载沈云龙主编《近代中国史料丛刊》第 44 辑，第 94 页。

④ 《大生纱厂第一次股东会之报告》，曹文麟编《张啬庵（謇）实业文钞》卷 1，载沈云龙主编《近代中国史料丛刊》第 44 辑，第 99 页。

来好不容易多方筹措，总算逐一渡过了难关，使大生纱厂于 1899 年 4 月正式开机，走上了良性循环的路子。以张謇"大魁天下"的状元招牌，招商集股尚且如此困难，其他士人工厂、举子公司创业之艰，就可想而知了。

即使招齐了股本，公司能否真正办好，尚属未定之数。各地绅商所办之工矿企业，往往以各类公司名义，一哄而起，但真正有较好经济效益的，凤毛麟角而已。不少公司尚在筹备阶段，就不幸夭折，仅仅昙花一现。时人评论：

> 中国自创行公司以来，于今数年之间风气大开，骎骎乎有日增月盛之势，而忽如兔起鹘落，至今年而无一股份不跌价。……买股者之但求股票之涨，以期获利，而于公司之情形不屑问也。看中国公司目下之情形大有江湖日下之势。①

矿务公司的兴起和衰落颇能说明问题。因矿产关系国家利权，清政府稍一开禁，各地绅商纷纷办矿开采，一时蔚成风气。但据经元善的观察，19 世纪 80 年代初业已集股兴办的开平、徐州、金州、荆门、池州、贵池、峄县煤铁矿；本泉、顺德、施宜、长乐、鹤峰铜矿；承德、三山银矿等 10 余处矿务公司，只有开平、峄县两处业已见煤，经营较佳，而长乐、荆门、施宜、顺德数处，股本尚未集齐，就"已有停办散股之议"。② 前面提到的苏州苏经、苏纶两厂开办时，虽主要以"息借商款"为创设股本，但同时又以"息借商款"形式，"由官筹拨二十三万五千余两，以足建筑、购机、开办经费，于积谷、水利、丰备项下支拨"，管理权随之归于商务局，"两厂名为公司，并无

---

① 《中西公司异同说》，《申报》1883 年 12 月 25 日，第 1 版。
② 《答暨阳居士采访沪市公司情形书》，《申报》1884 年 1 月 12 日，第 3 版。

公司章程，亦无股东真实姓名册籍"。① 直到 1908 年两厂由新老股东收回自办以后，方重新拟定章程，真正具备了股份公司的形式。公司最高决策机构系由股东大会举定的董事局，由绅商张履谦（户部郎中）、吴本善（候选盐运同知）、吴韶生（三品封职）、叶荣（候选同知）、陆鼎奎（浙江试用道）五人组成。董事局推举查账人两名：任之骅（直隶候补道）、杭祖良（候选员外郎）；总经理一人：王立鳌（候选郎中）。公司章程中规定："厂中各友由总经理人量材委用，须报明董事局认可，并取殷实商业切实保信，担保银钱无弊。"又规定："总、副经理如有违背章程合同，照公司律办理。"② 自此，这两个近代企业的经营、管理方有新的起色。

当然，也有一些绅商创办的公司从一开始就办得比较成功，近代气息甚浓。例如天津职商（即绅商）伊廷玺、纪巨汾等于 1909 年创设的"北洋火柴公司"，宗旨明确："专造火柴，销售内地，以扩充中国工艺，挽回利权为宗旨。"章程完备，如"董事"一项规定："本公司以一千两股份以上之股东举为董事……董事局至少以三人到会可以决议，倘不足三人当改期另议。""经理"一项规定："总理常以住在公司之内，担任全部一切责任，每月薪水银元三十元。……兼理（副经理）临时到公司襄助管理公司全部一切事宜，每月薪水银元二十元。"③ 该公司资金落实也比较到位，到公司注册成立时，"已招足中国绅商三百股，每股银一百两，统共银三万两。款系一次交清，并无洋股东，现银已存在殷实钱庄"。④ 从经营实绩看，该公司也是一个成功的样板，从 1909 年 9 月开办到 1911 年 9 月两年时间，该公

---

① 《苏经、苏纶两厂沿革始末》（抄件），乙$_{2-1}$1035/77~80。

② 《苏经、苏纶丝纱两厂老股接办条款》，章开沅等主编《苏州商会档案丛编》第 1 辑（1905~1911 年），第 273~274 页。

③ 天津市档案馆等编《天津商会档案汇编（1903~1911）》，第 1235~1236 页。

④ 天津市档案馆等编《天津商会档案汇编（1903~1911）》，第 1235~1236 页。

司共制造火柴 15500 箱，行销天津及西御河等处。1910 年直隶省首次考工会上，该公司产品由劝业道颁给"全省超等第一金奖牌一面"。①

从绅商阶层向近代企业家的转化过程看，如果说以张謇为代表的近代绅商尚属创榛辟莽、转型、过渡的一代，对近代经济制度和企业经营管理尚不甚适应、不甚熟悉，那么到民国成立以后聂云台、穆藕初等新型工业资本家一代，已能深得近代西方"科学管理法"的精髓，成为名副其实的实业家和企业家。这种由旧趋新，从不熟悉到熟悉，"在游泳中学会游泳"的过程，正好折射出中国近代产业资本家递嬗更替的历史发展足迹。

毋庸讳言，当部分绅商通过投资实业而逐渐向近代产业资本家转化时，多数绅商却仍然厮守着祖传字号的陈旧格局，并没有向新式工厂企业投资。不过，如果仔细加以观察就会发现，即便是纯粹的传统商业和高利贷资本经营，也次第表现出区别于中世纪旧式商人的变化趋向，就像马克思所说的，"工业不断使商业发生革命"。

首先，是若干商业股份公司的创设，给绅商所经营的传统商业注入某种新的活力，使之多少具有了一些近代因素。截至 1912 年，全国注册登记的商业公司共有 131 家，资本额 13427250 元。② 根据天津商会档案中的资料，晚清天津约有七家商业股份公司，分别是盛泰益地皮公司（1906 年）、厚大洋广货公司（1908 年）、华兴产业有限公司（1909 年）、和利地产公司（1910 年）、敦裕海货有限公司（1910 年）、荣业产业公司（1911 年）、同庆杂货有限公司（1911 年）。其中荣业产业有限公司系由绅商宁星普、杨以德创办，集股本银 100 万两，"专以买卖地产及造屋出租，扩张市场为业"③，类似于现代经营

---

① 天津市档案馆等编《天津商会档案汇编（1903～1911）》，第 1238～1239 页。
② 《中华民国二年第二次农商统计表》"公司"。
③ 天津市档案馆等编《天津商会档案汇编（1903～1911）》，第 927～949 页。

房地产的物业公司。另据苏州商会档案的记载，晚清苏州有商业类合资、股份有限及无限公司共六家，其营业内容、资本数量和创办人情况，可参见表4-13。

表4-13 晚清苏州新式商业公司情况

公司名称	营业种类	资本额(元)	创办人	注册年份
稻香村	茶食、糖果	3834	沈诒记、王慎之、沈树百等	1905
同源典合资公司	典当	30000	马翠记、陆珍、吴谦记等	1906
济大典无限公司	典当	40000	盛复记等	1906
瑞兴胰皂有限公司	香料、胰皂	3000	陆国柱、毛曾、马钟选等	1907
华通有限公司	运销各类商品到南洋等地	40000	姚文(候选训导)、许孝先(候选县丞)	1907
三友垦牧合资有限公司	鸡、鸭、鱼、各类蔬果	7500	吴韶生(三品封职)、叶荣(三品封职)	1910

资料来源：《苏州商会档案》有关卷宗。

除表4-13中所列六家外，另有"农业肥料有限公司"（1906年），"张金有限公司"（1907年），尚处于筹建阶段就因资金短缺而告夭折。[1] 此外，1903年湖南人马伯亥创办的"苏州电话局"，也属合股商办性质。这些商业公司尽管在数量上和资金上都显得瘦弱寒碜，有的还继续经营着带有浓厚封建性的高利贷资本，但它们毕竟穿上了资本主义新装，开始采用资本主义的营运方式，体现和符合从旧式商业向近代商业过渡的历史发展方向。

其次，在传统字号经营业务及内部劳资关系上，也有若干细微的变化。仍以苏州为例，鸦片战争后，苏州始有专门经销外国商品和广州转口商品的洋广货业出现，并很快得到较大的发展，到清末，一些传统的绸缎庄也开始附带销售少量洋货，与新式商业挂上了钩。[2] 在

---

① 参见乙₂-₁68。
② 如"同仁和""人和遂""振源永"等老字号均附带销售洋货。

劳资关系上，苏州旧式店铺对店员有一整套封建羁绊制度，如木作业等，在工资制度上多采用"宕账制"，店员每月实领工资极低，平时全靠向店内借支度日，如想辞职不干，必须一次还清宕账方可自由。所以店友"一入店门，无异卖身"，对店主人身依附极大。到近代，这种封建人身羁绊制度开始有所松动。1900 年，木业绅商季筱松出任苏州王永顺木作号经理后，一反同业常规，对店员工资订为"一底三面制"（设若工资定两元，实则往往一次发给八元），革除了不合理的低薪制，使店友不再靠赊账度日，愿去愿留，悉听尊便，并以水码簿上各人营业数字及经手账目作为年终分红的标准。[①] 这些大胆的改革之举，实际已带有近代资本主义工资制度的色彩。

此外，前文曾较多地提到了传统金融组织钱庄、票号和典当的落后性，但近代以降，实际上这些行业也开始发生某些新的变化。特别是钱庄在 19 世纪中叶以后愈来愈带有资本主义性质，成为近代金融业的从属部分。钱庄业务最大的变化，体现在 20 世纪初开始加强同近代工矿企业的金融联系，比较积极地向生产领域渗透。上海福康钱庄自 1899 年到 1907 年，曾向瑞纶丝厂、恒昌丝厂、燮昌火柴厂、启新洋灰公司、汉冶萍局等 13 家近代企业信用放款共计 273558 两。1902～1906 年，又向瑞顺丝厂、恒昌丝厂、又新纱厂抵押放款共计 235982 两。[②] 另据统计，从 1903 年到 1905 年，汉口的 120 余家钱庄每年商业放款总数都在 4500 万两至 5000 万两。[③] 汉口的福圣、协合机器榨油厂，毛业制造所，机器米厂和炭山湾煤矿，江西铜矿等都曾向汉口钱庄借款解决资金不足的问题。典当业的变化较慢，但也并非毫无变化。苏州苏经丝厂和苏纶纱厂筹办期间的所谓"息借商款"，实际上就是向当地典商借款以充股本，总数达银 547600 两，年利七

---

① 季坤文：《季筱松生平事略》（未刊稿）。
② 据《上海钱庄史料》第 12 章有关表格计算。
③ 《汉口商业情形论略》，《商务官报》第 23 期，光绪三十二年十月十五日，第 17 页。

厘。这些典当主既是债权人又是老股东。以后随着工厂的发展，息借商款逐渐转变成纯粹股本，作为债权人的大典商遂成为企业主。苏州著名典当业绅商张履谦即因此而曾一度出任苏经、苏纶两厂经理。带有浓厚封建性的典当业就是如此奇妙地与近代资本主义企业纠结在一起的。

值得注意的是，有一批绅商主要从事于与传统商业有别的新式商业，一开始就同近代营运方式有着更密切的联系。这类新式商业主要由两大部分组成，一是与进口贸易密切相关的新兴行业，如洋布、洋纱、华洋百货、西药、颜料等。另一部分则是同出口贸易相联系的行业。其中，有些行业是因出口需要而新产生的，如牛皮、猪鬃、羊毛等；有的是从原来经营农副产品购销业务的旧商业发展而来的，如茶叶、丝业、棉花业等。上海绅商从事此类新式商业的人数较多，上海商会第二届 21 名议董中，竟有 10 人来自丝、茶、五金、洋布、洋货等新式商业行业，占议董总数的 47.62%。[1] 另据一份 1906 年天津各业加入商会的商号清单，统计的 750 家商号中，有 114 家分别属于洋行、颜料、洋布、茶叶、洋药、皮货、洋镜、堆栈等新式商业行业，占商号总数的 15.2%。[2] 这类商业通过进出口贸易渠道，已成为国际资本大循环的一部分，其经营方式也逐步近代化。首先，其利润来源不再是以远远高于商品价值的价格贵卖所得，而主要是来自正常的购销差价，比较符合于国际经商惯例。如宁波籍绅商叶澄衷在上海开设的南顺记五金洋什货号自 19 世纪 70 年代开始经销美孚火油，每箱进价约一两一钱，售价为一两七钱，获六钱差价利润。[3] 其次，这些行业一般不再实行旧式的自产自销，而是采用经销、代销、包销、拍卖和批零兼营等新的成交方式，广告宣传也日益得到相应的重视。若干

---

① 据《上海商务总会同人录》（1906 年刊行）。
② 天津市档案馆等编《天津商会档案汇编（1903～1911）》，第 63～78 页。
③ 参见《上海私营五金商业社会主义改造资料》（油印稿）。

新设商店通常都有较为健全的簿记制度和较纯粹的雇用制度，并采用新式橱窗装饰，注意商品陈列，等等。如 1900 年马应彪在香港创建华资先施百货商店，仅投资 5000 元购置商品，而在橱窗装饰、货架陈设上则花费了两万元。① 先施的经营管理方式均采用西方资本主义办法，如传统商号多按货论价，先施则明码标价，实价不二；旧式商店交货收银就算成交，先施则无论货物多寡，一律发给收据，以彰信用。新的经营方式给先施带来可观的利润，1910 年，在"获利甚巨"的基础上，先施又集资 40 万元，开设广州先施公司；1914 年在上海设立先施分公司。② 新的营运方式是近代生产方式和市场关系发展的产物，绅商们在采用这些先进的经营和管理手段的同时，其自身素质和价值观念也必然会随之发生变化，以适应新的经济环境和市场的需要，不可能长期龟缩在传统的硬壳中，我行我素，踽踽独行。

三　生活方式与心态微变

较之于外在巨大的经济和社会变动，近代绅商阶层的生活方式和内在心态变化比较迟滞，在儒学文化传统仍居统治地位的社会环境中，他们既为多样化竞争社会所提供的多渠道的发财机会和五彩缤纷的社会生活所吸引，但又一时适应不了近代工商生活那种多变的节奏，对那狭小、恬静的中世纪生活仍怀眷恋之情，宁肯在家庭生活和内心深处留一块相对不受纷扰的"净土"。

从宗族血缘意识、居家生活和言谈举止看，晚清绅商似乎更接近于传统的"绅"，而疏离于现代意义的"商"。在家庭生活方式上，

---

① Wellington K. K. Chan, "The Organizational Structure of the Traditional Chinese Firm and Its Modern Reform," *The Business History Review*, Vol. 56, No. 2, East Asian Business History (Summer, 1982).

② 《先施公司二十五周年纪念册：清光绪二十五年至民国十三年》"记载"，上海先施公司，1924 年编印，第 2 页。

绅商与传统绅士无别，倾向于大家庭合群而居，并忠实履行对于家族的义务。曾开设多处瑞蚨祥绸布店的山东旧军镇矜恕堂绅商孟家，即过着典型的地主士绅大家族生活，其在家乡的住宅面积达三十余亩，有南北花园二所。家内设有总账房，负责计算商店利润和收取田租。又分设茶记、勤记、俭记三个账房，管理家内收支消费。并设有家馆一所专供家族子女读书；设杏仁春药铺一所，专供家人看病。矜恕堂还雇有大量仆役，计有：车夫六七人，马夫四五人，女仆二十余人，婢女五六人，木工五六人，泥水工数十人，花匠三四人，账房会计四五人，厨师四五人，医生二人，塾师一人，打杂长工六七人，护院二十余人。① 苏州绅商尤先甲家系 100 多人的大家庭聚族而居，尤先甲本人有七个儿子，其坐落于苏州城内刘家浜一带的巨大家宅，形如迷宫。家庭中各房有明确分工，分理田产、商业及其他家庭事务，并设好几个管家协助到乡下收租。② 与尤先甲齐名的另一名绅商潘祖谦，祖上（乾隆年间的宰相潘世恩）遗下宅第"纱帽厅"一座（位于苏州林敦路纽家巷），也是全家合族而居，为晚清苏州一等大户。③ 典业绅商张履谦在苏州以两万两银子买下六进大宅第一座，亦为大家庭合居，除经营商业外，在乡下还有大量田产，每年坐收田租。④

绅商虽长年在外经商营工，风尘仆仆，却始终不忘对于家乡宗族的血缘亲情，像传统绅士一样，时常履行自己对于家乡宗族的义务。经元善经商致富后，即联合四位兄弟，在家乡修建宗祠一座，该祠"享堂五间，拜厅一座，门楼、廊庑、厨房及管丁住屋，都凡二十五楹"，甚为宏伟壮观。在经氏看来，"先儒有言，祖宗虽远，祭祀不可

---

① 罗仑、景甦：《清代山东经营地主经济研究》，第 109 页。
② 据尤先甲后人尤大年、尤娴秀等人口述及笔者亲访原址。该宅第现已分由几十户居民居住。
③ 据走访潘祖谦子潘尔卿先生。
④ 据走访张履谦曾孙女张德涵。

不诚；子孙虽愚，经书不可不读"。① "宗族之人皆祖之所出，厚于宗族，所以厚于其祖也。"② 买办绅商徐润在他的家乡广东香山，至少花了二万八千两银子建设地方公益和编撰徐氏宗谱。仅光绪七年（1881）徐润自沪返回家乡，就捐资给乡中亲族，议办围墙、筑垒、种树、修桥、平道路、通沟渠、修庙宇、迁文阁，以及创设社仓、义塾等 17 件善举。③ 绅商叶澄衷曾捐银三万两，在其故乡浙江镇海庄市中兴桥创设"忠孝堂"义庄。叶澄衷殁后，其诸子又捐银二万两，于1902 年 6 月建成义庄。该义庄置田 1300 亩，收入稻谷悉数分赠贫寒族人。④ 官僚型绅商周学熙也特重敬宗收族之义，"于故乡修祠宇，立祭田，岁时施济本族，河润九里"。由于客居津沽甚久，周学熙还专门在当地修建宗族支祠，立乡约春秋祠祀，兼聚家人共议族中之事，年年如此。⑤

在穿着打扮、婚丧嫁娶的礼俗方面，绅商似乎也更接近于传统意义的绅士标准。笔者在查阅各类资料中曾见过十余帖晚清绅商人物的玉照，多身着长袍马褂，有的还扣一顶瓜皮帽，俨然一副"乡绅"派头。在十里洋场的上海滩，绅商的穿着也很"土"，从徐润、郑观应和何东等买办绅商的个人照片看，穿的都是典型的中式服装。英美烟公司的买办绅商邬挺生于 1907 年做了一次环球旅行，据称"在整个旅途中保持着他的民族习惯"。⑥ 也有的绅商喜着顶戴朝服以荣耀自身，结果招来正统士大夫的非议，讥讽他们"体制之不谐，礼节之不闻，平日惟浅帽、深鞋、短襟、窄袖，与市侩肆谈于茶楼酒馆中，更

---

① 《创建经氏宗祠记》，虞和平编《经元善集》，第 29～30 页。
② 《经氏宗约》，虞和平编《经元善集》，第 33 页。
③ 《徐愚斋自叙年谱》，第 58 页。
④ 周克任：《旅沪早期工商事业家叶澄衷》，《宁波文史资料》第 5 辑，1987，第 47～48 页。
⑤ 《别传》，第 195 页。
⑥ 莱特：《商埠志》，第 544 页，转引自〔美〕郝延平《十九世纪的中国买办——东西间桥梁》，李荣昌等译，上海社会科学院出版社，1989，第 224 页。

不知冠裳为何物，妄人妄服，求欲列于缙绅之间"，"几令文章失色，志士灰心"。① 尤其是一些捐得高官的巨商，"俨然以实官自命，一遇年节往来，戚友庆吊，舆马而出，则晶蓝其翎"。② 绅商的红白喜事也如同传统士绅那样格外讲究排场，一从旧习。徐润于咸丰八年（1858）从上海回家乡娶亲时，大收其礼，"荣村四叔助洋一千元，上海各辈朋友亲戚送衣帽袍料不计其数，所收礼洋多至一千六七百元"。从家乡返回上海后，因"人情如此之多"，以致酬谢酒宴连排四五天，每天在桂花楼设四五十席，"可谓一时之盛"。③ 办丧事也是同样奢侈和极尽铺张排场。1892 年著名买办绅商唐廷枢在天津病逝，当其灵柩由天津返回上海时，迎柩队伍从码头出发，游行市区主要街道，报载："前导有文武开路神、冲风弯号、买路飞钱、扛锭，各种名目，次则蠹灯清道，旗金鼓，'肃静'、'回避'衔牌二十余对……后有马吹手，马军健，遮头伞，马剑班，香亭，极五花八门之观，备凤翥鸾翔之势。继以江南提标水师右营兵弁，并苏松太兵备道亲兵洋枪队，大旗队，皆有武弁押队，整齐严肃。"还专门请了中西两套乐队沿途吹奏。上海各界名流"或乘肩舆，或坐马车，盖以数百计"。所过之处，无不人山人海，蔚为壮观。④ 1905 年苏州籍买办绅商席正甫出殡也曾轰动上海，《时报》上有人撰文评论道：

> 席氏一买办耳，非有显爵于朝也，非有权力于世也。位不过四品，官不过观察，迨其既而奢侈若是，行十里路，费万金财，用数千人之力，动数万人之众，同时扰乱数百种之事业，此其声势实视阶级国之王侯而过之。是何为也？以国法论，是僭也，是

---

① 葛元煦：《沪游杂记》卷 1，转引自乐正《近代上海人社会心态（1860～1910）》，上海人民出版社，1991，第 102 页。
② 《论男女服饰之妄》，《新闻报》1896 年 6 月 28 日，第 1 版。
③ 《徐愚斋自叙年谱》，第 9 页。
④ 《殡仪志盛》，《万国公报》第 47 册，光绪十八年十一月，第 20～21 页。

不道也。①

此文作者虽有几分卫道气息，但也从一个侧面反映出买办绅商在生前和死后的礼遇上，已与达官贵人无异。

在个人气质和意趣方面，晚清绅商也非常趋近于传统士大夫阶层，他们中的士人型绅商实际上就是士大夫阶层的一员。这批人往往满腹经纶，吟诗、书法、作画皆是个中好手。苏州头号绅商王同愈素工书画，有《栩缘老人墨迹》一卷和《栩缘画集》传世，前者系其在江西提学使任内临池之作。在苏州乡居期间，王同愈常与画界名流顾鹤逸、吴清卿、顾若波、金心兰、吴昌硕、费屺怀等人相过从，假顾氏怡园，月开画社，泼墨作画。辛亥后王同愈栖隐嘉定县南翔镇，屏绝人事，传授画技，门下甚盛，居正、何成浚皆为其弟子。② 上海著名绅商严信厚，亦擅长书画，尤善创作芦塘、野鸭、花卉、翎毛之类的绘画。他特将自己在上海的寓所命名为"小长芦馆"，既富诗情画意，又以志他早年发迹于长芦。③ "状元资本家"张謇则以书法见长，其字古朴遒劲，颇见功力。他常鬻字换钱，以发展地方慈善公益。张謇非常特别，所写对联条屏，一律使用专为鬻字而刻成的印章，不用平常使用的私印，以表明非营利目的的心迹。70 岁以后，张謇已倦于世事，乃于南通王山之麓，大江之滨，点缀风景，独运匠心，时与泥水木匠相周旋，从事于园林建筑和植树栽花等园艺，以陶冶性情，美化山水。④ 周学熙年届 70 后，退隐乡曲，手书先贤哲言，为日省篇。又选录古格言及陆放翁诗，为养心日课，置诸案头，朝夕披览。⑤ 可见，他们均非常讲究儒家修身养性的功夫，追求一种冲淡

---

① 《席正甫出丧志》，《时报》1905 年 6 月 12 日，第 3 版。
② 见《栩缘画集》、《江西提学史王公行状》及《吴县志》。
③ 陆志濂：《"宁波帮"开山鼻祖——严信厚》，《宁波文史资料》第 5 辑，第 41 页。
④ 宋希尚编述《张謇的生平》，台北："中华丛书"编审委员会，1963，第 341 页。
⑤ 《别传》，第 195～196 页。

平和、雍容大度的理想境界。

尽管一些买办型绅商皈依了外来的天主教和基督新教①，但绅商阶层的宗教信仰似乎仍更趋向于中国化的佛教和土生土长的道教。沪上绅商王震（名一亭）既是一名很有天赋的书法家和国画家，又是一个虔诚的佛教徒，曾一度出任中国佛教协会会长。棉业绅商穆藕初晚年因受弘一法师②的影响，认为"佛教可以纠正人心，安慰人心，使人提起精神，服务社会"，遂遁入佛门，"深信佛教于人生有大益"。但仅喜在家自修，不太愿意到寺庙烧香敬佛。③ 张謇则对佛教的因果报应、虚幻世界和浮屠宝塔等不感兴趣，而独重佛教的苦行、自力说，认为"偏于文则病儒，偏于空亦病佛也"。④ 经元善独尊儒学，但从其言论看，对佛教的因果报应，道教的祸福相倚说，亦颇赞同，因之劝告世人"于大算盘珠未动之前，扩充其盘珠，而代天先拨，急急散财施粟，无使老天动手"。⑤ 张謇、经元善还对祈雨一类的迷信活动均抱"宁信其有，不信其无"的态度，积极参与甚至发起此类活动。周学熙的宗教信仰不甚明确，但其老年所作之诗，则多禅味。有如：

> 身如大海一浮沤，成坏原来任自由。
> 觉痛更无痛痛觉，观空何事不风流。
>
> ——《病起偶吟》

> 鸟迹印空原不着，鸿泥留雪更何寻。
> 待看水面风来候，吹皱波纹月影沉。
>
> ——《慰老》

---

① 如朱志尧为天主教徒，邬挺生系上海虹口一座教堂的住持。
② 弘一系近代著名艺术家李叔同（1880～1942）出家后的法号。
③ 穆藕初著，穆家修，柳和城、穆伟杰编《穆藕初文集（增订本）》，上海古籍出版社，2011，第35页。
④ 宋希尚编述《张謇的生平》，第343～344页。
⑤ 《祸福倚伏说》，虞和平编《经元善集》，第8页。

　　尽管近代绅商的生活方式和价值观念仍基本囿于传统的范围，但随着其经济状况的变动和欧风美雨的影响，某些微小的变化仍在悄然发生。其生活方式的重要变化之一，是生活空间和社会联系的拓展。商品市场经济将他们带入一个更为广泛、复杂的人际关系网。作为投资者，他们要奔波于各地，了解市场行情，频仍地出席各处股东会、集资会、劝业会、考工会、物产会，等等。作为企业管理者，他们要处理更为头绪纷繁的劳资关系、企业关系，乃至于同外商的联系，等等。作为地方头面人物，他们又要加入和组织各式各样的社会团体，诸如会馆、公所、商会、商团、教育会、体育会等，甚至广泛参与城市市政管理。这使他们的生活变得更加丰富多彩和更具挑战性。此外，为了适应新的社会生活和时代要求，他们又被迫接受新知，更新头脑，了解各种不曾接触过的新事物。读报是获取新知识的途径之一。各地绅商多建有读报会之类的团体，订阅各种报刊，组织讨论共同感兴趣的话题。如绅商经元善在家乡浙江上虞所设的"劝善看报会"，即针对"士君子蜷伏一室，足不出里闬，所对惟妻孥，所接惟乡邻，见闻日陋，志量日隘"的时弊，集资购报，供士商阅读。所订报纸新旧杂陈，有《御制劝善要言》《圣谕广训》《太上宝筏》《阴骘文说证》《万国公报》《农学报》《东亚时报》各 12 份；《新闻报》60 份；《中外日报》各 120 份。[①] 有的绅商还自备斧资，出国留学或考察商务。前者有如穆藕初之赴美国学习棉业，后者有如张謇等赴日本考察实业。1911 年，天津商会选派绅商宋寿恒、刘彭年等四人组成赴东实业考察团，赴日本东京等地考察工商，并受到日本工商省大臣大久保的接见。[②] 为了强身健体，淬炼精神，各地绅商还成立了体育会之类的组织，学习西方传入的兵式体操。

　　此外，近代绅商生活方式的微变，还体现在对其子女的教育方式

---

① 《余上劝善看报会说略章程》，虞和平编《经元善集》，第 267 ~ 269 页。
② 天津市档案馆等编《天津商会档案汇编（1903 ~ 1911）》，第 1124 ~ 1126 页。

上。他们通常已不再把自己的子女送到私塾学习或设馆延师自教，而是送往新式学堂学习，并举办各类商业和实业学堂，培养其子弟。苏州绅商共举办了此类商业和实业学堂五所，其经费来源主要靠各业商人捐款，课程则增开了簿记、商品学、商事要项、商业实践等与工商业密切相关的新内容。要求其子弟，"注重普通各科学"，"不独通文义、算术、历史、舆地、制造见长也，且能周知各国情势"。① 买办型绅商虽并不排斥让子女接受儒家典籍的熏陶，却更倾向于将其子女送往国外接受纯西方教育。徐润的子女中，四子徐建候先在天津北洋大学堂读书，1900 年自费随傅兰雅赴美国留学，后回国考中商科举人第三十二名；五子徐超候 8 岁即开始习西文，21 岁时随英语老师前往英国自费留学。②

　　某些心态方面的微妙变化，亦可从绅商的言行中捕捉到。1905 年 5 月，苏州绅商王同愈等在给商部的一份呈文中提到"国势之强弱，系于民智，而国计之纾绌，实系乎商务。……各国之文野强弱，亦视商务之多寡盛衰为断，所以商务有左右世界之权"。③ 表现出苏州绅商对商业和商人社会地位的重要性有了新认识。同年上海《商务报》上一篇署名文章更明确地指出："上古之强在牧业，中古之强在农业，至近世则强在商业。"④ 情况恰如一位美国学者所说：新的社会经济价值观及通商口岸的新环境，"使中国商人感到他们在社会上占有了重要地位"。⑤ 对商人社会地位重要性的认识，更升华为一种强烈的时代紧迫感和责任感："洋商纷至沓来，商界所关实非浅鲜。"⑥ 商人社会心理变迁，还表

①　乙₂₋₁"商业学堂卷"。

②　《徐愚斋自叙年谱》，第 236 ~ 237 页。

③　乙₂₋₁391/14。

④　《兴商为强国之本说》，《东方杂志》第 1 卷第 3 期，光绪三十三年三月二十五日，第175 页。

⑤　Wellington K. K. Chan, *Merchants, Mandarins, and modern enterprise in Late Imperial China* (Cambridge, Mass. : Harvard University Press, 1977), p. 39.

⑥　乙₂₋₁391/14。

现在对工商关系的新反省，所谓："今商界风气渐开，农工尚不讲求，顾工与商尤有直接之关系，工以商为尾闾，商以工为源头也。"[1] 1905年苏州绅商方中在致商会的一封信中特别提出："吾吴商业薄弱，亟宜厚集资本，银行也、电灯也、自来水也、肥料公司也，速办为是。"[2]与那种"一读书、二学医、三开典当、四织机"的古老习俗和传统思维定式相对照，上述社会经济价值观不正洋溢着一股清新的时代气息吗？

深闭固拒的心理门窗一旦开启，对我国工商业颓萎疲敝的现状自会产生焦虑和不安，"居恒纵览时局，窃慨近数十年来，外流奔放，浸涸利源，然究商业之所以不竞，实由商智之自甘锢塞"[3]，"再阅十年，而我商界之面目仍旧，恐华商无立足之地"[4]。为改变落后的现状，绅商们故起而兴办商学，以期改造旧式商业，从根本上振兴商务。他们认为："时至今日，所谓商战世界实即学战世界。……学堂也，讲习所也，陈列所也，皆为商界下新种子也。"[5] 这表明近代绅商业已意识到新时代需要新的工商人才，他们在心理状态上已与习于守成的旧式商人有了较明显的区别。

第三节　典型的过渡性阶层

一　绅商与近代资产阶级

绅商阶层与近代资产阶级的关系究竟如何？他们是否从属于这一新兴的阶级形态？这一直是颇有争议的问题。

---

① 乙$_{2-1}$3/56。

② 乙$_{2-1}$8/22。

③ 乙$_{2-1}$43/53～54。

④ 乙$_{2-1}$56/21。

⑤ 乙$_{2-1}$56/21。

从前文的叙述中，我们可以看到，绅商阶层的社会属性是非常复杂的，一方面，在行业构成、经营方式、乡土渊源，乃至于生活方式和价值观念诸方面，绅商均是非常守旧和传统的，与传统绅士阶层和旧式商人无别。但在另一方面，同样不可忽视的是，近代绅商业已开始从事相当规模的实业投资，同近代经济发生了千丝万缕的联系，并开始接触和使用新的资本主义营运方式，其生活方式和思想意识也开始出现了带有近代趋向的微变。在这一意义上，我们似乎又不太可能完全将其从近代资产阶级的营垒中驱逐出去。

综合以上两个方面，我们比较审慎地建议，将近代绅商阶层的社会阶级属性确定为：中国民族资产阶级的早期形态。所谓"早期形态"，意味着绅商尚不是成熟和完备形态的近代资产阶级，而只是在中国社会由中世纪农耕社会向近代工商社会转轨过程中，一部分亦绅亦商人物逐步向符合近代要求的企业家过渡，次第具备了近代民族资产阶级的某些思想和行为特征。换言之，绅商阶层逐步脱离传统轨道，摄入更多近代因素的过程，也就是中国民族资产阶级从无到有、逐步形成的过程。方新方旧、处于传统和近代之间的绅商，充当着近代民族资产阶级因以形成的历史介质和载体。

首先，这里牵涉到一个社会阶级评判的标准问题。我们认为，判断绅商阶层的阶级属性和判断每一个绅商向资产阶级转化的程度，应当分别使用两个既有联系又有区别的标准。因为正如资本主义经济体系不是企业的简单重叠相加一样，阶级和阶层也绝不是单个人的简单排队集合。考察绅商阶层是否已构成近代民族资产阶级的早期形态，必须始终注意捕捉它作为一个社会阶层所表现出的整体性特征，考察该阶层在近代化潮流中所表现出的总的发展趋向，看它作为一个整体是否已从属于资本主义新兴经济体系，是否已站在早期资产阶级的立场说话、办事，简言之，即判断其根本经济、利益之所在。由此判断，近代绅商阶层已经和新的资本主义生产方式有着广泛和密切的联系，其经济活动和思想意识也开始表现出某些不同于传统绅士和商人阶层的价值取向，因此在总的趋向上，"是坚定的支持经济现代化的"①，因此基本上可以视为近代民族资产阶级的早期形态。尽管每一个绅商向近代资本家阶级的转化程度不一，有的已经脱胎为产业资本家了，有的仍是商业资本家，甚至一部分人还停留在旧式商人的水平，但这并不妨碍它作为一个社会群体所表现出的资产阶级化的整体倾向性。然而，要具体辨明每一个绅商人物是否完成了向近代资本家的转化，就显得困难和复杂一些。单凭出身、职业、收入或某些言论的任何一个方面去判断其社会阶级属性，往往难免主观臆断，而必须根据其主要社会实践，作经济、政治和思想意识的综合性考察。具体讲似应着眼于以下五点：（1）其原有传统身份是否已降低到次要地位；（2）是否积极投资于近代企业；（3）其经营方式有无带有资本主义性质的变化；（4）其政治思想倾向是否代表民族资本家阶级的根本利益；（5）是否加入商会一类资产阶级社团组织。②

其次，这里还涉及对中国早期民族资产阶级的认识问题。

由于"资产阶级"是从西方社会科学中引入的一个概念，很大程度上是对欧洲近代社会阶级演化形式的概括，因此，人们总是自觉和不自觉地用西方早期资产阶级的标准来要求其东方同侪，多少忽略了对中国早期资产阶级"本态"的探求。其实，因为中国和西方社会有着截然不同的文化传统和历史背景，如果说在向近代社会转型过程中，中国也曾出现过类似于西方资产阶级的，与近代资本主义生产方式勾连的早期资产阶级的话，两者的不同处可能还大于相似点。③ 比如，较之于早期西方资产阶级，中国早期资产阶级的不纯粹性（即与

---

① Wellington K. K. Chan, *Merchants*, *Mandarins*, *and Modern Enterprise in Late Imperial China*, p. 9.

② 这五条判别标准吸取了唐传泗、徐鼎新先生的见解。

③ 参见拙著《过渡形态：中国早期资产阶级构成之谜》，中国社会科学出版社，1994。

前资本主义经济和阶级形态的粘连性）显得更为突出和典型，并伴随有更多的畸变现象。就资本形态而论，纯粹私人资本与国家资本之间夹杂着化公为私的官僚资本的萌芽；典型民族资本与外国资本之间又夹杂着半中半西的买办资本。工业资本、商业资本、高利贷资本和土地经营也往往是交错杂陈，你中有我，我中有你，很难理出头绪。大部分企业主一方面拿出一部分财富投资于新式工业，但另一方面仍握有大量土地，经营着钱庄、典当、商号。这样，中国早期资本家给人们留下的是极不协调、不伦不类的印象，而绅商、买办这类介于新旧之间、中西之间的具有极大模糊性的过渡性社会群体，反倒成为早期资产阶级的"本态"，成为近代社会阶级转型过程中由旧趋新的"桥梁"。

此外，早期民族资产阶级的形成，又是一个由外及内，内外结合，由隐而显的连续建构过程。在这一历史过程中不断发生着两极的社会分化和整合，一极是旧式地主、商人、官僚和士绅在巨大的社会震荡中被迫瓦解、分化，被甩离原来的运行轨道，重新寻求自己的社会位置；另一极是新的或半新半旧的社会成员在共同利益驱使下，日益接近、组合，进而凝聚为一个具有一致经济和社会目标的新兴社会阶级——早期民族资产阶级。如果说中国早期民族资产阶级本身不过是一个处在分化组合中的多层次结构的社会阶级集团，那么，绅商阶层便是其中与传统社会最为接近的一个层次，也是新旧社会阶级、阶层部分重叠和粘连的层次。但事实上恰恰又是这一层次构成了早期民族资产阶级的核心部分。诚如法国学者白吉尔女士所言："士绅和尚未取得明确社会地位的新生的资产阶级已经融合成为一个绅商阶级。"①

不过有一点尚需略加说明，白吉尔女士在说明中国近代绅商的阶

---

① Marie-Claire Bergère, "The Role of the Bourgeoisie," Wright, Mary C. ed., *China in Revolution: the First Phase, 1900–1913* (New Haven: Yale University Press, 1968), p. 240.

级属性时，曾将其归结为商业资产阶级，以区别于后来的产业资产阶级（企业主）①，这是否太狭窄了一点？商人虽然是绅商阶层的主体，但绅商群体中事实上也包括若干产业资本家和正在向产业资本家转化的商人。而在江浙地区和武汉等地，不少绅商已是众所周知的实业界巨子。中国由于近代工业不发达，商业资本和商人在数量上占据着优势地位，以至在习惯上将手工业主、工业资本家和买办统统包括在"商人"的概念中。但若仅从数量和表象出发，用商业资产阶级来概括整个早期民族资本家阶级，能否真正反映其本质特征和发展趋势？能否恰当地把它同中世纪的商人资本区分开来？因此，在我们看来，还是把近代绅商阶层的社会阶级属性归结为民族资产阶级的早期形态，可能更符合历史实际一些。

从绅商一代早期资本家过渡到更为成熟和更具备近代企业精神的民族资产阶级，大致完成于民国成立后的头十年。在一定意义上，绅商一代人尚缺乏近代科学管理知识和创新、竞争意识，他们投资经营近代企业，多半是受丰厚利润的吸引，或是受民族危机的刺激，所以往往表现出一种短期的经济行为，不太注重企业的长远发展或投资于真正有益于国计民生的工业部门，他们"投资于工业与开典当、钱庄、经营投机事业，或与外国资本作买办工作，都是等量齐观的"。② 也正如有的论者所说："如果说绅商是我国民族资本家的早期形态，在他们身上还或多或少保留着诸如崇尚名节、联结乡谊、信义经商以及因果报应等传统的价值观念和行为方式的话，那么新一代的民族资本家则比较完整地体现出作为资本人格化的具体担当者。当他们执着地从事经济事业的时候，基本上是不加掩饰地向社会表明他们追逐利润、增殖资本的动机"。③

---

① 白吉尔：《资产阶级与辛亥革命》，中华书局编辑部编《纪念辛亥革命七十周年学术讨论会论文集》下册，第 2334～2335 页。

② 李紫翔：《我国银行与工业》，《四川经济季刊》第 1 卷第 3 期，1944 年 6 月 15 日，第 70～96 页。

③ 徐鼎新、钱小明：《上海总商会史（1902～1929）》，第 247 页。

二 过渡特征与中介角色

作为新旧社会力量渗透融合、氤氲化生的产物，近代绅商阶层在整体资本主义化的同时，又具有格外引人注目的过渡特色。从绅商群体分化组合、逐步实现自身近代化的过程中，我们可以清楚地观测到传统社会阶层在保留其部分价值观念的同时，如何在传统与近代因素的平衡之中，找到一条非革命性的渐变道路，从而借助传统的力量实现其近代转型。这也是绅商研究最有魅力和价值之处。

严格说来，所谓资产阶级化绅商包括那些已经、正在和愿意向资本家转化的绅士和商人。因此，一方面，它正在逐渐从旧的社会母体中脱胎出来，日益获得新的内涵和活力，开始初步具有近代资本家阶级的某些经济、政治和思想意识特征；另一方面，它又并未真正剪断连接在母体上的"脐带"，继续藕断丝连地保有传统绅士和商人群体的若干特点。从官僚、地主、士绅和旧式商人中分离出来的早期资本家，又经由"绅商""职商"的"名目"回复过去，形成彼此包容的重叠结构，充分反映出新兴资本家阶级远未完成其艰难的过渡历程。正如著名绅商张謇"是过渡性时代、过渡性社会中的一个过渡性人物"一样，他曾经隶属的绅商群体也是一个典型的过渡性阶层。过渡性既包含特殊的矛盾性和复杂性，同时又意味着历史的过程性和暂时性。

绅商阶层的过渡特征集中表现在它所具备的多维属性及所扮演的中介角色。由于处在多个社会群体交融互渗地带，除根本阶级属性而外，资产阶级化绅商往往具有亦商亦官亦学亦农的复杂多维的社会属性，与西方资产阶级纯工商或纯知识分子的性质很难相提并论。多维属性赋予绅商某种独特、奇妙的功能，即能缓解社会转型中新旧社会群体、阶层或阶级之间的矛盾，构成它们之间交接嬗替的枢纽和中介，使它们之间的界限变得模糊，转化成为可能。

首先，在官与商这两大对立阶层之间，绅商以其"兼官商之任"的双重身份，模糊了官商界限。他们往往上通官府，下达工商，即所谓"通官商之邮"，构成官与商、国家与城镇社会之间的缓冲及媒介，担负起既贯彻官府意图，又为工商界请命的双重使命。过去，官与商之间似乎有一条不可逾越的鸿沟，官是国家权力的化身，享有显赫的社会地位和特权；商则为"四民"之末。而现在，官、商之间已不复存在绝对的阻隔，"商"通过与"绅"的结合，获得了部分官所享有的社会特权，并可乘机向官僚阶层夤缘登进，一如绅商吴健章曾出任上海道署帮办，旋又继任苏松太兵备道兼上海海关监督；绅商沈云沛曾出任农工商部右丞及邮传部侍郎；等等。反过来，"官"也可以通过操纵"商"而逐利发财，或摇身一变而径直成为"商"，典型有如盛宣怀和北洋集团的周学熙。诚如时人所议："向日官与商其相差有无量之等级，今则官渐趋商之一途，商亦渐趋官之一途。"①

官商互渗的实质是政治权力与经济活动的相互结合，简言之，是权与钱的合一和交换。这是封建地主阶级与新兴资本家阶级相互妥协又相互利用的结果；是在近代中国特殊社会环境中不得不采取的一种比较和缓、折中并符合传统价值观的阶级转化方式。所以，对其影响需作两面观。商人之楔入官场，多少分化和改变了传统权势阶层的内部构成，削弱了封建统治的社会基础，增强了新兴资本家阶级的影响力，使之能借助于行政权力发展工商业，这是具有积极意义的一面。但商人在与官僚发生部分融合化生的过程中，又难免不习染一些"官气"，添加几分对官权的依赖性和妥协性，从而使新兴资本家阶级的素质发生某些不利变异，使其内部结构呈现出更大的不纯和畸形，这又构成消极影响的一面。

其次，绅商阶层通过同封建土地占有制的不解之缘，模糊了新兴

---

① 无妄：《简评一》，《大公报》（天津）1910 年 10 月 4 日，第 3 版。

资本家阶级和封建地主的界限，使中国资本主义与封建性土地经营搅在一起。如前所述，或由祖传或经新置，一大批资产阶级化绅商的确广有田产，他们在经商营工、投资近代企业的同时，又继续从事封建地租剥削，并未完全放弃传统绅士生根立命之基。这种同封建土地占有制的密切血缘联系，使他们始终与地主阶级存在某些共同利益，难以割掉粗大的封建尾巴，而这又势必影响到早期资本家阶级的素质，阻延其向更为纯粹和成熟的资本家阶级转化。早期资本家之缺乏由市场意识、管理意识、创新意识和竞争意识所构成的近代企业精神，与此也关系甚大。

由于士人型和买办型绅商的存在（参见本书第三章），绅商与学绅（从事新式教育的绅士）、买办这另外两个比较典型的过渡性社会阶层的内在区别也很模糊，有时完全是两位一体或三位一体。士人型绅商和买办型绅商对兴办新式教育表现出浓厚的兴趣，或提供资助，或直接参与，使其认同于学绅，一如张謇、经元善、徐润、郑观应之所为；反过来，学绅群体有时也耐不住书斋里的寂寞，在各种各样的公司中挂一个董事或股东的名分，如川汉铁路公司和苏省铁路公司的董事和股东许多即为教育界人士。其中，川汉铁路公司的发起人和股东会董事中，有功名者14人，内中6人享有进士、贡生的高级功名，有新式学堂文凭的11人，多为留学日本者。① 苏省铁路公司的主要发起人和董事中，仅曾在清代学术最高机构翰林院供职者就有8人之多，著名的如状元、翰林院修撰张謇，翰林院编修王同愈、邓邦述，翰林院庶吉士蒋炳章（曾任江苏教育会会长）等人。② 绅商、学绅和买办（其中一部分人同时是绅商）彼此奥援，构成中国近代中产阶级（略等于西方的资产阶级）的主要社会历史来源（可惜中国中产阶级

---

① 鲜于浩：《试论川路租股》，《纪念辛亥革命七十周年青年学术讨论会议文选》下册，第364～365页。

② 苏路股东常会编印《苏路股东意见书》，第91页。

的阶级整合似乎一直没有完成，因此中国近代社会也就不存在西方意义的中产阶级），早期民族资本家阶级同知识分子和资产阶级政治活动家基本处于彼此独立、相互隔绝的状态。某种意义上，这也是中国近代市民社会（civil society）始终处于不成熟的幼稚状态的社会根源之一。

绅商这一中介体的存在，也在一定程度上模糊了早期民族资本家阶级内部的集团界限。由于有"绅商"这一涵括性极大的笼统的社会群体认同，工业、商业、金融业以及农业等经济分野和相应的群体意识反而被淡化了。多数绅商都是工商兼备，交叉投资，对于需要承担一定经营风险而又难以稳定利源的工业投资，远不如对经商、贸易、高利贷盘剥或进行房地产、标金、股票、纱布等投机活动兴趣浓厚，自觉或不自觉地延阻了资本家阶级内部正常的经济分化和素质提纯过程。如绅商周廷弼经营的企业范围包括五金、煤炭、纺纱、缫丝、锑矿、典当、银行诸业；绅商叶澄衷以五金业起家，后来发展到钱庄、地产、运输、缫丝、火柴诸行业。叶氏家族经营的钱庄最盛时曾达108 家；所组设的树德地产公司在上海即占有400 余亩土地；又自办沙船100 余号，经营沿海和长江航线的运输业务；其投资于缫丝、火柴等工厂企业的资本，尚不及其资本总额的七分之一。① 钱业绅商而兼营他业的，可举上海钱庄业中的镇海方、李两个家族为例。方家从经营粮食、杂货和食糖起家，先后开设40 余家钱庄，同时兼营糖业、沙船、银楼、绸缎、棉布、药材、南货、渔业、书业、地产业等。李家则从沙船业起家，先后开设钱庄9 家，并兼营地产和垦牧等业。②

总之，循着绅商这一中介透视点看去，中国近代社会阶级结构是十分复杂的，早期民族资本家阶级显然不是一个纯血统的"宁馨儿"，

---

① 黄逸峰等：《旧中国的买办阶级》，上海人民出版社，1982，第 246 页。
② 中国人民银行上海市分行编《上海钱庄史料》，第 730 ~ 735 页。

而毋宁是在新旧交替时代和新旧社会群体的交融互渗中艰难问世的"混血儿"。旧时代、旧习惯的阴影无时不在、无处不在，梦魇般地纠缠着它、制约着它，使其注定要以一副孱弱的、发育不全的身躯走完曲折的过渡历程。

三 国际比较

集功名、职衔和经商营工于一身的绅商阶层虽是中国特殊历史条件下的"土特产"，但在从传统社会转变到近代社会的转型时期，地主贵族阶级的资产阶级化或资产阶级的贵族化却是世界各国所共有的普遍历史现象。西方和日本的资产阶级虽然后来得到长足的发展，但一开始也并不是纯而又纯的。马克思曾经指出过："在英国，现代社会的经济结构无疑已经有了最高度的、最典型的发展。但甚至在这里，这种阶级结构也还没有以纯粹的形式表现出来。在这里，也还有若干中间的和过渡的阶段到处使界限规定模糊起来（虽然这种情况在农村比在城市少得多）。"[①] 马克思写下这段话的时候，已是19世纪中叶。如果回溯到一两百年前西欧资本主义筚路蓝缕之日，阶级结构之交错杂陈、新旧营垒之壁垒未严当更为明显。17世纪英国革命之前，就存在一个由中小贵族绅士、城市富商和富裕农民转化而成的"新贵族"阶层。他们名义上仍是"带剑的骑士"，实际上已经成为"财富的骑士"，或从事资本主义土地经营，或开设工场和经商，在经济利益和价值观上同资产阶级没有任何本质的区别，构成英国资产阶级革命的主要社会基础之一。F. 基佐在其名著《一六四〇年英国革命史》中写道：

> 绅士们、小业主们、市民们却一心专注于改良他们的土地，扩大他们的贸易资本，日见其发财致富，信用亦与日俱增，相互

---

① 《马克思恩格斯全集》第25卷，人民出版社，1974，第1000页。

联络得更亲密，他们正在把全体人民吸引到他们的影响之下。他们既不卖弄自己，又无政治野心，几乎在不知不觉中掌握了全部的社会力量，这是权力的真正源泉。①

18 世纪法国革命前夕，则有不少资产阶级分子通过买官封爵，购置田产，厕身贵族的行列，被称为"穿袍贵族"。因此，如果说在英国是贵族的资产阶级化，那么，在法国则是资产阶级的贵族化。德国也不例外，工业革命后很长一段历史时期内，农村中仍是以半封建半资本主义的结合体——容克地主居于统治地位。

明治维新前的日本，由于长期受到儒学文化的影响，同样也经历过比较长的封建时代，新旧社会力量的交融互渗表现得更为突出。在欧风美雨的侵袭下，封建等级制中的基石——武士阶层逐渐发生分化，下级武士日益向商人阶层渗透，从而成为新兴资产阶级的代言人，充当了倒幕运动和明治维新的主角。另一方面，商人的社会地位也有明显提高，人们开始像尊重武士一样尊重富商。虽然在正式场合他们的地位仍然低于武士，但实际上他们已被看作是"准武士"，他们中的有些人已被允许像武士那样使用姓氏和佩带刀剑②，一如中国近代商人可以出钱买得官位和虚衔，跻身绅士的行列。

明治维新后，明治政府将培养"把刀剑换成算盘的武士"作为施政目标之一，采取一系列措施促成各级武士向近代资产阶级转化。从明治二年（1869）起，政府实行小本借贷的救济办法，让下级武士们成为自立小工商业者，并且鼓励和委派武士们到新建的工业企业中任职。明治三年（1870），政府开创了允许华族、士族和武士等不劳而获的食禄者经营农业、工业和商业。明治九年（1876），允许食禄者

---

① 〔法〕基佐：《一六四〇年英国革命史》，伍光建译，商务印书馆，2009，第23页。
② 〔日〕森岛通夫：《日本为什么"成功"》，胡国成译，四川人民出版社，1986，第73页。

把所享受之俸禄换成一定比率的公债券，可用公债券经营工商业或自由买卖。次年，明治政府又公布职业自由的法律，根据此法律，作为特定的所谓"武士阶级"已不复存在了。

在从下级武士转化成近代产业资本家的各色人物中，最著名者当数号称"日本实业之父"的涩泽荣一。涩泽在日本历史上的地位，有些类似于中国清末民初最著名的绅商张謇，但由于两国国情不同，两人的人生道路和命运也有所不同。

涩泽荣一（1840～1931）出身于幕末武士归农的豪农家庭，家中世代从事农业、养蚕，并兼营蓝靛染料（时称蓝玉商）。涩泽幼年以汉籍发蒙，陆续诵读过《孝经》《小学》《大学》《中庸》《论语》等儒家经典著作，也学过经商。成年后，涩泽荣一受时代潮流的影响，一度参加过"尊王攘夷"活动，追随诸侯一桥庆喜左右。一桥担任幕府将军后，他在极其矛盾的心情中做了幕臣。1867 年一桥命他随其弟昭武赴欧洲考察。等他于 1868 年 12 月回国时，日本已经历了明治维新的巨大变革。涩泽荣一于 1869 年被明治政府起用，入大藏省供职。1873 年因与大久保利通等政见分歧，遂辞官下野，全身心投入实业界。在以后的几十年中，涩泽以"论语加算盘"的口号相标榜，纵横商场，为日本近代企业基础的奠立做出了不朽贡献。据日本著名经济史学士屋乔雄博士的研究，与涩泽荣一有关的经济事业，包括以下各个部门行业：银行、造纸、海运、保险、啤酒、化肥、制丝、制绒、织物、制麻、制帽、制革、制糖、玻璃制造、点心、酱油、清酒、制油、制蓝、制冰、印刷、陶瓷器制造、砖瓦、水泥、冶铁、炼钢、造船、船坞、火车、汽车、自行车、煤气、电力、土木建筑、港口建设、土地经营、交易所、仓库、旅馆、采矿业（铜、铁、硫黄、硝石、煤炭、石油）、制药、化学工业、农业、畜牧、养蚕、林业、水产业、信托、电话、铁路运输、航空，以及进出口贸易和实业学校等。与他有关的会社（公司）达 500 多家。他于 1916 年退出实业界后，又广泛从事于社会公共事业，尤其致力于培养实业指导人才，如创办东京商科大学，支援各种实业学校等。据统计，他参与的事业多达600余种。①

在实践和思想主张上，涩泽荣一属于典型的日本"士商"。这里的士，既有儒士之"士"，也有武士道之"士"，是儒家文化与日本本土文化的融合。用涩泽本人的话来说，他自己的经济思想主张可以概括为"士魂商才"四个字。"士魂商才"通俗地讲就是"论语加算盘"，即按照儒家的伦理道德和武士道的真髓来经营实业，"所谓商才，原以道德为本，舍道德之无德、欺瞒、诈骗、浮华、轻佻之商才，亦即卖弄小聪明、小利口者，根本算不得真正的商才。故商才不能背离道德而存在，则论道德之《论语》自当成为培养商才之所依"。② 涩泽荣一还进一步提出"武士道即实业之道"的命题，认为正如士人需要武士道，工商业者也实在不能没有其道，武士道中正义、廉直、侠义、礼让、敢作敢为等美德，均应成为经商营工的道德指导原则。③ 涩泽荣一之所以如此重视工商经营中伦理道德观，又与其"义利两全说"的经济主张不无关系。他对儒家的义利观作了新的诠释，提出封建时代认为富贵与仁义不能两全是一种谬误，是对儒学伦理的错误理解。其实，孔孟并不轻视富贵，只是强调"富贵不能淫"，要按"正道"取得富贵。通过兴办企业追求利润，增值资本，即在为整个国家增强实力。这样，"义"和"利"就在"道"的追求中统一起来了，他说："我想真正经营商业者不出自私利私欲，而是出自公利公益……公益和私利是一体的。"④可见，涩泽荣一的思想基本反映了上升时期日本资产阶级的思想主张，并为东亚"儒家资本主义"的兴起奠定了某种历史基础。

从上述世界范围的比较中，我们可以得出两点相关的结论。第

---

① 万峰：《日本资本主义史研究》，湖南人民出版社，1984，第139～141页。
② 涩泽荣一：《论语与算盘》，台北：允晨文化实业公司，1987，第19页。
③ 涩泽荣一：《论语与算盘》，第221页。
④ 转引自万峰《日本资本主义史研究》，第142页。

一，既然世界主要资本主义国家的资产阶级在其发展的早期阶段，都有过那么一段新旧社会势力交融互摄、氤氲化生的过渡历程，我们也就没有理由要求出生在半殖民地半封建社会的中国民族资产阶级一开始就那么纯而又纯。特殊的社会历史条件，决定了中国近代民族资产阶级的经济、政治和社会结构必然具有更为突出的"拖泥带水"的不纯粹性和不成熟性。绅商阶层的出现即其典型表现之一。

第二，世界主要资本主义国家在其近代化早期尽管都产生过类似于中国绅商的社会力量，但通常持续过程较短，自身分化过程剧烈，伴随着资本主义的节节胜利，大多较顺畅地实现了近代资产阶级的社会转型，成为在民间推动市场经济的主导力量，唯中国绅商阶层始终与官方有着紧密的联系，国家与社会的分离过程迟迟难以完成。民国以后可以没有绅商的名目（事实上也不尽然），但官、商之间关系总是夹杂不清，互为利用，权钱交换始终没有中断过。除其他复杂的社会历史原因外，其中一个很重要的原因，可能在于中国始终没能建立起一个真正的资产阶级政权。清政府固不必论，民国政府也很难说完全代表新兴民族资产阶级的利益，有太多的旧势力和旧传统掺杂其间。辛亥革命失败后。孙中山先生曾不无感慨地说："八年以来的中华民国，政治不良到这个地位，实因单破坏地面，没有掘起地底陈土的缘故。"正因为如此，虽然张謇和日本的涩泽荣一在个人气质、思想主张和兴办实业的成就上大可相媲美，但个人际遇和最终命运却又是如此截然不同。同涩泽荣一得到明治政府的大力扶植相比照，张謇以绅商身份办实业的处境不知要艰难多少，他曾为之感叹不已，认为提倡实业"在吾国如张单弦而适旷野，固未有屑听而悯我一日之劳者也"。① 尤其到晚年回想在中国兴办实业的种种艰辛，眼看自己手创的大生企

① 《意大利万国博览会纪略调查欧西实业纪要序》（1907），《张謇全集》第6册，上海辞书出版社，2012，第333页。

业系统每况愈下，张謇这位"商人中的书生"心里更有说不完的辛酸、道不尽的愁若，一如其《千龄观自酬词》中所言：

> 观北风澜夹小湖，观南山霭落平芜。
>
> 行都不得无南北，坐倚危栏听鹧鸪。

在近代化过程中，中国为什么失败，日本为什么成功？从中国"绅商"与日本"士商"的不同历史命运中，我们或许可以感悟出什么。

第五章

"独立社会之起点"

——绅商的社会功能

国之存在，要以能群不能群为断。

而欲成大群，又必结小群以相联结。

——《江苏同乡会创始记事》

第一节　绅商与社会公益

一　"公"的领域

有关中国传统社会结构，过去通常比较强调其对立的两极，即封建专制国家政权与构成该政权基础的小农经济社会，而相对忽略了沟通这两极的中层结构："公"的领域。"公"既区别于"私"，即由无数个分散的小农家庭所构成的经济实体和社会细胞；又相对独立于"国"，即高度科层化的专制国家机器，而具有自身特定的内涵和社会意义。中国传统社会（尤其明清以降）的一个突出特征，即是"公"

领域的存在相对缓解了国家对社会的压力，从而维持了较为长久的社会稳定发展。

所谓"公"的领域，在内容上，一是指属地方所有的"公产"，如公田、公屋、社仓、义仓、书院、义学、各类善堂等。二是指官方不直接插手，但私人又无力完成的地方公事和公差，诸如保甲、团练、防火、防盗、修桥、铺路、水利、民间赈济，以及育婴、恤孤、养老、掩骸等慈善事业。

相对于西方中世纪社会封建庄园与市民城市相抗衡的社会结构格局，中国传统社会中的"公"领域呈现出如下特征。

第一，历史悠久，社会覆盖面较广。在儒家"民为贵，社稷次之，君为轻"[①] 的民本思想的影响下，中国自古以来就比较注重民间社会的互助合作，如孟子所云："死徙无出乡，乡田同井，出入相友，守望相助，疾病相扶持，则百姓亲睦。"[②] 因此，各种民间救灾和自助组织起源甚早，虽因战乱等时断时续，但却一脉相沿，形成传统。如义仓至迟在唐代就有设立，清朝康熙年间，更由官方下令在乡村建立社仓，市镇设置义仓，以备发生饥荒时平粜、借贷和赈济。清代在各地设立的收养贫病无靠老人的普济堂，其历史也可上溯到唐宋时期的福田院，元代的惠老慈济堂，明代的养济院。育婴堂起源于南宋的慈幼局，清初在北京、扬州、苏州、松江、杭州、绍兴、通州等经济文化较为发达的地区，业已开始设立，但尚不普遍。康熙皇帝于1706年接受副都御史周清原的建议，下令在各地设置育婴堂，此类善堂遂普及于各地。[③]

第二，明清时期的地方公益事业主要由绅士和绅商赞助及主持，"公"领域遂成为地方绅士和绅商最为活跃、大显身手的领域。有人

---

① 《孟子·尽心下》。

② 《孟子·滕文公上》。

③ 《清圣祖实录选辑》卷224，"三月丙戌"，台北：大通书局，1984，第150页。

指出："绅士所得干预之地方公事，其范围与各国地方自治体略同，而时或过之……若教育（书院等）、若慈善事业（育婴院等）、若土木工程（道路、桥梁等）、若公共财产（所谓地方公积）等类，属于绅士之手者不可胜数。"[1]

从下面的粗略分类列举中，我们或可略窥明清绅士及绅商参与地方公益事业的范围和规模。

（1）桥梁、道路、津渡和水利

康熙年间在扬州经商的绅商刘正实，系候补知州，"修龙门桥，费万金；岁饥，捐金助赈"。[2] 佛山镇绅士秦文光，道光十五年（1835）被镇民举为清浚佛河工程的总理，仅用时两年半，用款两万余金即告竣工，"全河通利，舟楫畅行，镇中士民交相称道"，由政府赏给六品顶戴。[3] 嘉庆年间，休宁商人陈志宏，捐职州同，好善乐施，"独捐田租，立义渡户，名为造船及渡夫工食之费，而岁修亦取给焉"。根据张仲礼对广东《惠州府志》和广西《容县志》中有关修建桥梁、津渡人员身份的统计，两地修建的200座桥梁中，官修者13座，占6.5%；绅士修建者86座，占43%；官绅协力修建者3座，占1.5%；民修者50座，占25%；余为不明身份者修建，占24%。津渡共122处，官修及官绅合建者2处，占2.13%；绅士修建者22处，占23.4%；民修者26处，占27.66%；不明身份者修建的共72处。[4] 考虑到不明身份者中实际也以绅士占大多数，绅士（其中一部分为绅商）在这类活动中所扮演的领导角色，是不言而喻的。

（2）义仓、社仓、义学、义赈

清代的公共储粮形式有常平仓、义仓、社仓等。常平仓由官设官

① 攻法子：《敬告我乡人》，《浙江潮》第2期，光绪二十九年二月二十日，第8页。

② 《扬州府志》卷52《笃行》，康熙年间重修。

③ 民国《佛山忠义乡志》卷14《人物七》。

④ Chung-li Chang, *The Chinese Gentry：Studies on Their Role in Nineteenth-Century Chinese Society*, p. 54.

管，"谷贱时增价而籴以利农，贵时减价而粜以便民，具纯全平价之性质"。[1] 社仓、义仓则由民设民管，"春贷秋偿，滋生羡息，听民自便，以补常平之不及"。[2] 虽规定社仓、义仓均由民间集资共建，但实际多由地方绅富捐建，因此，各社仓、义仓的管理人"仓首""社首"一般都出自家道殷实的绅士和商人。如嘉庆二十三年（1818），松江府娄县、华亭两县绅商捐田 786 亩，建成华娄义仓。[3] 苏州丰备义仓系本地人光禄寺署正韩范于道光十五年（1835）捐田 110 亩建仓；道光二十二年（1842），郡绅陆仪等续捐 5100 亩，稍后发展成拥有田地约 15000 亩的大仓。[4] 在广东佛山，乾隆年间五斗口司属绅民赵祖庇、黄汝忠等捐贮谷 1031 石建立社仓。[5] 乾隆六十年（1795）创设的佛镇义仓，由"绅富中多方筹款"创立，其创办人中有举人 7 名、生员 9 名、监生 8 名，邀有各种职衔者 6 名。[6] 徽商佘文义，"布衣游名卿大贾间"，"置义田、义屋、义塾、义冢，以赡族济贫，所费万缗"。[7] 另一名徽商史世椿，黟县人，也曾"散赈济荒，输书院考棚建费"。[8]

（3）扶孤、恤贫、丧葬、施粥等善举

光绪二十三年（1897）川东受灾，重庆城于"严冬施粥"，在朝天门、临江门、南江门"分设三厂，日给一餐，凡五十日竣事"。除官拨部分米粮外，重庆"各帮商董及本郡绅粮亦各量力捐助"。[9] 道

① 民国《绵竹县志》卷 2《建置》，巴蜀书社，1992。
② 民国《绵竹县志》卷 2《建置》。
③ 万越贡：《嘉庆松江府志》卷 2《建置》，书目文献出版社，1991。
④ 《丰备义仓全案》卷 1。又见民国《吴县志》卷 31《公署》。
⑤ 乾隆《佛山忠义乡志》卷 3《乡事志》。
⑥ 广东省社会科学院历史研究所中国古代史研究室等编《明清佛山碑刻文献经济资料》（以下简称《明清佛山碑刻》），广东人民出版社，1987，第 96 页。
⑦ 《歙事闲谭》第 14 册《佘公桥》，转引自张海鹏、王廷元主编《明清徽商资料选编》，第 342 页。
⑧ 张海鹏、王廷元主编《明清徽商资料选编》，第 342 页。
⑨ 《本省近闻》，《渝报》第 6 册。

光十三年（1833）佛山遇岁荒，"镇内绅士捐银赈粥"。次年，又逢岁歉，因仓储虚空，镇中绅士向官府建议，镇内所有铺户抽租一月，前往省城买洋米散赈。[①] 清徽州婺源人余席珍（邑庠生），在江西景德镇经商，积极兴办徽商会馆，"设义渡、义棺、义冢，赀竭难敷，珍集六邑绅士捐田产，为长久计"。"并倡义瘗会，每岁雇工培土，泽及枯骸。又兴惜字会，建文昌宫，筹画备极周详。"[②] 另一名婺源籍的苏州人吴宗融，在苏州"设厂施浆粥棉衣"。"少业儒"，后经商于江西景德镇的婺源籍士商金城，"育婴、义渡、会馆、义举均城领袖醵赀，不取薪水"。[③]

第三，传统的地方公益事业虽主要由散居民间的绅士和富商经营，但官方实际并未完全放弃其督促、监督之责，有时也亲自插手或协助绅士办理。因此，传统"公"领域的本质特征，并非是官、民之间的分立或对峙，而是官、民之间的合作，系国家权力与民间社会力量相互渗透、彼此依存、共同起作用的领域。当然，其中民间的成分又占据着主导地位。

如各地的社仓和义仓虽系民办，但又并未完全脱离官方权力的控制。社仓通常是"民设官稽"，其存谷出入由公举的社首决定，但地方官负有"稽查之责"。义仓因设于城镇，有自己的田产，官方的参与和影响似更大些。以佛山义仓的管理为例，乾隆六十年（1795）"各绅士禀官立案"，创设之初"其度支管钥司于乡绅，粜籴发收掌于官吏"，并逐渐形成"度支掌于绅，稽查归于官，使互相查核"的规章，规定：凡开仓散赈，"先禀地方文武官员，出示晓谕弹压，次即禀请本县转详各大宪借碾社仓谷石，加具印结，俟秋后买补还仓"。又规定："开仓散赈，先尽仓内之谷。倘有不敷，动借社仓谷石，必

---

① 《明清佛山碑刻》，第 436 页。
② 光绪《婺源县志》卷 35《人物·义行》。
③ 光绪《婺源县志》卷 39《人物·质行》。

须禀县转详大宪加具印结。"凡散赈完毕，绅士禀请地方官弁炷香庆贺，"各衙门兵差地保，每给素菜一席，以酬辛苦"。[1] 若绅士在管理义仓中出现贪污的行为，也往往由官府绳之以法。如佛山义仓巨款曾被某司事吞没，被镇绅"联名禀究"，"由县详请革职，监追"。[2] 清代光绪年间川督丁宝桢倡设的积谷仓，由"每一里或一聚于丰岁所收取百分之一共建一仓储之，公举一人掌之"，并规定"民自理，官不过问"，但实则"兼有常平义社之性质，官、首同负完全之责任"。[3]

再如各地书院虽名义上由绅士管理，但其实多由官方创设，归省学政统管。湖北有名的两湖书院，原系同治八年（1869）张之洞任湖北学政时会商湖广总督李鸿章设立的经心书院。后约20年未加修缮，待张之洞1889年调任湖广总督时，已是残垣废壁，破败不堪。张之洞采取让鄂省茶商捐助的办法，在原址上创建两湖书院。1890年两湖书院建成后，先调两湖诸生100名及商籍弟子40名进院学习，从中培植出不少心腹羽翼。[4] 再如苏州文教向称发达，晚清尚存书院六所，分别为文正书院、紫阳书院、平江书院、正谊书院、太湖书院和学古堂。其经费主要来源于官田租金、库银行生息和郡中绅富捐款，作为公产交由地方绅士管理，但各书院堂长则由学政任命，对经费款项官方亦有监督、稽查之权。[5]

在保甲、团练等地方管理、治安事务中，县级地方长官与绅士的配合更为密切。清代地方实行保甲制度，县以下的城镇和乡村居民被纳入牌、甲、保三个等级，"十家为牌，牌有长；十牌为甲，甲有长；十甲为保，保有正"；"一保之内，出入相反，守望相助，变则同忧，

---

① 《明清佛山碑刻》，第399～403页。
② 民国《佛山忠义乡志》卷14《人物六》。
③ 民国《绵竹县志》卷2《建置》。
④ 《张文襄公全集》卷30《奏议三十》。
⑤ 参见民国《吴县志》卷27《书院》；乙$_{2-1}$第107卷。

常则共乐"。① 保甲并不属于国家行政机构，而是遴选"品行端方，为人公道，素为一方敬服者"的地方绅耆担任，国家权力通过"绅耆"的中介而达于社会基层。维持地方治安的团练也主要由"绅耆"具体组织和统领，官方负责监督和调节，"捕盗之事，责成在乎官，而防盗之法，合力在乎民"。② 除保甲、团练而外，官方与绅士发生密切关系的地方公事尚有赋税征收、圣谕宣讲等。赋税征收本属政府职责，但在清代往往得依赖地方绅士进行，如在四川云阳县，"每岁秋初，县令肆筵柬邀城乡绅粮至官舍，平议税率银价，谓之议粮"。③ "圣谕宣讲"系清初以来所实行的教化百姓的一种制度，每半月一次，将有关16 条政治和道德准则的"圣谕"向百姓宣讲，由地方绅士协助实施。具体做法是："每遇朔望两期，（州县）务须率同教官佐贰杂职各员，亲至公所，齐集兵民，敬将圣谕广训，逐条讲解……至于四外乡村，不能分身兼到者，则遵照定例，在于大乡大村，设立讲约所。选举诚实堪信，素无过犯之绅士，充为约正，值月分讲。"④ 晚清上海绅商李平书在其自述中提及，当他担任广东陆丰知县时，曾令生员廖佐熙择公地一处，盖造讲堂，作为"宣讲圣谕地方"。⑤

综上可见，"公"领域实为国家政权与基层社会的广大中间过渡地带，它上而同国家政权相粘连，下而连接由家庭、家族和商铺、作坊等组成的"私"社会，其结构呈现出国家与社会犬牙交错、渗透融通的格局，难以在它们之间划上一道截然两分的界限。如图 5 - 1 所示。

图中虚线方框部分代表"公"领域的范围，国家与社会均楔入其中，它的范围随国家与社会的关系而演变，当民间社会占优势时，它

---

① 民国《温江县志》卷3《民政志》。

② 李平书：《且顽老人七十岁自叙》，沈云龙主编《近代中国史料丛刊续编》第5 辑，台北：文海出版社，1974，第 258、255 ~ 256 页。

③ 民国《云阳县志》卷9《财赋》。

④ 《钦颁州县事宜》，田文镜：《宦海指南五种》，京都荣录堂，光绪十二年。

⑤ 李平书：《且顽老人七十岁自叙》，第 238 ~ 239 页。

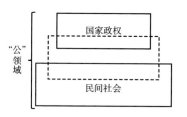

图 5 - 1 "公"领域示意

可向上蚕食国家政权的权力范围；当国家政权加强统治和对社会的控制时，它又可向下深入民间社会的腹地。值得注意的是，同西方近代早期的"公众领域"（public sphere）① 不同，在中国传统"公"领域中，国家与社会的关系主要呈现一种合作和协调的倾向，而不是相互对立乃至对抗。在这里尚观察不到新的资本主义社会结构的最初生长，而仅仅是中国传统社会结构的延续，符合儒家古老的社会理想和传统价值观念。这也正是我们竭力避免套用西方（主要是哈贝马斯）"公众领域"概念的原因，套用此一概念来解说中国传统的"公"领域，很可能引起种种先入为主的预设，反而离中国的历史真相相去甚远。②

二 近代城市公益事业的扩展

19 世纪中叶以降，随着中国传统社会开始向近代社会转轨，传统"公"领域呈现明显的扩张趋势，由于这一扩张势头主要是由居于民间的绅士和商人推动的，因此，这一时期"公"领域的扩张，基本可以视作民间社会的扩张，国家权力对地方事务的干预则有相对减弱的趋势，至少很难同民间社会的扩张并驾齐驱。

---

① Jürgen Habermas, *The Structural Transformation of the Public Sphere. An Inquiry into a Category of Bourgeoies Society*, tran. by Thomas Burger（Cambridge, Mass.: The MIT Press, 1991）. 此书为哈贝马斯著作，一般被称为《公开活动的结构变化》，原书为 1962 年德文版，此处据英译本。

② 美国学者黄宗智教授主张用"第三领域"的概念来替代"公众领域"的概念，以避免某些先入为主的理论预设。

在近代城市中，"公"领域扩张的重要标志之一，是各种城镇公益事业的首次制度性整合。这种整合在有的城市体现为传统善堂组织的数量激增，如根据美国学者罗威廉的研究，汉口的善堂主要出现在同光之际。建立在道、咸年间（1831～1866）的善堂共10间，仅占汉口善堂总数的29%；而建立在同、光年间（1867～1895）的善堂数达25间，占总数的71%。在多数地区，传统公益事业的制度性整合则主要体现为各种专门从事社会公益的"公局""公所"纷纷设立，从而使这类活动的组织化、制度化程度大大提高。苏州是这类地区的一个突出代表，表5－1根据《吴县志》中的记载，列出这一时期苏州（包括吴县、长洲县和元和县）所设立的各种慈善类"局""所"。

表 5 - 1　晚清苏州的慈善类局、所

名称	地点	方志中的有关记载
推仁局	宝林寺西	清同治五年郡人程肇清创立,附于洋货公所内,专助掩埋
种善局	柽和坊	清同治六年里人端木灿澄创建,施棺代葬
毓元局	长春宫	清同治七年里人吴振宗创建,护婴恤嫠
轮香局	桃花坞	清嘉庆二十年郡人胡宁受创建,设义塾,又设惜字会。同治四年里人谢家福等重建,并设殡舍
儒孤学舍	桃花坞	清同治间郡人谢家福创建,经费向赖各绅筹拨,宣统末因经费不足停办
恤孤局	梵门桥巷	同治五年长洲知县蒯德模合建,拨给官田三百亩以赡经费
洗心局	剪金桥巷	清同治十年郡人冯芳植创建,旧家子弟不肖者送局管束。宣统末因官无拨款停办
养牲局（俗称牲庙）	枣市桥	清嘉庆十七年郡人韩是升创建,收养老病耕牛,光绪九年由同人集资重建,代赊棺木等善举
太湖救生局	胥门外枣市	郡人宋俊等创建,湖中渔船随施救,按生毙分别给赏
康济局	司前街南采莲巷	清光绪间由朱櫰创建,收埋代葬,惜字恤嫠,并设义塾
万年惜字局	胥门外长春巷	清同治九年里人毕晋、程栋捐资创建,专收字纸
助葬会	王洗马巷	吴钊、尤先甲等创办,专为蓍儒助葬。宣统二年续办扩充,为四民代葬
体仁局	尚义桥东北	清光绪二十八年徐俊元、吴韶生等创建,专收病殇婴孩,经费由各钱庄及钱业公所按月捐助
接婴局	光福镇	经费由本镇绅商捐助

续表

名称	地点	方志中的有关记载
栖流所	王废基	收养老病流民,冬收春放
贫民习艺所	王废基	由栖流所改,其经费由藩库拨发,在地方行政费内拨款
积善局	旧学前	清光绪二十年邑人吴韶生、宁沿基等创建,先办义塾惜字,继恤嫠保婴,种牛痘,急救等
仁济局	天后宫东院	清同治四年句容人创建,为同业身故者寄柩
永元局	浒墅镇	
安仁局	县桥巷	清同治六年里人顾长泰等建,设义塾以教里中子弟
安仁南局	王猛子桥	咸丰四年建,施棺代葬,施药赈粥
安节局	娄门新桥巷	冯桂芬等创设,收养名门嫠妇,田房两租外,全赖各项捐款
保息局	齐门新桥巷	冯桂芬创办,养老恤嫠施棺,并设义塾
周急局	箓葭巷	清道光间郡人黄寿凤赁屋设局,办恤嫠、济盲,保婴、义塾
公义局	大智寺内	清同治十二年里人蒋恩需创办,收埋代葬,惜字施粥
昌善局	六和仓后	康熙四十六年郡人顾开韩等创建,捐办施棺、代葬、惜字放生
永善局	阊门外半边街	清光绪元年郡人顾秀庭创建,专办留婴、殡国诸善举
同善局	葑门外	创始于葑溪彭氏,施医药,施棺代葬
迁善局	甪直镇	同治九年里人杨引传等创建,管束旧家子弟不肖者
惜字局	周庄镇	康熙间庵僧了能创设
积善局	唯亭镇	乾隆四十六年里人王永和设,施棺代葬,惜字

资料来源：曹允源等纂《吴县志》（二），《中国方志丛书·华中地方》，台北：成文出版社，1970，第461~468页。

从表5-1可见，苏州的各类慈善性局、所主要创办于同治、光绪年间，与传统善堂相比，这类组织的性质和功能并没有本质的不同，仍属于传统慈善机构，但覆盖面更宽，社会救济的内容更多，组织和管理也更佳。表中也反映出，这类慈善机构同样多由地方绅商倡设和管理，如尤先甲、吴韶生、谢家福等均系苏州著名绅商，这说明地方士绅和商人在近代更广泛地介入和干预社会生活，自动担负起城镇中照顾生老病死的义务。当然，苏州近代慈善公益事业的发达，与当地富绅大贾较多、具有乐善好施的传统关系甚大，如时人所说：

吴中富豪之家多乐于为善，冬则施衣被，夏则施帐扇，死而不能殓者施棺，病而无医者施药，岁荒则施粥米，近时又开乐善好施坊例，社仓、义仓给奖议叙，进身有阶，人心益踊跃矣。①

其他地方新设的慈善、福利机构虽不及苏州、松江等富庶的江南地区那样普遍，但也多有记载。如山西"省城保婴局设阳曲县主簿署内，每年以保六百婴孩为率，每年设经费银四百八十两（遇闰加增），以资保婴及女红纸张局夫工食之用。……日后经费加多，再行推广省城，倡行各府厅州县再行推广"。②四川巴县于同治初年在全县设育婴所，由县署召集绅商捐募办理，"名曰推广育婴，补助贫民"。各所内设主任兼事务一人，乳母三四人，看护二三人，"收养贫民及遗弃之男女婴孩，由乳母平均给养"。③又设保节院（光绪三年），"养节妇120名，节妇子女160名"。由绅商充任各局、所的绅董，经管地方慈善和福利事业，总的来说，比胥吏直接经营效果要好，贪污也相对较少，江苏巡抚丁日昌曾比较如实地评价道："绅董若有侵渔，尚惧清议之持其后，差役则惟利是图，非清议所能动心……弟里居时，每见孤贫、育婴、恤嫠诸善举，由绅董经营者，虽不能滴滴归源，尚有七八成可归实济。"④

有关绅商在近代城市公益机构——公局、公所中的地位和作用，我们还可举沪上绅商经元善等所创办的协赈公所和该公所开展的大规模义赈活动为例，作进一步的说明。如前所述，经元善的义赈活动，以其1878年创办上海"协赈公所"为起点，与其他慈善团体零星、暂时的救灾活动不同，"协赈公所"绅商的义赈活动组织性、计划性

---

① 民国《吴县志》卷52上《风俗》。
② 《晋政辑要》卷18《户制·恤政三》。
③ 民国《巴县志》卷17《慈善》。
④ 《苏藩司详长元吴三县经征六年份恤孤余剩应否免提请示由》，赵春晨编《丁日昌集》（上），第545页。

之强，工作效率之高，范围和规模之大，可以说均前无古人，实际上已成为江浙绅商群体的联合性社会公益活动。在组织上，以上海协赈公所为中心，分别在苏州、扬州、镇江和杭州设立四个筹赈公所，相互配合。其中，上海协赈公所的赈捐代收处，除上海的果育堂、辅元堂、保婴局、保安堂外，还有 21 处分设于松江、福州、南京、绍兴、宁波、嘉兴、钱塘、慈溪、福州、九江、安庆、汉口、烟台、旧金山、横滨、长崎。由此形成一个巨大的公益组织网络，把当时社会上的绅商名流如盛宣怀、郑观应、谢家福、唐廷枢、徐润、李金镛、朱其莼、郁熙绳、姚宝勋、唐廷桂、王承基等悉数纳入其中。据一份"上海原办晋赈同人启"，与上海协赈公所发生关系的全国各地绅商多达 180 余人。[①] 这个庞大的民间公益组织网络以经元善、盛宣怀等绅商为领袖，以上海为中心，江浙为基础，辐射到大半个中国，并向港、澳、台和美国、日本及南洋扩散，把近代民间赈灾的社会公益活动推进到前所未有的规模。

在赈灾的具体办法上，上海协赈公所同人也多有创新。他们每次的赈灾活动，都是先派人携带少量款项赴灾区边放赈边调查灾情，然后根据实际灾情确定赈济范围；募款、司账、押运、放赈都有专人负责。"这种募、收、运、放相分离；定点、定人、定款的赈灾方法，使贪污中饱之事难以发生。"[②] 他们还利用各地宣讲乡约司董，携带灾图捐册，分往四乡劝捐。同时还在航行于内江外海的轮船上设桶劝募。由于办法得当，工作扎实，捐款亦多，截至 1879 年 11 月，上海协赈公所解往直隶、河南、陕西、山西四省灾区的赈款，共计银 470763 两。[③] 时人对经元善等绅商的大规模赈灾活动，评价甚高，如

---

① 《上海洋报晋赈捐数并经募善士禀》，《申报》1881 年 6 月 8 日，第 3 版。
② 虞和平编《经元善集》，"前言"，第 3 页。
③ 《录上海劝办民捐绅士禀苏抚宪稿》，《申报》1879 年 4 月 18 日，第 3 版；《义捐赈款》，《申报》1879 年 12 月 18 日，第 4 版。

有人曾在《申报》上撰文评论：

> 上海诸善士自六七年前筹办山东旱赈，款巨时长，在事之人无不悉心竭力，所集之款涓滴归公。遂觉自有赈务以来，法良意美，当以此为第一善举。①

20世纪初，以一大批新型公益社团（通常称"会"，也有沿用传统名称的）的出现为标志，中国近代城市公益事业有了进一步发展，并开始呈现比较鲜明的近代特征。日益资产阶级化的绅商群体在城市公益领域中扮演着更为积极的角色。下面，从消防、禁烟、城市卫生诸方面分述之。

（一）消防

从古代到近代，中国城镇的房屋建筑多以砖木结构为主，大量的梁、柱、屋架、楼板等均为易燃物，加之城区居民居住密集，商铺栉比，檐牙相接，以致"火患猝发，每有不可收拾之虞"。因此，防火和救火一直成为困扰城镇居民的一大问题。清初以来，民间开始陆续设有"水会""水局""龙社""龙局""火社""水社""水龙局"等名目繁多的民间救火组织。这类传统消防组织一般由街区商铺自发组织，"组合不完，人品复杂"，既没有健全的规章制度，所使用的消防工具也十分落后，主要系水桶、水袋、唧筒等，很难有效地控制火灾。如天津最早的水会创建于康熙年间，"借用庙地公立起盖局所"，至同治九年（1870）已续增至四十余局，所置号衣、器具、灯笼等件，主要由城内绅商铺户捐资。"自庚子年兵燹之后，各水会已近荒废"，此后又逐渐重新兴办，最盛时达71个。② 然而这类旧有水会

---

① 《上海筹赈无已时说》，《申报》1883年8月1日，第1版。
② 天津商会档案，三类，85号卷，2547号卷。

"苦于经费难筹，训练无法，虽会内同人勇于恤难，而每到火场，常有让会之虚文，如语所谓揖让救火者，故临时不免贻误"。① 同样，苏州早在清初即已有称为"火社"的民办消防组织，后改称"龙社"，大都附设于各业公所、庙宇或善堂中，十分分散，且"组合不完，人品复杂，一遇火警，则鸣锣扰攘，扰乱人心。甚至争水夺路，恃众逞凶之举，时有所闻"。② 此外，如汉口绅商于咸、同之际所创设的"水局"和"龙局"，北京于咸丰年间创设的"从善水会"（光绪时更名为安平水会），也都存在类似的组织落后、"几同虚设"的问题。③

正是鉴于传统城市民间消防组织的弊病，20世纪初城镇绅商开始组建新型的消防组织或改造旧存组织以适应近代市政发展的需要。上海系最早组织新型救火会的城市，1907年城中救火会（社）已达30余个，分布于各行业和各街区。为解决"虽有各水龙会分别施救，而各会不相联络，往往临场互相争执，大于火政有碍"等问题，1908年前后各救火会（社）联合组成上海救火联合会，拟定统一章程，划分五个救火区，相互驰援救火。并由联合会筹集白银7000余两，修建了在当时系上海城内最高建筑物的警钟楼，严密监视火情，一有火灾即鸣钟，及时施救。④ 1908年和1910年，苏州绅商仿行上海办法，以传统"龙社"为基础，分别创设了"苏州西北城救火联合会"和"苏城救火联合会"，以期统一救火的指挥和协调，弥补分散的"龙社"之不足。联合会之下，经纬业绅商陶熔、赵日升等于1910年发起在长、吴二县连界之处创设既济水龙救火社。从该社的发起禀文看，主要受到西方近代救火会组织的启迪和影响，"今东西各国救火

---

① 天津市档案馆等编《天津商会档案汇编（1903~1911）》，第2104页。

② 乙$_{2-1}$38/7。

③ 北京"从善水会"，参见李华编《明清以来北京工商会馆碑刻选编》，第167、168页。汉口"水局""龙局"，参见 William T. Rome, *Hankow：Conflict and Community in a Chinese City, 1796 – 1895*（Stanford University Press, 1989），pp. 164 – 165。

④ 参见秦苍力《上海消防发展简史》，《上海消防》1981年第6期。

会之设,纯以兵法部勒,警钟一击,万众争先。非彼中见义勇为之士多于中土也,训练久而服习勤,则驾轻就熟之效自不待言"。① 在组织形式上,该社已非松散的临时性组织,而有一套比较严密的组织机构,拟定了详细的"试办章程",规定"以联合群力,消弭火患,图谋地方之治安为惟一宗旨"。公举陶熔为正社长,赵日升为副社长。既济水龙救火社下还附设一消防队,共16名"年在二十以外",身体强健的消防队员,"以督率夫役,照料火场为宗旨"。② 同年,苏州恒椿丝行绅商徐源茂等援例成立治安龙社,明确宣布:"本社开办伊始,采取外洋救火会之成法,改良旧有水龙会之章程,因定名为治安龙社。"这证明该社名称虽旧,但已与传统"龙社""水局"不同,系近代性的消防社团。该社规模较既济水龙救火社为大,其职员多达40~50人。组织也更为严密,规定:"本社散役人等如有违反社章,或临场滋事,准盘头、管班指名交出,轻则议罚,重则弃官。"③ 稍后,钱业、绸缎业、洋货业绅商童义大、许德裕等以"去年夏秋之交,火患频仍……惟是齐娄一带店铺林立,人烟稠密,而龙社不闻继起",集议将阊门河沿街一带"旧存之水龙会力加改良,组织新社",禀准成立永义龙社。④

此类新式救火会(社)不仅组织比较正规、严密,而且灭火器具比较先进,分工亦十分明确,大大提高了救火效率。如既济水龙救火社成立时,集资从国外订购"水龙"一具,又向警务公所禀领"广龙"一架,不再依靠简易的水桶、水袋、唧筒等灭火器具。灭火队员分盘头、管班和散役三种。盘头"开警传锣,召集夫役";管班"约束夫役,兼持龙头";散役分别负责鸣锣、警灯、冲锋、肩梯、持叉、

---

① 乙$_{2-1}$38/8。
② 乙$_{2-1}$38/8。
③ 乙$_{2-1}$38/10-4。
④ 乙$_{2-1}$38/17。

抬龙、挑水、收筹、给烛，"各司其事"。并要求一律穿长衣，闻警立即鸣锣，"从速赴救，不致迟缓"。"赴救一次，无论时之久暂，总期竭力灌救，不改蔓延为度"。①

晚清天津城市消防，除官立绅办的消防队（称火会）而外，主要依靠传统的"水会"。为了克服"水会"分散不齐，号令不一的弊病，1908 年前后由绅商鸿胪寺序班生员宋国荫、职商马云青等发起承办"阖津水会总局"，厘订章程，统辖四隅各水会（华界 59 会，租界 12 会）。总局设管理、司账、司事、差役共 28 名，负责协调各路水会的救火。要求各水会"号坎、旗帜、灯笼，均宜一律齐整"，"本段遇有火警，惟本段水会前去扑救，该邻边会亦应将救灾各器预备停妥，静候调用。如本段火势过猛，须听本段区官调用邻边会"，以使"各会自能联成一气"。② 根据记载，天津水会所使用的灭火器具主要有"激子"（消防水龙头）和"水筲"（估计为盛水用）两种。总会要求"激子会须将激子平时修理灵便，水筲会须将水筲收拾坚固，以期救灾得力"。挠和钩也是经常使用的救火器具，"挠钩两会，无论何隅有灾，均准前去往救"。③ 另外，天津鞋业为预防火灾，创设了一种"口袋会"，各商铺配以口袋、号坎、灯笼等物，"倘一家有警，各家铺伙持口袋帮同运货，扑灭后，仍归于该号，并无差错"④，在一定程度上减轻了火灾损失。1908 年，天津众商还曾集议创设"防水会"，"以与消防队、水会相辅而行，其经费皆由各绅商协议分担"。⑤ 但具体活动情况不详。

与上海、苏州等地的救火会（社）不同，天津水会具有消防和治

---

① 乙$_{2-1}$38/11。
② 天津市档案馆等编《天津商会档案汇编（1903～1911）》，第 2113 页。
③ 天津市档案馆等编《天津商会档案汇编（1903～1911）》，第 2113、2110 页。
④ 天津市档案馆等编《天津商会档案汇编（1903～1911）》，第 2095～2096 页。
⑤ 天津市档案馆等编《天津商会档案汇编（1903～1911）》，第 2103～2104 页。

安双重性质，"无事则防火患，有事则可御侮"。[①] 汉口的新式消防社团也有类似的双重性质，如1910年成立的汉口永济消防会，"专为研究消防，保卫治安起见"。[②] 永宁救火社由商界绅商"群力组合而成，以救火清道为务"。[③] 辛亥革命前后在汉口设立的"保安会"系在原来"水局"的基础上改建，从名称即显示出明显的消防与治安双重性质。[④]

（二）禁烟和戒烟

鸦片和大炮是列强打开中国门户的不二法门。以林则徐在广州推行的禁烟运动而引发的鸦片战争，构成中国近代史的起点。因此，鸦片问题在中国近代具有特殊的象征性意义；鸦片的吸食和泛滥成为近代中国最大的社会问题之一。从1840年鸦片战争前后到晚清，鸦片屡禁不绝，吸食者与日俱增。1836年外国人估计中国的瘾君子约有1250万人；林则徐在1838年则认为鸦片吸食者约占中国人口的1%，即约有400万人；有人提出1890年有1500万人，1906年为2000万人。尽管估计数字出入较大，但鸦片在中国的日益泛滥和对国人身心健康所造成的严重危害却是不争的事实，"查洋烟流毒中国，迄今六十余年，瘵志弱种，为害无穷"。[⑤]

1906年前后，清廷迫于舆论，不得不再次发表诏令，"勒限戒烟"，饬令各级政府官员，务必于光绪三十三年（1907）六月底以前，停歇各处烟馆，一律改成膏店，"只准卖膏，不准灯吃"。[⑥] 各地方官奉诏之后，纷纷请求该地商会协助，"转饬各业商董、各行店主，公

---

① 天津商会档案，三类，2547号卷。

② 中国人民政治协商会议湖北省暨武汉市委员会等编《武昌起义档案资料选编》上卷，湖北人民出版社，1981，第260页。

③ 《武昌起义档案资料选编》上卷，第257页。

④ William T. Rome, *Hankow: Conflict and Community in a Chinese City, 1796 - 1895*, p. 168.

⑤ 乙$_{2-1}$119/31。

⑥ 章开沅等主编《苏州商会档案丛编》第1辑（1905～1911年），第664页。

同妥议章程，分业各设立戒烟善会，互相劝导，从速开办，各尽合群义务，同振商界精神，以祛痼疾而跻康和"。①

于是，各地绅商趁此时机，倡设各种禁（戒）烟团体，正式将禁烟和戒烟纳入城市公益范围，在城镇中形成一次空前的禁绝鸦片的高潮。

上海绅商在商会支持下，率先成立振武戒烟宗社，"计分股支社六百余处，力任戒烟者三万余人"，厉行禁烟，使当地和苏杭等处烟土销数锐减。农工商部曾批文称赞："现在上海商会公立振武戒烟宗社，成效颇著。若联为一气，转相劝戒，则奏功尤速而且远，本部有厚望焉。"②

天津绅商也踵相效尤，由商会总理王贤宾、协理宁世福出面，"纠合津郡各绅商"，于光绪三十二年十一月（1906 年 12 月）在永丰屯黄绅花园创设戒烟善会，公订章程 10 条，规定凡入会戒烟者，须预先赴会中账房挂号，说明年龄大小及烟瘾程度，由会中诊断无疾病，再发给凭票届期照票入会。戒烟以服药调养七日为度，一切饮食由会中筹备，不取分文。入会戒烟者如私自逃走，或戒烟后复吸，则告以保人赔补药资。③戒烟善会认为"戒烟以药品为大宗"，故请药行绅商程联仲等与众药商商量，"妥筹药料，尤属维持公益，（应）不遗余力"。至于经费，则"统由总理等督同各会董并各行董事及各善堂绅商，广为筹劝，以期源源接济而垂久远"。④戒烟善会开办之后，"赴会宿戒者日益踊跃"。因该会七日一放，随放随收，"从无间断"，到 1909 年，仅三年时间，戒毒者已达 2535 人（历年人数见表 5-2）。

---

① 章开沅等主编《苏州商会档案丛编》第 1 辑（1905~1911 年），第 663 页。
② 天津市档案馆等编《天津商会档案汇编（1903~1911)》，第 2175 页。
③ 天津市档案馆等编《天津商会档案汇编（1903~1911)》，第 2176 页。
④ 天津市档案馆等编《天津商会档案汇编（1903~1911)》，第 2173~2174 页。

表 5 - 2　天津及附近地区戒烟社团与机构的成绩（1906~1909 年）

		1906	1907	1908	1909	备注
人数累计	天津戒烟善会	180 人	870 人	700 人	785 人	合计 2535 人
	王田县戒烟局	—	—	218 人	—	仅 6~11 月
	怀来县戒烟局	—	182 人	—	—	该年至宣统元年三月合计
	钜庶县戒烟公所	—	—	42 人	—	仅 11、12 两月
	静海县戒烟局	—	—	298 人	—	仅 7 月至年底
	元氏县戒烟局	—	—	246 人	—	仅 6 月至年底
3521 人		—	180 人	1052 人	1504 人	785 人	—

资料来源：天津市档案馆等编《天津商会档案汇编（1903~1911）》，第 2179 页。

苏州商会绅商对禁绝鸦片的态度也十分鲜明，早在 1905 年商会成立时，即明确议定，凡贩卖鸦片的土栈膏店"均不准其入会"，"烟馆店东均无商人资格"。1907 年 6 月，长洲、元和、吴县三县照会商会请协助劝导各烟馆改卖烟膏、"不准灯吃"，商会绅商当即复函表示"查烟馆设榻开灯藏垢纳污，最为地方之害。急应限期勒闭，以森上令"。同时在函中说明商会与那些烟馆膏店"素未交接"，因此"无从劝导"，请官方雷厉风行，"实力申禁，以除痼毒而绝观望"。[1] 另由绅商吴讷士、倪咏裳、姚清溪等发起组织拒烟总会，配合官方禁烟。[2] 1909 年上海召开万国禁烟会，苏州商会也致电表示祝贺，"协议禁烟，敝会深表同情，无任欢迎"。[3]

此外，福建绅商在商会主持下设立了厦门去毒社，由林则徐之孙林炳章发起，杨子晖任社长，规定学校不准接受新染烟癖及新开烟馆者及其子弟入学；商铺、作坊不得收用新染烟癖又不即行戒除者为伙友、学徒、佣工；有田产者不得租与人种烟。由于去毒社厉行禁烟，

---

[1]　章开沅等主编《苏州商会档案丛编》第 1 辑（1905~1911 年），第 664 页。

[2]　乙$_{2-1}$28/44。

[3]　乙$_{2-1}$20/7。

"瘾君子"们无不畏惧，自行戒绝者不乏其人。① 余如汉口绅商的演说自治戒烟会、江西绅商的戒烟公会、保定绅商的戒烟会、成都绅商的商界戒烟所等，在当地的禁烟、戒烟活动中均发挥了重要作用。如1909 年 5 月成都商务总会绅商组织的商界戒烟所，有鉴于商界中人"染烟癖者亦复不少"，要求在一个月之内，各商号均由管事到商会注册，说明本商号有无吸烟者，"无则取具切实证书，有则限定一月内自行戒绝"。凡超过期限未戒绝又不愿入戒烟所者，"各商号均不得雇用"，若有违规要罚及商号号东。② 到次年 5 月，短短一年中商界共有2000 余人戒绝烟瘾。后因吸食鸦片者日少，"来戒者寥如晨星，遂议停止"。③

江西商务总会绅商也是要求属下各店东伙友有烟癖者，限期一律戒除。如逾期仍未能戒除，即由店东报告总会，将其姓名列入烟册，不得视为商界中人。④

（三）市政与卫生

在晚清，城市市容整顿、市政建设和卫生管理，通常属于官办巡警局、工程局和卫生局的职责范围。但近代城市商铺林立，办理此类市政往往会涉及商人的利益，需要商会等商人组织支持和配合，于是，近代绅商得以介入这类新兴的城市公益事业。在多数情况下，绅商采取与官方合作的态度，但有时也难免发生某些争执和冲突。我们主要以苏州和天津这两个城市为例，说明近代绅商在这类公益事业中的活动情况。

苏州城始建于春秋时期，历史十分悠久，但同时也存在街道狭窄、房屋拥挤的问题。到了近代，苏州商业更趋发达，一些商铺、摊

① 《各省内务汇志》，《东方杂志》第 3 卷第 8 期，光绪三十二年七月二十五日，第 185 页。
② 《商界戒烟》，《四川官报》第 11 期，宣统元年四月上旬，第 59 页。
③ 《成都商报》第 2 册（1910 年），"新闻"，转引自王笛《跨出封闭的世界：长江上游区域社会研究：1644 ~ 1911》，中华书局，1993，第 642 ~ 643 页。
④ 《各省内务汇志》，《东方杂志》第 5 卷第 1 期，光绪三十四年正月二十五日，第 54 页。

贩为招徕顾客，任意将栏杆、铺板、柜台搭出街道，既影响交通，又有碍观瞻。为此，1906 年，巡警局多次照会苏商总会，请商会绅商配合劝导商人拆让，认为："清理街道为警政中要端，必须家喻户晓，切实奉行。尤赖各绅商首先提倡，为乡间表率，庶其余居民铺户易于观感遵循。"与此同时，让商会转发有关清道规则给各商铺，"请广为劝导，务使人人皆知清道规条，既便行人，又资卫生，利己利人，同沾公益"。① 在商会绅商与巡警局官员的密切配合下，清道进行得十分顺利，巡警局在致商会的一封信函中说："前由敝所出示谕禁，并经贵会劝导，将首先拆进各铺开折报所，当即核给名誉凭照，以示奖励。"② 然而，到 1909 年，虽然那些资本殷实的大商户仍深明大义，遵章不侵占街道，但小本营生的小商户却故态复萌，"只便私图，不顾公益"。尤其是经营熟食、猪肉、水果、盐货的小铺户，纷纷占道销售。巡警局穷于应付，只好再次致函商会绅商，请予协助，"贵会为商界总机关，一呼众应，务祈邀集各商多方劝谕，并派人随处察看。凡侵占街道各店，饬令一律照章收进"。③ 经商会绅商与巡警局磋商，议定对已入商会的猪肉、水果等商铺，由商会"刊发传单，竭力劝告"；对那些未入商会的零散摊户，则由巡警局"认真查禁"，"分别惩劝"，取得了较好的治理效果。

在天津，主要由官办工程局负责街道管理和维修，商会绅商则充当商铺和工程局之间的中介，上传下达。1910 年 3 月，针市街新街铺商万存号、聚源成等禀报商会，因街道旁立石沟沿多年失修，以致堵塞不能流水，所有商号内流水沟沿不能向外排水，"每遇阴雨直有屋如渔舟之状"，请商会转饬工程局即刻派人前往修理。工程局接到商会的通知后迅即派员查验，并饬工疏通，解决了商铺的问题。有时则

---

① 章开沅等主编《苏州商会档案丛编》第 1 辑（1905~1911 年），第 686 页。
② 章开沅等主编《苏州商会档案丛编》第 1 辑（1905~1911 年），第 695 页。
③ 章开沅等主编《苏州商会档案丛编》第 1 辑（1905~1911 年），第 695 页。

由绅商自行集资，工程局派工维修街道。如 1910 年 7 月南阁西大伙巷众铺商因道路积水，影响交通，各绅商即自行集资 300 元，请工程局派员进行整治。绅商与工程局之间为市政问题也时有摩擦。如 1911 年 6 月，工程局和津浦铁路北段购地总局拟拆迁北营门内大街一带民房、铺户，敷设路轨，通行电车。此举引起当地绅商强烈不满，认为"查河北关上一带，居民铺户栉比鳞次，焉能任电车肆意横行！且市面萧条危机已现，倘再加以毁坏庐舍，割划房基，将向之乐业安居者，一旦变为荡产失业，自必弱者转于沟壑，强者流为盗贼，前途隐忧，何堪设想"。[①] 遂由绅商二品顶戴刘锡善、五品衔刘贵荣，举人高树南等领衔，联合河北大街及关上 300 余户商民上书直隶总督陈夔龙，强烈要求停止该工程。陈夔龙派员查复后，发觉"与地方情形实多窒碍"，饬令工程局和购地总局"毋庸修筑"，"将所插标旗撤去，以安民心"。此系市政建设不与当地绅商沟通即碍难办理的一个典型事例。

晚清苏州和天津绅商在城市卫生管理方面，也配合官方开展了大量活动。1907 年苏州商务总会绅商专门拟定了"治理城市卫生简章" 10 条，积极参与该城的卫生管理。大致内容包括：（1）及时清理街道，路中设置木桶倒放垃圾，劝诫商人和居民不乱扔瓜皮、污物；（2）在城中设立一局，指派司事若干人，每日押令挑夫逐户收取垃圾运至城外，并将街道洒扫洁净；（3）清洁费所需款项，先由绅董垫款，俟开局之后，分派司事按段逐户开导，每户每日贴钱一文，大店铺每日多至二三文不等，"随人允贴，不准勒募"，贫户之家则不取分文。[②] 由于居住条件的限制，苏州人普遍习惯使用马桶，每天早上倾倒之时，马桶满街，秽气熏天，"于卫生上大有关碍"。粪便管理遂成

---

① 天津市档案馆等编《天津商会档案汇编（1903～1911）》，第 2272～2274 页。
② 乙₂₋₁213/12.。

为苏州城市卫生的一个突出问题。1907 年初，巡警局为治理卫生，对肥壅业（按户收取粪便的行业）收粪时间、人员、工具等作出了许多硬性规定，结果导致巡警与倒粪夫发生冲突，一名倒粪夫因违章逾期倒粪，被巡警殴打 80 警棍。为此，肥壅业告到商会，拟罢工不倒粪以示抗议。① 苏州商会绅商从中调停，致函巡警局，请查办殴打倒粪夫的巡警，"保商安民"。同时与巡警局磋商，传知肥壅业所雇伙友，给悬腰牌，粪担一律加盖，遵时倾倒，并将出城粪船满遮芦席。② 在双方的配合下，比较圆满地解决了苏城倒粪有碍卫生的问题。

天津商会绅商在处理颜料、猪皮熬炼等行业污染空气问题上，也表现出与官办卫生总局积极合作的态度。1906 年，颜料和猪皮熬炼业因设锅熬油，臭气熏人，被卫生总局饬令移至远处熬煮。该两行商人软拖硬磨，采取夜间熬油、安设烟筒排烟等变通办法，试图蒙混过去。卫生局官员认为，"若夜间熬油，与白昼何异？未尝不碍卫生，总非善策"，"安设烟筒，虽高至十数丈，而油气空中旋绕，逾时仍旧下垂。城厢内外，人烟稠密，炭气最多，空气已觉不足。此种炭气断无上升之理，化学家考之最详，又焉能随风涣散？"在屡禁不遵的情况下，卫生局"函县传究"，将起泰号熬卖猪膏商伙任少春枷号十日，游街示众。天津商会绅商闻知此事，一面请求开释，"以保体面而慰商情"，同时致函有关方面，表示愿意劝导该两行商人"如有新章，情愿遵照"。最后与官方达成默契，为禁止效尤起见，将违禁商人任少春杖八十，照章罚金。③

1911 年东三省鼠疫流行，传染津埠，人心惶恐。天津绅商联合筹划，发起创立天津防疫保卫医院。延聘天津医理精通的华医数员，分班住院，以便随时诊治。并由各区选举董事分别管理查验报告等事，

---

① 章开沅等主编《苏州商会档案丛编》第 1 辑（1905~1911 年），第 688 页。
② 章开沅等主编《苏州商会档案丛编》第 1 辑（1905~1911 年），第 691~693 页。
③ 天津市档案馆等编《天津商会档案汇编（1903~1911）》，第 2274~2278 页。

如系疫症，立刻由该区董事报告，赴保卫医院施治。天津商会协理宁世福还主动捐地三十余亩，"情愿助给该医院起盖房间，以资经久"。修建医院的资金及常年经费"统由本埠绅商合力筹划"。在医院房间未起造之先，"由李绅定甫以坐落西营门外灰瓦房一百余间，叶绅星海将浙江医院一所，借助临时医院，以便及早成立而救危急"。① 该医院设立后，无论租界内外之人遇有病症，均可入院施治，"赖以存活者甚伙"，"防卫之法商民称便"。档案记载，"（开办）两月以来，共收极重病人四十二名，医治痊愈出院者二十名，无效者十二名，现尚留院医治者十名"。② 这所防疫医院在疫情过去后，改为普通医院，经费仍由"各绅商勉力认筹"。

以上事实表明，晚清绅商在近代城市公益事业中发挥了十分重要的作用，充当着官府与广大商民之间的中介。近代城市公益事业的扩展，正是在绅商阶层与官方的合力推动下实现的，而资产阶级化的绅商群体在这类公益活动中又进一步增强了自身的集团凝聚力，将其势力和影响延伸到许多在国家与社会之间界限尚不甚明确的公共领域之中。

第二节　绅商与社团

一　传统商人组织

考察社会阶级和阶层的活动，离不开对社会组织的研究。任何阶级、阶层、群体或个人只有组织起来，才能从事最基本的经济、政治和文化等社会活动。在中国传统社会，商人们很早就以群体力量从事商贸活动，商人组织也随之而产生。前近代的传统商人组织包括以血

---

① 天津市档案馆等编《天津商会档案汇编（1903～1911）》，第2164～2165页。
② 天津市档案馆等编《天津商会档案汇编（1903～1911）》，第2167页。

缘关系为基础的亲缘组织——商人家族；以地缘关系为基础的地缘组织——商帮和会馆；以业缘关系为基础的业缘组织——行会和公所。一般来说，地缘组织较亲缘组织进步，业缘组织又较地缘组织进步。但三者之间并不存在严格的时间递进关系，而是交叉并存、相互依赖和渗透的。

在本书前面的有关章节中，已涉及商人家族和商帮、会馆（参见第四章第一节），这里仅对近代商人业缘组织行会和公所的组织情况作一简略的介绍。

如前所述，中国早在唐、宋时期即已出现了商人行会组织"行"或"团"，到明、清时期，这类古老的行会组织在某些地区仍沿袭下来，继续开展活动。以重庆为例，嘉庆十六年（1811）搬运夫行定有本行条规：

> 一议、领首务须年力精壮，忠实才干，本人本名，不得冒名顶充。
>
> 一议、领首每日在码头照管，一遇货物拢岸，随即派拨散夫上船轮，挨资搬运，不得恃强争夺。
>
> ……
>
> 一议、码头每逢官员往来，一切差务仍照前任仲主示定旧规，各归各款。
>
> 一议、每日搬运货物以辰时运起，直至申时方止。如未至申时推诿不运，致令客货堆积码头暴露遗失，领首赔还。①

道光十三年（1833），重庆杂粮行"更领杂粮部贴"，整理旧规，重申行规旧例：

————————

① 巴县档案，四川省档案馆藏，嘉财 I 27 – 31 号。

一议、斗斛仍遵官结，行斗经行户斗纪过量，庶无舛错。

一议、大小两河，远近上下客货抵岸，任客投行，务要秉公按时市议价行用……如违凭客帮议罚。

一议、所获用资以二分一石入行用，不得任意乱规，如违规任行主公禀。

一议、课差为重，三行轮流应办，逐月各衙差科……倘误差不应，任二行主禀官，不得私受情。①

从上可见，明清行会一如其旧，仍有官方任命的"行首""行主"，对官衙承担一定的差务，定有各种规矩约束本行商人的活动。但到近代，各行行规已有紊乱迹象。道光年间，重庆丝行"近因奸贩装运山丝来渝，多不照前规例投行发售，遂各私相交易"。有的商贩"黄夜乘不及觉，送货入铺，规避行用"，而本城各店亦各自装自卖，"蚁等丝行几成虚设"。②

除自唐、宋延续下来的古老行会外，清代各行业大都被组织在"同业公所"这一行会组织中。苏州是我国行业"公所"最多的一个城市，苏州的公所发端于明朝，但当时为数甚少，到清代康、乾年间（尤其是乾隆年间），才真正兴盛起来。据有的研究者统计，清代苏州地区总共有公所157个之多，足以见其发达程度。③ 上海的行业公所也是在清乾隆、嘉庆时期才大量出现。鸦片战争前上海共兴建了26所公所，其中顺治、雍正年间各建1所，康熙年间2所，而乾隆年间所建的公所达10所，嘉庆年间有6所。换言之，乾、嘉年间所建公所数量达总数的62%。④ 同会馆一样，公所既是工商业者的社会组织，又特指某一

---

① 巴县档案，道财 I 7 - 1 号。
② 巴县档案，道财 I 3 - 1 号。
③ 参见唐文权《苏州工商各业公所的兴废》，《历史研究》1986 年第 3 期。
④ 上海博物馆图书资料室编《上海碑刻资料选辑》（以下简称《上海碑刻》），上海人民出版社，1980。

集聚议事的场所。如乾隆十二年（1747）苏州丝织业在花桥塊阁上建吴郡机业公所[1]；道光年间"吴中绸缎同业者，咸量力亦各垫多金，购营公所，名曰七襄"。[2] 徽商木业公所《征信录》称："浙之候潮门外徽国文公祠，即徽商木业公所。"[3] 但与会馆不同的是，公所一般不强调地域籍贯的限制，通常按行业设立，如苏州公所涉及的行业即包括丝绸、木器、纱缎、漆作、纸业、杭线、烟业、面业、猪业、踹布、银楼、刺绣等30多个行业（参见表5-4）。各业商人创设公所的目的，主要是为了限制同业内部之间的竞争和外来侵夺，谋求同行业的共同发展，即所谓"予国商人列肆而居，流分派别，其系其份，然事有同工，趋同利，往往淬毅力以结合，订约言以互遵……始能相维系，不敝不渝，以收敬业乐群之效"。[4] 因此，以业缘相联结，构成公所组织的根本特征。体现在神祇祭祀和崇拜上，公所通常不再祭祀带地域和乡土特色的神祇，而各自尊崇本业的神灵先祖（见表5-3）。

表 5-3　各行业（公所）奉祀的神祇

行业（公所）	奉祀神祇	行业（公所）	奉祀神祇
烛业	关圣大帝	棉布业	团花之神
鞋业	鬼谷子	钱业	赵公明
土木业	鲁班	药业	药王孙思邈
颜料业	葛、梅二仙	油漆业	普安和尚
酿业	杜康	铜、铁、锡、炭业	太上老君
玉器业	邱真人		

作为一种行业性组织，同会馆一样，公所的基本职能之一是周济同业，兴办各项慈善事业。例如同治七年（1868）苏州银楼业创建怀

---

[1]　顾沅辑《苏州元妙观志》卷1，1928年铅印本。
[2]　苏州历史博物馆等编《明清苏州工商业碑刻集》（以下简称《苏州碑刻》），江苏人民出版社，1981，第28页。
[3]　唐力行：《商人与中国近世社会》，浙江人民出版社，1993，第99页。
[4]　《江苏碑刻》，第154页。

安公所，即特别强调"将来整顿行规，兴办善举"。① 梳妆公所也明确规定："如遇有病无力医治伙友，由公所延医诊治给药，设或身后无着，给开衣衾棺木，暂葬义冢。"② 但公所最主要的职能，尚不在办理善举，而在于通过制定必须共同遵守的行规，用强制的办法限制行业内部或外部的竞争，以维护各行业的既得利益。在这一点上，公所的职能基本类似于西方早期的行会——基尔特（guild）。公所的行会性职能大致有以下几方面的内容：其一，强制性规定各类商品价格、工价和规格。价格一经行内议定，同业中人即"毋许私加私扣"。③ 同治七年（1868）上海水木业公所议定工价，水木匠每日一百文，学徒八十文。④ 公所对手工业产品的规格也有严格限定，如苏州染坊业公所"向有成规，一、议原布对开；一、议洋标对开；一、议斜纹三开；一、议粗布三开"。⑤ 其二，限制同业招收学徒和使用帮工的数目。如苏州梳妆公所1893年采取缴纳行规钱的经济手段对此加以限制，"无论开店开作，欲收学徒，遵照旧规入行，由店主出七折大钱三两二钱"。学徒满师欲入行，也须由"伙友司出七折大钱六两四钱"。⑥ 其三，限制增开商店和作坊，特别是限制外地人开店设坊。如苏州小木业公所1898年重订的行规明定：外来伙友开业者须交纳行规钱四两八钱，本地人则减半。如果不交而私自开业者，将会受到加倍惩罚。⑦ 梳妆公所也有类似规定，外来开店者须交的行规钱更多达二十两。除此之外，公所还规定同业店铺统一的工资水平，其中包括店员工资和帮工的工钱。所有这些措施，都是为了保持对市场的垄断，维护行业

---

① 《江苏碑刻》，第157页。
② 《江苏碑刻》，第118页。
③ 《江苏碑刻》，第217页。
④ 《上海碑刻》，第312页。
⑤ 《江苏碑刻》，第63页。
⑥ 《江苏碑刻》，第119页。
⑦ 《江苏碑刻》，第108页。

独占利益，以谋求本行业的发展，即"为同业谋同益"。①

公所与会馆（行业性会馆除外）尽管在构成原则和社会功能上有种种不同之处，但在二者中绅商均占相当大的比例，这又是它们的共同特点之一。尤其在公所组织中，绅商占的比重更大。以苏州的公所为例，同治十年（1871）创建的丝业公所，最早的董事即为苏州丝经牙商候选训导周廷梁、监生李庭。② 酱业公所创设于同治十二年（1873），它是由在苏州经营酱坊的徽、苏、宁、绍四帮商人联合组成。当时的公所董事会均系绅商构成，分别为：五品衔徽州府歙县学增生叶德培，浙江仁和县学附贡生潘遵淇，五品衔候从九品潘遵炳，翰林院待诏元和县学附生潘遵荣。③ 苏州海货商于咸丰七年（1857）创建的永和公堂，其董事分别为知州衔候选布理问赵树森，五品衔即选训导张敬熙，同衔孙继钟，监生鲍遵祥、周世栋、鲍贤荣、李宝善。④ 苏州缏绳商同业于光绪二十四年（1898）创立的采绳公所，其四名发起人都是绅商，分别为：五品衔候选布理问李文魁，五品衔候选从九黄定桂，监生仲安泰、归世荣。⑤ 表5－4反映出苏州绝大多数公所多由绅商和民商共建。

表5－4　苏州公所的成分构成

公所名称	创建年代	所属行业	组成分子			官绅职衔、功名举例
			官商	绅商	民商	
威庆公所	1836	瓜帽业		✓	✓	监生
七襄公所	1843	绸缎业		✓	✓	职监
崇德公所	1845	印书业		✓	✓	职员、监生、生员

---

① 《上海碑刻》，第321页。
② 《苏州碑刻》，第30页。
③ 《苏州碑刻》，第260～261页。
④ 《苏州碑刻》，第252页。
⑤ 《苏州碑刻》，第223页。

续表

公所名称	创建年代	所属行业	组成分子 官商	组成分子 绅商	组成分子 民商	官绅职衔、功名举例
咏勤公所	1846	洋货业、洋布业	✓		✓	观察
浙绍公所	1870	染布业	✓		✓	知县
丝业公所	1870	丝经业		✓	✓	候选训导、监生
巽正公所	1871	木材业		✓	✓	职监
永和公堂	1873	海货业		✓	✓	知川衔候选布理问、监生
酱业公所	1873	酱业		✓	✓	五品衔增生、附贡生、翰林院待诏、附生
两宜公所	1874	纸业		✓	✓	举人、候选同知、世袭云骑尉
裘业公所	1874	皮货业		✓	✓	举人、中书科中书衔、监生、候选从九
云章公所	1876	估衣业		✓	✓	举人、职监、监生
硝皮公所	1877	硝皮业		✓	✓	监生
五丰公所	1878	米粮业	✓	✓	✓	
尚始公所	1893	布业		✓	✓	国史馆誊录、附贡生
性善公所	1894	漆业		✓	✓	监生
安仁公所	1897	寿衣业		✓	✓	职监
采绳公所	1898	鞭绳业		✓	✓	
友乐公所	1902	酒馆业		✓	✓	监生
石业公所	1903	石作业		✓	✓	监生
领业公所	1908	领业、洋货业		✓	✓	职员
安怀公所	1909	银楼业		✓	✓	职员
坤震公所	1909	煤炭业		✓	✓	

资料来源：《江苏省明清以来碑刻资料选集》《明清苏州工商业碑刻集》。

在表5-4统计的25个公所中，23个公所的成员包括绅商，占总数的88％。相信如果进一步发掘资料，会发现几乎所有公所的董事中均以绅商为主，这是因为只有具备绅士的资格，方能平起平坐地与官方打交道，推动公所的各项业务。换言之，有绅商和官商在其中主持，基本上是建立一个行业公所的必备条件。从统计的23个包括绅商的公所看，只有5个公所的绅商系由科举正途出身，其余大部分绅商都是依靠捐纳得到监生之类的绅士头衔，这印证了清代绅商主要来自非正途的捐纳的推论，同时也说明清代绅商"商"的规定性远大于"绅"。绅是招牌，商是实质。

以上事实也说明在前近代（主要指明清时期）绅商主要寄迹于会馆、公所这类传统工商组织中而发挥自己的社会作用。这类组织的地域性、狭隘性和分散性特点使绅商的社会功能很难实现质变性的整合。绅商社会功能具有质变意义的变迁，是随着进入近代后一批新式商人社团的兴起而发生的。

二 新式商人社团的兴起

社团是社会群体的一种较高层次的组织形式，系有着共同活动目标和内部规定性的社会共同体。社团往往构成个人与阶层、阶级之间的纽带。传统商人组织中的商业性会馆和公所虽然大体可归入社团的范畴，但属于发育程度较低的旧式社团。它们一般规模较小，内部机构设置、权力区分诸方面都不甚明确。管理上缺乏民主色彩，基本实行宗法家长式统治，带有明显的血缘和地域特征，封闭性、排他性较强。一般来讲，它们的古老规约章程和行会意识历两三百年人世沧桑而未变。

直到20世纪初，随着资本主义经济因素的增长，同时也由于清政府次第推行"新政""预备立宪""地方自治"运动，中国始有具备近代色彩的新式商人社团出现。与会馆、公所等旧式商人社团不同，这类社团通常由已资产阶级化的绅商所创，和新的资本主义生产关系发生密切联系，具有一定的近代民主色彩，反映了早期民族资产阶级要求发展资本主义，参与地方行政管理的强烈愿望。如果说在漫长的中世纪"社团"与"法人"的概念尚未尽一致，那么，在这类新式商人社团中，"社团"与"法人"已达到了初步的统一。其创建者和主持者——资产阶级化绅商阶层则多少摆脱了个人或行帮的落后形象，以"社团法人"的新姿态跃登于社会的大舞台。下面，分别对这些新式商人团体作一粗线条的概述。

商会

商会是 20 世纪初绅商阶层社会活动最重要的阵地，也是近代绅商的中心社团。1904 年以后各地商务总会和分会的普遍设立，正是绅商阶层日益在社会生活中占有重要地位的表征。

有关晚清商会的创建和绅商与商会的关系问题，在本书第二章中已作了较为详尽的介绍（参见第二章第三节），这里仅通过将商会与会馆、公所相比较，进而说明商会组织的结构、功能及其近代特征。

首先，商会与会馆、公所等旧式商人组织的构成原则判然有别。为数众多的公所和会馆一般系由同行业者或同地域者联合而成，有行业、帮派、地域之分，相互之间界限分明，壁垒森严。商会则是一种跨行业的统一联合组织，它不限籍贯和行业，从横向上把全城各个行业联络和组织成为一个整体。商会要求一般会员只要具备下列条件即可入会：（一）行止规矩；（二）事理明白；（三）在本地经商；（四）年龄在二十四岁以外。[①] 上海苏州商会试办章程还规定，各行帮每年公捐会费三百元以上得举会员一人，依此递加，至多以举三人为限。因此，商会会员多为各业帮董，在有的地区系清一色的绅商（如苏州、上海）。商会真正的一般成员是会友，亦即各行各业的普通工商业者。会友无名额限制，凡岁捐会费十二元者，经商会认可即可充任。苏州商务总会下属的某些分会，甚至不具体规定商人必须承担多少会费，仅根据其财力情况自行酌量输助，"凡商家赞成入会者，即为本会会友"。[②] 1905 年，天津商会入会行帮为三十二行，商号 581 家。[③] 另据 1908 年苏州商会刊印的《商会题名录》，入会的达四十三个行帮，1106 个店铺作坊，几乎是工商各业悉数列名其间。可见，作为一种新式商人社团，商会在

---

① 乙₂₋₁3。

① $乙_{2-1}3$。

② $乙_{2-1}3$。

③ 天津市档案馆等编《天津商会档案汇编（1903～1911）》，第 62 页。

组织基础上较传统会馆、公所广泛得多，所以时人称："商之情散，惟会足以联之；商之见私，惟会足以公之。"① 尽管当时也有"公所为一业的团体"，商会为"各业之团体"的说法，但从一业到各业的历史跨度中，实际上已包含着某种质性的变化。

其次，与会馆、公所简单、松散的组织形式相比，商会已属一种规章制度比较完整，机构比较健全的工商社会团体。商会的章程通常多达十余章、近百条，对各个方面都有十分详细的说明和规定。总理是商会最高领导人，协理次之。总、协理以下为议董，一般有二十八名左右。其内部分工非常细密，庶务、会计、理案、书记、查账、纠仪、理事等各司其职。如前所述，就目前所看到的商会档案资料而言，总、协理和议董全部系由绅商出任。部颁商会章程中并没有明文规定议董须由绅商担任，只是规定其资格应为"行号巨东或经理人，每年贸易往来为一方巨擘者"。② 但事实上行号巨东和经理人在晚清一般都是"通官商之邮"的绅商。因此，有人认为晚清商会实行的是"绅商领导体制"③，这一见解是完全正确的。从总、协理，议董到会员乃至会友，在商会中形成了一个完整的层级结构，其各自的权限和义务均十分明确。同时，商会还制定了严格的选举制度、财经制度和会议制度。会中所有领导成员，都是采取无记名投票的民主方式产生，每年选举一次。其中总、协理由议董选举产生，议董经会员推选，会员则由会友公举。各层级的领导人物，均为得票多者担任，选举票在有全体会员参加的年会上当众拆封，同时宣布选举结果。这显然是近代社团组织的一整套民主选举程序。此外，商会还有类似于弹劾制的规定，使一般成员有权监督上层领导人物。依据商部奏定《商

---

① 乙$_{2-1}$67/11。

② 《奏定商会简明章程二十六条》，《东方杂志》第1卷第1期，光绪三十年正月二十五日，第205页。

③ 徐鼎新、钱小明：《上海总商会史（1902～1929）》，第243页。

会简明章程》，议董如有徇私和偏袒情事，致商人有所屈抑，会员、会友均可联名禀告商部，援例惩罚。如总、协理或其他议董也徇私祖庇，则各商可直接向商部禀控，要求将其撤职。天津商会早在商务公所时期，其章程中业已规定，"本公所办事人员，均须恪守规矩，不得稍染衙署局所习气"。① 及至商会正式成立后，公布了"天津商会总会所属各处公订办公专条"，以便员司各明职守并考核劳绩。1906年3月，天津商会又发布了有关总、协理及各董事不得以商会名义牵入亲友争执事件的"牌示"。② 同时，商会还制定了严格的财经制度。凡收取款项，随时发给收条，由总、协理及会计议董分别签字。支出款项若在百两以内，由总、协理和议董会议后签字支发，超出此数则须经全体会员讨论同意。每月收支结清后，会计议董交总、协理和其他议董稽核签字。年终时还由全体会员公举二人查账，最后交总、协理当众公布，并刊册报部及分送会友，以昭信用。

商会会议制度规定，商会所开会议有年会、常会和特会三种。年会每年正月举行，全体会员参加，主要是总结一年的工作，推举新领导成员。常会每星期召开一次，由全体议董集议应予施行的各项事务。特别会议不定期举行，商议特殊紧要事项。商会的民主气息，在其定期举行的会议上也有具体体现。一般情况下，总、协理虽为最高层级的领导人，但遇有重大事项都不能擅自决断，必须由议董甚至全体会员集议。每次集议时，须有应到会者半数以上参加，否则不能形成议案。会上"开诚布公，集思广益，各商如有条陈，尽可各抒议论，俾择善以从，不得稍持成见"。③ 经过充分的讨论之后，遂举手表决形成决议。一般会友虽不参加商会常会，但可随时"指陈利弊，条

---

① 天津市档案馆等编《天津商会档案汇编（1903～1911）》，第3～4页。
② 天津市档案馆等编《天津商会档案汇编（1903～1911）》，第57页。
③ 《奏定商会简明章程二十六条》，《东方杂志》第1卷第1期，光绪三十年正月二十五日，第206页。

陈意见"。[1] 遇有重大事情，十人以上联名也可要求召开特别会议讨论。以上种种，表明商会在各方面都已初步具备了近代社团的组织特征，而这些正是传统行会所缺乏的。

在社会职能上，商会与会馆和公所也有极大的区别，其"扩商权""开商智""联商情"的宗旨，与会馆的"联乡情"和公所的"固行谊"等口号相比，显然有着本质的不同。商会已不再局限于维护一行一帮的利益，而以"联络群情"，从整体上振兴中国工商业为己任。苏州绅商条陈创办商会缘由时指出："商会之设，为各业商人互相联络，互相维持，以期振兴商务，自保利权起见。"[2] 苏商总会成立后，又一再强调"合群情以商战，俾争列国之长，开民智以会通，冀辟三吴之利"。[3] 同时还呼吁"当兹万国交通竞争，商界所赖，四方同志，联络众城，公益维持，和衷共济"。[4] 天津商会也在自己的章程中申明其宗旨是"保商"和"振商"，特别提出"凡商人能开办矿务、建造机厂、制作货物、流通中外各国，藉得以收回利权者，由本会详请商部奏准朝廷给予匾额，以示鼓励"[5]，还提出设立商务学堂、办商报和宣讲所，以开通风气，造就人才，发达商务。上海商务总会在其章程中则更为明确地将商会的社会职能归结为三点：（1）"联络同业，启发智识，以开通商智"；（2）"调查商业，研究商学，备商部咨询，会众讨论"；（3）"维持公益，改正行规，调息纷难，代诉冤抑，以和协商情"。[6] 这些都是工商界切盼实行的振兴商务的根本性措施。显然，近代商会以其崭新的姿态，在经济上具备了以振兴工商

---

① 乙$_{2-1}$3/26。

② 乙$_{2-1}$259/2。

③ 乙$_{2-1}$259/19。

④ 乙$_{2-1}$259/26。

⑤ 天津市档案馆等编《天津商会档案汇编（1903～1911）》，第41页。

⑥ 《上海商会试办章程》，引自天津档案馆等编《天津商会档案汇编（1903～1911）》，第5页。

业为主旨的各项社会职能，诸如联络工商、调查商情、兴办商学、调息纷争、改良品物、发达营业，等等。正因为如此，工商户纷纷交口赞誉："盖自设立商会以来，商情联络，有事公商，悉持信义，向来挽伪攘利，争轧倾挤之风，为之一变。"① 值得注意的是，商会的职能虽以经济为主，但又不仅仅局限于经济方面，而常常超出其经济职能的范围，伸展到政治、教育、地方自治、理案、社会公益等十分广阔的社会领域。在某种意义上，近代绅商的社会功能主要就是通过商会的复杂社会职能得以体现的。一如章开沅先生所说：

> 只是在商会成立以后，资产阶级（包括资产阶级化绅商在内），方才有了真正属于自己的社团，有了为本阶级利益说话办事的地方。从此不再是以个人或落后的行帮形象，而是以新式社团法人的姿态与官府或其他社会势力相周旋。②

商会自身所具备的新式社团性质和崭新的社会功能，使它能较好地适应商战时代的要求，在清末民初那种动荡不宁的岁月中始终保持蓬勃发展的势头。表5-5反映了1904～1913年全国创设商会的情况。

表5-5　全国商会历年统计（1904～1913年）*

单位：个

年份	商务总会数	商务分会数	合计
1904	7	23	30
1905	7	36	43
1906	11	91	102
1907	10	58	68
1908	8	84	92

① 乙$_{2-1}$68/43。

② 章开沅：《辛亥革命与近代社会》，天津人民出版社，1985，第181页。

续表

年份	商务总会数	商务分会数	合计
1909	1	151	152
1910	2	177	179
1911	3	109	112
1912	3	162	165
1913	0	133	133
总计	52	1024	1076

＊此表对拙著《过渡形态：中国早期资产阶级构成之谜》中表 20 所列统计作了若干修订。

资料来源：《中国年鉴》（第一回），《中华民国二年第二次农商统计表》。

体育会与商团

商团系近代绅商的武化社团，其前身则通常为仿效西方而设立的体育会。

体育会最早创设于上海。1905 年，上海商界人士在风靡一时的"军国民主义"思潮的影响下，"发起组织体育会，锻炼体魄，研习武课，冀成干城之选"。[1] 是年相继设立者有沪学会体育部、商业体操会、商余学会、商业补习会、沪西士商体操会，时称"五体育会"，亦即中国最早的新式商人体育社团。其成员以店东、职员为主，还包括部分新式知识分子。体育会除经常进行徒手操、柔软体操、田径运动等体育锻炼外，还加入兵式体操内容，并"敦请社会名流演说各种致富图强之要旨"，鼓吹"非振作尚武精神，无以资自卫而谋富强"。[2]

1907 年，革命党人在两广、安徽连续发动起义，长江中下游局势动荡不宁。与此同时，上海地方官府奉命"禁绝烟馆"，但又"深恐烟民暴动"，于是，通过原广东惠州县令、城厢内外总工程局领袖总董李平书、工程局办事总董曾铸等著名绅商，商请"五体育会"出防

---

① 《上海商团小史》，中国史学会主编《辛亥革命》第 7 册，上海人民出版社，1957，第 86 页。

② 《上海商团小史》，中国史学会主编《辛亥革命》第 7 册，第 86 页。

维持地方治安，"五团体乃组织临时商团，设司令部，分段出防，历三昼夜，得庆无事"。① 不久，为便于统一指挥，"五体育会"正式组成南市商团公会，由李平书任第一届会长。由于商团不辞劳瘁，为地方服务，因以益获官厅信任，遂由上海道批准拨发枪支、弹药，商团公会终于发展成为上海绅商所掌握的一个准武装社团，"上海商团之基础于焉奠定"。② 此后，上海工商各行业纷纷效法，组织商团，"而地方商团由此联袂而起，至辛亥春已达一千余人，皆各业领袖遴选同业有志之士训练成团，并无游手之徒混迹其间"。③ 1911 年，上海各行业商团联合组成"全国商团联合会"，举绅商李平书为会长，沈缦云、叶惠钧为副会长，④ 从分散的各业体育会、商团发展成为上海商人的联合准武装组织。

苏州商团的前身为"苏商体育会"，该会创建于 1906 年秋季，由苏州绅商倪开鼎、杭祖良、邹宗淇、邹宗涵等发起。苏州绅商发起创办体育会，显然受到毗邻的上海华、洋商人的影响，所谓：

> 泰西各国商人，皆有军人资格，如上海租界西商设有商团，无事则按期操演，有事则守望相助。是以租界之中偶有变端，其所损失多华商财产，西人晏然如故。彼优我绌，相形益见。近者上海北市有华商体操会，南市有商业体操会，皆急起直追，力图补救。⑤

同上海的体育会、商团相似，苏商体育会也以"武力捍商"的原

---

① 据《上海县续志》卷 13 "兵防"，"五体育会"包括沪学会、商余学会、商学补习会、南京商业体操会、沪西体操会。
② 《上海商团小史》，中国史学会主编《辛亥革命》第 7 册，第 86 页。
③ 李平书：《且顽老人七十岁自叙》，第 464 页。
④ 《苏州商团档案汇编》（未刊稿），第 1～2 页。
⑤ 《苏州商团档案汇编》（未刊稿），第 1～2 页。

则组建，因此其宗旨、成员、机构、功能诸方面均与商会有所区别。体育会宗旨并不泛言"开商智""合商力"等，而是具体规定为"讲求体育，力矫柔弱，以振起国民尚武之精神，而结成商界完全之团体"。① 这里的"体育"，特指军事体育，实则武力的同义语。所以其发起禀文解释道："现经职等公同集议，拟于省垣适中之地，设苏商体育会，以健身卫生为始事，以保护公益、秩序、治安为宗旨。办有成效，为将来商团之先声。"② 因此，如果说商会是旨在全面促进工商业发展的社团组织，那么体育会则仅是旨在武力保护工商业的组织。

体育会虽主要由兼有功名、职衔和商业的绅商所创办，但其对会员资格的要求较商会宽松。据所见有关会员名册，体育会操员以商人、店员和学徒为主，也包括部分其他职业者，但无论操何职业，均需一名商人作保。以1911年的操员为例，总计145名操员中，其职业为商人店员者45人，学生7人，余为未注明身份者。③ 总之，体育会的社会成分比商会更杂、更广泛，"入会者不限于商，而要无乖乎商人之名义"。④

苏州体育会成立之初，主要组织会员学习柔软体操，1907年延聘魏廷晖为教练长后，改习兵式体操，更请领"马梯呢枪"42枝、子弹1000发，进行射击打靶训练，正式担负起了保护商业和城市治安的职责，并协助禁闭苏城鸦片烟馆。⑤ 辛亥革命爆发后，苏州绅商于1912年初将苏商体育会统编为商团公会，仍辖四个支部，绅商潘祖谦、邹宗淇、沈辉分任正、副会长。⑥ 苏商体育会于此时终于完成了

① 《苏州商团档案汇编》（未刊稿），第11页。
② 《苏州商团档案汇编》（未刊稿），第76页。
③ 《苏州商团档案汇编》（未刊稿），第64~73页。
④ 刘栋华：《苏商体育会过去之历史》（稿本），"序"。刘栋华，字佩芷，吴县人，体育会首批会员，第一班操员。
⑤ 《苏州商团档案汇编》（未刊稿），第368页。
⑥ 《苏州商团档案汇编》（未刊稿），第77页。

向商团的蜕变。

辛亥革命前后，全国其他地区的绅商也纷纷起而组织商团。如安徽芜湖商会于 1911 年 10 月呈报皖抚，"拟仿照上海等埠举办商团，为绸缪于未雨"，决定开办经费由各业董摊认，团员"由各帮派送，外帮入团者，须觅切实店保，年龄在四十岁以内"。① 四川、重庆绅商在重庆独立前夕，"谋办商团自卫，士绅亦致力团练，以保治安"。② 在有的地区，不称体育会或商团，而称之为保安会、保安社等。汉口商团的前身即各地段保安会，由各地段的店东、厂主创建。1911 年 4 月各段保安会联合组成各团联合会，推举绅商王琴甫为会长。③ 汉口光复后，又在保安会基础上，由商会负责人绅商蔡辅卿、李紫云主持"召集商界人员，组织商团，担任巡缉匪徒，保卫全市治安"。④ 同年 10 月，在武昌由商会会长绅商吕逵先发起组织武昌地方保安社，"经众人举柯逢时为总绅，设事务所二，一设山前武昌商会，一设山后武昌医院，共设十一社"。⑤

天津于 1910 年底建立了"天津体育社"，"招收本埠土著并寄居之士农工商及其子弟，练习体操，强健身体，振作尚武精神为宗旨"。⑥ 但开办之初官办色彩甚浓，"请巡警道宪为监督，以示服从"，并规定"京都各衙门文武实官，及本省外省文武官员，来社参观者，作为内宾，本社派员接待，以资接洽"。⑦ 为此，天津绅商于 1911 年武昌起义前另组"水团"。水团以传统"水会"为基础组建，共 79 团，其中 19 个团在租界之中，由水局局董、绅商马云青（蓝翎五品

---

① 《芜湖筹设商团记》，《神州日报》1911 年 10 月 6 日，第 4 版。
② 中国史学会主编《辛亥革命》第 6 册，第 6~7 页。
③ 《汉口商团保安会纪略》，武汉市工商局档案资料。
④ 《詹大悲事略》（未刊稿），转引自皮明庥《武昌首义中的武汉商会、商团》，中华书局编辑部编《纪念辛亥革命七十周年学术讨论会论文集》上册，中华书局，1983，第 335 页。
⑤ 中国史学会主编《辛亥革命》第 5 册，第 174 页。
⑥ 天津市档案馆等编《天津商会档案汇编（1903~1911）》，第 2395~2396 页。
⑦ 天津市档案馆等编《天津商会档案汇编（1903~1911）》，第 2395~2396 页。

衔）等统领，发给粮饷、军器，"昼则梭巡，夜则支更，俾期保卫市面"。① 同年，天津绅商还组建了类似于商团的组织"绅商保卫局"，保卫局设办事处于东门外，由官府颁给关防，"以防范土匪，保卫城厢治安，补助巡警为宗旨"。经费由"绅商公同捐集，如有不足，请官府补助"。② 与天津邻近的唐山、独流等地的绅商亦遵照天津商务总会代拟的章程，创设了当地的绅商保卫局。1912 年，天津绅商在体育会、水团、绅商保卫局组织基础上，进一步创设了联合性的准武装组织天津商团。其成员"由本街各商号选身体强健、品行端谨者为合格，每号派定一人或二人"，任务规定为"辅助军警维持市面，弹压匪乱"，并特别强调："商团除保护商场外，不参加其他军事行动，不受军事征调，其枪械并不准行政机关借用。"③

除商会、体育会和商团外，其他主要由工商业者组成或与工商业关系较密切的新式社团，可谓林林总总，不可胜数。在上海其名目可稽考者，有商学公会、商学会、商学补习会、浙江旅沪学会、救火联合会、教育会等。④ 至于全国各地，除普遍设立的教育会（绅商多厕身其间）、农会（绅商亦多厕身其间）、商船公会、商学公会、救火会（社）、拒烟会、地方自治研究会而外，尚有各种具有地方特色的社团组织，如浙江商船协会、东三省保卫公所、奉天保卫公所、粤商自治会、苏州广货公所同业研究会、女界保路会（苏州）、四川保路同志会、四川工业协会、湖南工业总会、天津工务分会、天津工商研究会、天津工商演说会、重庆丝业保商会所、盐商会议（重庆）等。⑤ 当时资产阶级将这些社团统称为"别会"，以区别于商会。由

---

① 天津市档案馆等编《天津商会档案汇编（1903～1911）》，第 2430～2432 页。
② 天津市档案馆等编《天津商会档案汇编（1903～1911）》，第 2445～2447 页。
③ 天津市档案馆等编《天津商会档案汇编（1903～1911）》，第 2445～2447 页。
④ 《上海指南》（袖珍本），商务印书馆，1911，第 12～13 页。
⑤ 某些商人社团的设立和活动情况，可参见朱英《辛亥革命时期新式商人社团研究》，中国人民大学出版社，1991。

绅商李厚祐、周晋镳起草的《华商联合会简章》谓：

> 商会系指华商之商务总会、商务分会或商务分所，别会系指
> 华商所组织之会之有关商务者，例如上海商学公会之类，以经地
> 方官许可者为限。①

三　新式商人社团的整合

无论是商会还是"别会"，晚清新式商人社团并非一堆堆互不相
干的马铃薯，而是相互之间存在着不同形式和不同程度的组织联系。
任何单一的社团，只有将其置于社团群落的整体联系之中，方能对其
性质和功能予以清晰和准确的说明。我们将新式商人社团之间这种潜
滋暗长的内在联系和建构趋向，命名为社会组织的整合。

晚清新式商人社团的整合首先表现为同一类型社团（如商会、商
团、教育会等）自身的组织整合。以最大的商人社团商会为例，各商
会之间的联络和合作即存在一个从按区域到跨区域的整合过程。

同一区域（一般以省和府为单位）的商会组织整合，主要体现在
商务总会、分会、分所之间实际隶属关系的形成。

同一般以为商务分会和分所理应是商务总会的下属组织相反，根
据官方有关规定，商务总会与分会、分所之间并不存在严格的行政隶
属关系，所谓："总会、分会以地方商务繁简为衡，不以体制论也。"
"总、分会之实质，在联络，不在统辖，非地方隶属政体可比。"② 这
里的"联络"有两层含义：其一，由商务总会牵头联络邻近地区互不
统属的分会、分所；其二，联络办法不过是"分会按季将商务情形及

---

① 上海商务总会：《华商联合会简章拟稿》，《华商联合报》第 1 期，宣统元年七月再
版，第 114 页。

② 乙$_{2-1}$259/48。

年底将办公经费由总会汇呈本部查核"①，以商务总会为清朝商部的"传声筒"。显然，此种以商务总会为盟主的地区性商会联盟，是一种缺乏明确规定性的、弹性很大的松散联盟。以江苏为例，各分会所应隶属之总会，系就行政区域参合地理形势的利便，略为分配。

> 其苏、松、常、镇四府，太仓一直隶州等处分会，酌隶苏州或上海商务总会；江、淮、扬、徐四府，海州一直隶州等处分会，权隶江宁商务总会；通州、崇明、海门等处花布分会，仍隶通崇海花业商务总会。以后如有因地制宜之处，不妨随时酌定，以期变通尽利。②

然而在实际运行中，商务总会、分会和分所的关系又常常逾越官方圈定的界限，而整合为事实上的统辖和上下级关系。直隶顺德商务分会成立时即视天津商务总会为当然的上级组织，"查欧洲各国商会，自组织托斯辣（即托拉斯）以来，无不通国联为一会。我国商情之窳，首败于无团体。纵不能通国一会，亦当通省一会。是敝郡商会必当属隶于天津总会，自是一定之理"。③ 江苏梅里分会在致苏商总会的一封信函中，也曾明白无误地自称为苏商总会的"支会"，认为其钤记（图章）"自当向贵总会请领"。④ 平望分会则规定其会费"各商号暂收岁捐洋九元，内六元缴总会，三元为本会经费"。⑤ 试图将分会经费纳入总会体系。另外，据所见商会档案，分会、分所给总会的文件往往冠以"牒呈"二字，或径直用"呈文"字样，以示尊敬和上行。

---

① 乙$_{2-1}$259/47。

② 乙$_{2-1}$259/47。

③ 天津市档案馆等编《天津商会档案汇编（1903~1911）》，第 192 页。

④ 乙$_{2-1}$6/49。

⑤ 乙$_{2-1}$4/37。

各分会、分所每遇内部纠纷和难以决断处理的事项，也往往求助商务总会。以至官方不得不稍许让步，认可分会"或有特别事情，亦可随时与总会议决"。① 尤其在各种重大经济和政治活动中，诸如捐税抗争、立宪运动等，各地分会、分所更多向商务总会征询方策，决定行止，在总会指导下开展活动。于是，各地商务总、分会和分所沿着官方规定和实际调整的合力方向，形成一种形式上自成系统、实质上层层统属的链式结构的有机整体。同互不相属的分散组织相比较，这一有机整体具有更强的团聚力，将商会绅商势力的触角从省会和通商口岸伸延到县、镇市（集市）基层社会。

商会跨区域的组织整合，则体现在组建一省或全国范围的商会联合体。1911 年 3 月，四川各城镇商会推荐绅商代表在省城成都集会，创设了"四川商会联合会"，旨在"组合大群为商事上谋扩公益之计画"。② 同年 6 月，为了统一领导江苏全省的裁厘认捐活动，江苏地区 25 个商务总、分会绅商齐集上海，设立"苏属商会联合会"，以"公议关系苏属之商务事宜，研究商业之进步为宗旨"。③

然而，"四川商会联合会"和"苏属商会联合会"毕竟只是一省范围的商会联合体，仍然不能适应资产阶级化绅商阶层全国规模的经济和政治活动的需要。绅商们认为："商与商合，而成商会，其在今日，明效大验，诸公既知之稔矣。若会与会联合，而成大会，效力之大，必有十百于今日商会者。"④ 1907 年，趁全国 80 多个商会赴上海出席商法讨论会之机，上海商务总会即发起成立"华商联合会"，拟有简章，出刊会报，并设有专门筹备机关"华商联合会办

---

① 乙$_{2-1}$10/9。
② 《四川商会联合会开会训词》，《成都商报》1911 年 3 月 31 日，第 3 版。
③ 《苏属商会联合会草章》，苏州市档案馆藏。
④ 《上海商会函送各埠商会组织华商联合会简章》（1908 年 7 月 1 日），天津市档案馆藏，档案号：401206800 - J0128 - 2 - 000029。

事处"。① 但终因"签名赞同者为数甚少"而作罢。民国肇始,全国商会实行联合事宜再度被提上议事日程。1912 年 6 月,汉口和上海两个商务总会首先提议成立"中华全国商会联合会",得到各地商会的热烈响应。同年 11 月,"中华全国商会联合会"正式在北京成立,推举上海商务总会总理周金箴为会长,设本部于北京,以上海总商会为总事务所,各省和各侨埠设立分事务所,"以联合国内外华商所设之商务总分会所,协谋全国商务之发达,辅助中央商政之进行"。② 随着华商联合会的建成,商会自身的组织整合遂告一段落。

其次,晚清新式商人社团的组织整合又表现为商会与"别会"之间的整合。大体而论,这种整合方式可分为两种类型。

第一,商会通过代为呈报、经费资助、人事渗透和业务联系将"别会"吸纳为自己的外围和基层组织。此以苏州商会与苏商体育会的关系最为典型。首先,苏商体育会的实际发起创办者正是苏州商务总会的绅商。"苏商体育会发起者姓名、台衔"中所列 19 名发起人,近半数系曾任商会议董的绅商。③ 而据"体育会辅助开办义务员姓名表",16 名义务员中,竟有 13 人为商会中的主要绅商人物。其中包括商会总理尤先甲、协理吴理杲,名誉会员王同愈、蒋炳章,议董彭福孙、张履谦等。④ 连苏商体育会创设禀文也是由商会代为呈递给官方的,官方批文亦直接下达给商务总会。所以,刘栋华在《苏商体育会成立缘起》中直言:"苏商体育会自光绪三十二年丙午秋,由商务总会发起集款创办。"⑤ 苏商体育会成立后,又由商会议董和会员直接出任领导。第一届职员中,会长洪毓麟和副会长倪开鼎均为商会议董;

---

① 《华商联合会(开办处)致天津商务总会函》,《天津商会档案全宗》(128),二类,第 29 卷。
② 《拟办中国商会联合会草章》,天津市档案馆藏。
③ 《苏州商团档案汇编》(未刊稿),第 42~43 页。
④ 《苏州商团档案汇编》(未刊稿),第 44~45 页。
⑤ 《苏州商团档案汇编》(未刊稿),第 1 页。

四名议事员为尤先甲（商会总理）、杭祖良（商会议董）、彭福孙、蒋炳章（均系商会名誉会员）①。此外，苏商体育会的活动经费主要由商会提供。在创办阶段，商会为之筹集经费 2900 余元，以后又按月接济。体育会购置操衣、枪弹和其他装备的经费也均由商会拨给。所以苏商体育会名为独立社团，实则从属于商会领导。以致 1912 年初体育会改编为商团公会时，商团习令魏廷晖甚至提议："请将各部及公会统合编队，以公会为总队，支部为支队，直隶商会，以期统一。"②

上海商团虽不直接受商会领导，而是归地方自治机构城厢内外总工程局管辖，但与商会关系密切，实则由商会在背后操纵。其前身"五体育会"的创办者和负责人几乎全部是商会中的重要骨干。③ 天津商团则与苏州商团相同，直接隶属于商会。根据天津"商团条例草案"，"商会得依地方情形组织商团"；商团"团长、团副由商会执行委员会投票选举"；"商团之经费由商会执行委员会互举三人按月轮流管理之"；"商团团长对于商会行文用呈"，"对外行文概由商会行之"。这一整套规定，实际上已将天津商团纳为商会的下属组织，与体育社时代由巡警道统辖的情形大有不同。

其他具有被商会接纳为下属基层组织倾向的新式商人社团，还包括某些同业研究会、工务分会、保商公所、戒烟会（社）、救火会（社）、市民公社、水团（天津）、绅商保卫局（天津等地）、保安会（社）等。

商会与其他新式社团关系整合的第二种类型，系通过人事渗透和业务往来建立起协作型的关系，达到功能互补的目的。这类社团不仅自成系统，而且名义上同商会是平行团体，不存在隶属关系，同时，一般不直接介入工商活动，通常不被人们视为商人社团。它们包括学

---

① 《苏州商团档案汇编》（未刊稿），第 50 页。
② 《苏州商团档案汇编》（未刊稿），第 4095 页。
③ 参见《上海县续志》卷 13 "兵防"。

务公所、教育会、农会、自治研究会（社）、地方公益会、公安会、讲报社、书画研究会、医学会，等等。商会与这类社团的密切联系和合作具体表现在以下两个方面：

第一，人员互渗与信息交流。如新式办学组织中的主要成分是一批被称作"学绅"的人，即从事新式教育的士大夫，但其上层人选中却不乏商界中的绅商。设立于1906年的江苏教育总会，由张謇出任会长，王同愈任副会长。我们知道前者是东南商界公认的绅商领袖人物，曾出任通、崇、海、泰商务总会总理；后者则是苏州商务总会发起人，曾出任苏经、苏纶丝纱厂总经理。浙江旅沪学会副会长周晋镳系曾多次连任上海商务总会总理的著名绅商。而上海地方公益研究会的会员，"亦多为商界中人"。苏州学务公所30名议董中，不同程度涉足于商务或商事活动的绅商有9人，占30%；学绅有19人，占63%；有留学经历者2人，占7%。另外，长元吴学务总汇处和教育会的负责人蒋炳章、吴本善均为商会名誉会员。1911年12月设立的天津公安总会，"以保全阖郡公安为宗旨"，系统筹当地治安的社团。该总会表面同天津商会各成系统，由直督陈夔龙拨专款10万元作为活动经费。但细考公安总会的职员构成，几乎就是天津商务总会上层领导的构成（参见表5-6）。

表5-6 天津商务总会与公安总会的职员互渗情况

姓名	职衔	行业	在商会中任职	在公安总会中任职
王贤宾	花翎三品顶戴河南补用道	盐业	总理	会长
宁世福	花翎三品衔候选知府	新泰兴洋行	协理、总理	副会长
吴连元	花翎二品顶戴候选道	正金银行	协理	副会长
李向辰	生员	米业	会董	议董
刘承荫	候选同知	粮行	坐办	议董
杜晓琴			会董、帮办	议董
刘锡保	同知衔	银号	会董	股长

资料来源：天津市档案馆等编《天津商会档案汇编（1903~1911）》中有关公安总会职员的情况。

商会与平行社团的信息交流，完全是平等的对流，而非指令下达或反馈。所以，在这两大社团系统之间的往来文中，绝不使用"禀报""札饬"等行文，而通常用"照会""移文"等表示平等关系的行文程式。

第二，业务往来和协作。商务与学务表面看来属于两个不同领域，但实质上却是相互交叉、彼此依赖的。"时至今日，所谓商战世界实即学战世界。……学堂也，讲习所也，陈列所也，皆为商界下新种子也。"在兴学育才的实践活动中，商会在师资选用、教材确定、课时编排等具体业务上，往往不得不求诸学务公所、教育会等办学团体，从而与之发生密切交往关系。在各办学团体一方，为了筹集办学资金，也有赖于商会的掖助和协作。如苏州办学经费主要来自田、房租和钱庄、典当息款，办学与商务已存在某种业务联系。近代因办学经费来源枯竭而新开辟的几项财源，诸如路息（苏省铁路公司支付）、纱捐（苏经、苏纶厂支付）、乐捐（商人捐款）等都是经由商会拨付，商会与各办学社团的财务联系变得更加广泛和密切。

商会与农会（实系城市地主社团）之间也存在着协作关系。例如，1911 年苏州农务总会曾委托苏商总会通过爪哇泗水商会在南洋代购良种，供农业试验场使用。[1] 另外，在承领荒地进行开垦等问题上，也是由商会总理尤先甲、议董潘祖谦，张履谦等率先出面同官府打交道。[2] 商会方面，则通过与农会的合作将其势力和影响推出域区的有限空间，渗入广阔的乡村区域。并且也从改良农桑，活跃农村商品经济和市场中获得间接经济利益。某些绅商乐观地估计，农会"开办农村学校，改良新法，讲求水利，辨别土性物宜，教人如法耕种，而一切蚕桑、牧畜皆可次第兴举。果使办理得宜，五年之后当有成绩可

---

① 乙$_{2-1}$73/39。
② 乙$_{2-1}$73/31。

观。预计每岁收入款项，盈余亦可操券，或以推广各种实业，或充作地方自治经费，均属当今急务"。①

晚清新式商人社团组织整合的结果，是以商会为中心和基线，形成了一个关系紧密的新式社团网络。在这张组织网络中，各新式社团不再像独奏者，而是像一个由指挥协调的乐队似的发挥作用。广泛的社会联系加上经济和政治上的优势，使商会在地方公益事务中享有很高的威望和权力，成为新式商人社团事实上的领袖团体，形成所谓"登高一呼，众山皆应"②的格局。图5-2以苏州为例，说明新式商人社团经整合后所形成的组织网络。

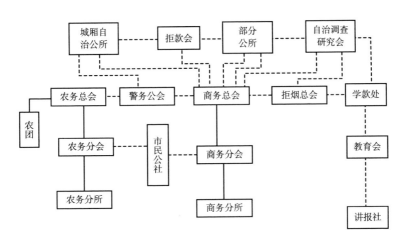

图5-2　新式商人社团经整合后形成的组织网络

注：（1）图中实线表示统属关系，虚线表示协同关系。
（2）学款处和教育会均从学务公所演变而来。其中学款处学务总汇处的前身。

那么，商会又是凭借何种法力将众多新式社团联结成一个关系紧密、功能互补的社团组织网络呢？关键在于构成商会主体的媒介性社

①　乙$_{2-1}$73/37。
②　《江苏苏州巡警道汪致苏州商务总会片》，载《辛亥革命史丛刊》编辑组编《辛亥革命史丛刊》第4辑，中华书局，1982，第57页。

会力量——资产阶级化绅商。绅商阶层亦官亦商亦学亦农的复杂多维的社会属性和气质，赋予它某种独特、奇妙的社会功能，即能够成为商会和其他新式社团组织间的黏合剂。一个突出的历史现象是：许多有影响的绅商通常同时供职于若干不同社团或机构，形成一张既相互渗透又相对集中的人事控制网。诸如上海绅商李平书之于城厢内外总工程局（领袖议董）、商务总会（议董）、南市商团公会（会长）、南洋劝业会淞沪协赞会（会长）、上海医学会（创建人）、上海书画研究会（总理）[1]；曾铸之于商会（总理）、总工程局（总董）、南市商团公会（发起人，第二任会长）；郁怀智之于总工程局（总董）、商会（议董）、商余学会（会长）、洋布业商团（会长）、地方自治研究会（主要成员）。[2] 再如苏州绅商王同愈、尤先甲之于商会（王为发起人、名誉会员，尤任总理）、苏商体育会（均为议事员）、学务公所（均为议董）、警务公所（均为议董）、农务总会（均为发起人和议董）、城厢自治公所（均为议董），王同愈还是江苏学务总会副会长。[3] 此外，著名绅商张謇更是身兼商会、教育会、农会、预备立宪公会、谘议局、法政讲习会、劝业研究会等各种团体和机构的负责人。由此可见，晚清民间新式社团的组织整合，主要是经由资产阶级化绅商阶层的媒介作用实现的。绅商正是新式商人社团网络的实际构筑者和操纵者。而他们通常又是以商会为据点进行社会扩张和渗透的。总之，对绅商阶层社会功能的剖析，可能是阐释晚清新式商人社团组织整合以及由此而引发的市民社会自组织过程的一大关键。

---

① 参见李平书《且顽老人七十岁自叙》，第 438 页。
② 据乙$_{2-1}$有关卷宗。
③ 《上海县续志》卷 13，第 3 页；《江苏学会集议情形》，《申报》1905 年 12 月 14 日，第 4 版。

第三节　绅商与"市民社会"

一　城市自治中的绅商

晚清地方自治思想的鼓荡肇始于 19 世纪末的维新变法运动，兴盛于 20 世纪初，鼓吹最力者当数改良派思想家康有为和梁启超。康有为在其著名的《公民自治篇》中，指陈变法当从地方自治下手，以立国本，"今吾中国地方之大病，在于官代民治，而不听民自治也。救之之道，听地方自治而已"。[①] 作为康门弟子，梁启超也把地方自治看作争取民权之"第一基础"，主张"民权之有无，不徒在议院参政，而尤在地方自治，地方自治之力强，则其民权必盛，否则必衰"。[②]

然而，真正身体力行，将地方自治的理念付诸社会实际的，却是张謇、李平书等一类绅商人物。张謇以自己的家乡南通为试验基地，本着先实业、后教育，再及于慈善、公益的次序，循序渐进、城乡并重地推行其地方自治的理想。用他自己的话来讲，即"举事必先智，启民智必由教育，而教育非空言所能达，乃先实业。实业、教育既相资有成，乃及慈善，乃及公益"。[③] 经过十余年的苦心经营，张謇在南通的地方自治事业已初见成效。除建立起庞大的大生资本集团，具备了自治的根基之外，在教育、慈善、公益等方面也建树不凡。根据其 1915 年所开列的一纸清单，南通地方自治在教育、慈善事业上的成就如下：

> ……教育除地方各村镇公立私立之初高等小学校二百四十余所外，凡专门之校六：曰男初级师范学校；曰女初级师范学校，

---

① 《公民自治篇》，《新民丛报》第 6 号，光绪二十八年三月十五日，第 20 页。
② 《问答》，《新民丛报》第 20 号，光绪二十八年十月十五日，第 59 页。
③ 《谢参观南通者之启事》（1920 年 3 月 6 日），《张謇全集》第 5 册，第 198 页。

女工传习所附焉；曰甲乙种农业学校；曰甲乙种商业学校；曰纺织染学校；曰医学校。其缀属之事三：曰博物苑，曰图书馆，曰气象台。慈善除旧有恤嫠、施棺、栖流诸事外，凡特设之事六：曰新育婴堂，曰养老院，曰医院，曰贫民工场，曰残废院，曰盲哑学校，总凡十有六所。①

如果说素抱"村落主义"的张謇堪称晚清乡村自治运动的典范，那么，李平书、祝承桂等上海绅商人物则可称之为清末城市自治运动的先驱。早在 1900 年春，革职在籍的李平书就已着手开始研究如何"仿行文明各国地方自治之制"，以图自强。② 同年，闸北绅商祝承桂等人曾禀准两江总督刘坤一，筹款在上海新闸浜北一带修筑马路，起建大桥，并承揽开辟一个华人商场，以阻遏租界的扩张。③ 1903 年，李平书又根据他 1902 年在鄂垣武昌亲见创办警察站岗的经验，"言于袁（树勋）观察，观察因谓地方道路沟渠一切工程，皆须地方绅董办理，方有实效"。④ 在官、绅（商）双方的沟通之下，上海城市自治一步步提上议事日程。1905 年，绅士郭怀珠、李平书、叶佳棠、姚文楠、莫锡纶等人为"组织自治之基础"，集议创设总工程局，以总揽地方事务。⑤ 此举得到苏松太道袁树勋的支持，袁于是年 8 月 6 日正式行文照会郭、李等五人，内称："人人有自治之能力，然后可保公共之安宁；人人有竞争之热心，然后可求和平之幸福。……朝图夕维，至再三，以欲救改良之策，莫如以地方之人兴地方之利，即以地方之款，行地方之政，有休戚相关之谊，无上下隔阂之虞，众志所成，收效自易。前贵绅有创办总工程局之议，本道极愿

① 《呈筹备自治基金拟领荒荡地分期缴价缮具单册请批示施行文》（1915 年 2 月 21 日），《张謇全集》第 1 册，第 431 页。

② 李平书：《且顽老人七十岁自叙》，第 504 页。

③ 《设局开辟闸北商场示谕照录》，《申报》1906 年 6 月 14 日，第 17 版。

④ 李平书：《且顽老人七十岁自叙》，第 443 页。

⑤ 《公牍甲编》，杨逸纂《上海市自治志》，台北：成文出版社，1974，第 237～238 页。

赞成，拟即将南市工程局撤除，所有马路、电灯以及城厢内外警察一切事宜，均归地方绅商公举董事承办。"① 于是，在一番紧锣密鼓的筹备之后，上海城厢内外总工程局于同年 11 月正式设立。②

工程局初拟宗旨为："整顿地方一切之事，抵制外人侵占，开通内地风气，助官司之不及与民生之大利……以立地方自治之基础。"③ 工程局设领袖总董一人：李平书；办事总董四人：莫锡伦、郁怀珠、曾铸、朱佩珍；议事总董三十三人。④ 下设户政、警政、工政三科和一个裁判所。各科之下又分设各处，经办户籍、地产、收捐、巡警、消防、卫生、测绘、路工、路灯诸事宜。1909 年清政府颁行《城镇乡地方自治章程》之后，上海城厢内外总工程局照章改为城厢内外自治公所，分设议事会和董事会，在原有自治权力基础上，增加了部分工商、文教和卫生管理权。在总工程局时期，四年中共辟建、修筑道路 60 多条（或段），修理、拆建桥梁 50 余座，新辟、改建城门 3 个，疏浚浜河 9 处，修筑驳岸 7 个，修造码头 4 座。⑤ 设置巡警 398 人，每年裁决民刑诉讼及违警事件 1700 多起，收入从 93600 多两增加到 164000 多两。⑥ 改为城自治公所后，两年中共辟建、修筑道路 40 多条（或段），修理、拆建桥梁 10 余座，新设、改建城门 6 座，建造小学校舍 7 所，建筑驳岸 3 个、码头 2 个，设立、补助小学校 6 所，巡警扩充至 455 人，岁收入仍达 16 万多两。⑦ 从统计数字看，上海城市自治的成绩还是差强人意的。

---

① 《公牍甲编》，杨逸纂《上海市自治志》，第 237 页。

② 参见吴桂龙《清末上海地方自治运动述论》（《近代史研究》1982 年第 3 期）有关工程局成立的叙述。

③ 《上海县城厢内外总工程局章程》，《东方杂志》第 2 卷第 10 期，光绪三十一年十月二十五日，第 194～199 页。

④ 《公牍甲编》，杨逸纂《上海市自治志》，第 237 页。

⑤ 《工程成绩表》，杨逸纂《上海市自治志》，第 73～102 页。

⑥ 《警务成绩表》，杨逸纂《上海市自治志》，第 103～113 页。

⑦ 《工程成绩表》《学校成绩表》《会计表·收支总表》，杨逸纂《上海市自治志》，第 73～102、61～72、115～116 页。

尽管总工程局和自治公所标榜为"地方全体之代表"，"总揽自治之机关"，但其领导权实际掌握在以商界和教育界为主的早期资产阶级分子手中，尤其掌握在以商会为据点的上层绅商手中。总工程局章程规定："总董必须本籍绅士充当，帮董一本籍一客籍，均须殷实商人。"① 议事会章程规定："议董由本地绅士及城厢内外各业商董秉公选举。"② 上述规定使清末上海地方自治机构中身兼绅士与商人双重身份的绅商占有极大比例。在总工程局头两年（1905～1907）任事人员中，参事会领袖总董李平书，办事总董朱佩珍、曾铸、郁怀智、莫锡纶，均为绅商。议事会中议长姚文楠为米业绅商，32名议董，具有商人身份者有20人，占62.5%。总工程局的后两年（1907～1909），改组后的参事会任事人员中，李平书仍留任领袖总董，郁怀智、莫锡纶留任办事总董，新增选的两名办事总董李厚祐、王震也为绅商。名誉董事7人中，具有绅商身份者占6人，达86%。议事会方面，议长姚文楠留任，议董32人中，具有商人身份者至少有16人，占议董的50%。③ 表5-7提供了上海自治机构中总董、议长等上层职员的背景情况。

表5-7所列上海自治机构总董、议长、副议长、区长、名誉董事等上层职员33人中，与商业有涉者22人，占66.7%；有功名、职衔可考的绅商人物12人，占36.3%；曾在商会商团中任职者13人，占39.4%。

苏州城市自治情况与上海不同。因封建官绅很早即通过"苏属地方自治筹办处"这样的官办机构把地方自治大权攫在手中，当地绅商只好通过被称为"市民公社"的基层自治组织染指城市建设和管理。据目前所知，此种基层自治组织仅发现于苏州、吴江和常熟三地。

---

① 《上海县城厢内外总工程局章程》，《东方杂志》第2卷第10期，光绪三十一年十月二十五日，第195页。
② 《总工程局议会章程》，杨逸纂《上海市自治志》，第1016页。
③ 据《上海市自治志》和《上海商务总会同人录》等综合考订。

表 5－7　上海自治机构上层职员的背景情况

姓名	任职	功名、职衔	行业	商会任职
李钟钰（平书）	发起人之一，总工程局领袖总董，城自治公所总董	优功、四品分部郎中	银行、轮船、自来水、垦牧	协理
郭怀珠（蕴川）	发起人之一，总工程局议董	增功、同知衔候补知府，通州海定局总办	－	－
姚文楠（子让）	发起人之一，总工程局议长	举人	米业董事，劝学所总董，浦东中学校董	－
叶佳棠（棣华）	发起人之一，总工程局议董、名誉董事，城自治公所议员	－	盐业	
莫锡纶（子经）	发起人之一，总工程局总董，城自治公所董事	候选直隶州州判	若干学堂的创办人	
朱佩珍（葆三）	总工程局总董	候补道	洋行、银行、保险、水电、轮船等	协理
曾铸（少卿）	总工程局总董	花翎二品封典候选道	航运、保险、造纸、瓷业等	总理
郁怀智	总工程局总董	－	洋布业	洋布业商团会长，商余学会会长
王震（一亭）	总工程局总董	花翎知府衔候选同知	航运、面粉、砖瓦	沪南商会总理，商团公会会长
李厚祐（云书）	总工程局总董，城自治公所议员，市政厅临时议员	四品分部郎中	商船业	总理
陆文麓（松候）	总工程局议董、名誉董事，城自治公所议员	附贡	－	议董
顾履桂（馨一）	总工程局议董、南区区长，城自治公所董事	－	杂粮、面粉	沪南商会会长
苏本炎（筠尚）	总工程局议董，城自治公所名誉董事	－	洋货	议董，参药业商团会长，商余补习会会长
顾微锡（松泉）	总工程局名誉董事，城自治公所名誉董事	－	中西药房	议董
赵增炟（松坪）	总工程局议董、名誉董事	－	钱庄	

姓名	任职	功名、职衔	行业	商会任职
张嘉年（乐君）	总工程局名誉董事，城自治公所议员	五品封职	米豆业董事	议董
朱开甲（志尧）	总工程局议董，城自治公所名誉董事	—	银行买办、轮船、棉纱、榨油	议董
沈恩孚（信卿）	总工程局议董、副议长，城自治公所议长	—	—	—
吴馨（畹九）	总工程局议董、西区区长，城自治公所副议长	—	绸缎	—
穆湘瑶（抒斋）	总工程局议董、南区区长，城自治公所南区区长，警务长	举人	棉业、煤炭、纺织	—
毛经畴（子坚）	城自治公所名誉董事、中区区董	—	—	四铺商团团长
梅豫桄（长权）	城自治公所名誉董事、西区区董	举人，选用知县加同知衔	—	—
叶逵（鸿英）	总工程局议董，城自治公所名誉董事	—	源昌正号经理	—
夏绍庭（应堂）	城自治公所名誉董事	—	—	—
施兆祥（善畦）	总工程局议董，城自治公所名誉董事	—	金饰业	—
刘汝曾（省吾）	总工程局议董，城自治公所名誉董事	—	敬业学堂董事	—
姚曾荣（伯欣）	总工程局议董，城自治公所名誉董事	—	—	—
朱得传（吟江）	城自治公所名誉董事	—	木材行	—
郭怀桐（楚琴）	城自治公所名誉董事	—	—	—
祁祖鎏（冕庭）	总工程局议董，城自治公所名誉董事	—	—	—
朱大经（事谦）	城自治公所名誉董事	—	商船业	—
王行定（宝仑）	城自治公所名誉董事	—	钱业	—
金祖坛（仰孙）	城自治公所名誉董事	—	棉业、烟业、丝业	—

资料来源：据吴桂龙《清末上海地方自治运动述论》（《近代史研究》1982 年第 4 期）所列表调整、补充。

1909 年夏，当全国地方自治运动进入遵旨筹办阶段后，苏州始出现了第一个以全面城市自治为己任的基层自治组织——观前市民公社。稍后继起的尚有阊门下塘桃坞、渡僧桥四隅、道养、金阊下塘东段等市民公社①。市民公社组织上的显著特征之一，即它并非统一的城市自治机构，而是按街道的行政区划组建。如所谓"观前"，即指"自醋坊桥起，察院场口止"的苏州最繁华的街区。据统计，从 1909 至 1928 年，苏州按街区先后建立的市民公社多达 27 个。公社的职能，简单说就是"专办本街公益之事"。②具体讲主要指卫生、道路和保安三项。卫生包括清洁街道，蠲除污秽等；道路包括修缮街道，疏通沟渠等市政工程；保安则主要指"联合救火"，"弥盗防匪"。三项职能中，市民公社成立之初尤侧重于保安之下的消防。最早创建的观前市民公社，即是"警于宫巷之两火"，"以救火会为下手之方"。③因此，与上海自治机构相比较，苏州市民公社的自治职能是相对狭小和不完全的。只是到了民国建立后，市民公社的社会职能才有较大的发展。此时的"公益之事"，除原先已有的卫生、工程和保安外，学务（夜学、宣讲团、阅报社等）、善举（施棺、济贫等）也被纳入职能范围内，以后更扩展到金融、税务、物价以至军需、杂捐等方面。④

清末，市民公社组织机构一般设干事、评议、书记、经济、庶务、消防等部（处）。干事部（处）相当于最高行政机构，通常设总（正）干事一名、副干事二名，负责总理一切会务。评议部（处）设评议员（或称评事）12 人左右，由全体社员公举产生。举凡关于兴筑工程，修理水龙，添置物品，以及经费之预、决算，经评议员半数以上议决者，均得交正、副干事长施行。书记部设书记员两名，负责

---

① 民国《吴县志》卷 30《公署三》。
② 《苏城观前大街市民公社简章》，《辛亥革命史丛刊》第 4 辑，第 61 页。
③ 《观前大街市民公社缘起》，《辛亥革命史丛刊》第 4 辑，第 58 ~ 59 页。
④ 《苏州齐溪市民公社简章》，《辛亥革命史丛刊》第 4 辑，第 75 ~ 79 页。

执掌公社文牍和记载报告等事。经济部设会计员 1 ~ 2 名，查账员 1 ~ 2 名，会计员经营公社收支银钱款项，编造预、决算；查账员负责查核收支款项。庶务部人员设置 8 ~ 30 人不等，按工筑、调查、收费、招待等分工。工筑员负责街道维修各项工程；调查员负责了解调查卫生、慈善、交通等方面的实际情况，兼管丈量估算、督率清洁工役诸事；收费员负责按段收纳月费，汇缴会计处登记入册；招待员负责招待来宾、接洽社员等事宜。消防部按所辖"龙社"（消防队）设司月督龙中同十余人，主要任务是督率夫役扑灭火灾，平时则经常进行消防训练，研究如何改进消防措施等。民国时期，各市民公社多增设卫生部（亦称卫生调查部），设义务医员数人，负责指导防疫治病、饮水卫生、街道清洁、厕所管理诸事。

尽管市民公社与上海城市自治机构在组织特点上非常不同，但主要由城市绅商所控制、操纵则是一致的。事实上，苏州市民公社的主要发起人和任事者大都是各行业的绅商人物，并往往同时是商会会员或议董。观前公社第一届职员中，干事部的施莹、评议部的倪开鼎、调查部的黄驾雄等均为商会骨干分子。其中施莹系洋广货业董事，职衔为候选盐大使；倪开鼎为珠宝业商人，具有布政司理问衔；黄驾雄为鞋业商人，捐有监生功名。① 渡僧桥四隅公社的发起人系 19 名"职商"。内中苏绍柄系烟业商人，同知衔；蔡廷恩系茶叶商人，商会议董，捐有监生功名；冯鼎为药业商人，候选府经历。② 此外，金阊、道养、胥江和阊门马路等公社的负责人曹永暹、洪毓麟、沈束璋、季厚柏、刘正康等也均系绅商。另据文献记载，苏州可考的 15 个市民公社 197 名历届正副社长中，商人有 169 名，占 85%；仅 28 名是退职官吏、律师、小学校长、小农场主或其他社会职业者。商人出身的

---

① 《观前大街市民公社第一届机构设置职员姓名和单位》，《辛亥革命史丛刊》第 4 辑，第 112 页。其职衔和行业则据苏州商会历届会员名册考证。
② 《商人韩庆澜等呈苏州商务总会节略》，《辛亥革命史丛刊》第 4 辑，第 90 页。

社长中绝大多数同商会有密切的关系，在晚清则多属绅商。^① 另就市民公社的社员成分构成看，它仍不失为一个不折不扣的商人自治组织。有的市民公社社员几乎是清一色的商人。如渡僧桥四隅市民公社"缘起"中谓："合众联结公会，因尽出自商民，故曰市民公社。"^②即使那些包含有若干非商人的城市居民的市民公社中，商人社员也占绝大多数。据有的学者估计，在各市民公社社员总数中，商人一般占90%以上。例如，民国元年观前公社第四届197名社员中，注明所在商号者有187名，占95%。民国四年该社第七届社员选举人160人中，152人是商人，仍占95%。^③

其他一些省区的绅商也相继成立了若干自治机构或团体，积极从事地方自治运动。^④ 东三省保卫公所，是全国较早成立的商人自治团体之一。根据该公所1904年前后拟定的章程，其宗旨为："专办保卫本地商民之生命财产起见"，"先从兴京海龙各属创办，俟有成效，再行推广。"^⑤ 保卫公所职员，从本地绅商中推举，人数视所在地之广狭、事之繁简为断，无统一规定。1907年前后，奉天保卫公所正式成立，"以保卫地方人民生命财产及扩充本地方一切利益为宗旨"^⑥，在奉天省城设立总局，所属各城皆设立分局，"由绅商中之达政体、有血诚者充总董、副总董诸要职"。该公所从事的主要自治活动，包括：（1）禁止赌博、偷窃、游惰、污秽及一切妨害治理之发达者；（2）调查户口、风俗、道里、营业、财产、商业、田亩、学校；（3）救护火

① 章开沅、叶万忠：《苏州市民公社与辛亥革命》，《辛亥革命史丛刊》第4辑，第42页。

② 《渡僧桥市民公社缘起》，《辛亥革命史丛刊》第4辑，第59页。

③ 章开沅、叶万忠：《苏州市民公社与辛亥革命》，《辛亥革命史丛刊》第4辑，第43页。

④ 有关清末商人自治社团情况，可参见朱英《辛亥革命时期新式商人社团研究》，第167～219页。

⑤ 《创立东三省保卫公所章程》，《东方杂志》第1卷第10期，光绪三十年十月二十五日，第132页。

⑥ 《奉天保卫公所实行新章》，《东方杂志》第3卷第1期，光绪三十二年正月二十五日，第10页。

灾、水灾、防止盗贼及一切危险有妨保安等事者；（4）修治街道、桥梁、沟渠及一切公共卫生事宜。另还包括兴办团练、学校，讲习实业，公遣游学，等等。

1906 年，在袁世凯的亲自督促下，天津自治局官绅发起设立"天津县自治期成会"，"以备实行地方自治"。自治期成会会员除自治局公举绅士六人及自治局全体外，由天津劝学所、商会"各就本籍学界商界公正通达之人，分行公举"。① 根据档案资料，天津商务总会绅商列名该会者有 12 人。分别为总理王贤宾（盐商、河南补用道）、协理宁世福（买办、候选知府），议董：纪联荣（绸缎商、同知衔）、王用勋（绸缎商、候选知县）、李向辰（米商、生员）、芮玉坤（洋布商、候选州同）、刘锡保（银钱商、同知衔）、徐诚（买办、广东补用道）、刘承荫（粮商、举人及候选同知）、胡维宪（银钱商、候选同知）、曹永源（机器磨坊主、候选县丞）、刘钟霖（举人）。② 尽管有关天津县自治期成会的活动情况记载不详，但天津绅商在当地自治运动中的重要地位和作用却是显而易见的。

1907 年，广东商人成立了粤商自治会，会址设于广州西关华林寺内，其所拟章程草稿称："粤商自治会依广东省之区域为区域，凡居住于本省之中国人，遵章守例，负担义务，皆得享受权利。""凡有关本省地方自治事宜，得依程序自行议定，禀请本省总督批准，布告于众，由布告日起，30 日后一律遵守。"③ 该章程草稿还规定在自治会中设议事会、董事会、干事会等机构，但这些机构后来似乎并未真正成立。因此在组织上粤商自治会是比较松散的，有的记载称该会"无会籍、无会费，遇有拟办之事，动辄数千人"。④ 粤商自治会成立后所

---

① 天津市档案馆等编《天津商会档案汇编（1903～1911）》，第 2289 页。
② 天津市档案馆等编《天津商会档案汇编（1903～1911）》，第 2289～2290 页。
③ 《粤商自治会章程草稿》，《广州文史资料》第 7 辑，1963，第 29 页。
④ 《〈广东七十二行商报〉二十五周年纪念刊》，1931，第 50 页。

开展的活动比较广泛，如创办自治研究所、维护华商利益、领导反帝爱国斗争、参与立宪运动等，但其活动重点仍在于推动全面城市自治，"谋地方公益"，诸如"商务、建造工程、教育、水利、慈善、卫生、交通、地方财政"等事项。①

粤商自治会的骨干分子以中下层绅商为主，主要依靠广州七十二行和善堂两机构开展活动。重要骨干有：陈惠普，银号商人，善堂善董；李戒期，商人，铁路股东，有生员功名；陈基建，商人，同知职衔；黄景棠，侨商之子，有拔贡功名。此外，还有郭仙洲、朱伯乾、陈竹君（陈启沅之子）、李衡桌等一大批商人和少数知识分子。②

清末汉口绅商也曾经建立了类似于苏州市民公社的基层自治组织，有的称自治会，有的则称自治戒烟会，均按街区组建，由所在街区的绅商主持。如1909年成立的汉口公益救患会，"以地方自治为宗旨，从救火、卫生、演说为入手办法"。③ 广东嘉应州绅商于1906年底至1907年初创立了地方公益会，"以为地方自治之基础"。④ 江苏常熟、昭文两县绅商于1907年初成立了地方自治会，拟清理财政、振兴实业、保卫治安、规划工程、补助教育、改良风俗。⑤ 仅据台湾学者张玉法先生的统计，清末全国各地有记载可考的商人自治组织和团体有近50个。⑥ 而实际的商人自治团体数量，显然是远远大于此不完全的统计数字。

晚清绅商所设立的上述自治机构和团体，在时间上通常早于清廷于1909年初正式推行的城镇乡地方自治运动，在人员构成上又以商

---

① 李菡皋、余少山：《粤商自治会与粤商维持公安会》，《广州文史资料》第7辑，第29~30页。

② 参见邱捷《辛亥革命时期的粤商自治会》，《纪念辛亥革命七十周年青年学术讨论会论文选》，第376页。

③ 《武昌起义档案资料选编》上卷，第251页。

④ 《地方自治》，《东方杂志》第4卷第1期，光绪三十三年正月二十五日，第32页。

⑤ 《各省内务汇志》，《东方杂志》第4卷第2期，光绪三十三年二月二十五日，第85页。

⑥ 张玉法：《清季的立宪团体》，台北中研院近代史研究所，1971，第92~96页。

人为主，因此多少有别于官办或官督绅办的地方自治会、董事会、议事会等机构和组织，反映了来自民间的社会变革力量和历史主动性，说明资产阶级化绅商阶层正在成为晚清政治社会的重心。同时，更为重要的是大量绅商自治团体的涌现，进一步促使了晚清城市公共领域及民间社会性质的变化，开始形成类似于西方前近代资产阶级市民社会的雏形。

二 "市民社会"的雏形

近年来海外学者，尤其是美国汉学界对中国明清及民国时期"公共领域"（public sphere，或译公众领域）和"市民社会"（civil society，或译公民社会）的发育程度表现出异乎寻常的关注，并由此形成明清史和近现代史研究的一个热点。[①] 关于这一问题的主要著作，有冉玫铄（Mary B. Rankin）对浙江省地方精英（elite）新行动主义的研究，以及罗威廉（William T. Rowe）对汉口城市制度及商人组织演变所作的探讨。[②] 冉玫铄和罗威廉都认为中国在 19 世纪末期，随着诸如会馆、公所、书院、善堂、义仓等地方组织的扩展，已经导致某种体制（constitution）的改变，渐渐发展出类似于欧洲近代资本主义社会初现时期所特有的"公共领域"，而且冉玫铄进一步断言 20 世纪初已存在萌芽状态的"市民社会"（incipient civil society）。换言之，如果不局限于以欧洲的模式为唯一标准，那么，德国学者哈贝马斯

[①] 有关这一问题各种对立观点的讨论，主要参见《近代中国》（*Modern China*）1993 年第 2 期，总第 19 卷。美国中国近现代史学者魏斐德（Frederic Wakeman, Jr.）、罗威廉（William T. Rowe）、冉玫铄（Mary B. Rankin）、理查德·曼逊（Richard Madsen）及黄宗智（Philip C. C. Huang）分别撰文讨论，可参看。

[②] Mary B. Rankin, *Elite Activism and Political Transformation in China：Zhejiang Province，1865 – 1911*（Stanford：Stanford University Press, 1986）；William T. Rome, *Hankow：Commerce and Society in a Chinese City，1796 – 1889*（Stanford：Stanford University Press, 1984）；William T. Rome, *Hankow：Conflict and Community in a Chinese City，1796 – 1895*（Stanford：Stanford University Press, 1992）.

（Jürgen Habermas）在分析欧洲早期资本主义社会时所使用的"公共领域"和"市民社会"的概念同样可以用于分析 19 世纪末 20 世纪初的中国社会演变史。①

应当说，冉玫铄和罗威廉的研究思路是基本可取的。然而在实证的历史研究中，由于他们主要研究的是 19 世纪中国社会组织形态的演变，因此，他们在说明这些组织形态的"体制性变革"（constitutional transformation）时，均遇到了很大的麻烦，以致有相当多的学者怀疑，他们的分析框架是否把一种目的论的观点投射于明清时期的中国。如哈佛大学著名学者孔飞力（Philip A. Kuhn）即表示了如下的担忧：

> 是否明清时期中国地方精英与城市行会商董的行为方式，根本与哈伯玛斯所提出之批判的及言论的理想型风马牛不相及，以致他们的世界并不仅是程度上有所差异，而更是在性质上截然不同？②

的确，欲以明清时期行会组织和慈善机构一类公共团体的扩张来论证存在一个蕴含近代变革意义的公共领域或市民社会，不仅是极其困难的，而且或许根本就是错误的。因为从明清时期传统公共领域的扩张中，我们尚看不到有相应的公民（或市民）权力的扩展，看不到有新型社团组织的居间联结，看不到有新兴社会阶级力量的发生，因此也就看不到有任何近代导向的体制性变革。③

---

① 有关哈贝马斯的概念和观点，参见 Jürgen Habermas, *The Structural Transformation of the Public Sphere, An Inquring into a Category of Bourgeois Sciety*, tran. by Thomas Burger（Cambridge, Mass.：The MIT Press, 1991）.

② 孔飞力（Philip A. Kuhn）：《公民社会与体制的发展》，《近代中国史研究通讯》1992 年第 13 期。

③ 这里的"体制"系借用前文所引孔飞力所用 constitution 一词，其含义并非一部形诸文字的文件，而是一系列有关如何恰当地经营公共事务的惯例。

如果问：我们能否像哈贝马斯在欧洲早期资产阶级社会所见到的那样，在近代中国社会发展中窥见一个带有若干近代资产阶级社会性质的"公共领域"和与之相联系的"市民社会"的雏形？那么，回答是它们仅仅在20世纪初才刚刚显露出来，而且主要出现在若干商业发达的城市之中（尤其是那些作为通商口岸的较大都市）。

20世纪初，随着一大批新型民间社团和自治机构的产生，中国城镇中传统公共领域开始发生某种带有体制意义的变革，呈现出若干近代性特征。

其一，城镇公共领域开始突破传统慈善、教育、公益的狭小格局，扩张到某些原本属于国家权力影响和控制之下的领域，诸如工商管理、城市治安、民事裁判、舆论工具等领域。仅以舆论工具为例，当时除商人组织独立出版的《七十二行商报》（广东）、《华商联合会报》（上海）、《成都商报》、《天津商报》而外，较能反映商人和市民舆论的报纸尚有《申报》《时报》《中外日报》《东方杂志》等，这些都是颇具影响力的民间刊物。立宪派在日本横滨所办的《新民丛报》仅在上海就设有十个销售处，流传甚广。留日学生出版的革命刊物，如《江苏》《浙江潮》《四川》《云南》《湖北学生界》《游学译编》等，在国内各城镇也颇有销路。

其二，民间公共领域的组织联结，开始从善堂、书院、会馆、公所等较为封闭、守旧的传统社会组织过渡到以商会、商团、教育会、体育会、救火会、自治公所、自治会等所构成的新式民间社团组织网络为主要联结、沟通形式。当然，旧式社团组织也被包容于其中。这些新式民间社团组织在组织形式、构成原则、社会职能等方面都较多地借取了西方近代社团组织的经验，具有较浓的民主因素。例如，它们普遍实行的会员制、选举制、议事制，便体现了近代社团体制的自愿原则、选举原则、权利与义务相结合原则等基本准则。这些传统社会组织所不具备的组织素质，正蕴涵着中国近代民主政治的芽蘖。其中，最引人注目的，就是由这些新式社团所孕育的近代公民权利意识。如根据商会章程，凡会员既已入会，便享有同等的选举权与被选举权，表决权与建议权等内部权利。对外而言，会员又享有被保护权，受到商会组织的一体保护。凡已注册入会的商号，一律由商会造册送至地方官衙备案，"各商因钱债细故被控者，由本会随时酌觅担保，以免羁押之累"；"入会各商既已循理守法，如有土棍吏役讹诈凌压，藉端滋扰商业者，本会代为伸诉"。[①] 社团与法人的初步统一，使20世纪初的城市公共领域，呈现空前的活泼景象，明显区别于19世纪以前传统社会的公共领域。

其三，传统公共领域的运作，主要由趋于保守的旧绅董所把持，他们一般不具备适应时代变化需要的新思想，基本上依循传统惯例（如行会旧章、善堂规约等）来经营公共事务和公产；而在19世纪末20世纪初，大量资产阶级化的绅商进入公共领域，并逐渐在其中占据领导地位，形成公共领域中的"绅商领导体制"。由思想较新的绅商（如张謇、李平书等）主持公共领域的结果，必然使地方事权的性质逐步发生本质的变化，即日益成为早期资产阶级起主导作用的领域。在两个世纪交替之际，新绅商与旧绅董在地方事务中的矛盾冲突随处可见。《申报》上的一篇社论即谓："近现各地办理自治，大抵与旧日地方政事划而为二，即办理自治之绅董，亦与旧日绅董分为两派，一若彼此不相容。"[②]

综合以上几点，我们可以看到，20世纪初晚清城市公共领域在很大程度上已不同于先前传统的公共领域，其间已隐含着某种体制意义的变化，在许多方面它是可以和哈贝马斯所揭示的欧洲资产阶级初现时期的"公共领域"相提并论的。当然二者也有某些不同之处（此点

---

① 乙$_{2-1}$3/22、20。

② 《论办理地方自治亟宜改变方针》，《申报》1911年3月13日，第3版。

容后申论）。

随着城市公共领域性质的变化，某种更复杂的社会机体自组织过程亦随之发生，其结果是导致城市行政权力部分由官方下移民间，形成国家权力机关之外的社会权力体系——在野的市政权力网络。在自治职能上，这一网络拥有不完全的市政建设权、商事裁判权、地方治安权和工商、文教、卫生以及其他社会公益事业管理权。如果不拘泥于字面意义，在野市政权力网络实质上就是黑格尔等曾经论述过的市民社会的雏形。①

如上所述，市民社会大体上是英文 civil society 一词的迻译。在黑格尔那里，市民社会建构于家庭与国家之间的地带，它是同时与自然社会（家庭）和政治社会（国家）相对的概念。市民社会作为人类伦理生活逻辑展开中的一个阶段，是一种现代现象，是现代世界的成就。它的出现使现代世界与古代世界相比产生了质的区别，乃是长期的复杂历史变化过程的结果。在体制意义上，黑格尔含义的市民社会由三个部分组成：需求的体系——市场经济，多元的体系——自愿组织（同业公会），司法的体系——警察和司法机构。② 在黑格尔市民社会概念中，他尤其强调同业公会、自治团体等在市民与国家之间的中间组织的作用，认为"合法的权力只有在各种特殊领域的有组织状态中才是存在的"③，因而个人只有作为各种社团、等级的成员才能进入政治领域。

晚清市民社会的构成不可能完全符合黑格尔的思辨性概念，但它作为历史的客观实体，又的确具备了此种市民社会的诸多特征。在经

---

① 过去，在我们的著作中曾将在野市政权力网络称为"地方性民间自治社会"，现在看来改称为"市民社会雏形"似更恰当。因为当时苏州市民已经把他们自治组织命名为"市民公社"。市民社会的雏形系一种正在形成的、尚不完备的资产阶级的市民社会。

② 参见邓正来《市民社会与国家——学理上的分野与两种架构》，《中国社会科学季刊》（香港）1993 年总第 3 期。

③ 〔德〕黑格尔：《法哲学原理》，范扬、张企泰译，商务印书馆，1961，第 311 页。

济起源上，晚清市民社会的形成直接受惠于 19 世纪以来在沿海通商口岸所掀起的商业革命。新的经营和管理方式（如股份制）极大地刺激了经济增长，并使市场趋于活跃。新的产权和契约关系为经济活动和财富增值提供了一个自由度足够大的空间，并由此奠定了市民社会的经济基础。在社会等级意义上，新兴资产阶级化绅商阶层占据了社会经济和政治的中心地位，成为市民社会的直接缔造者和操纵者。近代商业社会中，真正从"四民之末"上升到"四民之首"的，并非一般小商人和社会地位不高的中等商人，而是财富和社会声望均较显赫的绅商。在城市自治和社会公益事业中显得极为活跃的绅商，其社会职能集中到一点，即是营造他们心目中的"独立社会"（市民社会的另一种提法）。一如《观前市民公社成立弁言》所吐露：

> 自治不以一隅画，即公社亦不以观前画，所愿各处闻风继起，协力组织。尤愿公社中人不懈，益虔进而愈上。异日者，合无数小团体成一大团体，振兴市面，扩张权利，不惟增无量之幸福，更且助宪政之进行。[1]

在组织建构上，晚清市民社会横跨私人领域（家庭、商号、公司）和公共领域（学校、社团、政党等），但又以关注普遍利益和政治化的公域（public sphere）为主，系民间社会组织的集合体。其具体组合形式，在若干通商大埠显得比较明晰，在一般中小城镇则相对模糊。目前看得比较清楚的，一是以自治公所（初为总工程局）为主轴，以商会为后盾，进而联络各新式社团、公司、商家的上海市民社会的雏形；二是以商会为中枢，依仗纵横交错的民间社团、公司、商家的网络，尤其通过市民公社一类基层组织的疏导，把触角伸及社会

---

[1] 《观前市民公社第一届报告册弁言》，《辛亥革命史丛刊》第 4 辑，第 59 页。

各个角落的苏州市民社会的雏形。而天津、广州、汉口等地的市民社会雏形似更接近于苏州模式。

市民社会的核心问题，在于国家与社会的关系问题。哈贝马斯所论证的，乃是资产阶级的市民社会如何成功地占领了欧洲专制王权遗留下的"公共领域"，从而演化成近代资本主义民主社会。① 在托克维尔（de Tocqueville）看来，市民社会与国家的关系也始终呈紧张甚至对立的状态，市民社会必须通过各种自由结社，用"独立的眼"来监视国家，以防专制政府的侵扰。② 然而，揆诸晚清的史实，中国早期市民社会建成的初衷，却并不是与专制国家权力相对抗，而是调谐民间与官方的关系，以民治辅助官治。这在官、民双方均存在着共识。1908 年底由宪政编查馆和民政部共同奏定的《城镇乡地方自治章程》，其第一条即规定："地方自治以专办地方公益事宜，辅佐官治为主。按照定章，由地方公选合格绅民，受地方官监督办理。"1909年底《江苏自治公报》上刊载的《自治名义之释明》一文则专门对"辅佐官治"一条作了如下的注释：

> 既称自治，究非离官治而独立。设有此种伪言，万万不可听信。……自治者，专办地方公益，辅佐官治为主。辅佐官治，就是委任的自治，为自治的根据地。地方公益，要大家出些力，分些劳，尽个义务，受了官长的委任，方始对得起官长。③

梁启超有关湖南新政的一段评论，也颇能说明中国社会中与西方截然不同的特殊的官民关系（实则国家与社会的关系）：

---

① 参见 Jürgen Habermas，*The Structural Transformation of the Public Sphere*，*An Inquring into a Category of Bourgeois Society*。

② John Keane，*Civil Society and the State*（London：Verso Books，1988），pp. 55 – 62.

③ 《自治名义之释明》，《江苏自治公报》第 11 期，宣统元年十一月中旬，第 9 页。

巡抚陈宝箴，按察使黄遵宪皆务分权于绅士，如慈母之煦覆其赤子焉。各国民政之起，大率由民与官争权，民出死力以争之，官出死力以压之。若湖南之事势，则全与此相反。陈、黄两公本自有无限之权，而务欲让之于民，民不自知其当有权，而官乃费尽心力以导之，此其盛德殆并世所希矣。①

各城市自治之初起，往往也是官、民双方合力推动的产物，有时地方长官所起的作用反而更大。在最早正式推行城市自治的上海，上海道观察袁树勋对于民间自治的开明态度及行动上的积极支持，起了关键的作用。上海城厢内外总工程局开办公牍中，首列袁树勋为议办总工程局事致地方绅士的照会。正是在这份照会中，袁树勋清楚地表达了从官方立场出发的自治理念："人人有自治之能力，然后可保公共之安宁；人人有竞争之热心，然后可求和平之幸福。"② 对于天津地方自治运动的开展，时任直隶总督的袁世凯起到了原动力的作用。1906 年底天津县自治局的一份照会中云："现奉宫保（袁世凯）面谕，以地方自治，事关紧要，饬从天津一县先行试办议事会、董事会，以备实行地方自治，并限一个月内即行开办。"③

在上述社会政治背景下所形成的中国式市民社会，自然不愿意与国家权力处于抗衡状态，而总是小心翼翼地寻求政治平衡，以期得到官方的认可和保护。在一些城市的市民社会中扮演着首脑机关角色的商会，多少带有半官方机构的意味，其成员大多具有准官僚的社会地位。按规定，商会直接受商部（后改农工商部）管辖，其总、协理均由商部"札委"，并颁给"关防"（印章）。商部文件中云："查奏设

① 梁启超：《戊戌政变记》，岳麓书社，2011，第 202 页。
② 《公牍甲编》，杨逸纂《上海市自治志》，第 1 页。
③ 天津市档案馆等编《天津商会档案汇编（1903～1911）》，第 2288 页。

商会，自应归本部管辖，与地方他项公会不同。地方官虽无直接管理之权，实有提倡保护之责。"① 根据商部颁发的商会与地方官之间的"行文章程"，商务总会对总督、巡抚用"呈"，而对布政使、按察使以下地方官用"移"。② 以致时人批评："中国虽立商会，而事事皆仰成于官，断无能久之理。"③ 可见，作为晚清市民社会中间组织的商会一类社团，往往从一开始就包孕着民间和官方的二重因素，成为国家与社会之间的纽带和中介，同西方民间社团那种纯民和纯自治的性质大不相同。这不能不影响到中国式市民社会的性质和特点。换言之，晚清初期市民社会似更接近于黑格尔等人关于市民社会依属于国家的观念。④

然而，强调晚清市民社会对于国家的依赖，并不意味着市民社会与专制权力之间就不存在着摩擦和离心倾向。作为"外在的国家"（黑格尔语），资产阶级市民社会几乎必然要同专制性的"实体的国家"发生矛盾冲突，而且随着市民社会参政权的扩大，这种矛盾和冲突也将随之尖锐化、表面化，这是双方所始料未及的。用当年资产阶级中人的话来讲，地方自治就是"使社会有势力之各阶级，各担任国家之行政"⑤；或"由立于被治者地位之人民，而参与行政"。⑥ 在某些敏感的行政领域中，市民社会的权限增添一分，封建官府的实际统治权力就被削弱一分，所谓："地方局所归绅士经理者，其与官府权限，初无一定，于是视官绅势力之强弱，以为其范围之消长。争而不

① 乙$_{2-1}$32/20。

② 乙$_{2-1}$37/12。

③ 《论商会依赖政府之流弊》，《警钟日报》1904 年 6 月 2 日，第 1 版。

④ 黑格尔指出，市民社会虽说外在于国家，但却不可避免地具有一种自我削弱的趋势。如果市民社会要维持其"市民性"，那么它就必须诉诸一个外在的但却是最高的公共机构，即国家。

⑤ 攻法子：《敬告我乡人》，《浙江潮》第 2 期，光绪二十九年二月二十日，第 4 页。

⑥ 思群：《论地方自治》，《四川》第 2 号，光绪三十三年十二月十二日，第 64 页。

胜，则互相疾视，势同水火。"① 这类敏感领域包括税收、警务、司法，等等。譬如警政，上海总工程局成立后，曾专设警政科，负责巡警的招募和训练，四年中（1905～1909）共设置巡警人员 398 人。② 但在与之相邻的苏州，警务权的归属则几经易手。苏州之有警政，始于 1903 年新政期间官办七路警察分局。1909 年遵旨筹办地方自治运动之初，绅商通过创设名为"警务公所"的自治团体，一度接办警务。③ 但未及周年，官府即札委汪瑞闿为巡警道，撤换全部警官，收回警政大权。随着"警务公所"的名存实亡，苏州绅商染指警务的努力终成南柯一梦。④ 苏州的市民社会亦不具备黑格尔所说的"警察机构"。

在司法问题上，正在形成中的市民社会与官府的矛盾也比较明显。由于各地商会成立时纷纷把受理商事纠纷、保护商人利益写进章程，并纷纷设立专门机构负责受理商事纠纷，因此，晚清绝大多数商事纠纷实际已由商会代替地方官衙来理处。如成都商务总会所设理案机构称"商事公断处"，其理案成绩"昭昭在人耳目"。即使后来地方官府开设审判厅后，商人遇有聚讼，"仍愿受公断处判断，不愿赴审判厅诉讼"。⑤ 保定商务总会设立商务裁判所后，"凡商号一切诉讼案件，概归商务裁判所办理"。⑥ 其所审理的案件，主要是关系到商业和商人的钱债纠纷、地产争执、官商冲突等情节较轻的民事案件。商会在理处这类案件中所获得的巨大成功，既初步显示了市民社会所具有的自治潜力，同时也引起某些地方官府的忌恨，认为商会理案是对

---

① 乙$_{2-1}$96/14。

② 《警务成绩表》，杨逸纂《上海市自治志》，第 103～113 页。

③ 警务公所的主要成员为绅商。

④ 张直甫、胡觉民：《苏州警察的创始》，政协苏州市委员会文史资料委员会编《苏州文史资料》第 1–5 合辑，1990，第 227～232 页。

⑤ 乙$_{2-1}$66。

⑥ 《保定商会设所裁判讼案》，《华商联合报》第 8 期，宣统元年四月三十日，第 48 页。

地方官司法权限的侵夺，因此表示强烈的不满。1909年，湖州劝业道曾批示武康县商务分会章程说："查核所拟章程，诸多不合，并有理案问案等名目，尤属侵越行政之权。即欲调处商界争端，亦仅能由该会协议和息，不得受理诉讼。"① 此批示在《华商联合报》刊出后，立即受到许多商会和商人的指责。对于已经初步取得的受理商事诉讼权，商会采取了比较强硬的态度加以维护，力图能够较为独立地行使这一职权。但商会有权理处的，始终只是情节较轻的商事纠纷，绝不允许参与刑事案件和与商事无涉的民事案件的审理。作为全面地方自治产物的上海工程局，虽被授权可以理处普通民事案件，但也仅限于"寻常案件"，"至重要案件仍解送钧案（指县衙）办理"。② 这就意味着尽管晚清民事司法审判权已部分下移社会，初步形成了市民社会的"司法机构"，但市民社会所实际掌握的这部分权力又是十分有限的。由于中国是历来没有真正独立于国家权力之外的社会，市民社会所享有的不完全的司法权也不可能脱离国家权力的制约而运行，而只能作为由官方垄断的司法审判制度的某种补充形式而存在，被严格置于官方的指导和控制之下。

由上可见，晚清市民社会雏形与封建国家之间形成一种既相互依赖，又相互矛盾、相互摩擦的复杂关系，其中，依赖的一面又占据着主导地位。以绅商为核心的早期资产阶级尽管在"结民力"、谋自治的政治运作中，发挥其历史主动性和创造性，取得了若干成就，但建树又是相当有限的，他们尚不可能像其西方前辈那样，在集结团体和谋取自治的基础上进一步组成独立的城市共和国，同封建专制势力彻底决裂。这除历史文化传统方面的原因而外，更在于作为晚清市民社会实际组织者和领导者的绅商阶层具有亦绅亦商、亦官亦民的双重属

---

① 《湖州武康商务分会之怪现状》，《华商联合报》第15期，宣统元年八月十五日。
② 《公牍甲编》，杨逸纂《上海市自治志》，第239页。

性，以一种具有相当模糊性的阶级性格中介于传统封建势力与新兴资产阶级社会之间，左顾右盼，寻求政治平衡与妥协。除非历史已经把机遇送到了他们手中（如辛亥革命期间的政局），他们是绝不轻易采取政治极端主义的。简言之，从近代绅商的政治性格我们可以窥见晚清市民社会雏形的性质与诸特征。

第四节　绅商与南洋劝业会

一　中国首次博览会

晚清绅商阶层究竟发育到一个什么样的程度？他们的社会活动能量和社会影响力究竟有多大？为了避免抽象的泛泛议论和简单的罗列数字，我们拟从中国首次全国性博览会——南洋劝业会这样一个需动员多方面社会力量，进行大规模组织工作的社会经济活动入手，进一步具体分析绅商阶层的社会功能。

在晚清，劝业会、博览会通常称为"赛会"。赛会的名称在中国虽古已有之，但同商品经济相联系的近代意义的赛会却是"西潮东渐"的舶来品。它是对英文 exhibition 的迻译，现代通用的则是由日文转译的"博览会"一词。

近代赛会滥觞于工业革命前夕的欧洲，在此后一百多年里，它有力地刺激着资本主义经济的发展，并对世界贸易和各国文化交流产生了深刻的影响。从 19 世纪 80 年代起，各资本主义国家"几乎无国不会，无年不会，而赛会遂成为实业竞争上之一重要机关"。[1] 鸦片战争后的中国既已逐步被纳入世界市场，自然难免被卷进从西方兴起的

---

[1] 《游武汉劝业奖进会之感言》，《中国实业杂志》第 5 年第 1 期，1914 年 1 月 1 日，第 164 页。

"赛会热"。清末中国受西方影响所兴办、参与的商品赛会活动，大致可分为两类：一是出洋赴赛，参加各国举办的国际性赛会；二是模仿西方和日本自行举办国内赛会。

清政府正式派官员和商人携物出洋赴赛，始自1876年美国举办的费城国际博览会。据记载，中国参赛物品共720箱，值银约20万两。① 以后，清末中国商人又陆续参加了法国巴黎（1878年、1900年）、美国新奥尔良（1885年）、法属安南（1902年）、日本大阪（1903年）、美国圣路易斯（1904年）、比利时黎业斯（1905年）、意大利秘拉诺（1906年）等国际性博览会约20次左右。开初清政府对出洋赴赛并不重视，仍以传统的赛珍耀奇、无益之举视之，草率从事，徒引外人讪笑。到1905年前后，方才有所醒悟。是年，清朝商部颁发《出洋赛会通行简章》二十条，对华商出洋参加国际性赛会作出了统一规定，并号召各省商家"精择物品"，踊跃赴赛。商人自选物品参赛，改变了以往"委诸税司采办，徒滋笑柄"② 的窘况，展品屡有获奖。尤其在1911年意大利都朗国际博览会上，中国获奖的出品者有256家，共得奖289个。其中卓绝奖4个，超等奖58个，优等奖79个，金牌奖65个，银牌奖60个，铜牌奖17个，纪念奖6个。③

清政府于提倡商人出洋赴赛的同时，又迫不及待地在国内倡办商品陈列所、考工厂和劝工会、劝业会、物产会等各种类型的赛会，以刺激工商业的发展。1906年10月，农工商部开设京师劝工陈列所，"专供陈列中国自制各货，供人观览，以为比较改良之张本"。④ 稍后，各省会和通商大埠均有仿行，辟专馆陈列本地区精良农工商产品。设在苏州的苏省商品陈列所除展陈各项物品外，又附设寄售处帮

---

① 李圭：《环游地球新录》"各物总院"，湖南人民出版社，1980。
② 乙$_{2-1}$79/5。
③ 前刘：《意大利会场之中国出品》，《东方杂志》第8卷第10期，1912年4月1日。
④ 《农工商部统计表》"农政"，宣统元年。

助商人展销商品，设劝工场以"奖劝工业"。直隶所设考工厂还特意购进各省和外国物品标签陈列，任人参观。大型地方性赛会办得比较有声有色的当数直隶、江苏、湖北等省。1907 年 4 月，天津商务总会主办的"天津商业劝工会"，一月之内远近客商报送货物共 298200 余件，"与未开会之先销货顿增多数，各商受益非鲜"。[①] 1909 年，由湖广总督陈夔龙在武昌发起的"武汉劝业奖进会"，是一次规模巨大的地方性博览会。该会设五类陈列室展览本省工商行销产品，另设直隶、湖南、上海、宁波四馆及汉阳钢铁厂、劝工院等七个特别陈列室，会期共 45 日，在一定程度上起到了"奖励本省之工商各业，而助其发达进步"的作用。[②] 即便偏远如四川省，也分别于 1906 年至 1911 年六次在成都召开商业劝工会，"仿外洋博览会之意而变通之"。[③]

中国境内的"赛会热"在 1910 年首次全国性博览会——南洋劝业会期间达到了最高潮。该会从酝酿发起到正式闭会，历时几达两年之久。大体可划成两个阶段：（一）准备期，1908 年 12 月至 1910 年 6 月；（二）开会期，1910 年 6 月至 11 月。

劝业会准备期间，主要进行了组织机构创设、资金筹集、展品征集和会场营建诸项工作。其中尤数展品征集一项工程浩大，牵涉面极广。仅两江所属各府州即分别举办了 39 个物产会，专事搜集、展陈各地方土特产品，并择优运往南洋劝业会参赛。两江以外的奉、直、豫、秦、滇、蜀、粤、湘、鄂等省则先后成立了出品协会，广为搜罗赛品。南洋群岛的泗水、三宝垅、爪哇、巴达维亚、新加坡等地也创办了若干出品协会。另凡各省大宗实业，如江西景德镇和湖南醴陵的瓷器，汉冶萍的煤铁矿，汉口、上海、无锡的丝、茶，则各设专门的

---

① 甘厚慈：《北洋公牍类纂》卷 20《商务一》，沈云龙主编《袁世凯史料汇刊》（7），台北：文海出版社，1966，第 1489～1490 页。
② 参见张廷海编纂《奏办武汉劝业奖进会一览》，上海经武公司，1910。
③ 《四川成都第三次商业劝工会调查表》，四川商务总局，1908，第 14 页。

出品协会。① 自 1909 年初起，由各地物产会及出品协会选出的参赛展品分别经由水陆两路运往南京，盛况空前。

1910 年 6 月 5 日，南洋劝业会在南京正式开幕。会场规模宏巨，蔚为壮观。两江地区所开设的展览馆计有教育馆、工艺馆、农业馆、机械馆、通运馆、美术馆、卫生馆、武备馆、京畿馆，并附设一劝工场，又设有暨南馆一所，作为南洋华侨出品陈列之处；设第一、第二、第三参考馆，展出英、美、日、德等国的产品。各省自建陈列馆共 14 所，分别为直隶馆、东三省馆、山陕馆、湖北馆、湖南馆、四川馆、河南馆、山东馆、云贵馆、浙江馆、福建馆、安徽馆、江西馆、安庆馆。此外，辟有三个专门的实业馆：江宁缎业馆、湖南瓷业馆、博山玻璃馆。三个特别馆：江南制造局出品馆、广东教育协会教育出品馆、江浙渔业公司水产馆。其他附设建筑设施有牌楼、纪念塔、邮局、商店、会议厅、审查厅、游戏场、堆栈等，更有各式亭台花圃、喷泉水池点缀其间。②

参赛展品总数缺乏准确的统计，据张人骏、杨士琦上奏的《开会礼成办理情形折》，仅两江地区物产会出品就达 100 万件。③ 展品以农副、工艺和教育出品为主，共分 24 部、440 类。据统计，几个月中，前来观察的人员达 20 余万人次。许多人专程从他省赶来参观，"时武汉政、学、军、绅、商各界，前往参观南洋劝业会者于开幕后不久已多达三千人"。④ 日本和美国还曾先后派出实业代表团前来劝业会参观考察。日本实业代表团由团员 12 名、随员 2 名组成，团长为日本邮船会社社长近藤廉平。⑤ 美国实业代表团有团员 23 名，同行夫人 17

---

① 《江督张会同南洋劝业会审查总长本部右堂杨苏抚程奏开会礼成办理情形折》，《商务官报》庚戌年第 12 册，宣统二年五月十五日，第 5 页。

② 商务印书馆印行《南洋劝业会场图说》，1910。

③ 这一数字显然有所夸大，劝业会全部展品可能为 10 余万件。

④ 《汉口组织实业团赴宁参观会场》，《时报》1910 年 9 月 5 日，第 3 版。

⑤ 《南洋劝业会纪事》，《时报》1906 年 6 月 18 日，第 3 版。

名，随员 2 名，团长为前洛杉矶商业会议所会长维利阿姆·H. 普慈（Willis H. Booth）。[①] 为接待来宾，南洋劝业会除指定数十处旅馆外，还自建了一所可容数千人的西式旅馆，招商承办。

自 7 月 1 日起，劝业会又开始大规模的审查评奖工作。评奖原则为："专以奖进实业，提倡公司局厂为先。"在三个月时间中，审查评奖人员昼夜兼营，对十余万件赛品分类审查，悉心比较，最后评出一等奖 66 名，二等奖 214 名，三等奖 426 名，四等奖 1218 名，五等奖 3345 名，获奖展品共 5269 件。[②] 列入一等者奖给商勋；二、三、四、五等分别给予超等、优等文凭和金牌执照。66 名一等奖中，以农产品中的丝、茶，工艺品中的化工染织品为最多，矿产陶瓷教育品、美术品次之，机械、武备、棉纱、面粉、畜牧、水产出品则各占一、二。按地区划分，江苏省获一等奖最多，共 19 件；湖北其次，共 7 件。

劝业会预算支出 70 万元，官商各担其半，结果却亏累厉害，财源馨空，约溢支银 10 万两。在劝业会事务所的一再恳请下，10 万两溢支银由清廷饬令度支部作正项报销了，但全数受亏的商本尚需几十万元来补偿！劝业会实际收入共有地租、房租、入场券、搬入费、火车费几项，其中又以地、房租和入场券为大宗。入场券收入开初颇旺，如正式开会之日的第一号入场券，即由南洋侨商梁炳农出银一万元承买下来。但越往后游人越稀，只好迭次减价以招徕参观者，收入有限。地、房租本以各省别馆为大宗，但各省出品协会亦因亏累甚巨，屡经联名禀请，终于蒙准通融豁免。如此一来，受亏商本万难如数筹还。出于无奈，劝业会事务所和董事会只好宣布将会场变价出

---

① 《欢迎美国实业团预闻》，《神州日报》1910 年 9 月 11 日，第 4 页。美国商团的真正核心人物系大来轮船公司社长罗伯特·大来（Robert Dollar）。大来为此次访华著有：《大来访华日记》。Robert Dollar, Private Diary of Robert Dollar on His Recent Visit to China, San Francisco, Robert Company, 1912。

② 《南洋劝业会审查总长本部右堂杨奏南洋劝业会审查事竣分列给奖并办理情形折》，《商务官报》庚戌年第 24 期，宣统二年九月十五日，第 6 页。

卖。幸有南洋侨商张煜南慷慨解囊，愿以 10 万元报效劝业会善后经费，以 20 万元承领会场地基屋宇。除留下劝工场、美术馆、水产馆，各省别馆五处以及马路、桥梁外，其余均归该侨商永远管业，十年之内准其免缴房租地税和一切厘金杂捐。[1] 举世瞩目的中国首次博览会就这样在历时五个月后草草收场了。

盛极一时的南洋劝业会尽管有一个并不乐观的结局，甚或带有几分惨淡经营的色彩，但在中国近代历史上，尤其是在民族资本主义发展史上却占有重要地位。

二　绅商的作用

在筹办南洋劝业会的全过程中，江苏和其他各省的绅商始终发挥着重要的作用。他们充任着此次兹事体大的全国博览会的实际组织者。某种意义上，南洋劝业会也是对近代绅商阶层社会活动能量和组织能力的一次大检验。

通常认为南洋劝业会最初的发起人系时任南洋大臣、两江总督的端方，但仔细考证，其实也不尽然。1908 年夏，为装点新政门面，端方曾饬令江宁公园办事处筹办一个植物赛会馆，以"考察种植，研究农学"。该办事处主要的道员陈琪是个思想比较开通的封建官员，他趁此时机，联合另一名道员严其章给端方上了个禀文，认为如果仅仅陈赛植物花卉，于国计民生并无大益，不如就江南公园地界，举办一次国内博览会，"合农工商品蔚成巨观"，"求农工商业之勃兴"。[2] 端方阅悉陈琪等的禀文后，邀集一些著名绅商反复讨论，确信举办博览会有利可图，于是于 1908 年 12 月给皇帝上了道奏折，正式发起召开第一次南洋劝业会。之所以用劝业会取代博览会名称，是为"暂避博览之名，

---

[1] 《两江总督张人骏奏南洋劝业会期满闭会情形等折》，《商务官报》庚戌年第 25 期，宣统二年九月二十五日，第 4~6 页。

[2] 乙$_{2-1}$87/39。

俾免竭蹶之虑"。① 江苏几位上层绅商张謇、虞洽卿、周金箴、李平书等遂成为南洋劝业会的主要发起人与经办者。

南洋劝业会的组织机构以劝业会事务所为中枢机关,设正会长一人,由端方自任会长(后改为张人骏),委任郑孝胥为主任副会长,其余几位副会长则由当时的江宁藩司、江宁学司、江安粮道、金陵关道和有候补道职衔的上海商务总会议董虞洽卿担任。该事务所设于南京,由劝业会最早的发起人道员陈琪任坐办,驻会办事。事务所下辖董事会,设于上海,具体负责筹款、征集各省赛品等业务。董事共13名,由众股东推选,其中上海商务总会绅商即占8名,分别为总理周晋镳,议董朱葆三、严义彬、丁介候、苏葆笙、陈子琴、祝大椿、席子佩。② 可见,上海商务总会实际上控制着南洋劝业会的董事会,担负起为劝业会筹款和征集、运送赛品的重任。

除参与劝业会的组织领导外,绅商的实质性作用首先体现在会款筹集上。南洋劝业会会款初定为50万元,官商各半,后增至70万元,仍为官商各半。早在1908年7月,端方即曾委任陈琪前往上海游说筹股。他指出:"沪上开通最早,商情团结",希望上海工商界踊跃认股,"赞成斯举"。稍后,上海商务总会总理绅商周晋镳偕同议董绅商虞洽卿等一行九人专程到南京谒见端方,并当场认定商股15万元,占当时议定会费50万元的30%。③ 会费增添后,又有南京绅商宋雨棠独自认股5万元,但余下的10万元却尚无着落。劝业会事务所和董事会只得求助于各地商会。但由于不少商人对劝业会能否盈利尚持怀疑态度,认股者甚为寥寥。如苏州虽经商会持册"分别劝招",

---

① 乙$_{2-1}$87/33。
② 《南洋第一次劝业会股份简章》,章开沅等主编《苏州商会档案丛编》第1辑(1905～1911年),第416～417页。
③ 《陈委员劝兴南洋劝业会演说辞》、《陈委员劝兴南洋劝业会演说辞》(续),《时报》1908年7月13日、15日,第2版。

可是"应者毫无"，最后只好由商会认洋 100 元，共 20 股。① 为凑足商股，劝业会只好派试用道江孔殷前往南洋诸埠劝说华商认股，南洋侨商（其中很多系有职衔的绅商）反应比较积极，很快认定会股 7 万余元。商股会款的筹集算是勉强告成。劝业会闭会时所亏空的约 30 余万元，也主要靠绅商鼎力披助，前文提到的南洋侨商张煜南即系一名绅商，捐有候补京卿的职衔。据说上海绅商虞洽卿曾"将己产向道署押充十五万，"因公受累"。②

尤其在参赛展品的征集、运输和展陈评比方面，绅商们更表现出巨大的活力和空前的组织力，在短期内即征集到 10 万余件展品，并对之进行鉴别分类，包装运输，使劝业会能如期召开。各地协赞会、物产会和出品协会的实际负责人几乎全系当地绅商。上海协赞会总理由著名绅商李平书担任，在他的主持下组建了上海出品协会，选举绅商王震（一亭）为总干事长。王当时身兼上海商务总会议董、沪南商务总会总理等社会职务。③ 天津协赞会由商会总理绅商王贤宾担任协理，绅商宋则久、纪联荣、刘承荫任经理，10 名董事中，绅商亦占绝大部分。④ 根据一份《苏州府物产会在事得奖人员清单》，榜上有名的苏州绅商共 8 名，分别为工艺部员侍读衔内阁中书尤先甲、工艺部员同知衔吴理杲、三品衔度支部郎中张履谦、候选布政使理问倪开鼎、职商陶镕、女界手工部员三品命妇蒋沈孟渊、帮同办事出力员候选员外郎杭祖良、驻宁代表翰林院编修蒋炳章，占获奖人员的80%。⑤

时任江苏谘议局局长的著名绅商张謇对南洋劝业会自始至终都非

---

① 乙$_{2-1}$251/111。
② 《沪商界与财政部之小争执》，《申报》1913 年 6 月 18 日，第 7 版。
③ 汤志钧主编《近代上海大事记》，上海辞书出版社，1989，第 668、669 页。
④ 天津市档案馆等编《天津商会档案汇编（1903～1911）》，第 870 页。
⑤ 章开沅等主编《苏州商会档案丛编》第 1 辑（1905～1911 年），第 422 页。

常关心。由他领导发起劝业会研究会，以李瑞清为会长，张謇自任总干事，其"集合同志，就南洋劝业会出品，研究其工质之优劣与改良之方法，导其进步，冀合劝业会之真旨，收赛会之实效"。该研究会在六月、七月两个月内，对农业、卫生、教育、工艺、武备、美术、机械和通运八个馆的展品分别进行了研究。研究项目多为专题性质的，如莫竹筠的《中国农业品之种类与外国农业品之比较》、江瘦生的《宁缎与杭缎之比较》、陶先进的《江西瓷与湖南瓷之平论》，等等。研究方法，先是各自研究，条具意见；次为共同研究，证勘疑义；再分头请专门人才提出改良办法；最后将全部研究成果编辑出版。[①] 劝业会研究会的活动，对中国产品的改良提高作出了一定贡献。张謇早在1903年参观日本大阪博览会时，对商品博览会这种促进经济发展的新形式已获极为深刻的印象。南洋劝业会的举办，更使他能实地考察如何将这种新的经济发展手段移植到中国。他十分认真地参观了劝业会的各展览馆。他专门参观了直隶馆，在当天的日记里记道："颇觉袁（指袁世凯）为直督之能任事，此人毕竟与人不同。工艺殊有擅胜处，江苏不及也。"[②] 张謇认为在机械与新式纺织品方面，直隶较江苏更占优势。

劝业会期间全国各地绅商云集一地，增强了彼此间的联络和团聚力，使绅商的资产阶级化程度进一步提高。会上，上海、江宁和苏州三个商务总会联合发起召开苏属商界联合大会，集中讨论了如何在江苏全省实行裁厘认捐问题。1910年10月，在上海、天津等商会和实业界代表的发起下，各地绅商酝酿组织一个全国性的中国实业协会，"以联络实业各界调查全国实业，研究进行法，以发达国人之企业能力"为该协会的宗旨。成立会上，选举李平书、向瑞琨为理事，陈

---

① 南洋劝业会研究会编辑《南洋劝业会研究会报告书》，上海中国图书公司，1913。
② 《柳西草堂日记》，宣统二年（1910），《张謇全集》第8册，上海辞书出版社，2012，第703页。

琪、虞洽卿等5人当选为会董，并公请张謇等著名绅商及各埠商会、各大实业机关首脑同入会董行列。该协会设事务所于上海。[①] 张謇等还发起组织全国农务联合会、工业演说大会、报界俱进会等全国性社团组织。[②] 全国农务联合会刊行农务联合会杂志，张謇为之作序，云：

> 于会明农，于农薪通，则杂志之作不可以已也。士大夫皆知其不可以已，则输彼之说以牖此，征此之说以饷彼。传田父野老终身辛苦不能自达之阅历，为农科学子口耳相授短于实习之导师，证合发明，辗转相益，岂非联合会士大夫之责乎？[③]

这说明张謇一类绅商的社会关怀度是非常广泛的，他们虽身在商界，又不止于商界，对农业乃至整个国民经济的发展均十分关注，这是他们超乎于猥琐求利的市侩之商的地方。

劝业会期间，尤其是通过联合抵制征收赴赛展品厘税的斗争，显示出以绅商为领导，以商会等工商社团为纽带，中国早期资产阶级的组织化程度进一步提高，从事经济、政治活动的经验也更加丰富。自1909年初起，由各地物产会及出品协会选出的赛品陆续经由水陆两路运往南京。围绕赴会赛品是否免征厘金问题，商人与清廷税务处争执激烈。开初，税务处出于弥补严重财政危机的考虑以及苛征商民的积习，执意不允对赴赛物品免征厘金，认为"赴赛物品彼此售卖，核与寻常商货趁赴市场无异，该会场所拟报运各省赴赛物品，沿途概免厘税之处碍难照准"。[④] 商人则以国外赛会为例，指责对赛品征厘税，未免滑天下之大稽，于劝业会前途"阻碍甚大"。曾经出洋考察过的端

---

① 《中国实业协会成立记盛》，《时报》1910年12月10日，第9版。
② 见《南洋劝业会研究会报告书》。
③ 《农务联合会杂志序》(1911)，《张謇全集》第6册，第365页。
④ 乙$_{2-1}$81/27。

方等也清楚对赴赛展品征厘实在说不过去，在上给皇帝的奏折中申诉："惟查各国通则，无论大小赛会，从未招人赴赛而转征赛品税之例。"并指出："今日即明言概免税厘，尚恐赴赛者未必踊跃，犹必待广筹招徕倡导之法。若复限之以税厘，劝引稽征同时并举，商民将闻风裹足，却顾不前。"① 最后，清廷不得不于 1909 年 8 月 28 日颁布上谕，饬令税务处对赛品"分别豁免税厘"。② 税务处遂拟定了所谓"联单报运赛品"方案。该方案规定：运商须持劝业会董事会填给的三联单，在所经第一关卡验明单货是否相符，按照海关税则核算税厘，详细标注在运单三联之内，并出具保结，照保二倍于税厘的银数，限三个月内运到南京会场。赛品运到后，由金陵关批销保单执照，寄回原出口关卡，注销保结予以免税待遇。但凡是运送机器或仿制洋式货物，不在此例，而是按照咸丰八年（1858）所订税则核算正税，或完值百抽五正税一道。这一方案尽管仍带有种种限制，但也多少表示了官府对商民的让步，显示了绅商起而维护商人利益的意图和实力。

南洋劝业会期间，以张謇为首的绅商还乘美国商团来参观劝业会并访华之机，积极开展了"中美国民外交"。美国商团的核心人物大来轮船公司社长罗伯特·大来（Robert Dollar）对扩大对华贸易和加强在华投资抱有极大兴趣，因此，张謇所说的"中美国民外交"，主要是指从民间立场出发，同大来资本集团商讨有关经济合作、交流事宜。美国商团于 1910 年 8 月 12 日抵达上海，8 月 20 日转赴南京。8 月 22 日，张謇在江苏谘议局举行隆重的宴会招待大来一行，到会的还有 16 省谘议局代表。张謇在宴会上所致欢迎辞中说："一、中国事

---

① 《又奏请将赴赛物品概免沿途厘税片》，《商务官报》乙酉年第 15 期，宣统元年五月十五日，第 6 页。

② 《本部会奏议复南洋筹备劝业会及赛物免税折》，《商务官报》乙酉年第 23 期，宣统元年八月初五日，第 4 页。

事方在递蝉蜕化之时，贵国平日之所接触，必皆已见其概；二、名为实业改良，而从旁牵制如财政、法律、官厅制度，无事不与相涉，非在同时改良不能大有功效；三、今日略可指为功效者，謇能举一例以告贵国，即吾人欢聚所托之谘议局也。"① 言下之意，中美实业界人士的接触，其意义不仅仅在于经济的合作与交流，更在于推动中国的全面改革。美商代表朋汉（George Burnham）所致答辞，也带有浓厚的政治意味，大意为："中国政治进步日著，必以民造谘议局为代表，江苏谘议局尤属首屈一指。深望谘议局他日与弗兰费亚（即费城）之自由厅相颉顽。"②

经频繁的商谈和最后正式谈判，中美双方商人就合办实业问题达成如下协议：（1）双方合资开设银行，资本中美各半。（2）在中美两国分别举办商品展览。（3）1915 年在美国旧金山举办博览会。（4）双方对互相进口货物采取互惠原则。（5）两国商人相互访问（报聘），增进了解，以推动贸易发展。（6）中美合作建造一艘货船，资本双方各半，悬挂中国国旗。③

显然，南洋劝业会的召开，虽未能完全达到预期的成效，但对于测量中国资本主义经济的发展程度，开通社会风气，促进商品流通，推动民族资产阶级的进一步成熟，是意义深远的。通过南洋劝业会的召开，22 省的绅商聚集一地，多次集议，共谋行止，并以令人难以置信的组织能力和活动力量，配合官方办成了此次盛会，这说明近代绅商正日益成为一支重要的社会力量，在清末民初波谲云诡的政潮中，他们将扮演极其重要的角色。

---

① 《江苏谘议局招待美实业团欢迎词》、《江苏谘议局招待美实业团欢迎词》（续），《时报》1910 年 9 月 29 日、30 日，第 9 版。

② 《江苏谘议局招待美团纪盛》，《时报》1910 年 9 月 27 日，第 3 版。

③ Robert Dollar, *Private Diary of Robert Dollar on His Recent Visit to China*, p. 62.

第六章

"商旗所指"

——绅商的政治参与

商旗所指，亘九万里，庸非我黄胄商界之导线哉！

——《苏州商团档案汇编》

第一节　绅商与民族主义

一　绅商的民族意识

美国史学家芮玛丽（Mary C. Wright）曾将 20 世纪初中国社会所出现的一系列新事物，归结于民族主义的勃兴，认为民族主义乃是中国近代革命运动的最强大的推动力。① 芮玛丽的这一见解是深具洞察力的。晚清绅商由分散状态聚合为社会集团力量，从经济运作的幕后走上政治斗争的前台，在根本意义上，正是由自强御侮、救亡图存的

---

① Wright，Mary C. ed. ，*China in Revolution*：*the First Phase*，*1900 - 1913*，pp. 3 - 4.

民族意识的觉醒所引发。

民族主义，在最宽泛的意义上，系对本民族文化传统的归属和认同，系一种千百年来所形成的对本民族国家的眷恋之情。当然，作为一种历史的范畴，不同时代的人们对民族有着不同的理解，不同时代的民族主义具有不同的内涵。20 世纪初年早期资产阶级的民族主义，不再是囿于"夷狄之分""华夷之辨"的狭隘的传统民族主义，而是具有鲜明的时代特征，对民族观念、国家观念均有新的诠释。其中，最具代表性的系自 1903 年春天在《浙江潮》上连载的《民族主义论》一文。该文作者给民族主义下了一个简明扼要的定义：

> 合同种异异种，以建一民族的国家，是曰民族主义。
> 解之曰：吾闻之哲人矣，国家之起原，由于民族之竞争也。吾故逆用其例，以言曰：凡立于竞争世界之民族而欲自存者，则当以建民族的国家为独一无二义。[①]

而"建民族之国家"，又是与"立共和之宪章"密不可分的，在民族国家的观念中，已然渗入了"个人权利"（民权）、国民意识的观念。正是在此意义上，作者很自然地把法国大革命视作民族主义的源头。

> 吾言民族主义，何以必推源于法国大革命？曰：民族主义与专制政体不能相容者也。民族主义之大目的，在统一同族以立国。然兹所谓统一云者，志意的统一，非腕力的统一也；共同的统一，非服从的统一也。……若专制政体，则何有矣？[②]

---

① 余一：《民族主义论》，《浙江潮》第 1 期，光绪二十九年正月二十日，第 21 页。
② 余一：《民族主义论》（续第 1 期），《浙江潮》第 2 期，光绪二十九年二月二十日，第 17 页。

中国近代新兴民族主义不独反对封建专制主义，而且直接针对帝国主义对中国的侵略和瓜分，具有强烈的自立反抗意识。有人指出：

> 拔剑而起，环顾四空，横风暴雨，森然逼人。危乎！危乎！今日之时代，帝国主义最发达之时代也。[①]

有人惊呼：

> 呜呼！今日之世界，非竞争风潮最剧烈之世界哉？今日之中国，非世界竞争风潮最剧烈之旋涡哉？俄虎、英豹、德熊、法貔、美狼、日豺，眈眈逐逐，露爪张牙，环伺于四千余年病狮之旁。……呜呼！望中国之前途，如风前烛，水中泡耳，几何不随十九世纪之影以俱逝也。[②]

也有人呼吁：

> 今日者，民族主义发达之时代也，而中国当其冲，故今日而再不以民族主义提倡于吾中国，则吾中国乃真亡矣。[③]

> 苟吾国人人求为英雄志士，不肯居人下，不肯让俄人、英人、法人争先，则二十世纪之中国，必有振兴之一日，必有与白种不两立之一日。为此事者，负此职者，非吾辈童子而谁？吾愿诸君，各用才力，以百折不回之气，而谋国事，则中国之兴，可

① 陈怀：《帝国》，《新世界学报》第 10 期，光绪二十九年正月十五日，第 86 页。
② 《学生之竞争》，《湖北学生界》第 2 期，光绪二十九年二月，第 6~7 页。
③ 余一：《民族主义论》，《浙江潮》第 1 期，光绪二十九年正月二十日，第 20 页。

翘足而待也。①

同近代新式知识分子所鼓吹的民族主义相比较，晚清绅商阶层的民族主义意识显得并不怎么系统化、条理化和激情化，而相对平和、务实，更多地体现为一种相对粗糙和潜在的心理状态。因此，称之为"意识"，较称之为"主义"更恰当。

首先，同近代知识分子一样，绅商的民族意识亦同样体现为一种强烈的御侮救亡意识。所不同的是，绅商更为注目的是外国的经济侵略，以及由这种侵略所造成的利权外溢、己利被夺，"商战"失败的危迫情势。"我中国庞然一大物，精华所集，物产之富，甲于天下，是彼碧眼虬髯辈所闻之而生羡者，故倡议开放门户，代理财政，欲以向之待印度、波兰者待我。"② 对印度等国沦为列强殖民地的先例，绅商尤感触目惊心，深恐中国会步其后尘。

嗟吾亚洲，值此时局，丁此运会，所谓中国环列小蛮夷者，数十年来，亦已循天演之公例，次第淘汰，渐失其竞立争存之势。近来有识之士，见微知著，惊心动魄，咸知保群进化之急不可缓，宗法社会之万不足恃。③

他们将国家之间优胜劣汰的竞争，归结为经济的竞争，强者由其经济实力之强而强，弱者以其经济实力之弱而弱：

悲夫！今之论者，莫不曰中国亡于外交失策，亡于武备不

① 薛锦江：《二十世纪之中国》，《童子世界》第25期，光绪二十九年，第2页。
② 太孟：《商业发达论》，《江苏》第3期，光绪二十九年六月，第87页。
③ 《说竞》，《申报》1906年1月2日，第1~2版。

修，夫岂知商务弗兴，漏卮不塞，实足亡中国而有余也。①

于是，绅商的民族意识又体现为在经济竞争中的参与意识和责任意识。同传统商人阶层因长期处于"四民之末"而具有的"孤立主义"倾向不同，近代绅商开始逐步意识到时代所赋予自己的历史使命，起而同帝国主义相抗争，以御侮救亡为己任。他们说：

> 今则一息尚存，苟能群策群力，收回我已失之利权，发挥我无尽之蕴藏，与彼角逐于经济竞争之世界，争存于惨淡猛烈之剧场，至二十世纪之中叶，我支那民族握全地球商业上惟一之霸权未可知也。故今日者，我支那民族死生绝续之关键。今日之商家，实操我支那民族存亡起废之权者也。②

> 华商乎！华商乎！其亦念及中国之前途而急起图之乎！③

其次，民族意识直接催生了绅商的合群意识，他们认识到，在帝国主义经济侵略的强大压力之下，只有联合方能有效地御侮。否则，若散沙一盘，只会被帝国主义各个击破。许多绅商都表示出"合大群""固结团体"的联合愿望。有的指出：

> 中国商人素无合群思想；故数千年来，未有占历史之光荣。④

---

① 《论中国商业不发达之原因》，《经济丛编》第 35 期，光绪二十九年八月二十九日，第 4 页。

② 太孟：《商业发达论》，《江苏》第 3 期，光绪二十九年六月，第 88 页。

③ 乙$_{2-1}$8/22。

④ 《论商会倚赖政府》，《东方杂志》第 1 卷第 5 期，光绪三十年五月二十五日，第 55 页。

自五口通商以后，那进口的洋货一天多一天，我们商业被他们打坏的不知多少！我们商业中人，不晓得联合团体，共图抵制，只晓得各谋私利，因此行情不能划一，往往有互相倾轧的毛病。这是第一不好的地方。①

也有人指出，商人之间实现联合，关键在于打破此疆彼界，确立"公共思想"，以尽"公共义务"。如天津商会绅商曾指出："商战竞争之世界，优者胜而劣者败，此定理也。吾国商界不能不立于不败之地，以无公共之思想，故其势常孤，势孤则胆怯矣，虽占常胜之地，欲其不败也可得乎？故有公共之思想者能尽公共之义务。"② 有的商人还将"公共思想"，直接提升为爱国心和公德心，苏商体育会绅商即愤于"今日柔懦不武，屡衄于外"的现状，呼吁商界同胞"淬厉精神"，"孔武有德"。③ 上海水木业公所绅商，也发出类似的呼吁：

团体者，自强之妙用也……精神何在？在捍御外侮，而爱护其同类；命脉何在？杜联合心志，而切劘其智识材能。④

可见，晚清绅商的民族意识虽是直接发端于"洋货侵贯内地，土货销路日绌"，"洋商纷至沓来，商界所关实非浅鲜"⑤ 的经济动因，并渗入了士大夫（绅）传统的忧国忧民意识和"天下兴亡，匹夫有责"的社会使命感，但在主要内容及思想实质上，仍归属于近代资产阶级民族主义的历史范畴，是其重要组成部分之一。

---

① 《经商要言》（沪南商学会会员演述），《辛亥革命前十年间时论选集》第 1 卷下册，生活·读书·新知三联书店，1960，第 891 页。
② 天津市档案馆等编《天津商会档案汇编（1903～1911）》，第 1882 页。
③ 《苏商体育会开幕式之演词》，《苏州商团档案汇编》，第 12 页。
④ 《上海碑刻》，第 322 页。
⑤ 章开沅等主编《苏州商会档案丛编》第 1 辑（1905～1911 年），第 2 页。

从时间上考察，近代绅商的民族主义意识约抽萌于 1894 年中日甲午战争至 1903 年拒俄运动之间。甲午战争中，大清帝国败于"蕞尔小夷"的日本手下，对中国社会各阶层，尤其是对士大夫阶层产生了极大的震动。著名绅商张謇之所以弃仕入商，正是直接导因于甲午战败的巨大刺激。在得知《马关条约》签订的当晚，张謇曾在日记中记下"和约十款"的主要内容，并批注："几罄中国之膏血，国体之得失无论矣。"[①] 1895 年夏，张謇应邀为张之洞起草《条陈立国自强疏》，分析了《马关条约》的严重危害性，从加强国防、广开新学、提倡商务、讲求工艺等方面，比较系统地阐明了自己的救亡主张，初步形成了"实业救国"的思想，开始了一生中最为重要的"从状元到资本家"的转变。如他后来所回忆：

> 自前清甲午中国师徒败衄，乙未马关订约，国威丧削，有识蒙诟，乃知普及教育之不可以已。……当是时，科举未停，民智未启，国家有文告而已，不暇谋也。地方各保存固有公款之用而已，不肯顾也。推原理端，乃不得不营实业。然謇一介穷儒，空弮蹶张，于何取济？南通固中外有名产棉最王之区也，会有议兴纺厂于通而谋及者，乃身任焉。[②]

上海著名绅商经元善在甲午战争期间，也表现出空前的爱国热情。1894 年 11 月，清军连连败北，战事告急。改良主义者钟天纬受盛宣怀之委托，起草了"募义饷兴义兵公启"，内附章程若干条，寄上海经元善处，请其出面代为筹集。经元善抱病闻风而动，一面将钟函及章程呈送张之洞，请为采纳；一面驰书四方，号召海内外义赈同

---

① 《柳西堂日记》（光绪二十一年四月初六日），《张謇全集》第 8 册，第 389 页。
② 《南通师范学校十年度支略序》（1912 年 4 月 15 日），《张謇全集》第 6 册，第 370～371 页。

人"不惜毁家纾难"，招募义兵、购置军舰、制造枪炮，"凡有血气者，无不共抱义愤，而同仇敌忾也"。① 强烈的爱国救亡意识溢于言表。此举后虽未果，但却推动经元善走上了改良救国的道路。

1901～1903 年的拒俄运动，既是爱国绅商投身反帝爱国运动的首次实践，又极大地激发了广大绅商的民族主义意识。1901 年 3 月，爱国人士在上海张园举行第一次集议时，厕身其间的即有不少工商人士。此会曾拟定通电，要求清政府"力拒俄约，以保危局"。会后，不少绅商"以不得与闻为憾，纷纷投函，欲签名与列者不下数十起"。② 1903 年 4 月，寓沪各省绅商志士千余人再次在张园集会，与前几次集会相较，与会者的拒俄态度表现得更为坚决，通电声言："即使政府承允，我全国国人民万不承认。"③ 4 月 30 日刊登在《苏报》上的一篇《中国四民总会知启》附言中，更直接号召商人投身拒俄运动，发爱国之热忱：

> 凡我商人，宜发爱国之热忱，本爱国之天良，届期多来聚议办法，勿失商家体面为要。

又云：

> 发爱国之血诚，视国事如家事，爱国土如家产，勿任他人妄割取一寸之土，妄侵窃我一毫之权。

这说明绅商已渐具独立自主意识和国家观念，其民族主义意识已

---

① 《致各路义赈同志公函》，虞和平编《经元善集》，第 144 页。
② 《乞阻俄约电文》《中外日报》1901 年 3 月 17 日、18 日，转引自杨天石、王学庄编《拒俄运动（1901～1905）》，中国社会科学出版社，1979，第 9～10 页。
③ 《对于俄约之国民运动》，《江苏》第 2 期，光绪二十九年五月，第 135 页。

进入一个新的境界。

然而，拒俄运动还仅仅是拉开了绅商反帝爱国运动的序幕，接踵而至的抵制美货运动和收回利权运动，才一步步将绅商推上了反帝爱国运动的中心位置，使其民族主义意识空前增强。

二 抵制美货的领导者

如果说，1903 年的拒俄运动还仅仅是上海一部分绅商激于爱国义愤和民族主义的感召，以配角的身份投入斗争行列，那么，到 1905 年抵制美货运动爆发时，随着各地商会的陆续建立，绅商阶层已俨然成为运动的领导者和组织者，引起社会各方面的注目。抵制美货运动，正是绅商阶层所参与领导的第一次大规模的反帝爱国斗争。

抵制美货运动起因于当时美国政府所推行的一系列迫害、排斥华工和华侨的政策。在美国建国史上，正是大量早期赴美华工的辛勤劳动，才促使美国西部开发趋于繁荣，"没有华工就没有西部的垦殖"。但到 19 世纪末，美国在国内经济危机的困扰下，排华政策逐步升级，迫害华人的事件时有发生。1894 年 3 月，美国政府更诱使当时的清政府驻美公使杨儒正式签订了《限制来美华工、保护寓美华人条款》（通称《华工禁约》）。此后十年中，美国方面据此不断增加限禁华工和排斥华人的各项条款，以致"不论哪样中国人，要入美国的境界，总没有一人不受他苛待的了"。[1] 1904 年底，《华工禁约》期满，中国人民即要求废除这一迫害华人的苛约。寓居美国的十余万华侨，曾联名致电清政府外务部及当时的驻美公使梁诚，吁请与美国政府交涉废约。然而，美国政府却不顾中国人民的强烈反对，坚持要在新订条约中继续保留虐待华人的条款，终于引发了一场如火如荼的反美爱国运动。

上海绅商通过刚成立不久的上海商务总会，在抵制美货运动中起

---

[1] 和作：《一九〇五年反美爱国运动》，《近代史资料》1956 年第 1 期，第 8 页。

到了发起和推动的作用。

1905 年 5 月 10 日，为反对美国排华苛约，上海商务总会召集会议，首倡全国实行抵制美货。会上，身为福建帮领袖、商会议董的绅商曾铸（字少卿，一品封典花翎候选道）登台演说，提出以两个月为期限，若到期"美国不允将苛例删改而强我续约，则我华人当合全国誓不运销美货以为抵制"。曾铸发言时"激昂慷慨，语语动人"，"在座绅商无一人不举手赞成"。[①] 会上，绅商们还公议电稿，由"甘为天下公益而冒任何风险"的曾铸领衔，分别致电外务部、商部坚拒签约，并电请南北洋大臣协力抗阻。电云：

> 美例虐待华旅，由工乃商，闻美使要外部续约，事关国体民生，切恳电部劝阻画押，以伸国权而保商利，大局幸甚。[②]

与此同时，又通电汉口、宜昌、镇江、天津等全国二十一个商埠的商会或绅商，要求"传谕各商知之"。[③] 5 月 14 日，福建帮商人在泉漳会馆集议，曾铸在会上提出五项抵制办法：（一）美来各货（包括机器在内）一概不用；（二）各埠一律不为美船装载；（三）华人子弟不入美人所设学堂读书；（四）美人所开之行，华人不应聘为作买办及翻译等事；（五）美人住宅所雇一切佣工劝令停歇。并相约两月之后，美方若不改初衷，仍一意孤行，上述各项将立即实行。

上海商会绅商发出抵制美货的号召之后，全国各地商会和广大绅商积极响应，"各省各业，无不各自聚会，实行抵制"[④]，相约"不用美货，不定美货"[⑤]，运动迅速从各通商口岸扩展到许多中小城市以及

---

① 苏绍柄编《山钟集》，上海鸿文书局，1906，第 11 页。
② 苏绍柄编《山钟集》，第 27 页。
③ 苏绍柄编《山钟集》，第 28 页。
④ 《抵制美约要闻》，《大公报》（天津）1905 年 8 月 11 日，第 2 版。
⑤ 《商务总会决定不用美货之大会议》，《申报》1905 年 5 月 21 日，第 2 版。

市镇，形成全国性的规模。

在天津，商会绅商接到上海曾铸"拟相戒不用美货，暗相抵制"的来电后，当即由商会总理王贤宾亲笔起草电文，复电上海商会："接曾铸兄来电，因美禁华工，沪商恳外部缓签约，拟禁美货。贵会应如何，电示遵。"① 后又正式复函上海商会，表示："经迭与各行董事妥议，是以复电及墨信，有皆愿遵照沪商条款切实抵制之策。"② 6月18日，商会绅商不顾直隶总督袁世凯的阻挠破坏，举行集会，商议抵制办法事宜。商会协理宁世福在会上发言，号召"吾绅商尤当始终无懈，分途布告，切实举行不购美货"，得到"阁座同声公认"，"并议定罚规，如有违者认罚银五万元"。③

在广东，广州街头到处可见抵制美货的标语、集会、演说或说唱表演。刚成立的广东总商会绅商联合七十二行及九大善堂，组织拒约会，统一联络、指导广东地区的拒约斗争。稍后，拒约会改名为"广东筹抵苛待华工总公所"，一切事宜"概由商界主持"。④

在汉口，商务总会绅商接到上海方面的通电后，立即动员全市工商业者筹划抵制美货。7月间，汉口商务总会多次开会集议，与会者情绪激昂，争先恐后登台演说，一致议决："凡向办美货者，一律停办；其本不销美货者，一律不购用美货。"⑤

在杭州，约50多个行业的绅商于7月间两次集会，大家一致赞成："所有美货一律不进，一概不用。"7月23日又召开第三次会议，会上各商董"提议实行抵制之法"，"群情踊跃"，并决议通知各报馆，不再刊登美货广告；劝告已在美国水火人寿保险公司担保的士

① 天津市档案馆等编《天津商会档案汇编（1903～1911）》，第1877页。
② 天津市档案馆等编《天津商会档案汇编（1903～1911）》，第1878页。
③ 《商界之大会议》，《大公报》（天津）1905年6月19日，第1版。
④ 《岭东日报》1905年9月14日。转引自徐鼎新、钱小明《上海总商会史（1902～1929）》，第79页。
⑤ 《汉口商人集议不用美货事》，《时报》1905年8月7日，第3版。

商，"已保者从速退保，未保者切勿再保"。①

当时，苏州商会尚处于筹建阶段，但爱国绅商还是积极领导了当地的抵制美货运动。早在 4 月 28 日，苏州绅商和教育界人士便已行动起来，假福音医院召开了上百人的集会，号召戒用美货，并成立了领导抵货废约的总机构"争约处"，负责人有汪远焘、朱宝森、李士芬、项森等。② 接到上海商会通电后，争约处即派沈戟仪赴沪与曾铸等建立联系，统一行动。5 月 29 日，争约处借元妙观召集第二次会议，"赞成签押者多至 800 余人，共相勖勉，实行抵制"。③ 各业会馆、公所也纷纷开会商议抵制美货办法。由绅商苏绍柄任董事的烟业汀州会馆作出决议：自 6 月起，不再出售品海及球牌美国香烟，"誓共遵守，必俟改约而后已"。④ 6 月 28 日，争约处假丽华茶园召开第三次大会时，"到者甚形拥挤"。都亭桥（今东中市）的大有成烟号，将店内库存的美国品海牌香烟悉数运至元妙观当众焚毁。怡和祥绅商施炳卿本和美国烟商订有一年合同，也断然当众宣布废除合同。⑤ 除各通商大埠和省垣外，各县城、集镇的绅商士民也卷入了抵制美货的斗争。7 月 15 日，江苏常熟绅商借邑庙开抵约大会，"到者千余人，内有短衣赤足者"。⑥ 湖北沙市绅商给上海商务总会的复电中，云："美禁华工，波及士商，实堪痛恨。贵总会提议抵制，并电示敝处，凡有血气，莫不感激赞成。近已通知各行，均不销美货。"⑦ 浙江绍兴绅商在接电后的第二日，即邀各行业商董集议，表示："吾绍虽僻处内地，决不敢放弃（抵制美货）天职也。"⑧ 在安徽桐城，"绅商闻风响应"，

---

① 苏绍柄编《山钟集》，第 64 页。
② 苏绍柄编《山钟集》，第 73 页。
③ 苏绍柄编《山钟集》，第 73 页。
④ 苏绍柄编《山钟集》，第 82 页。
⑤ 苏绍柄编《山钟集》，第 139 页。
⑥ 苏绍柄编《山钟集》，第 294 页。
⑦ 苏绍柄编《山钟集》，第 65 ~ 66 页。
⑧ 苏绍柄编《山钟集》，第 111 页。

县中学堂理事等人发起于7月17日假公所开演说会，"绅商毕至，计愿签允不用美货之绅士姚促实等二十八人，不发美货之商号太和祥等三十五家，不用美货之学界阮仲勉等五十二人"。①

抵制美货运动中，绅商和各界人士表现出对民族危亡的深切忧惧。他们认为："此次抵制禁约，是我四百兆同胞干预外交之第一起点。……此次若不办到废约地步，将来各国效尤，试问我华人尚能出国境一步么？如其不能出国境，此为摈民，非是国民，埃及、印度、波兰、犹太前车不远，能无寒心？"② 又云："今日拒约之举，非仅为团体而于中国之大局大有关系。……下可为数万口困苦华工伸仇泄恨，上可为数千年文明中国转弱图强。"③ 这表明已具有新的时代特征的反帝爱国运动拓展了绅商阶层的政治视野，他们开始把眼光从身、家、乡、本行和本店的狭小范围移注于全国和全球，将维护自身利益同民族危亡联系起来。

抵制美货运动不仅促进了近代绅商民族主义意识的空前高涨，而且使绅商阶层的组织化程度进一步提高。在许多正在筹设商会的地区，抵制美货运动直接促成了商会等绅商社团组织的迅速建成。如在苏州地区，抵制美货运动兴起之前，苏州绅商虽已有创设商会的打算，但仍处于迟疑、观望之中。运动发起之后，绅商们便感受到了没有商会组织所带来的不便和局限，"惟苏地并无商会，以致敝处集议之所，外间尚未周知"。④ 创设商会顿时成为一个十分紧迫的问题。

> 虽举国与共而抵制美货，则商家为首当其冲，而商家之方策，又必赖商会为之机关也。……是商会之利虽不止于争约，而

---

① 苏绍柄编《山钟集》，第274页。
② 苏绍柄编《山钟集》，第274页。
③ 乙$_{2-1}$295/14。
④ 苏绍柄编《山钟集》，第139页。

与争约固有密切之关系也。故争约者怂恿商会之立成，亦所以为抵制之预备。①

在绅商士民的千呼百唤中，苏州商务总会终于于 9 月间呱呱落地。新成立的商会第一个大的政治举措，就是领导已近尾声的抵货运动。10 月，绅商黄驾雄为抵制华工禁约事致函商会总理尤先甲。函曰：

昨于吴氏义庄得获钧范，面陈不用美货，抵制华工禁约，务求仁翁及商会全体会员妥善办理，以尽抵制之实际。仰荷许以二十六日在商会先行会议，鄙人及同志等三十六人领悉□□，莫名钦佩，尤幸我中国苏州有仁翁其人也。②

显然，苏州商会既诞生于抵制美货运动中，又正是以领导这一运动而获得自己最初声誉的。继商会之后，在"合群爱国"的时代氛围中，体育会、商团、商学会等绅商社团相继破土崛出，体现了绅商阶层在政治上日趋成熟。

抵制美货运动也间接促进了绅商的自立意识和国民意识，推动他们走上积极参与地方自治运动之路。镇江绸洋货业的一位绅商指出："美禁华工，群谋抵制，一经发起，海内风驰。执事振发其精神，担负其责任，两月以来，无或稍懈，足征维持之苦，魄力之雄，不愧为南洋伟人，商场领袖。"并由此而得出结论："足见人心团结，事虽至巨，不难挽回，我国民之精神，其从此可以焕发乎！"③ 维新思想家梁启超也对抵制美货运动予以很高的评价，认为"以此役而使我全国民自知其魔力之伟大如是如是，而后此他役，敢于利用此力以为政府之

---

① 《敬告我苏州商业家》，《时报》1905 年 7 月 19 日，第 2 版。
② 乙$_{2-1}$295/14。
③ 苏绍柄编《山钟集》，第 66 页。

后援，以使我国民之资格之位置益见重于世界，则公等所以自效于国者，岂惟此区区一禁约而已"。① 另据上海著名绅商李平书的回忆，上海绅商之积极发起地方自治的直接动因，正是来自由抵制美货运动所激发的强烈爱国热情。在《论上海》一文中，李平书谓：

> 甲辰（1904）以前，民智不可谓不开，而以云国家思想、地方思想、政治思想，则茫乎其未之闻。自乙巳（1905）年，美约事起，一呼而应者千万人，俨若人人有公德心，人人有独立性，国民资格骤然进步。当此之时，如长夜酣眠，闻晓钟一声，人皆唤起。而钟声之发，实自上海。是年夏间，城中绅士以马路工程局官办腐败，请改绅办，以试行地方自治。②

这段简约的概括，已清楚地道出了1905年前后绅商和普通民众思想的急剧变化，提出了稍后兴起的地方自治运动背后的强大民族主义动力。

1905年8月底，在美国政府与清政府软硬兼施的威逼下，更由于某些上层绅商的动摇，抵制美货运动如狂飙般猛然兴起，又如退潮般迅速趋于低落，到9月份已难以为继。北方各地"美货业已行销"，南方各省虽然仍有坚持不用美货者，但普遍流行的是"美货用否，人各有权"的论调。那个在抵制美货运动高潮中曾风云一时的绅商曾铸，也不得不喟然叹曰："众人签允（不定美货），徒托空言"，如今只能"定货任他定货，不用由我不用"。③ 由绅商阶层领导的轰轰烈烈的抵制美货运动，就这样虎头蛇尾地收场了。

---

① 《抵制禁约与中美国交之关系》，《时报》1905年7月7日，第2版。
② 《上海县续志》卷30，第36页。
③ 苏绍柄编《山钟集》，第511～512页。

三 收回利权的中坚力量

抵制美货运动暂告沉寂之后，近代绅商集中力量投入规模更大、持续时间更长的收回利权运动。从 19 世纪末延续到 20 世纪初的收回利权运动，系辛亥革命前反帝爱国运动的重要组成部分，它包括收回矿山主权和收回铁路主权两个方面的内容。19 世纪末 20 世纪初，各国列强采取种种手段，大肆掠夺中国的矿山开采权和铁路修筑权，不仅严重侵害了中国的主权，加深了中国的民族危机，而且直接侵犯了资产阶级化绅商的切身经济利益。因此，爱国绅商遂成为各地收回利权运动的骨干力量。在收回矿权方面，绅商参与或领导的斗争包括：1905～1908 年山西绅民发动的收回英国福公司掠夺的矿权的斗争，在此次斗争中，山西绅商渠本翘、刘笃敬等创办了山西保晋矿务公司；1902～1910 年安徽绅民收回铜官山矿权的运动，发起人有在籍绅士李经畬、方履中等；1904～1909 年四川绅民收回江北厅矿权的斗争；1900～1911 年云南绅民收回都鲁河砂金矿的斗争；1908 年山东绅民收回中兴煤矿的斗争；1909 年山东绅商倡立"保矿会"，赎回茅山等处矿产的运动，等等。1907～1911 年，各省绅民已收回主要矿场资本及赎款统计见表 6－1。

表 6－1　1907～1911 年各省收回矿产统计

矿名	所有国	赎回年份	原资本（元）	赎回用款（元）
山西福公司煤矿	英	1907	13986000	3776000
奉天锦西暖池塘煤矿	中、英	1908	203000	203000
山东峄县华德中兴公司煤矿	中、德	1908	—	47000
安徽铜官山中英企业公司	中、英	1909	119000	727000
四川江北厅煤矿	中、英	1909	690000	308000
云南七府隆兴公司锡矿	英、法	1911	2098000	2098000
山东矿务公司	中、德	1911	1527000	294000
湖北阳新万顺公司炭山湾煤矿	中、法	1911	1119000	1119000

资料来源：汪敬虞编《中国近代工业史资料》第 2 辑下册，第 759 页。

在收回路权方面，绅商参与和领导的斗争包括：1904～1905 年收回粤汉铁路主权的斗争；1903～1911 年江浙绅民收回苏杭甬路权的斗争；1903～1911 年四川绅民开展的"川省铁路商办"的保路斗争；1905～1910 年云南绅民收回滇越铁路的斗争；等等。下面，仅以较为突出的江浙铁路风潮为例，具体分析绅商在收回利权运动中的作用。

持续数年的江浙铁路风潮，大致包括力争沪宁路权、集股自筑两省铁路和拒借苏杭甬路款等三方面的内容。这三方面的斗争交相穿插、层出迭见，逐步把拒款保路斗争推向最高潮，而爱国绅商始终是运动的中坚力量和直接组织、领导者。

江苏和浙江两省的铁路修筑权，在 19 世纪末已开始为英国人所攫取。1898 年，英国驻华公司窦纳乐向清政府总理衙门提出由英商承修中国五条铁路的无理要求。首先由怡和洋行代表英国银公司，同清政府督办铁路大臣盛宣怀议订沪宁铁路草约。1903 年，又签订了沪宁铁路正合同。此路全长仅 570 里，但借款却多达 350 万英镑，"比常价每里需银万两者，浮逾四倍"，[①] 且合同规定借款期为 50 年，这意味着中国要等 50 年之后才能赎回此路；同时，还将此前用官款修成的淞沪铁路作为沪宁路的抵押。1905 年，卖国的沪宁铁路正合同公布，英国按合同规定接收淞沪路，并同时开始修筑沪宁路。此事激起江苏绅民的极大愤怒，纷纷上书指责"糜款大臣，赎路难期"。迫于社会舆论的压力，清政府不得不责成盛宣怀重新与英方谈判，盛却表示"无词可措，碍难悔约"，最后仅以勉强同意少借一百万镑了事。

沪宁铁路开筑后，因靡费甚多，工款仍不敷用。1906 年底，清政府派唐绍仪以督办沪宁铁路大臣名义与英国银公司磋商续借路款 65 万镑，并在国内发行路票，再次激起江苏绅民的抗议浪潮。上海、江宁、苏州等地绅商联名上书唐绍仪，强烈要求"首以停止小票，请大

---

① 《江苏京官呈请商部优奏沪宁铁路事》，《申报》1905 年 10 月 10 日，第 3 版。

部电知驻英钦使，一面估计未筑之工程，一面钩稽已往之浮冒，庶足稍留苏省未尽之膏血，稍纾苏省赎路之痛苦"。① 清农工商部曾专文札饬苏州商会，要求"劝谕京外官绅、本省富商迅速踊跃认购（沪宁路票）"，江苏布政司和商务局也曾联名照会苏州商会，请其劝导商民购买路票，但均为商会绅商冷言拒绝。② 1908 年沪宁铁路正式通车后，绅商们切齿痛恨，愤而言之：

> 现沪宁被夺，闻城外汽笛呜呜，不啻晨钟暮鼓，日日唤醒我人之迷梦。若拒绝借款后而不将此路赎回，犹未能完我之主权也。③

然而，沪宁争路的失败，不过只是小小的序曲，围绕苏杭甬铁路借款问题，江浙两省的铁路风潮迅速被推向高潮。

1898 年，在攫取沪宁铁路的同时，英国人即无理提出承筑由苏州至杭州并延伸至宁波的苏杭甬干路的要求。同年 10 月，仍由盛宣怀出面与英国银公司秘密签订苏杭甬铁路草约四条，使江浙铁路筑路权悉数为英国所霸占。草约签订后，英方并未按照规定期限勘测路线。延至 1905 年，英方仍未准备勘路，也未与清政府签订正式合同。当时全国各地收回路权运动正方兴未艾，特别是粤、湘、鄂三省绅商从美国手中收回粤汉铁路主权的胜利，使江浙两省绅商受到极大鼓舞，他们决心集股自筑苏杭甬铁路。浙江绅商先行一步，于 1905 年在上海集议自办全省铁路，按江西、安徽的成案办理。商部迫于舆论，于 7 月奏准成立浙江铁路公司，由在籍绅士汤寿潜出任总理、刘锦藻为协理，招股修筑浙省铁路。次年，江苏绅商也援例申办江苏境内铁

---

① 乙₂₋₁297/21。
② 乙₂₋₁294/44、52。
③ 乙₂₋₁297/35。

路。5月间，由翰林院侍读学士恽毓鼎领衔，256名江苏籍官员和在籍绅商联合拟具呈文，向商部要求成立苏省铁路公司，"由绅商集款"，陆续举办苏省铁路。据保存于苏州商会档案中的一份《在籍绅商具名清单》，列为发起人的江苏著名绅商有商部三等顾问官候选道周廷弼、候选道曾铸、翰林院编修沈云沛、内阁中书尤先甲等人。姓名可考的苏州绅商达20余人。[1] 苏省铁路公司举商部右丞王清穆为总理，翰林院修撰张謇、翰林院编修王同愈、安徽候补道许鼎霖为协理。张謇在其中起着举足轻重的作用，商部的奏折中称：

> 修撰张謇才具开展，办事结实，向能整理实业，究心商务，于铁路事宜亦所熟悉，既为乡望所推，应请派为协理，所有招股、勘路、购地、兴工各要端，均应由该绅等妥慎筹划，随时禀呈臣部详核奏明，切实兴办，以一事权而联众志。[2]

苏省铁路公司于上海设总公司办事处，在其他各地设分公司办事处。在筑路规划上，拟分南北两路。北路干线自镇江以北，历扬淮以达山东沂州。南路干线一路从苏州入浙江，称苏嘉路；一路从上海入浙江，称沪嘉路。经讨论，绅商们决定"拟先从南路工程入手"，以期"竣工易而获利速"。[3] 筑路首须筹款，"按部定公司律，非验有确定资本不为立案，而在资本家则非有允准立案明文不乐入股。就苏南一线而论，尤非先有底股30万元，不足以坚投资入股之信心，为呈部立案之基础"。[4] 为筹措苏嘉路的30万元底股，苏州商会绅商曾专门邀集绅富行商召开特别会议，说明设立铁路公司，乃是"唤起全省

---

① 章开沅等主编《苏州商会档案丛编》第1辑（1905～1911年），第773～774页。
② 章开沅等主编《苏州商会档案丛编》第1辑（1905～1911年），第775～776页。
③ 章开沅等主编《苏州商会档案丛编》第1辑（1905～1911年），第771页。
④ 乙$_{2-1}$297/36。

精神，成就全省路政，关系诚非细故"。① 结果，管理苏城公益基金的绅商潘祖谦、张履谦提议从其经管的丰备仓积谷项下提拨 10 万元，以资应用，"路工告成，即由公司筹款归还"。其余 20 万元底股，则由各绅商分头认股。② 筹足底股并商请商部立案之后，又以苏州绅商为主组成苏省铁路公司驻苏分公司，公推著名绅商王同愈、尤先甲为经董，负责购地、勘线招股事宜。除刊登招股公启，敦请各界人士踊跃认股外，苏州绅商还多次派人赴沪，"邀集寓沪绅商题名酌认底股"，很快凑足了 200 万元的股款。后来，因种种原因，苏嘉路未及开筑即以"缓办"名义夭折，已筹股款由苏路股东会决定移筑沪嘉路。

英国政府眼见江浙两省绅商已着手自办铁路，担心到手的权益将得而复失，马上向清政府外务部大兴交涉，要求清廷即刻与银公司订立苏杭甬铁路正式合同。两省绅商闻讯，亟谋抵制。浙江绅商致电外务部，宣称"浙人自以浙款办浙路"，坚持要废除草约，收回主权。1907 年，当江浙两省铁路公司正式动工修筑苏杭甬铁路的杭嘉、沪嘉段后，英国公使更是恼羞成怒，接连向清政府施加压力，企图迫使清廷收回商办成命。在英方的压力之下，清政府趋于妥协，发布上谕称："英人叠次执言，自未可一味拒绝，尽弃前议，致贻口实，另生枝节。"③ 最后，清政府挖空心思，想出了一个所谓借款、筑路"分为两事"的折中办法。即筑路之事不载入合同，表明系"中国自办"，但却借款 150 万英镑，按九三折扣交纳，常年五厘利息。此外，还规定必须聘请英人为总工程师，并由英方代购器材，将苏杭甬路的起点改为上海，与英国已占有的沪宁路相连。

这个变相出卖沪杭甬铁路主权的"借款筑路"方案一出台，即激起江浙两省绅商和社会各阶层人士的无比愤怒。报载："苏浙两省绅

---

① 乙$_{2-1}$297/36。
② 乙$_{2-1}$297/26。
③ 《清实录》第 59 册，第 668 页。

商自闻外部典徇外人，勒借外款之信，群情愤激，相与奔走呼号，立会聚议，发电力争。"① 浙路副工程师汤绪为之绝食抗议死难，浙路业务学校有学生因此喷血而亡。两省迅速掀起拒款保路斗争的浪潮。上海、苏州、杭州商会先后致电农工商部，要求设法维持商办。浙路公司还分别致电川、陕、粤、鄂、皖、赣各省，"乞援助阻止"借款。1907 年冬，浙江省内"商贾则议停贸易，佣役则相约辞工，杭城铺户且有停缴捐款之议。商市动摇，人心震骇"。② 同年 12 月初，苏商总会发起保路集股大会，江浙两省绅商到会者 300 余人，绅商蔡云笙代表因故未能出席会议的商会总理尤先甲在会上阐明："各种商业之发达，皆随铁路以进行。若借款事成，实与我民以切肤之痛，故商会宗旨在劝各绅以集股保路为第一义。"③ 指明了保路与发展民族资本主义经济的密切关系。绅商陆雨庵在会上的演说中，则一针见血地指出："外人借债为今日灭国之新法，如牛尼斯、埃及、波兰、印度、高丽，皆借款之前车。"④ 绅商的爱国行动得到各界人士的支持。"留日苏府同乡会"爱国学生在写给苏州商会的声援信中提到"此路系吾省命脉所在，路权一失，不啻以全省权利均归外人掌握。……此万万不可不出死力以抵抗也"。⑤ 连苏州女界也成立了"女界保路会"，坚决支持绅商的拒款争路斗争。

为平息江浙两省的铁路风潮，清廷外务部通过两省巡抚，饬令两省士商各举代表赴京，由大部"详询办法，并示借款之原委"。围绕是否派代表进京，两省绅商意见不一。一派不主张进京交涉，认为："借款本为苏浙国民所不承认者，何庸协商？是政府欲诱一二代表入

---

① 墨悲辑《江浙铁路风潮》第 1 册 "时论"，中国国民党中央委员会党史史料编纂委员会影印，1968，第 166～167 页。

② 宓汝成编《中国近代铁路史资料（1863～1911）》第 2 册，中华书局，1963，第 876 页。

③ 乙$_{2-1}$291/35。

④ 乙$_{2-1}$291/35。

⑤ 乙$_{2-1}$297/42。

都，以施其强迫之态度，勒令随同画押，以达其借款之目的。"苏州商会中多数绅商原持此种较激进的意见。在苏州商会主持召开的一次苏路股东大会上，议及是否举代表进京的问题，表决时是"主不举者多数"。[1] 在另一次会上，苏州商会更明确地议决四项提案：（1）不认商借商还；（2）集股拒款；（3）不认代表进京；（4）赞成江浙联合。[2] 绅商中的另一派人则主张派代表进京交涉，认为：

> 国民与政府争执，而政府令举代表人入京面议，实以此为第一次，设以极正当之要求而竟不能争回，相与达其目的，则路事固已矣。政府必又将藉为口实，此后国民即有所要求，政府必且置之不顾，漠然无所动于中，而国民即有所大不便，亦惟永永呻吟于专制之下而已，其为害，岂有涯涘哉![3]

上海苏路公司总事务所的绅商多持此种积极与政府交涉的态度，并派人前往苏州解释："现代表进京，是属遵前旨商办，并非往议借款。"[4] 最后，苏州绅商同意公举王同愈为代表，随同许鼎霖、张元济等人进京请愿，要求清政府收回借款方案。代表们抱定"遵旨商办，不认借款"八字宗旨，与外务部反复交涉。但清政府仍一意孤行，坚持其出卖路权的立场，请愿毫无结果。江浙铁路风潮愈演愈烈，越来越多的下层劳动人民卷入这场斗争之中。

1908 年 3 月，清政府害怕"庚子之乱"重演，由袁世凯出面奏请将苏杭甬铁路改为沪杭甬铁路，改"商借商还"方案为"部借部还"，即以邮传部名义与英国银公司签订借款合同，共借款 150 万镑，

---

① 墨悲辑《江浙铁路风潮》第 2 册"开会认股汇记"，第 14 页。
② 乙$_{2-1}$297/10。
③ 墨悲辑《江浙铁路风潮》第 1 册"时论"，第 177 页。
④ 乙$_{2-1}$297/10。

再由部转借两省公司。① 江浙上层绅商亦害怕路事继续闹下去会激起民变，同时也怕过分得罪清政府给自己招致不测之祸，在已争得"商办"名义的情况下，被迫同意接受清政府提出的借款方案。轰轰烈烈的江浙铁路风潮也随之暂告一段落。

较之于抵制美货运动，在范围更广、持续时间更长的收回利权运动中，绅商的民族主义意识又有了新的发展。首先，他们意识到"路权即国权"，维护路权即维护国权，将反帝爱国斗争同维护国家主权紧密联系起来。他们曾深刻地阐明："窃维国家之权利，莫重于路政，而权利之竞争，亦莫亟于路政。"有人则更形象地做过比喻，"今日之中国，东割路，西失矿，譬诸一家无主，止有四五小孩，遂使劣仆辈偷卖其膏腴之产"。② 基于此种认识，他们特别强调："自行筹办，则保路权以保国权，亦即以保利权。"③ 这可以说是对铁路乃国家经济命脉的具体阐述。绅商们也深刻地认识到，国家民族的兴衰和国家主权的完整同自己切身利益紧密相关，因此非起而抗争不可，有人惊呼："借款成而路权失、商民病，而个人之财产生命，亦将趋于消灭之地。至已认之股份归于乌有，更无论矣！"也有的绅商强调："拒款一事，非争约可比。华侨在海外尚非目睹，若江浙铁路，则目睹受切肤之灾。拒款不成，则身家财产一败涂地。"④ 这说明绅商的争权救亡，既是出于高度的爱国热情，也有出自资本家的非常实际的动机，绅商的爱国救亡从来不是空洞无物的，而是某种"经济范畴的人格化"体现。

其次，收回利权运动还加剧了资产阶级化绅商同清朝统治者之间的矛盾，他们已开始初步把反帝爱国同反对封建专制统治，争取政治

① 《邮传部奏呈江浙铁路公司存款章程折片附章程》，《邮传部借款章程》，《东方杂志》第5卷第6期，光绪三十四年六月二十五日，第96～100页。

② 章开沅等主编《苏州商会档案丛编》第1辑（1905～1911年），第798页。

③ 乙$_{2-1}$297/48。

④ 乙$_{2-1}$297/10。

权利联系起来。早在抵制美货运动中，绅商中即已有人指出，美国政府之所以敢于如此肆无忌惮地迫害华工、排斥华人，主要是由于中国有一个专制腐败、为虎作伥的集权政府，"夫中国为二千余年之老大专制，无论内政外交，向任执事独断独行，国民纤芥，不得预闻"。[1]在各地保路斗争中，清政府勒逼绅商借款，坚持出卖路权，更进一步激化了绅商与清政府之间的矛盾。正如有人在《申报》上撰文所斥责的那样，"宁令国人死，毋触外人怒"，"视我两省之土地，直草莱（芥）之不若；视我两省之人民，直蝼蚁之不若也"。[2]"吾今而知官吏与民争利之心日益变幻，而其手段且愈进而愈强硬也。……官之所事，业已大失其信用于民。"[3] 政府既不足恃，只好依靠民族资产阶级自身的力量，还"民"以应得之权利了。所谓：

> 国家为人民之集合体，人民为国家之一分子，既担一分子义务，应享一分子权利。……从前胶州、广州、威海各岸之分割皆不明此义，甘受政府、外人之愚弄所致，甚堪痛惜。今日拒款风潮如此激烈，足见我民气民权发达之一征，于数千年专制政体上放一光明，诚不禁为前途贺。[4]

此外，在收回利权运动中，绅商们还把反帝爱国同发展壮大民族资本主义经济结合起来。他们认识到，由商人自办矿产和铁路是收回利权的最好手段，关系国家命运的兴衰，"路线所到之处，即国权所植之处，亦即利权所握之处"。[5] 在全国各地，许多人正是通过矿山与

---

① 乙$_{2-1}$295/14。
② 《再论苏杭甬铁路借款事》，《申报》1907 年 10 月 8 日，第 3 版。
③ 墨悲辑《江浙铁路风潮》第 1 册"时论"，第 173 页。
④ 乙$_{2-1}$297/36。
⑤ 乙$_{2-1}$297/48。

铁路同资本主义发生直接联系，从而极大地促进了中国民族资本主义的发展。例如，在收回安徽铜官山矿权斗争的推动下，安徽绅商呈请开办矿务者纷纷而起，"一年之间，商人承办者二十余处"。① 收回路权运动，不仅在一定程度上阻遏了列强对中国铁路权利的掠夺，而且有力推动了中国商办铁路的发展。1903～1911 年，全国共成立商办铁路公司 16 家，集股达 5977 万元，兴筑铁路 422 公里。② 这些均说明近代民族主义思想的激荡，对于近代中国经济的发展起了有力的促进作用。

因此，如果说在西潮东渐，殖民势力对东方各民族的生死存亡构成致命威胁的 20 世纪初，通过倡导民族主义而捍卫国家主权，发展民族经济，是东方各国资产阶级所面临的共同课题，那么，对于中国这样一个具有几千年文化传统的古老民族而言，如何振奋民族精神，复兴民族文化，自立于强手如林的世界民族竞争舞台，更是一个空前紧迫的课题。由此就不难理解，为什么恰恰是民族主义构成中国近代一切变革的终极动力，成为解释中国近代社会演变的关节点。总之，绅商资产阶级在政治上的日趋成熟，日益成为近代中国社会的一支重要变革力量，完全离不开民族主义的浇灌和导引。

第二节　绅商与立宪运动

一　绅商的参政意识与方式

长期实行抑商贱商政策的结果，使中国商人不独缺乏受法律保护的社会地位，而且缺乏相应的政治意识，被摒绝于中国政治生活的主流之外，久而久之则形成政治上的冷漠主义与孤立主义。"在商言商"，不问政事，不参预政治，是大多数中国商人所信奉的准则。一

---

① 方履中：《皖矿始末通告书》，出版信息不详，第 2 页。
② 宓汝成编《中国近代铁路史资料（1863～1911）》第 3 册，第 1149～1150 页。

如梁启超所言："我国自昔贱商，商人除株守故业，计较锱铢外，无他思想。"① 进入近代后，尽管已有人认识到："（商人）无政治之思想，乏国民之精神，终无以争存于商战之世，独立于列强之间也。"② 但对一般商人来讲，"在商言商"，不问政事的状况并无大的改变。他们心目中的理想境界是："商管银钱账项买卖，绅管学习机器教训学徒，官主保护而不侵利权。即有事涉衙门，有绅承当，不累商民，无可疑惧。"③ "商"（即普通资本家）仍只管理首于经商营工，孜孜牟利，政治权利则拱手让与"官"与"绅"。

于是即出现了一些论者所指出的"占大多数的不问政治的资产者的政治利益，主要是由另外一部分对政治有某种兴趣和比较积极的资产者代表和反映出来"的这一突出的政治现象。④ 所谓"对政治有某种兴趣和比较积极的资产者"，其实也就是既有功名职衔，又有产业的"绅商"。19 世纪末 20 世纪初，作为各地商会领导人和骨干分子的资产阶级化绅商，虽然人数不多，但却比较热心于政事，经常在各种政治活动中抛头露面，"往往比较有影响，处于领导地位，有比较强的号召力和组织能力，因而对资产者的政治活动通常有决定性的影响。因此，他们是资本家阶级的政治代表"。⑤ 换言之，研究晚清商人的参政意识和方式，主要应当研究晚清资产阶级化绅商阶层的政治意识和参政方式。

相比较而言，近代绅商已表现出日渐明显的政治参与意识，这种参与意识固然起因于抵制外货、挽回利权的经济斗争，但又不完全限于经济的范围，而是扩展到更为广义的"政治"领域。如苏州绅商创

① 李华兴、吴嘉勋编《梁启超选集》，上海人民出版社，1984，第 578 页。
② 太孟：《商业发达论》，《江苏》第 3 期，光绪二十九年六月，第 93 页。
③ 《陕西集股创用机器织布说略》，转引自章开沅《论张謇的矛盾性格》，《历史研究》1963 年第 3 期。
④ 参见张亦工、徐思彦《20 世纪初期资本家阶级的政治文化与政治行为方式初探》，《近代史研究》1992 年第 2 期。
⑤ 张亦工、徐思彦：《20 世纪初期资本家阶级的政治文化与政治行为方式初探》，《近代史研究》1992 年第 2 期。

设市民公社自治组织，即很明确地表示，希望能借此"组成一公共团体"，使之成为"独立社会之起点"，其目标不仅在于"振兴市面，扩张权利"，而且更在于"助宪政之进行"，显然已将经济利益与政治参与联系在一起。1907 年广东绅商创设粤商自治会时，也揭明成立这一组织是为了"组织力量，按步实现其拓财货、扩商权，进而参与新政、兴商富国之伟愿"。[①] 至于张謇、李平书、虞洽卿一类绅商，对政治的热情，恐怕比兴办实业和教育的热情更大，只是他们有自己独特的参政方式，对政治也有着自己独特的理解。

首先，在绅商看来，商人政治的基本目的，就是要通过恰当地调适官商关系，为商人争取到最大限度的经济利益和政治权利。用张謇的话来说，即是"官民不可分而后有政治"。[②] 绅商始终把自己视作沟通官、商的桥梁和由此达彼的中介。因此，他们的政治艺术就是要周旋于政府与商民之间，在官商冲突中扮演不偏不倚的调人，以求"下以对诸商，上有以对层宪"[③]，两边摆平，两头沾光。这是一种非常实际，同时又是非常近视的政治理念，但却与绅商的性格特征相符合。

其次，绅商们所关心的政治，主要是与他们切身利益密切相关的"商政"，而不太关心权力分割的"纯政治"（当然也有例外）。"商政"的内容，首先是关系到商业利益的政府决策和各项措施办法。如商会的设立，即是为了使绅商能及时了解和贯彻官方的意图，同时又将商人的要求上达于官方，以形成保护工商的政策措施及具体办法。即"内可与政府通商人之情况，外可与各国持商务之交涉"[④]，"提纲挈领，保卫维持，俾商务日有进步者，实惟商会是赖"。商部向朝廷

---

① 《粤商自治会与粤商维持公安会》，《广州文史资料》第 7 辑，第 24 页。
② 《答督抚颂词》（1909 年 10 月 14 日），《张謇全集》第 4 册，第 154 页。
③ 乙$_{2-1}$120/7。
④ 《书税务司理财要略后（录新闻报）》，《江南商务报》第 2 期，光绪二十六年二月十一日），"列说"，第 4 页。

上奏劝办商会简明章程时说："现在体察情形，力除隔阂，必先使各商有整齐划一之规，而后臣部可以尽保护维持之力。"① 在其劝办商会谕帖中，又说：期望由此"上下一心，官商一气，实力整顿，广辟利源"。② 显然，"商政"之形成和贯彻，离不开绅商的参与和配合。各地商会章程中，也反映出绅商以"商政"为己任。如上海商会章程载明，商会宗旨为"联络同业，启发智识，以开通商智"；"调查商业，研究商学，备商部咨询，会众讨论，以发达商业"；"维持公益，改正行规，调息纷难，代诉冤抑，以和协商情"。③ 广东商会章程规定："本商会为众商业之代表人，凡有损益于商业之事，必尽力团结整顿提倡，或诉地方官或达商部，设法兴除，以副商战主义。""本商会一以振兴商业为代表，如事非关碍商业利益者，概不干涉。"④ 天津商会绅商还仿照《大学》十章之例，条分缕析，将商会应涉足的"商政"细列如下：

崇俭朴以固商源。　　节杂项以杜虚糜。

讲信义以维商俗。　　报怠清以核商利。

议赏罚以励商志。　　用关防以联商情。

定股分以均商利。　　集公款以为经费。

禁支欠以固商本。　　仿保险以悦商心。⑤

---

① 《商部奏劝办商会酌拟简明章程折》，《东方杂志》第 1 卷第 1 期，光绪三十年正月二十五日，第 1 页。

② 《商部劝办商会谕帖》，《东方杂志》第 1 卷第 2 期，光绪三十年二月二十五日，第 36 页。

③ 《上海商务总会暂行试办详细章程》，天津市档案馆等编《天津商会档案汇编（1903 ~ 1911）》，第 5 页。

④ 《广东总商会简明章程》，《东方杂志》第 1 卷第 12 期，光绪三十年十二月二十五日，第 155 页。

⑤ 天津市档案馆等编《天津商会档案汇编（1903 ~ 1911）》，第 37 页。

绅商所关心的商政，还包括"商法"和"税政"。由于中国商人向来不受法律保护，"沈沈冥冥为无法之商久矣"，因此十分希望有明确的商业立法，以保护商人的经商利益，"商人与外国人贸易，外国商人有法律，中国商人无法律，尤直接受影响。相形之下，情见势绌。因是失败者，不知凡几。无法之害，视他社会尤烈。此可为我商界同声一哭也"。① 他们对政府制定商业立法时将商人撇在一边的做法十分不满，强烈要求参与商法的拟定和修改。《农工商报》上曾发表评论指出：中国"订定法律，其权操于政府，而东西各立宪国，其订定法律，权操于国民，订定商法，权操于商民，政府只有认可宣布之权耳"。② 有的绅商则指出："政府颁布商事法令，每不与商人协议，致多拂逆商情之处。是非徒不足以资保护，而且转多窒碍。"③ 正是这种对商事立法权的要求，促使绅商于1907年掀起了大规模的"拟定商法活动"（容后详述）和全国性的调查商习惯活动。

税政也是商政的重要组成部分之一。因晚清苛捐杂税奇重，来自官府的重重盘剥、层层网罗，已到了"皮肉已尽，非至敲骨竭髓不止"的程度。仅以厘金制度为例，如张謇所揭露："国家中兴以来，二十有余年，一切取给于厘捐，天下骚然，厘金遂为冗官、秕士、游民之窟。论者至谓舍厘捐不可以国，謇谓欲固国必去厘捐。"④ 由此，在财政税收方面，绅商们往往挺身而出，直言不讳地维护自己的经济利益。在他们看来，立宪与经济环境的治理是密不可分的，"立宪之世……四民平等，无所偏倚，官者至苦而商者至乐，官以名贵而商以利尊"。⑤

① 乙$_{2-1}$3/57。

② 《大集各省会代表至沪讨论商法》，《农工商报》第9期，光绪三十三年八月初一日，第20～21页。

③ 天津市档案馆等编《天津商会档案汇编（1903～1911）》，第284页。

④ 《致黄体芳函》（1884年冬），《张謇全集》第2册，第28页。

⑤ 杨志询：《立宪与实业之关系》，《商务官报》第16期，光绪三十二年八月初五日，第2页。

在财政税收方面，"人民听官之压制而不呼吁政府，亦是放弃立宪国国民身份，凡论罪有与受同科之律"。[①] 清末民初，商人的抗税抗捐斗争延绵不绝，从未中断过。其中，尤数江苏绅商资产阶级开展的"裁厘认捐"和"裁厘加税"斗争规模巨大，影响深远。[②]

在政治行为方式上，绅商资产阶级基本属于非暴力主义者，他们总是小心翼翼地将自己的政治活动限定在合理、合法的范围内，不越雷池一步。如1905年抵制美货运动中，绅商一开始就强调实行"文明抵制"，力图使运动在合法的范围内进行。当抵制陷于重重困难之中时，态度最为激进的上海绅商曾铸在其发表的《留别天下同胞书》中仍再三叮嘱全国商民："抵制办法，仍以人人不用美货为宗旨，千万不可暴动，若贻各国以不文明口实，则我死亦不瞑目。"[③] 绅商的政治抗争手段也往往流于平和、保守。代递禀呈、申诉实情、提交议案、集会请愿、诉诸舆论等，均是商会绅商较为熟悉而又乐于从之的参与、抗争手段，至于全行业罢市、歇业等较为激烈的斗争手段则鲜为其所用。如在江苏曾轰动一时的抗缴酱缸捐和反对加征牙税的斗争中，丹阳商会绅商提出的对付办法是：（一）列举各业苦况，登报声诉；（二）行政长官若用强硬手段，即电禀商部请求维持；（三）禀请全省同乡京官据情入奏；（四）无论对何等压力，均当联合团体。[④] 溧阳商会绅商商议的对付办法与之大同小异，分别为："公举代表以一事权；筹款以供应用；认定目的；各州县分诉苦情，各商会会衔达部（即商部）；联络他商以相表里；作好压制准备；言官入告；五属

---

① 乙$_{2-1}$116/26。

② 有关"裁厘认捐"和"裁厘加税"，请参见马敏、林植霖《清末江苏资产阶级裁厘认捐活动述略》，《华中师范大学学报》1985年第6期；王翔《从"裁厘认捐"到"裁厘加税"——清末民初江苏商民的两次重要斗争》，《近代史研究》1988年第3期。

③ 苏绍柄编《山钟集》，第511～513页。

④ 乙$_{2-1}$115/5。

会同合缴酱牌。"① 两套办法，其共同特点是不越立宪派划定的"和平抵制"之雷池半步，跪着造反，委屈求成。用商会绅商自己的话说，叫作"寓强硬于平和，继坚忍以贞固"。此种"强硬"与"坚忍"的内涵如何？不妨具体看看绅商为应付官方压制所作的"准备"：甲，听其押人，养被押者之家小，供被押者之用度；乙，如官吏拘一人，"则可商家咸往就罪"。这种以柔克刚、以曲求伸的绝妙抵制策略，或许也只有在抑商政策下"涵养"了上千年的中国式儒商才能想象得出，并娴熟运用！

绅商这种温和、保守、圆滑的政治行为方式，取决于其独具一格的内在气质和性格特征。"言商仍向儒"的价值观念追求，使近代绅商在气质和行为方式上趋于稳健、务实，甚或流于拘谨、保守。张謇"生平万事居人后"的自嘲自解，恰是中国儒家型工商资本家独特行为方式的绝妙概括。因此，他们对革命党人趋于激烈的言论和行动，往往视作一二"浮嚣"青年的不理智举动，正经生意人和读书人不屑与之为伍，感情上便存在一条鸿沟。相反，对改良—立宪派的政治主张，却觉得老成、稳妥，一拍即合。沪上绅商经元善曾提到他对康有为的钦佩之情："康先生闻名已久，前读伪经考颇有卓见，意必其人高不可攀。今夏曾邂逅晤面，始知仁心仁术，真积学有道君子。佩服之至。"② 绅商之成为改良—立宪派的阶级基础或出任改良—立宪派的代表人物，也就不足为奇了。

二 宪政参与与国会请愿

20世纪初，在自治基础上实行君主立宪，已成为资产阶级化绅商的最高政治理想，也是他们一切政治活动的中心目标。聚团体、谋自

---

① 乙₂₋₁120/24。

② 《又致沈君书》，虞和平编《经元善集》，第153页。

治，不过为着"助宪政之进行"①；抵制工约、收回利权，不仅为"民族发达之萌芽"，更是"立宪实行之基础"。② 当然，绅商阶层之醉心于立宪运动，主要的尚不是对资产阶级的立宪理论学说有多么深切的了解，更多的倒是出于其经济和政治利益的现实考虑，也是出于其政治行为方式的一贯特征。作为新的经济力量的代表，资产阶级化绅商同封建统治势力存在着难以调和的矛盾，他们特别憎恶清政府强加于他们的沉重政治桎梏和经济压榨，同时对清政府屈从于帝国主义极度不满，然而，他们毕竟又是从旧绅士和旧商人中分化出来的，尚不同程度地同曾孕育过自己的母体保持着血肉联系。标志着他们社会地位的功名职衔系清政府所馈赠，长期儒家教育所培植起来的社会价值和伦理观念亦不能马上完全抛弃。因此，缓慢改革、形式温和、新旧掺杂的立宪道路自然最为适合他们的政治口味。

1906 年 9 月清廷"仿行宪政"谕旨颁布之后，各地绅商"无不欢欣鼓舞，开会庆祝"。上海商务总会、上海商学公会、宁波商务总会、锡金商会以及海外的横滨、长崎、神户等中华商会，还分别致电农工商部，"请以翘盼实行立宪之意，代达天听"。③ 天津绅商和学绅"一律悬旗结彩祝贺，欢歌遍于通市"。"各绅商学员往祝者，约在数百员，惟商界最多，足征一时之盛。"④ 以张謇等为首的东南绅商和士绅率先在上海发起成立预备立宪公会，推郑孝胥为会长，汤寿潜、张謇为副会长。该会成员中至少有23%的人是企业家、公司经理、商会总理及在各种工商企业中任职者，大绅士兼大资本家的上层绅商则构成该会的主导力量。除张謇和汤寿潜出任副会长外，还有商界的许鼎霖、李云书、李平书、孙荫庭、虞洽卿、荣宗敬、荣德生、王同愈、

---

① 《观前大街市民公社缘起》，《辛亥革命史丛刊》第 4 辑，第 59 页。
② 苏绍柄编《山钟集》，第 306 页。
③ 《商民翘盼立宪之舆情》，《商务官报》第 17 期，光绪三十二年八月十五日，第 35 页。
④ 天津市档案馆等编《天津商会档案汇编（1903～1911）》，第 2287 页。

尤先甲、郁屏翰、朱葆三、周金箴、周舜卿、王一亭、徐润、夏粹方、苏宝森、张美翊、叶惠钧等人，或出任议董，或作为会中骨干分子。① 预备立宪公会以筹备立宪为宗旨，宣传、推动宪政和地方自治运动，为上层绅商直接与立宪派相结合提供了契机和场所。此外，广东谘议局94名议员大多具有举人、贡生、生员、进士及各种官衔，其中至少有24人拥有或直接经营商铺，系亦绅亦商的绅商。② 湖北立宪派的头面人物汤化龙祖上数代经商，他在主持湖北谘议局期间，与武汉商会、商团有较为密切的联系。当汤化龙倡设宪政同志会时，汉口总商会有12人立表赞同。其基本会员中，有商界绅商蔡辅卿（汉口商会第四届总理）、李紫云（汉口商会第二届总理）、刘歆生（商会协理）、王保民、时象晋等。刘歆生还在经济上给汤化龙以相当大的支持。③

1907年由预备立宪公会和上海商务总会发起的"拟订商法"活动，系立宪派和资产阶级化绅商争取立法权的首次尝试，也是他们的一次重要参政活动。④ 立宪派和绅商之所以联合发起这次拟订商法活动，一是认为商业立法是立宪运动不可分割的组成部分，"民、商法典，为宪政成立之一大关键"，只有预先拟订各项法典，才能"无误宪政成立之期"。⑤ 二是他们已再不能忍受"无法之商"的社会处境，强烈要求改变这一不合理的现状，使商业经营活动和商人的权利得到法律的保护。上海商会绅商强调："我商人积数十年之经历，可谓艰苦备尝矣，其中颠顿狼狈，时起时仆，危得危失，通盘计算，幸胜之

---

① 见浙江省辛亥革命史研究会、浙江省图书馆编《辛亥革命浙江史料选辑》，浙江人民出版社，1981，第210～223页。

② 据《广东谘议局筹办处第三次报告书》（广东中山图书馆藏）等。

③ 王保民：《关于武汉历史见闻》，武汉市政协档案资料。

④ 有关"拟订商法"活动，参见朱英《辛亥革命前资产阶级拟订商法活动述论》，《华中师范大学学报》1991年增刊。

⑤ 《商法调查案叙例汇录》，《预备立宪公会报》第2年第5期，宣统元年闰二月二十八日，第1页。

日少，而败绩之日多，此何以故，此惟无法律之故。"① 预备立宪公会的代表也明确指出："商法草案之发起，实鉴于商人无法律保护之可危，而欲合通国商民共同挽救。"②

拟订商法活动最初由预备立宪公会提出动议，并承担编纂商法草案的任务。议定由该会选派秦瑞玠、汤一鹗、邵羲、张镇家、孟森等五人组成专门的商法草案编辑部，在广泛进行商习惯调查的基础上，博采各国商法精义，依次编订契约法、破产法、商行为法、海商法等法典。同时由上海商务总会出面，向全国各商会发出讨论商法草案邀请书，相邀在上海召开商法草案大会。第一次大会于 1907 年 11 月 19 日在上海寓园召开，会期两天，主要讨论如何确定商法大纲，调查各地商习惯以及创办华商联合会等问题。此次会议规模宏大，为中国近代商人的首次大聚会，"远近各埠商会代表到会者，以分立之团体计，则有八十余商会；以所涉之省份计，则有一十四行省；以远来之道理区域计，则有东南两洋华商侨寓之三大埠"。③ 此外，以书信形式与会者，尚有黑龙江、保定、梧州等 30 余个商务总会和分会。1909 年 12 月召开的第二次商法大会，主要讨论了商法草案第一编公司法，并呈送农工商部、法律馆核定。

由立宪派和绅商联合发起的这次拟订商法活动，对于晚清绅商资产阶级的参政、议政有着重要意义，它反映资产阶级已开始争取独立的政治权利，其组织程度和社会影响也进一步扩大。作为这次活动具体成果的商法草案，是中国历史上第一部较为完整的资本主义性质的经济法规文献，也是第一部民间商业立法，对于中国近代资本主义发展史和近代法制史均具有重要的意义。"华商联合会"的发起和《华

---

① 《上海商务总会致各埠商会拟开大会讨论商法草案书》，《申报》1907 年 9 月 24 日，第 2 版。
② 天津市档案馆等编《天津商会档案汇编（1903～1911）》，第 284 页。
③ 天津市档案馆等编《天津商会档案汇编（1903～1911）》，第 283 页。

商联合会报》的创刊，则表明资产阶级的内部凝聚力正进一步增强，商界分散孤立的状况有所改变，绅商在政治上进一步成熟，资产阶级化程度也有所提高。恰如第一次商法大会上发布的《拟组织华商联合会意见书》所阐明：

> 商法者，商业一部分之事也。今试问与会诸公，舍商法外，吾商人所应注意所应研究者，殆别无一事可言乎？又试问诸公，自今日大会以往，将遂仍前涣散，从此不相闻问已乎？抑年一莅会，仆仆道途，仅商法一事而已足乎？诸公远来之目的，上海商界发起是会之本意，当不如是也。商与商集合而成商会，其在今日明效大验。诸公既知之稔矣。若会与会联合而成大会，效力之大，必有十百于今日商会者。①

国会请愿是晚清绅商介入的另一次较大的国内政治活动。1910年由立宪派连续三次发起的国会请愿，把步骤迟缓的清末立宪运动推向高潮。第一次请愿运动（1910年1月）由各省谘议局33名议员发起，资产阶级绅商并未直接派代表参加。此次请愿被清政府以"国民知识不齐"为借口，毫不客气地加以拒绝。立宪派总结这次请愿碰壁的教训，意识到请愿必须寻求具有经济实力、人数众多的商界的支持，他们认为：第一次请愿时代表多为"绅、学两界中人，而商界偏废焉"，"今日世界无不以工商业为立国之根本者，夫商人既一跃而居国中最重要之地位，则国中政治之得失，自与商人有特别利害之关系，故吾国今日国会请愿之事，尤应以联络商界为中坚"。② 基于这一认识，在立宪派领袖人物而兼绅商的张謇的策划下，第二次国会请愿筹备期

---

① 天津市档案馆等编《天津商会档案汇编（1903～1911）》，第292页。
② 《国会请愿代表团敬告各省商会书（续）》，《申报》1910年4月27日，第3版。

间，格外注意联络商界，电请直隶、江苏、广东、湖北四省商会"各举代表开大会于汉口，即由汉口到京上书"，并通电海外华侨商会，请选派代表来京，"与各省人民同时请愿"。各省绅商对此作出积极的反应，华商联合会于 1910 年 5 月发表的《联合海内外华商请愿国会公告书》中指出：

> 今何时乎？今非各界请愿求而不得之时乎？我商界不欲为立宪文明之国民则已，苟其有立宪国民之思想，则当先尽立宪国民之义务，而国会请愿之举，自不得不继续各界以行之。①

当然，也有部分绅商对于国会请愿并不十分热衷，如天津商会绅商对是否参与国会请愿意见不一。根据一份 10 名天津商会议董讨论是否参与请求速开国会的会议记录，主赞成者 5 人，持反对意见者 4 人，态度不明朗者 1 人。主赞成者认为："商会正宗原为保商而设，不应干预他事。然现在时局，所有商民均遭困难，皆由官府之压力，由于国家专制，非开国会不能将专制压力挽回。"并且认为"国会独由商界联络请速开，必较士农工特有关系"。持不赞成者则认为"商会自应办商界事"，"不但不必办国会，商界以外事均可不办，以符名义"。有的提出，"国会事重，商人不够资格，更不能办"。天津绅商的争议，很能代表当时一般绅商和普通商人的心态及思想状况。但在第二次国会请愿期间，由于上海商务总会绅商立主参与的态度非常坚决，支持请愿的意见逐渐占了上风。

在 1910 年 6 月发动的第二次国会请愿中，国内商会派出上海商务总会沈缦云和苏州商务总会杭祖良作为商界代表，随同其他各省请

---

① 《华商联合社为国会事公告海内外华商请求书》，《申报》1910 年 4 月 12 日，第 17 版。

愿代表赴京请愿。在北京期间,沈缦云代表全国各地商会联合呈递了一份请速开国会的请愿书;杭祖良和沈缦云又代表苏州商会和上海商会呈递了另一份请愿书。沈缦云领衔的请愿书,从银行、商业政策、税法得失、华洋贸易四方面与开国会的关系,力陈"无国会之害",申述必须速开国会的理由。① 由杭祖良和沈缦云联合领衔呈递的请愿书,从商民的立场和利益出发,猛烈抨击了清政府的工商和税收政策,并警告清政府:"某等承数十万商民之委托,不辞斧钺稽首君门,力求一线之生路,吁请速开国会,朝廷苟迟迟不与,则商情之涣,商业之衰,必视前此有一落千丈之势。盖希望绝,人心离,由商业而牵及全体瓦解,噬脐何及!"② 作为绅商代表,沈缦云和杭祖良还分别动用各自与官方的关系,奔走于皇族和京中显宦门下,或谋疏通,或求支持。③

然而,颟顸的清廷仍置请愿代表的要求于不顾,二度拒绝速开国会的请求。虽然多数请愿代表仍锐气不馁,拟再"三续、四续,以至于十续",全国各地团体和组织也纷纷发电或致函在京的请愿代表团,激励他们坚持请愿,但一些上层绅商却已表现出动摇迹象,如请愿失败后,即迟迟不见天津商会和苏州商会绅商有任何声援函电发表。

1910 年 10 月,仍不甘心的立宪派又发起第三次国会请愿,各省督抚也联名请求立即召开国会。在各方面的压力之下,清廷不得不采取缓兵之计,宣布"提前"于宣统五年(1913)开设议院,并预行组织内阁。同时又强令解散请愿代表,将东三省请愿代表十余人押送回籍。这时领导运动的立宪派与上层绅商内部发生严重分歧。不少地区(如川、鄂、湘、直、晋、赣、闽等)的代表于绝望之余转而与清

① 《各省商会国会请愿代表沈懋昭呈请代奏书》,《申报》1910 年 6 月 29 日,第 26 版。
② 《请速开国会书》,《时报》1910 年 7 月 22 日,第 5 版。
③ 沈缦云曾与时任首席军机大臣庆亲王奕劻有过一番有关国会问题的著名对话,这番对话由 1910 年 6 月 12 日的《大公报》(天津)所披露。杭祖良则私下拜访过时任东阁大学士的苏州状元陆润庠。

廷决裂，但以张謇为首的江浙上层绅商却采取温和接受的态度，纷纷弹冠相庆。时任江苏谘议局副议长的蒋炳章（苏州籍绅士、苏州商会名誉会员），最早以江苏谘议局名义向全国各地遍发贺电，甚至不惜使用"天恩高厚""感激涕零"之类肉麻的词句，招来社会舆论的纷纷谴责。北京资政院开会时，议员李索云发言谓："今日听江苏贺电，不觉痛心，五年国会之期限，此可吊之事，非可贺之事。"[1] 但一些地方的上层绅商仍置各地舆论于不顾，相率举行活动，庆祝请愿目的"达成"。北京商民提灯游行，以示庆贺。苏州商民举行盛大仪式，欢迎请愿代表杭祖良返苏。各商铺高悬龙旗，张灯结彩，商会和各团体代表"相率趋至车站欢迎，军乐前导，列队长驱，道路观者逾万人"。[2] 一场轰轰烈烈、吸引中外视听的国会请愿运动，就这样在具有几分讽刺和夸张意味的气氛中草草收场了。

近代绅商在国会请愿运动中的表现再次证明，这一社会阶层的政治性格特征，仍是趋于稳健、温和，甚或流于保守和守旧。在政治上，他们通常目光短浅，讲求实际，易安于小就。"他们宁肯苟全于清朝政府腐朽统治之下谋求缓慢的革新，一直要到客观形势所驱迫，他们才蹒跚地走上与封建统治者决裂的道路。"[3]

第三节　辛亥革命前后的绅商

一　绅商与辛亥革命

从以上的论述中，我们已可概见近代绅商的基本政治趋向及与立宪派的密切政治联系，那么，绅商阶层同当时中国的另一大政治派

---

[1] 《盛宫保极力运动》，《民立报》1910 年 11 月 14 日，第 3 页。
[2] 《苏州通信·代表人衣锦还乡》，《民立报》1910 年 11 月 16 日，第 4 页。
[3] 《辛亥革命与江浙资产阶级》，载章开沅《辛亥革命与近代社会》，第 92 页。

别——资产阶级革命派的关系又如何呢？

就总体而论，辛亥革命前资产阶级化绅商同革命派基本处于脱节状态，绅商阶层的基本政治态度是恋栈君主立宪，惧怕流血的革命。认为革命起义"妨害商务，殊属不智"[①]，乃是当时绅商阶层的共同政治判断。从革命派一方看，他们对自己所从属的阶级本体认识也比较模糊。早期工商资本家分化不充分、发育不健全、亦官亦商的现状，使革命派错认为中国的资本家"尚未出世"，所以，除联络部分海外华侨资本家外，他们一般很少主动与国内工商界人士相接触，这同立宪派在国会请愿中"以联络商界为中坚"形成鲜明的对比。由于缺乏雄厚的社会基础，革命党人不得不转而通过会党同劳动人民建立较多的联系，并多采取地下活动、密谋起义的斗争方式。这样做的结果却越发疏远了包括绅商在内的工商资本家，"土匪与革党合，纵革党甚文明，而土匪之抢掠，有不可言喻者"。[②]

然而，绅商阶层在总体上与革命派处于脱节状态尚不足以得出革命派并不代表绅商阶层利益的结论。反之，以绅商阶层为主干的早期工商资产阶级恰恰也是革命派的社会阶级基础。只是同立宪派相比较，革命派同阶级主体的关系更为疏远、更为间接而已。正如章开沅先生所指出："与其从资产阶级内部去寻找阶层划分来作为立宪派、革命派的阶级基础，还不如从他们与资产阶级的亲疏来分析问题。"[③]所谓亲疏，既有经济、社会联系的密切，亦指政治态度和见解的趋同，同时还应包括心理特征、道德伦理观念和思想感情的接近。这里，并不存在一条严格的分界线，而是具有相当的模糊性和可变性，有时因人因事而异。在这一层意义上，也就不难解释某些上层绅商在

---

① 冯自由：《革命逸史》第 2 集，中华书局，1981，第 224 页。

② 《广州革命党乱事始末记》，《国风报》第 2 年第 8 期，宣统三年三月廿一日，第 90 页。

③ 杨立强、沈渭滨：《"近代中国资产阶级研究"讨论会综述》，《历史研究》编辑部等编《近代中国资产阶级研究》（续编），复旦大学出版社，1986，第 510 页。

辛亥革命前夕同革命党人相接触或同情革命的历史现象。众所周知，上海著名绅商沈缦云、王震、虞洽卿、叶惠钧、顾履桂、李厚祐、李云书、李平书、朱葆三、周晋镳等人在辛亥革命前夕即悄悄地与革命党人发生了联系，其中部分人有资料证实已秘密加入了同盟会。[①] 1910 年春，同盟会在广东发动的新军起义失败后，一些同盟会会员要求绅商团体粤商自治会营救参加起义的新军士兵，该自治会"不但满口答应，还热心协助"。[②] 这些事例说明，尽管从总体上讲革命党人长期与资产阶级化绅商处于严重脱节状态，绅商在政治上一般是附和君主立宪而抵制革命的，但在作为阶级主体的资产阶级化绅商与作为政治代表的革命党人之间毕竟存在着某种内在的政治联系，革命党人的政治主张毕竟从长远和根本利益上体现着资产阶级化绅商的经济、政治追求。这种若隐若现的内在政治联系，正是辛亥革命爆发后绅商阶层纷纷附义，短时趋向革命的政治基础。再则，君主立宪本质上是推行政治近代化的手段之一，是一种渐进的改革运动。在实现政治近代化的总体取向上，改革与革命是异曲同工，但改革在手段上较为平和，在范围上受到限制，在进程上较为缓慢，在内容上则不太彻底。然而，改革与革命又不可截然分开，两者的界限有时常常模糊不清。革命通常是改革积聚的结果，或者当改革再也无法正常推进下去时，便引发革命。如亨廷顿所言："革命的两个前提条件是：第一，政治制度没有能力为新的社会势力参与政治以及新精英进入权力层提供渠道；第二，迄今被排除在政治之外的社会势力渴望参与政治。"[③] 对于晚清政治中立宪与革命两大运动的关系，似乎可以从这一角度重新求

---

① 丁日初：《辛亥革命前的上海资本家阶级》，中华书局编辑部编《纪念辛亥革命七十周年学术讨论会论文集》上册，第 296 页。

② 邹鲁：《回顾录》第 1 册，载《民国丛书》第 2 编，上海书店出版社，1978，第 30 页。

③ 〔美〕塞缪尔·亨廷顿：《变革社会中的政治秩序》，李盛平等译，华夏出版社，1988，第 268 页。

解，而不必像过去那样将两者截然对立起来，扬此抑彼。对于绅商阶层在辛亥革命中所表现出的热情和支持，也不宜简单、笼统地斥之为投机，而应看成在革命高潮的重压下，阶级本体与其激进政治代表在政治上的相互趋近。

在辛亥革命酝酿、腾播于中国大地的短短数月间，可以清晰地看到资产阶级化绅商阶层是如何一步步被"逼向"革命，趋近于自己的激进的政治代表的。他们并不喜欢革命，但却被一双看不见的历史之手推上政治舞台，并注定了要在革命中扮演某种特定的角色，为这场革命打上自己的烙印。

促使绅商阶层发生急剧政治转向的有三层较为重要的因素。国会请愿的失败及皇族内阁出台所造成的极度失望，此其一。如上海绅商沈缦云于第二次国会请愿中同庆亲王奕劻进行了那次著名的对话之后，于失望之余，不禁喟然长叹："釜水将沸，游鱼未知，天意难回，人事宜尽，某不复再谒相国之门，请自此辞。"[1] 及至第三次国会请愿失败，沈缦云已完全破灭了对清廷的幻想，毅然决然走上革命道路，于 1911 年 6 月与宋教仁、谭人凤、陈其美等革命党人一起组织了一个联合上海各民间团体的总机构——中国国民总会，并被推举为会长。该会揭明"以提倡尚武、兴办团练、实行国民应尽义务为宗旨"[2]，实际上是包括工商界在内的全民性的民间反清武装团体。

从"文明争路"被逼上"流血争路"的绝境，从收回利权而转向革命，是促使绅商发生政治转向的第二层因素。这在四川的保路运动中表现得尤为明显，保路同志军称："以保路为推倒满清工具。"[3]促使绅商发生政治转向的最后一层因素则是革命形势的最终形成及武

---

① 《政府对于国会代表之问答》，《大公报》（天津）1910 年 6 月 12 日，第 3 版。
② 《国民成立大会》，《时报》1911 年 6 月 12 日，第 5 版。
③ 曹叔实：《四川保路同志会与四川保路同志军之真象》，隗瀛涛、赵清编《四川辛亥革命史料》上册，四川人民出版社，1981，第 380 页。

昌起义实际爆发。这也是最为关键的一层因素。经济的现实性使绅商阶层具有政治上的极端现实性或高度"短视"，他们必须像拨拉手中的算盘珠那样，十分精确地计算政治上的利害得失，然后才见风转舵，顺潮推舟。也就是说"一直要到客观形势所驱迫，他们才蹒跚地走上与封建统治者决裂的道路"。可以说，直至武昌起义爆发前夕，尽管已有种种转化迹象，但就整体而言，绅商阶层并未转向革命。正是革命本身彻底击碎了立宪派和资产阶级化绅商的立宪幻梦，以巨大的驱动力促使绅商阶层作出新的政治抉择。

在空前的革命风暴中各地绅商的政治动向大体可分为两种类型。一是在革命力量比较强大，采取武装起义的地区，绅商通常是热烈响应革命，竭其所能地支持起义，发挥了积极配合的作用，此可以武汉和上海为例。

首义之区武汉，是当时革命思潮最为鼓荡、发达的地区，革命团体文学社、共进会等在武汉曾长期从事秘密的鼓动宣传和组织工作。他们把大量工作放在新军、会党、华侨、留学生中，但也将联络工作渗透到商界。因此，尽管武汉地区大多数绅商在辛亥武昌首义前依附于资产阶级立宪派，恋栈君主立宪，但少数人仍暗中联络革命党人，抽萌出革命思想，其中一部分工商界人士还参加了革命组织文学社。章裕昆《文学社武昌首义纪实》记载，"武汉两商业学堂学生邓汉鼎、李涛，汉口商团团员刘少舫、林醒侬、黄小池、李鸿宝等，原藉互相切磋为名，组有秘密团体神州学社，有社员四十余人，平时与祝制六等常通声气，今经祝等之介绍，全体加入文学社"。[①] 其中刘少舫系在汉广东帮商人中的著名人物，1905 年抵制美货运动组织者之一。

在上述基础上，武昌起义的枪声打响后，革命党人除主动敦请汤

---

① 杨松、邓力群原编，荣孟源重编《中国近代史资料选辑》，生活·读书·新知三联书店，1954，第 638 页。

化龙等立宪派代表人物外，还格外注重对武汉商会、商团绅商的争取。军政府成立伊始，即发布告示，安抚商民，强调"扰乱商务者斩"，"维持商务者赏"。军政府还宣布裁抑统捐局卡，废除各种杂捐，这都给商界很大鼓舞和希望。在短暂的观望和权衡利弊得失之后，武汉绅商大多改弦更张，倒向革命党人一边。商会和商团领导人令各保安会，"以白布为标记"，接应民军。为接济民军粮饷，"商会垫借五万金分配作临时食费"。① 汉口商务总会又筹得巨款供招新军一镇之薪饷，并推举商董四名专门负责军需，接济粮秣。统领何锡藩在命令中说："本部给养，以汉口商会与军政府所办之粮秣在刘家庙车站领取。"② 汉口商团"各团联合会力任其难，为之详细布置，设粮台五区：一、沈家庙，二、商育婴局，三、济生堂，四、小关帝庙，五、友仁义社。商同就近团体购办干粮，按日运送，接待民军"。③ 民军占领汉口后，商会会长蔡辅卿、副会长李紫云即到军分府犒劳革命军，并送十万元以接济军需。据粗略统计，首义期间，武汉商会、商团绅商资助民军军费共达一百多万元。10月14日，当一日本人赴武昌访黎元洪谈及军需问题时，黎笑而答曰："现在商人之捐助军费百元二百元不等，商人如此慷慨，吾等决不忧军费之缺矣。"④ 10月19日，民军于刘家庙击败清军，商会绅商又购买酒肉等到前线犒赏，并以红彩布赠予兵士，以资鼓励勇敢作战。⑤

在稳定城市经济及维持社会治安方面，武汉绅商也为保证首义胜利作出了很大贡献。首义伊始，在战火震慑和土匪的骚扰下，商店、

---

① 李西屏：《武昌首义纪事》，中国人民政治协商会议湖北省委员会编《辛亥首义回忆录》第4辑，湖北人民出版社，1961，第34页。

② 杨玉如编《辛亥革命先著记》，科学出版社，1958，第128页。

③ 《汉口各团联合会协助民军纪实》，《武昌起义档案资料选编》上卷，第246页。

④ 《记詹大悲办〈大江报〉和汉口军政分府》，中国人民政治协商会议全国委员会文史资料研究委员会编《辛亥革命回忆录》第2集，中华书局，1962。

⑤ 杨玉如编《辛亥革命先著记》，第126页。

官钱局、票号纷纷关闭，金融大受影响，人声喧沸。为了控制金融动荡和货币贬值，汉口商会在军政府授意下，发纸币 50 万元，以俾周转。并鼓励商民仍通行纸币，并多设兑换所，以维持官票信用。① 为维持社会秩序，汉口绅商在各地段保安会基础上组织成立了半武装的商团，称各团联合会，"开会筹议"，"以保卫地方，协助民军为要义"。各团联合会负责人马刚侯、关少尧分途演说，称"民军运筹美备，虎贲鹰扬，救民出水火而登衽席，诚属易事，请各店铺居民照常居住交易，劝户悬一灯，家抽一丁，同为护卫"。② 在前方战事酣烈之际，商团日夜操练，荷枪实弹，担任巡缉匪徒，保卫全市治安，有效地巩固了民军的后方。武昌和汉阳绅商也同时创设了商团（武昌称保安社），把持要路，控扼市区，昼夜梭巡，不遗余力，维持秩序以辅助官力所不及。后来，商会会长蔡辅卿甚至还被提升为巡警总监，管辖约 600 名警察。

上海"光复"更是革命党人与商团共同浴血奋战的结果，沈缦云、李平书、王一亭、叶惠钧等绅商在其中发挥了重要作用。因对立宪绝望，转而走上革命道路并秘密加入同盟会的沈缦云在革命党人和上海绅商之间扮演了穿针引线的联络角色。上海起义前夕，同盟会中部总会的宋教仁、陈其美等领导人曾同中国国民总会绅商沈缦云、叶楚伦等有过一次秘密聚会，"即席决议以联络商团，媾通士绅为上海起义之工作重心，并利用《民立报》宣传革命胜利消息，以激励民气"。③ 而"联络商团，媾通士绅"的关键，又在于争取取得商团联合会会长、著名绅商李平书的支持，使他站到革命党人一边。这一重要任务，自然落到了时任商团联合会副会长、与李平书为"莫逆之

---

① 蔡寄鸥：《鄂州血史》，龙门联合书局，1958，第 100 页。
② 《汉口各团联合会协助民军纪实》，《武昌起义档案资料选编》上卷，第 246 页。
③ 《上海光复前夕的一次重要会议》，《辛亥革命回忆录》第 4 集，中华书局，1963，第 48 页。

交"的沈缦云身上。据李平书后来的回忆，沈缦云十分成功地完成了游说使命。

> 武昌起义，沪上一日数电，闻者兴会飙举，而缦云窃忧之。一日语余曰："顷得私电，汉阳有确保之信，万一失守，武昌亦危，若此次失败，我汉人尚有噍类耶。"言次唏嘘不置。余曰："某亦知报纸捷电之不尽可凭，盖筹之熟矣。此时非东南急起响应，无以救武汉之危……"言未已，缦云跃然起曰："先生有此意耶？日来沪上党人正谋此事，非特先生赞同。今欲介同志于先生，可一见乎？"余曰："可。"乃于是晚偕陈君英士来余家密室晤谈，一见如故。①

李平书不仅时任商团联合会会长，同时又是上海城厢内外自治公所总董，沪南商会议董，在上海绅、商、学界均有相当影响，他的政治抉择，势必影响到那些尚在"审察情势"的绅商头面人物，使他们从观望、彷徨、举棋不定中，迅速倒向革命党人一边。李平书在《且顽老人七十岁自叙》中对上海绅商与革命党人相过从的历史，有如下记载：

> 南市信成银行主任沈缦云君与陈君（其美）同志，与余为莫逆之交，介绍陈君定期相见。余约沈君信卿、吴君怀疚、莫君子经相与密商，金谓时势至此，不能取闭关主义，当审察情势，以为进止。乃约陈君于贞吉里寓楼。②

这段记载中所提及的沈信卿（恩孚）、吴怀疚（馨）当时分别担

---

① 李平书：《哀文》，《沈缦云先生年谱》（未刊稿）。
② 李平书：《且顽老人七十岁自叙》，第187页。

任城自治公所议事会正、副议长，莫子经（锡纶）是城自治公所董事，均为上海地方自治的重要人物。他们的暗中附义，无疑意味着上海地方自治权力及商团武装已转移到革命党人手中。

1911 年 11 月初，上海革命党人联合商团绅商，以军政府名义宣布起义。11 月 3 日，起义部队举行誓师大会，"最整齐者商团之数百人，武装齐全，枪械精良，为叶惠钧带领而来者"。会上，上海绅商领袖人物李平书、沈缦云，同革命党领导人陈其美一道，登台演说，激励士气。会毕，兵分两路，一路由陈其美率民军攻打江南制造局，另一路由商团进攻上海道、县各公署。商团方面进攻顺利，民军方面却因遭到顽强抵抗而失利，陈其美遭清军俘获。在此紧要关头，李平书等商团领导人毅然下决心率商团配合民军续攻江南制造局，营救被俘虏的陈其美。11 月 4 日夜，商团六、七百人整装待发，"濒行，由王（一亭）、沈（缦云）、叶（惠钧）三公挥泪誓师，勉励至再，团员咸抱破釜沉舟之志，奋勇迈进，无一反顾者"。[1] 士气高昂的商团协助民军敢死队，一鼓作气，速战速决，奇迹般地迅速攻占江南制造局，救出陈其美，上海大势已定。此役商团与民军方面作战非常英勇，指挥亦得当，"殉义者仅一人，负伤者亦仅数人"。[2]

除直接参与军事行动外，上海绅商在筹措经费，纾解军政府财政困难方面贡献尤大。由沈缦云、周舜卿经营的信成银行和虞洽卿经营的四明银行，都曾积极为民军提供经费。据说当时起义军"所发之军饷，人半出该两行所输出"。[3] 四月初，上海商务总会总理周晋镳一次即应允资助白银五万两。以后，商会又"择商铺之殷实者，各筹借一千，合成二十七万（银两）"，"缴送军政府应用"。[4] 据周晋镳 1913

---

[1] 上海社会科学院历史研究所编《辛亥革命在上海史料选辑》，上海人民出版社，1981，第 152 页。

[2] 上海社会科学院历史研究所编《辛亥革命在上海史料选辑》，第 152 页。

[3] 《此日方知卜式贤》，《民立报》1913 年 1 月 19 日，第 10 页。

[4] 《商家筹借大宗军需》，《神州日报》1912 年 6 月 13 日，第 5 版。

年在上海商务总会特别会议上所作的一个报告，上海光复前后，沪军积欠上海商家之借款，共达 300 万元之巨。[①]

上海绅商对维持地方秩序，保境安民格外看重。事实上，绅商之所以决定转向革命党人一边，很大程度上，即是出于保全地方，同时也保护自家财产性命的现实考虑。民国《上海县志》记载：

> 革命事起，民党领袖与地方士绅，咸引钟珏一言为重：乃博咨众议，密谋应付，而处处以保全地方，勿伤民命为要义。

起义爆发后，上海一度出现"居民伏匿不出，而地痞流氓则以其间拦路抢劫"的混乱局面。为此，在李平书等主持下，城自治公所于 10 月底召开一临时特别大会，议决：（1）东区境内加巡士二百名，南区九十名，西区六十名。（2）在沪南铁路车站附近举办贫民习艺所，收容因战事而失业的贫民。（3）购运米粮，接济贫民，经费由城自治公所筹垫。（4）商请各商团会及各业董速办团练，以保地方。（5）商请各乡镇区董自行筹办团练，以防土匪滋扰。[②] 于是，"以商团为主，救火会为辅"，"日夜警备，轮流出防，保卫地方"，很快使社会秩序稳定下来，"乃得闾阎安堵，匕鬯无惊"。[③]

因绅商在上海光复期间所起的重要作用，沪军都督府成立后，不少绅商出任要职。李平书出任民政部长，沈缦云任财政部长，王一亭任交通部长，虞洽卿为顾问官，商团司令李显谟任军务部副部长。显然，在沪军都督府中，资产阶级化绅商可以起到相当大的支配作用，而不仅仅是一种可有可无的点缀。

---

① 上海工商业联合会编《上海总商会议事录》第 1 册，上海古籍出版社，2006，第 53 页。

② 《城自治公所筹防之规划》，《时报》1911 年 10 月 28 日，第 5 版。

③ 《上海商团小史》，中国史学会主编《辛亥革命》第 7 册，第 88 页。

辛亥革命中绅商政治动向的第二种类型，系在封建旧官僚和立宪派势力占上风，革命力量相对弱小或鞭长莫及的地区，绅商则往往同旧官僚和立宪派相串联，共谋"和平独立"。这种情况在辛亥革命中占绝大多数，而尤以苏州和广州的"独立"为典型。

苏州独立是江苏"和平光复"的缩影。武昌首义之后，苏州绅商的态度开始是静观时局的变化，竭力维持地方社会秩序，与官府共谋靖乱互保，并没有像上海资产阶级头面人物那样，配合革命党人发动武装起义。苏州绅商先后采取了以下四种措施，以对付革命风潮所引发的金融动荡和社会危机：（1）借库款 20 万元济急。由苏抚拟准将库存 20 万元现洋拨交商会接济市面，各商号连环作保，商会亦承担责任，两月后清还，"以洋还洋，免其偿息"。[1] 这笔款项对缓解金融阻滞的燃眉之急起了一定作用。（2）照用官钱局所发纸币，同时请拨新币。由于武昌起义的胜利，人们唯恐清朝官钱局发行的纸币变成废纸，因而纷纷持币兑换现洋，商号铺户也随之拒收此信誉大跌的纸币。为了稳定商市，苏州商会晓谕各业务必照用旧纸币，"以免纷扰"。同时苏商总会又分别致电督抚，请将江宁库存的"以现抵现"之新币分拨一百万元到苏接济，以缓解奇紧的银根。[2] 此事因清政府当时已是顾此失彼，朝不保夕而作罢。（3）由商会主持印发 20 万元流通票暂时接济市面。先是钱业公会于 10 月 18 日提出，苏抚所拨 20 万元库款乃"杯水车薪，殊难为继"，因此拟请商会赶印流通票 20 万元，咨照各业只准流通，不能取现，并以商会为收发总机关，凡收发流通票均在商会办理，俟市面平靖，再行收回。苏商总会绅商当时虽认为这不失为暂济市面之一策，但又担心此票流通不畅，反滋纷扰，仍寄希望于清政府饬拨新币。当请拨新币的计划流产后，苏商总会绅

---

① 乙$_{2-1}$303/16。

② 乙$_{2-1}$308/35。

商在无计可施的困境中，仍只有采取这一办法。为此，苏商总会移文巡警道、苏州府和长、元、吴三县，告知接受各钱庄之请，发放加盖商会验戳之一元流通票共 20 万元，用以"暂资接济，流通市面"。①
（四）设立临时质缎局接济机织。为平息因现金缺乏，部分停工引起的机工罢工风潮，商会又会同云锦公所劝谕钱商王立鳌（兼苏经苏纶丝纱厂总经理）和典商俞兴甫拿出 5 万元现洋，设一临时质缎局，接济资力较小的纱缎庄和机户。该质缎局凭云锦公所开条加戳，暂当整匹花缎，每匹重 45 两，当洋 15 元，按每月二分起息，期限为 6 个月，期满则拍卖归还当本及利息。②

苏州商会绅商所采取的上述一系列措施，对于应付空前严重的金融风潮，勉强维持市面交易，保护商人免遭重大财产损失，无疑起到了一定的作用。这些应变举措，固然是为了在动荡的局势中维持商人的经济利益，但在当时特定的历史条件下，又的确起到了与封建官绅"互保"的作用。它表明，即便革命危机已经来临，可是具有严重妥协性、软弱性的苏州绅商资产阶级仍然坚持改良立宪的政治立场，由于惧怕革命将引起的巨大社会阵痛和财产损失，他们宁肯继续委屈地寄生于旧秩序的"粪堆"，也不敢贸然同封建统治者全面决裂。

当若干省份已相继光复，革命风声播于全国，清王朝的总崩溃已成定局时，苏州绅商终于不得不重新考虑自己的政治去向，放弃与封建统治者共谋靖乱的做法，转而采取"附义"的对策，积极谋求温和的"和平独立"。上海光复的次日（11 月 4 日），苏州商会总理尤先甲、议董潘祖谦等曾面谒程德全，施加压力，要求宣布独立。③ 当晚，上海方面又有绅商虞洽卿、陈光甫来苏游说程德全。在此之前，上海教育界和"息楼"人士黄炎培、沈恩孚、朱叔源、史量才、毛经畴等

① 乙₂₋₁99/10。
② 乙₂₋₁99/50、24。
③ 《苏州光复记》，《时报》1911 年 11 月 6 日，第 3 版。

亦曾多次来苏游说。^① 在各种因素的交互作用下，尤其为各省相继光复的革命形势所逼迫，江苏巡抚程德全不得不于 11 月 5 日"恂苏五属士绅之请"，在苏州宣布独立，组成江苏都督府。唯一的革命行动是用竹竿挑去抚衙大堂屋上的几片檐瓦，"以示革命必须破坏"。苏属各地也是所谓"传檄而下"。

光复伊始，苏州一些上层绅商、学绅俨然以光复元勋的姿态参预军政府的大计。11 月 5 日，"自治绅董吴本善、方炳勋，商会总、协理尤先甲、吴理杲，钱业代表庞天笙，当业代表庞蕭君，商董倪泳裳，团董潘祖谦，教育会孔昭晋均便衣谒见都督，面商进行事宜"。^②绅商相率厕身革命，对稳定人心，壮大革命声威起了积极作用。绅商在减轻军政府财政压力方面也出力不少。当裕苏、裕宁官钱局关闭而引起严重抢兑风潮时，商会传令各商店"共体时艰"，照常收用官钱局钞票和临时流通票。苏州"和平光复"不久，江苏民军准备会攻南京，军政府因军用浩繁，需款甚殷，"是以特设筹饷处，广为劝募"。苏州绅商多慷慨解囊，"乐输义饷"。同仁和等 15 家绸缎庄共凑洋500 元，"储拨捐助军饷"^③；典业福泰、元顺、元昌、安泰等四家典铺"自十一月初一日起至十五日止，一律减免半息，即以所收半息悉数捐助军饷"；仅只三家的苏城西烟业，接到商会发下的"助饷章程"后，"捧读之下，谁不感激"，遂"勉筹纹银一百五十两整，聊表杯水"。^④ 截至 1911 年底，苏州商会绅商共资助民军经费达 22200 元，占大宗者为钱业公会一万元。钱业公会在说明其捐饷缘由时称："今庄等列在国民，并为汉族，即吸共和之空气，敢忘义务之同担?"^⑤ 在

① 《辛亥革命苏州光复记》，《江苏文史资料》第 40 辑《辛亥江苏光复》，1991，第49 页。

② 《苏州光复记》，《时报》1911 年 11 月 6 日，第 3 版。

③ 乙$_{2-1}$282/16。

④ 乙$_{2-1}$282/6。

⑤ 乙$_{2-1}$282/14。

一定程度上反映了商人对革命的同情和支持。

无论是在武装起义还是在和平光复的地区，绅商始终将保全地方、维持社会秩序放在第一位，这是共同的。像武汉和上海的绅商一样，在社会发生剧烈变动的时刻，为维持其社会经济利益，苏州绅商越发加紧了扩张自己武装力量的进程，以取得谋求保全地方的"本钱"。当时，在苏商总会主持下，苏商体育会迅速扩建至四个支部，会员数达 600 余名，并陆续添购枪支弹药。在商会绅商的领导下，体育会会员荷枪实弹，配合民军，"昼夜梭巡，保卫秩序，地方赖以安谧。事竣，始由商务总会呈请都督府备案，将苏商体育会名义改为商团公会，以符名实"。①

在广州，中下层绅商及一般商人与守旧绅士和大绅商长期处于对立状态，前者以粤商自治会和七十二行为基地，后者以文澜书院和商务总会为据点。这就使广州的和平独立具有不同于其他地区的特点。武昌起义爆发后，10 月 25 日，广州城内各绅商团体在文澜书院集会，一些守旧绅士提出广东"改良独立"，但不能触及赞成共和问题，这实质上是官吏与守旧绅士的"滑头自保"。商会上层绅商附和之，而粤商自治会和七十二行的中下层绅商及一般商人则极度不满，认为"此等政策，断不济事"。② 10 月 29 日，广州绅商集会于爱育善堂，"公决承认共和政体"。当日下午，会议移至文澜书院，有人打出"广东民团独立"的旗帜，以至于全城商人悉以为已经独立，纷纷"悬旗张灯，放鞭炮相庆贺"。结果，商人的行动遭到张鸣岐的镇压，和平独立并未实现。自 10 月 30 日起，广州全城商人举行罢市，以示对张鸣岐镇压和平独立的抗议。11 月 9 日，在革命党人和绅商的联合行动下，广东终于实现独立。广东独立后，商会上层绅商也转而明显趋向

---

① 《苏州商团档案汇编》（未刊稿），第 2 页。
② 郭孝成：《广东光复记》，中国史学会主编《辛亥革命》第 7 册，第 229 页。

革命。11 月 17 日，军政府曾委托总商会绅商召集各界集议行政纲要，革命党人提出的军政府人选全部顺利通过。"九善堂、总商会、七十二行商，各允竭力筹募军饷。"[1] 军政府为维持金融秩序而发行的新纸币，"商会承认通用之"。[2]

以上事实说明，辛亥革命中各地资产阶级化绅商或迟或早，或多或少均对革命表现出一定的同情和支持，以附从革命，趋向共和的实际行动表达了自己的阶级意愿。辛亥革命的爆发固然是以孙中山为首的民主革命派长期不懈奋斗的结果，但如果没有以绅商阶层为主干的工商资产阶级的支持，这场革命或许难以取得推翻满清王朝的胜利。就此而言，资产阶级主体——工商资本家在革命中所迸发出的政治热情和活力也同样是难能可贵、功不可没的。然而，资产阶级化绅商毕竟封建因袭太深、妥协性太大，因此，他们在革命中必然表现出保守、妥协的政治性格，从而影响革命的进程。尤其是在一些民族资本主义经济发展不充分的地区和革命力量相对弱小的地区，绅商阶层的政治保守性则更为严重。这种政治保守性在革命爆发初期，通常表现为畏葸不前、骑墙观望。除上举苏州和广州上层绅商与官府共谋互保的事例外，又如武昌首义之后，天津商会绅商即遵从直隶总督的命令，协助官府维持经济秩序及地方治安，得到直督陈夔龙的嘉奖。

> 查自鄂省事起，谣言四播，京津亦因之人心惶惑，市面异常恐慌。赖商务总会总理宁世福、协理吴连元、坐办李向辰、帮办杜宝桢深明大义，不辞劳怨，竭力维持，各商幸未动摇，实有裨大局。[3]

---

[1] 郭孝成：《广东光复记》，中国史学会主编《辛亥革命》第 7 册，第 230～233 页。

[2] "中华民国开国五十年文献编纂委员会"编《中华民国开国五十年文献》第 2 编第 4 册《各省光复》（中），"中华民国开国五十年文献编纂委员会"，1962，第 419 页。

[3] 天津市档案馆等编《天津商会档案汇编（1903～1911）》，第 2420 页。

上层绅商们对陈夔龙的嘉奖不胜感激，即刻回函表示将继续效忠。

> 窃自鄂省变乱，津市人心惶恐，幸赖大帅镇静表示从容之象，各商民仰瞻模范，抱定不摇之心，市面大局借以安谧。职等有何劳绩，谬承奖励！……总期市面商情始终镇定，借副大帅维持大局之至意。[①]

东三省商人的政治态度也基本上是保守的。如在奉天，上层绅商于11月初参与了由总督赵尔巽主持的保安会筹备和组织，并不惜求助于外国人组织商团维持地方秩序。

在各省相继独立、建立地方政权的过程中，绅商的政治保守性又表现为主动靠拢旧官绅和立宪派，逐渐疏远坚定的革命派。他们尤其对来自下层群众的革命情绪忧心忡忡，担心革命的继续深入会破坏既存社会秩序。在首义之区的武汉，绅商和黎元洪、汤化龙等关系密切，不少工商界人士参加了黎元洪领导的民社、进步党。江苏绅商则力主由旧官僚程德全担任江苏都督，谓："商民盼公（程德全），如望云霓。"[②] 广东独立后，绅商们宁肯选择反对共和的张鸣岐和龙济光任都督，也不情愿革命党人出任此职，尤其是龙济光一直受到绅商的挽留。[③]

总之，从绅商阶层在辛亥革命中的从权应变、进退行止中可以再次清楚地看到：该社会阶层的政治行为方式是非常务实和保守的，他们并不太注重政治理想和原则，而更多地强调其过程和手段。"求稳避乱"，最大限度地维护自己的现实经济利益和既得社会特权，是他

---

① 天津市档案馆等编《天津商会档案汇编（1903～1911）》，第2420页。

② 乙$_{2-1}$305/3。

③ 《七十二行商报》1911年11月9日，转引自邱捷《广东商人与辛亥革命》，载《纪念辛亥革命七十周年学术讨论会论文集》上册，第383页。

们政治理念的中心关怀。为了达到这一现实的目标，他们可以迎合、趋近本阶段长远利益的政治代表，也可以出于现实利益的考虑，一夜之间将其抛弃。绅商与革命派在辛亥革命中的分分合合、合合分分，正是围绕现实利害这条中心线索而铺叙、展开的。

二 民初绅商的演化

在民初政党林立的混乱政治局面中，各地绅商企盼有一个利于发展经济的安定社会环境。出于"求稳避乱"的一贯政治追求，他们"抱定中立主义"，希望以第三者的立场，调停党争，使国家政治秩序化和制度化。然而，当他们看到党争难以调停，政治日益黑暗时，便逐步转向离异革命，疏远党人，一步步投入鼓吹"稳定""秩序"的袁世凯北洋集团的怀抱。绅商在政治上的滑坡，持续到1913年"二次革命"爆发终于达到极点。

"二次革命"史称"癸丑之役""赣宁之役"。它既是辛亥革命后中国政局复杂演变的结果，也是南方革命势力与北洋军阀集团之间的一场军事、政治的大决战。"二次革命"以袁世凯刺杀宋教仁的"宋案"为导火线，从1913年7月12日江西讨袁军在湖口起义开始，到同年9月12日熊克武在重庆被迫取消独立为止，前后延续两个月之久，波及江西、江苏、安徽、湖南、广东、福建、四川七省，对袁世凯的独裁统治也构成一定威胁。正如时人所描述：

> 湘、皖、赣、宁、川、闽、粤各省先后独立，苏、常、锡、镇、清、扬、江北各地亦皆厉兵待发，海军全体赞成，外人约守中立，徐、宿获捷，鄂亦不支，窃观大势所趋，在南不在北矣。[①]

---

① 《葛道藩致吕公望书》，洪越编《癸丑战事汇录》，上海癸丑战事汇录总发行所印，1913，"公函"，第8页。

但是，"二次革命"很快就失败了。仅仅在两个月之后，革命党人便一败涂地，孙中山、黄兴、李烈钧、胡汉民等相率逃亡日本，号称十万之众的革命武装全部解散，七省的地盘丧失殆尽。袁世凯通过残酷的暴力镇压，终于完成了表面的武力"统一"。

"二次革命"何以会失败得这样惨？当年的革命家曾作过多次痛苦的反省。孙中山强调："癸丑之不利，非战之罪也。"[1] "癸丑之役，文主之最力，所以失败者，非袁氏兵力之强，实同党人心涣散。"[2] 后世史家也从南北军事实力悬殊、革命党人内部意见不统一，起事仓促，南方革命势力缺乏可靠的群众基础诸多方面进行过深入的探讨。但在我们看来，包括商会绅商在内的资产阶级急迫地"转向为背"，抛弃革命，乃是"二次革命"很快彻底陷于失败的关键所在。

"二次革命"中最为奇怪的现象就是：一场代表资产阶级利益的"革命"，居然完全得不到本阶级主体的支持，而袁世凯一类封建性很强的军事独裁统治者却被广大"商民"拥戴。这充分说明当时工商资本家所看重的乃是社会安定的现实利益，只要不再有"风动云扰"的战乱即可，对什么共和理想、国体大是甚少兴趣。"宋案"发生后，在民族资产阶级当中，除沈缦云、叶惠钧、王一亭等少数工商界激进分子积极支持武力讨袁外，绝大多数人都对"二次革命"抱极端冷淡或坚决抵制的态度。著名绅商张謇提出："识时务者，则皆鉴于前辙，惴惴焉怀生命财产之忧，孰肯以汗血所得之金钱，供二次、三次革命不已之挥霍，自买今年明年纠缠不了之苦痛。"[3] 各地商会绅商则纷纷发布通电、文告表示反对讨袁，唯恐战事复起。如上海总商会的通电称：

---

① 《孙中山选集》上卷，人民出版社，1956，第97页。
② 《孙中山选集》上卷，第96页。
③ 《复王瑚、孙毓筠函》（1913年5月14日），《张謇全集》第2册，第374页。

……近日纷纷争议：宋案也，借款也，选举总统也。窃谓宋案审判于法庭，借款选举取决于议院，自有法律范围，岂尚血气为胜负。商人在商言商，不知附和，若有破坏而无建设，乱靡有定，胡所底止。迭据各业团体交相诟责，殊难缄默，务祈大总统、国务院、参众两院、各省都督、民政长以保卫商民，维持秩序为宗旨，无使我商民余生再罹惨祸，坐致大局沦胥，贻革命丰功之玷。①

及至"二次革命"正式爆发，许多商会绅商便公开站在袁世凯一边，参与破坏和平息革命。上海方面发起讨袁独立时，陈其美曾两度造访绅商领袖李平书，希望恢复辛亥革命时期的"合作"关系，但是李平书一再以"和平免战"相拒绝。上海总商会、商团公会、教育会等团体，也以"宋案发生以来，商困已达极点，何堪再起衅端"为由，"于双方竭力调停，苦劝息兵"。② 后来，李平书干脆坦白相告："今年之事，地方不赞同，非上年可比。……今慎勿轻举妄动，使之反德为怨，致以后无从办事。"③ 南京独立后，因"金融机关大为阻滞"，"各种钞票均不收兑"，给讨袁军造成极大的财政压力。当讨袁军派代表请商会绅商"劝令商界助饷"时，在武力逼迫之下，"商界虽未反对，惟无辛亥助饷之热心耳"④，结果闹得双方不欢而散。与此形成鲜明对照的是，7 月底程德全通电宣告取消独立后，商会绅商马上出面筹洋两万元，"拨交第八师长维持现状"。⑤ 广东独立后，港粤商人群起反对，香港九作行，广州参茸行、锡业行、海味行、苏机

---

① 《总商会电请维持秩序》，《申报》1913 年 5 月 8 日，第 7 版。
② 李平书：《且顽老人七十岁自叙》，第 531 页。
③ 姚文楠：《通敏先生行状》（稿本），转引自章开沅、林增平主编《辛亥革命史》下册，人民出版社，1981，第 465 页。
④ 介北逸叟：《癸丑祸乱纪略》，上海有益斋，1913。
⑤ 《专电·南京电》，《申报》1913 年 8 月 3 日，第 2 版。

行、九八行、铜铁行、绸缎行、面粉行、药行、茶叶行等均以商会或个人名义上书袁世凯："赣乱发生，粤复独立，非诛孙黄，无以安天下。"① 江西、浙江商民亦"颇不以轻启战祸为然"，要求维持秩序。汉口商会绅商则公开组织商团进行"自卫"。当袁记政府要求商会劝导各商拒收"叛军"所发军用钞票，扣留革命党往来储汇各款，"用遏乱源"时，全国商会联合会、中国保商会和北京总商会马上联名通电各埠商会，诽谤革命党人"私通外人，散布死党，僭窃土地，布告独立，同种相残，断绝人道，纸片革命，扰乱治安"。同时吹捧袁世凯"为统一国家，整饬纲纪计，不能不大张挞伐，诛绝叛徒"，因此，"同人等亦不愿复有议论"。并公开号召："断绝一切与叛党之经济关系"，"速平祸乱"。②

袁世凯对各地商会和商团绅商在"二次革命"中所表现出的驯顺态度颇为赞赏。"二次革命"刚一结束，黎元洪就迫不及待地为各地"商民"邀功请赏，他说："各省商团预烛其奸，动色相戒。沪、粤两埠，开通最早，程度较优，故其拒绝暴徒亦最力；赣、浔、宁、皖商力较薄，曲从不甘，显拒不敢，卒因默示反对，使该党筹款无着，失其后盾；又如湘谋独立，亦因不得商会之赞同，故宣布最迟，取消亦最速也。"因此而上书请求"褒奖"。③ 9 月 17 日，袁世凯通令嘉奖各地商会："而抵制邪谋，倡提正论，则尤得各省商会维持之力。……各商界烛其奸邪，绝其资助，遂使逆谋无由大逞，乱事得以速平，曲突徙薪，功匪鲜浅。"④ 分别奖给勋章匾额。仅仅相隔一年多的时间，商会和绅商资产阶级对待革命党人的态度何以会发生如此之大的变

① 《粤人反对独立之呼吁》，《申报》1913 年 7 月 28 日，第 6 版。
② 《在京商界否认扰乱之通电》，《申报》1913 年 8 月 3 日，第 6 版。
③ 黎元洪：《上大总统并致京各机关》，易国干等编《黎副总统（元洪）政书》，沈云龙主编《近代中国史料丛刊》第 67 辑，台北：文海出版社，1973，第 348 页。
④ 陆纯编《袁大总统书牍汇编》第 2 卷，载沈云龙主编《袁世凯史料汇刊续集》，台北：文海出版社，1967，第 69~70 页。

化？我们必须考察一下辛亥革命后促使绅商资产阶级态度发生急剧变化的种种政治、经济和社会的根源。

亨廷顿曾经提出："一场全面的革命，包括用暴力迅猛地摧毁现存政治制度，动员新兴集团参与政治活动以及建立新的政治制度。"①以此标准衡量，辛亥革命无论从哪一方面看，都是一场不成熟和不彻底的资产阶级革命。这场革命的真正悲剧在于：它并未造成中国深层社会结构的裂变，即未从根本上改变中国近代半殖民地半封建社会的性质。然而，同样不可否定的是，辛亥革命在摧毁旧的封建王朝体系的过程中，确曾引发了中国社会表层结构的剧烈震荡，这是传统政治制度正在受到巨大冲击的表征。虽然存在前所未有的政治失序和社会动乱，但这种暂时的动乱并不可怕，在其背后隐藏着历史前进的沉重脚步，只要让它持续和深入下去，就有可能导致新的政治秩序的建立。十分可惜的是，软弱的绅商资产阶级并不具备应付巨大社会变革所必需的心理承受能力及代价意识。为了眼前的既得利益而患得患失，不惜抛弃更为长远的政治目标；为了避免进一步的社会动乱和可能的财产损失，不惜离异自己的政治代表，这正是促使绅商资产阶级在辛亥革命后发生政治大滑坡的症结所在。

军绅、军商矛盾的激化，成为辛亥革命后一个突出的社会现象。在很大程度上，绅商资产阶级同革命党人的疏远以至离异，往往始自与革命军的交恶，确切地说，起于大大小小的"兵变"。所谓"兵变"，其实也就是由那些纪律松弛、无法约束的士兵对商人和居民实行的武装大抢劫。当时部分新军士兵（其中多数系从清军反正）所进行的这类明目张胆的洗劫，使各地商民苦不堪言。如 1912 年 3 月 27 日晚所发生的震惊江苏乃至全国的苏州"阊门兵变"中，乱兵先后洗劫商店 331 家，商民损失总数约合银 73 万余元，七人被打死，一人

---

① 〔美〕塞缪尔·亨廷顿：《变革社会中的政治秩序》，第 260 页。

受重伤。苏州典当业损失尤重，"特遭兵匪大队逐铺搜劫，一抢再抢，通宵达旦，十铺九典，同归于尽。种种苦情，实为从来未有之奇惨！"[①] 兵变发生后，商人对革命军的看法马上来了个一百八十度的大转弯。《时报》上一篇名为《苏州兵变感言》的时评谓：

> 方革命之初，余既痛切言之矣，各地商人宜尽力以办商团以自保其生命财产，当时尽以不足轻重听之，而今各地兵变迭闻矣！其所掠非他，即各地之商人也。各地商人一无抵御，听其抢掠焚烧以去。呜呼！来日方长，及此急图自保，尚可及也。不然，尽中国之商人，尽被蹂终而已矣！[②]

另一篇名为《养兵危言》的时评，则更为具体地表达了商人的失望情绪。

> 当清帝退位以前，武汉起义而东南半壁纷纷响应，民生其间，箪食壶浆，望风恐后者，诚以困于满清之虐政，水深火热，有不禁望义师之突起，保障民生，一扫专制之遗毒耳。起视今日，其所谓突起义师者何如？其所谓民生保障者又何如？借豫备不虞以为名，而各都督之拥兵自若，各军政府之拥兵亦自若。及此民国大定之日，南北各军徒有统一之名而无统一之实。某都督互争矣，某军队激变矣，尤其甚者。……哀哀斯民，几何不流入于汉唐元明末造之漩涡，而悔昔日之以养兵为祸胎也。[③]

---

① 《苏商总会致江苏都督呈程》（1912 年 4 月 4 日），马敏、祖苏主编《苏州商会档案丛编》第 2 辑（1912～1919 年），华中师范大学出版社，2004，第 600 页。
② 《苏州兵变感言》，《时报》1912 年 3 月 29 日，第 2 版。
③ 《养兵危言》，《申报》1912 年 4 月 10 日，第 1 版。

从"义师"的盛誉到"祸兵"的骂名，其间虽然也反映了起义胜利后革命军所发生的某些蜕变，但平心而论，更多的则是商人出于愤激的偏见。由几处"乱兵"而概论革命军，又由革命军而殃及革命党，实在是不近情理之至。但当时大多数商人就是这么看的。

在当时导致社会不安定的另一个因素是来自下层劳动群众的反抗。由于革命后建立的民国徒具共和形式，民生主义也被丢在一边，农民和其他下层劳动群众的经济地位未得到改变，因此城乡人民的斗争仍层出不穷。"时苏常各属，假托名义，揭竿图掠者日有所闻。"① 遍布城乡的抗租、抗粮、罢工运动以及社会治安的混乱，给商业和金融流通造成极大影响，如江苏省光复两月以来，金融市场仍未活动，"货物停顿，商业受亏"，"银元飞涨，日益加甚，人心恐慌，几达极点"。② 对此，急于发展工商实业的绅商资产阶级忧心忡忡，一再呼吁："夫今日最可恐者，土匪之乘机起掠耳"，"贫民、工人无所事事，则铤而走险，致起无意识之骚扰，甚于大局有害"。③ 这时候，绅商资产阶级所关心的已不再是革命是否彻底和深入，而是专注于尽快恢复社会秩序，避免更大的经济损失。因此，谁有能力建立稳定的"秩序"，他们就拥护谁，而袁世凯正是他们心目中的具有这种能力的铁腕人物。"南北议和"期间，汉口商会绅商的表态颇具代表性："商等遭此大劫，无所归依，现拟结一民团，不问其为何政府也，但知有抚我者而归附焉。"④ 袁世凯正是看准了资产阶级这种"嗷嗷望治"，惧怕动乱的心理，上下其手，把自己装扮成资产阶级利益的忠实保护者，在一道通令中要求各地官员保护商民，"如有匪徒借端扰乱，损

---

① 朱熙：《云阳程公六十寿序》，扬州师范学院历史系编《辛亥革命江苏地区史料》，江苏人民出版社，1961，第60页。

② 《商会议董请鼓铸银元以维市面呈都督府略》，乙₂-₁303。

③ 无名：《今日人民自计》，《申报》1911年10月21日，第2版。

④ 《汉口商民致上海商会公函》，《时报》1911年11月13日，第14页。

害商人，惟该都督、民政长是问。本大总统誓将牺牲一切，以捍卫我无罪之良民也"。资产阶级当中的不少人因轻信袁世凯"和平""秩序""振兴实业""开拓富源"之类的美妙诺言，陶醉于自己所编织的"黄金"梦幻之中，因而十分厌倦和害怕新的革命风暴，拒孙中山等革命派于千里之外，自觉或不自觉地充当了袁世凯镇压"二次革命"的帮凶和走卒。直至袁世凯把"民国"的空招牌彻底砸毁，紧锣密鼓地复辟称帝，资产阶级中的一部分人才有所警醒，但为时已晚，紧跟着便跌入军阀混战的苦海。以后，北洋军阀的横暴摧残和欧战后帝国主义势力卷土重来，才再度唤醒资产阶级的政治意识，重新与革命势力握手言和，争取政治上的自主自立。

当民国初年绅商资产阶级在政治上发生种种演化的同时，其自身的社会结构和成分也在发生种种相应的变化。辛亥革命对旧社会秩序的冲击，使中国社会阶级结构发生了新的分化、改组。在"咸与维新"的口号下，传统旧绅士（包括一些乡村中的土豪劣绅），摇身一变成了堂皇的民国士绅，居然也满口"共和""民权"之类的时髦语，新旧绅士的界限已变得不甚分明。军权的上升和武人社会地位的提高，多少造成了军权抑制绅权的现象，也致使绅士的社会价值有所跌落。① 由于"功名""职衔""封典"之类在前清象征社会特权和地位的招牌已成明日黄花，"绅商"名目便逐渐为世人所淡忘，绅商阶层也开始发生分化。少数绅商转到政界，成为较纯粹的官僚或士绅，如张謇和周学熙之先后出任农商总长；一部分上层绅商以"商董"自称，仍居商界的上流社会；大多数中小绅商则还原为较纯粹的中等水平工商资本家，自称为"民商"。他们与实业界一批年富力强、有新的文化素养和专业素质的新一代人物（如穆藕初、聂云台等）相结

---

① 有关军权与绅权在辛亥革命后的互动关系，可参见陈志让《军绅政权》，生活·读书·新知三联书店，1980。

合，构成新兴民族资产阶级的中坚力量。绅商名目的淡忘和绅商本身的分化，使清末民初那个以功名、职衔和财富相结合，居于各地商人组织领导地位的绅商阶层开始逐渐消亡，取而代之的是那种更能适应近代化要求，符合于时代潮流的新的企业家阶层。

民国初年绅商阶层分化、改组，终归澌灭的历史轨迹，在当时保存下来的历史档案文献中亦有所反映。如较为系统的民国时期天津商会档案中，一般已少有关于"绅商"的记载，即使偶尔涉及"绅商"的名目，也是恢复到"绅商"最初的含义，即分指绅士和商人两个不同的社会群体，那种复合性的单指一人或一群人的"绅商"概念，基本已不复见。① 如1916年成立的"直隶全省绅商金融临时维持会"，从字面看，虽仍有"绅商"的称谓，但其含义已与前清那种集功名、职衔和经商于一身的"绅商"阶层不同，完全是分指绅士和商人两类群体。据档案中所保存的一份"直隶临时金融维持会"名单，列名绅界的人员，其社会职业系退休官员和学界、报界人士，均不直接经营工商业，比较接近"绅士"的传统内涵。② 另据一份"绅商刘思源等十人集资创设工业用理化药品制造厂禀文"，十名发起人中，仅五人系铺号、公司的经理，另五人的社会职业系技师、科员、军官、文牍员、厂员，勉强能够跻身绅的行列。③ 可见，此时的绅与商确系分开的社会群体，不复再成其为一个阶层。从明清时期的绅商合流，到民国时期的绅、商分开，曲折地折射出中国近代企业家阶层氤氲化生、艰难成长的历史进程。如果说，绅商一代人的出现，反映了中国社会正从重农抑商、崇士贱商的传统"四民"等级社会向一个价值多元化、职业复杂化、社会流动空前增强的近代工商社会过渡，那么，绅

---

① 在《天津商会档案汇编（1912～1928）》中，合一性的"绅商"概念仅见两例，分别参见天津市档案馆等编《天津商会档案汇编（1912～1928）》第1卷，天津人民出版社，1992，第7、12页。

② 天津市档案馆等编《天津商会档案汇编（1912～1928）》，第980～981页。

③ 天津市档案馆等编《天津商会档案汇编（1912～1928）》，第2974页。

商一代人的消逝，则表明中国（至少在若干通商大埠）已初步跨入了近代工商社会的门槛，虽然这一社会的成熟要经历若干反复和相当长的历史时期，不是一蹴而就的。诚如有的学者在分析民国时期上海商会的成长时所说：

> 执掌上海总商会（包括其前身上海商业会议公所、上海商务总会）领导权力的绅商头面人物和绅商领导体制下的上海总商会，在一定的历史时期内以其介于官、商之间的特殊社会身份，为消除有碍于商务发展的官商隔阂，沟通官、商联系，曾经起过一些积极作用。从解决历史进程中的突出社会矛盾来说，这也是为近代化扫除障碍。但是当近代化已经成中国人民面临最突出主题，社会革新潮流已经滚滚而来，新一代企业人才已经脱颖而出的时候，无论是绅商一代人，或者是由他们掌握的上海总商会，再按旧观点、旧习惯办事，就必然成为时代的落伍者。①

这段话比较准确地概括了绅商阶层的历史地位及其时代局限性。任何历史的产物，都将在历史中结束自己的历史。在历史的纵坐标上，不存在永恒的东西。绅商阶层亦概莫能外。它有自己的缺点和弱点，并不是一种纯而又纯的社会群体，只有把它定格在历史的某一点上，它才有了自己的存在理由和评价价值。

作为一个特定社会阶层的绅商，尽管在民国头十年已逐渐消逝，但它所包含的社会底蕴，即显赫社会地位和雄厚财力相结合的上层在野社会势力，却依旧长期存在，并对中国的经济和政治施以种种影响。权力与金钱联姻的故事，也还会改头换面地重新敷陈下去。就案头所觅，随手摘录两则史料如下。

---

① 　徐鼎新、钱小明：《上海总商会史（1902～1929）》，第243～244页。

一则系民国元年（1912）《醒时日报》评说天津商会商董十大特色，仅录二条：

> 一、每有新官到任，该商会不闻（问）贤愚，首先开欢迎大会，籍（藉）谋联络得利之进阶。该（官）吏无论与我直隶人民有无利害（之）处，概不闻问，一味谄媚，一味逢迎，至任满调往他省，或因事解任，则必预备匾额及伞牌等类，硬行勒派各商户集资置购，该商户敢怒不敢违，这就是商会籍（藉）势逢迎。

> 二、小本营生因债成讼或由审判移送商会案件，若按天良公理说，不计大商小贾，当宜和平对待。我天津商会则不然，见大商涉讼则喜（喜的叩头中有利）；见小贩涉讼则怒（怒的无甚沾光）。喝五吆六，作福作威，可就问起案来，涉讼人见势凶劣，则日老爷长，大人短，恩恩典典之声，不敢离口。①

一则系民国十一年（1922）常熟《社灯》指陈当地的绅士：

> 现在常熟社会上最有势力的是哪一派人，不是所谓绅士么？官厅有什么会议，第一要召集绅士；人家有什么有求于官厅，必须要请绅士说项；举办一件大规模的事情，总要请绅士署几个名；绅士的势力，可是大到极点了。②

这两则史料，均是出自当时名不见经传的白话小报，但唯其小而名不见经传，方能无所顾忌地讲真话，把实际的社会生活呈现在我们

---

① 天津市档案馆等编《天津商会档案汇编（1912~1928）》，第17~18页。
② 《社灯》1922年8月16日，常熟市档案馆藏。

面前。前一则史料讲的是民国初年的官、商攀缘及商董们所具有的"官气";后一则史料勾画的是地方绅士的赫赫威权。若与本书所叙述的晚清绅商的历史相对照,我们难道不会很有一种"似曾相识燕归来"的感觉吗?可见,在中国这样一个有着两千年官本位封建传统的社会中,作为特定历史产物的绅商阶层本身固然可以随着历史的演化而消亡,但它所体现的文化价值观念和社会心理定势,却不会在短期内消亡,或仅仅是名亡而实存,一遇适当的气候和土壤,官、商联姻和钱权交换又会以名目繁多的形式重新出现。就此而言,中国向现代化社会迈进的步履,势必是艰难而滞重的。

余论

现代化进程中的官、商关系

本来，写完最后一章，这本书也就该算完成了。但回过头来看，由于书中着重论述的是官与商之间的中介层次——绅商，对官、商关系的理论分析，却反而着墨较少，这不能不说是一个很大的遗憾。因此，在掩卷之际，不揣浅陋，将某些言犹未尽的思考提出来与读者共同讨论、切磋，但愿由此而形成更为广泛的对话基础。

一

毫无疑问，现代化进程最基本的特征，是社会和经济日新月异的发展。发展是现代化的永恒主题。然而，社会与经济的发展离不开广泛的社会动员，离不开有形和无形的社会资源的重新配置。要成功地推行现代化，一个社会系统必须创造出新的政治体系，即用国家行为来推动社会和经济改革；实现现代化的第二个条件，是该社会系统必须有能力将新兴社会势力成功地吸收进政治体系之中，并由此获得经济要素之外的现代化动力。正是在这一意义上，官（政府力量）与商

（民间力量）构成推动现代化进程的两根最有力的杠杆，而能否正确处理二者的关系，又成为各国现代化成败的关键。绅商问题，只有置于现代化进程中的官、商关系这一宏大背景之下，才能获得深刻的社会评价意义。

西欧各国能够自发地萌生出资本主义经济结构，率先走上实现现代化的道路，与其在封建专制王朝晚期官、商关系就较为密切不无关系。英国的专制王权为了争夺海上霸权，早在15世纪中叶即开始实行贸易保护主义和扶持本国商人的政策。1455年，实行禁止丝织品进口以保护本国的制造业；1463年，禁止外国人输出羊毛；1464年，又实行对大陆呢绒的限制。[①] 都铎王朝的创始人亨利七世（1485～1509），更是坚决地推行保护主义和重商主义政策，应本国商人的要求逐渐削减汉萨商人的特权，使英国商人得以独享贸易特权。进入17世纪，英国便开始强行推行对外贸易，实行殖民扩张。1600年，由于得到伊丽莎白女王的特许状，英国东印度公司宣告成立。15年后，公司的贸易站发展到20多个，分布在印度和印度洋上的一些岛屿上，也包括印度尼西亚及日本的平冢。"民族强大，国家丰裕，商人富有，称霸世界"，构成英国资产阶级和王权妥协的基础。通过英国资产阶级革命上台的克伦威尔，继承封建王权的遗产，实行进攻性的重商主义政策。1651年，他颁布了第一个航海法令，规定欧洲货物只能由英国船只或原货物出产国的船只运抵英国本土；在非洲、亚洲和美洲出产的货物只能由英国或英国殖民地的船只运达。[②]

法国的重商主义起源于16世纪。在路易十四和柯尔培统治下的1663～1685年，即所谓"太阳王"和资产阶级联盟时期，法国的重

---

① 〔比〕亨利·皮朗：《中世纪欧洲经济社会史》，乐文译，上海人民出版社，1964，第196页。

② 〔法〕米歇尔·博德：《资本主义史：1500～1980》，吴艾美等译，东方出版社，1986，第23、38页。

商主义达到了顶点。在他们看来，"贸易公司是国王的军队，法国的手工工场是国王的后备军"。"一个国家只有拥有丰富的金钱，才能使他的势力和威望显然改观。"在柯尔培的督促下，法国建立了400多种制造业，实行"集体工场""私人工场"和国王的王家手工工场等多种生产组织形式，鼓励了奢侈品和出口商品的生产，如挂毯、瓷器、玻璃制品、高级衣料等；也同样促进了基础生产（冶铁、造纸、军火）和一般消费品的生产（羊毛、亚麻织物等）。[①] 在对外贸易方面，法国政府实施保护主义，1664年和1667年两次提高商品进口税，为法国对外贸易的扩展提供了有利条件。同时法国也积极扶持垄断的贸易公司。1664年，法国东印度公司获得在印度洋和太平洋贸易、航行50年的独占权，但该公司成就平平，直到18世纪才兴旺起来。

尽管后来西欧各国商人和资产阶级普遍与专制王权发生激烈冲突，并引发资产阶级革命，但经过革命的震荡之后，官、商在新的共同利益基础上，又建立起新型的密切关系，以政府和民间的合力推动本国的现代化进程。

与西欧资本主义化历史形成鲜明对照的是，中国历代封建王朝非但没有重商主义的意识，还拼命地贱商、抑商，使官与商处在严重对立的两极：官至尊至高，商至低至贱。可以说，古代中国的全部价值取向都在于"官"，是一个地地道道的"官国"，一个行政权力至上的"官本位"社会。入仕做官，内圣外王，为士人最高的人生理想和成功标志。"学而优则仕"，人生最得意之时和最得意之事，乃"金榜题名时"。一旦当上官就有了一切，种种特权、财富和名利接踵而来。"德必称位，位必称禄，禄必称用。"[②] 在中国传统社会等级结构中，官高居于"四民"之上，成为当然的统治者；"四民"之中士又居于

---

① 〔法〕米歇尔·博德：《资本主义史：1500~1980》，第38页。

② 《荀子·富国篇》。

首位，成为官的总预备队。

在"官本位"的政治和社会背景下，官的地位、官的特权、官的待遇，实在是太具诱惑力了，成为众人趋之若鹜的渊薮。相反，四民之末的商却无人问津，遭人白眼，在夹缝中讨生活。"我国之贱商数千年矣，我国既贱商，其弊不至，不保商而扰商，不利商而剥商不止。……无怪乎商权常落外人之掌中，需用供给不适其度，国势日益萎靡不振也。"① 重官轻商、崇士贱商的直接社会后果，便是官权无限膨胀，官吏多如牛毛，官场腐化黑暗，官僚政治畸形发展，工商实业和国计民生得不到应有的重视，生产发展缓慢，长期在糊口型小农经济的怪圈中徘徊。

时至近代，列强环伺，国将不国，方有重商主义的呼号，改善官、商关系的要求，连朝廷也不得不羞羞答答地检讨："中国商民平日与官场隔阂，情谊未能遽孚，而不肖官吏或且牵掣抑勒，甚至报关完税多所需索，商船验放到处留难，遇有词讼，不能速为断结，办理不得其平，以致商情不通，诸多阻滞。"② 尽管在清朝最后十年，从朝廷到地方都实行了一系列的奖商、保商措施，试图消除官商隔阂，"使官商一体，情意相通"，但几千年的贱商意识和"官本位"格局，岂能在一朝一夕间改变？有清一代，"官尊商卑，上下隔阂"的状况并无实质的变化。官商关系难以融洽，无法形成来自政府和民间的合力，始终是困扰中国现代化进程的一大隐患。

二

如果细加区分，现代化进程中的官、商关系，实际包含着两层相

---

① 《论中国商业不发达之原因》，《湖北学生界》第 3 期，光绪二十九年三月朔日。
② 朱寿朋编《光绪朝东华录》第 5 册，中华书局，1958，第 5091 页。

互关联的内涵：首先是政府与民间（或称国家与社会）的互动关系，其次才是作为实体的官员与商人的关系。在前一层次意义上，"官"是政府意志和国家力量的直接体现，"商"则是广义的"民"的代表，系与现代化休戚相关的民间社会力量的总称。

从政府与民间的角度观照，现代化进程实则是由双方互动关系所推动的社会发展过程，每一方都不可或缺。但由于英、法等西方国家的现代化属于一种自发型的现代化，是其社会内部矛盾自然演化的结果，所以其现代化的推动力量主要来自民间，企业家和商人始终扮演着主角，国家政权则仅仅起着一种辅助性的作用。例如在世界上第一个工业化国家英国，1640 年革命以前，由新贵族（实即农业资本家）、企业主（主要为羊毛制造商）、小商人和自由民构成的中产阶级"几乎在不知不觉中掌握了全部的社会力量"，他们控制着众议院（下院），信奉同一宗教，与代表封建贵族和垄断大商人利益的绝对君主专制政府相对立。通过 1640 年革命，中产阶级终于推翻了绝对君主制，建立了以新贵族集团和工商资本家的联盟为基础的立宪君主制。在其后一百年中，工商资本家不动声色地发起了一场工业革命，从根本上改变了"带有封建外表的老英国"的面貌，使英国实现了经济近代化，率先进入工业化国家行列。接踵而至的 1832 年议会改革则标志英国真正实现了政治上的近代化，资产阶级已经成熟，土地贵族的寡头统治被工商资本家集团取代。英国变成按照资产阶级意愿组织起来的真正近代化国家。综观英国早期现代化（即近代化）的全过程，可以看到来自民间的资产阶级始终起着主导作用，他们以其特有的活力和主动性，实现了阶级自身和国家的更新。

与西方先期实现现代化的国家不同，亚、非、拉后进国家的现代化通常是在面临外来威胁的强迫状态中推行的。出于民族主义的原因和资产阶级力量的弱小，不得不由政府来扮演早期现代化运动的组织者和领导者。在中国，从 19 世纪中叶到 20 世纪中叶的现代化进程，大致经历了如下几个阶段：（1）1860～1895 年洋务运动期间由地方洋务派官僚所推动的现代化运动；（2）1901～1911 年由清政府亲自着手推行的现代化运动；（3）1912～1916 年袁世凯独裁统治下所推行的现代化运动；（4）1916～1927 年由民间社会力量所推动的现代化运动；（5）1927～1949 年由相对统一的国民政府所推行的现代化运动。

上述各阶段的现代化运动表明，中国的现代化进程，基本上是一个自上而下的过程，是一个为政府力量所牢牢控制的过程。民间社会力量则处于从属、被动的地位，缺乏自下而上的回应。"尽管国家本身不想操纵经济增长的过程，但它却通过防止企业资产阶级的产生，成功地控制住了此种增长的社会后果。控制系统与市场经济共存。一个被政府牢牢控制的社会与相对自主的经济部门的共存，这些就是在 19 世纪和 20 世纪推进现代化的人们不得不与之抗衡的传统。"① 这种传统的直接影响之一，即是国家既未能有效地对经济增长和发展问题承担责任，又未能动员社会力量形成一个革新与进步的引力中心。国家在有意识地扶植和培养现代化民间力量方面建树甚微。集中的权力被过多地用于政治集团之间的政争之中，而不是用于推动现代化的社会发展。于是便出现了带有很大政治色彩和宣传效果的"虚假的现代化"。更有甚者，政府权力的过度膨胀，往往阻遏或摧垮了正在形成中的市民社会（civil society），无法维持国家与社会之间的适度平衡。其结果便是导致普遍的社会失序与功能紊乱，给现代化进程设置了重重障碍。

造成上述政府与民间社会力量分道扬镳、各行其是，难以配合的基本原因，在于二者在利益上的分歧。如果我们以资产阶级作为民间

---

① 〔法〕白吉尔：《近代中国现代化周期同国家与社会的关系（1842～1949）》，马敏译，载中国近代经济史丛书编委会编《中国近代经济史研究资料》（七），上海社会科学院出版社，1987，第 135～152 页。

社会力量的简称，就会发现从晚清至民国的历届政府，很难说是资产阶级利益的代表者，而毋宁只是一批封建官僚、武夫政客的专利品。只要将晚清政府与日本明治政府稍作比较，就会看到二者在根本阶级属性上存在着本质差异。经明治维新而产生的明治政府是一个带有封建色彩的资产阶级政权。构成明治政权主要社会基础的下级武士阶层，由于原有封建性经济、政治地位的急剧衰落，"不仅不能够维持与他们作为统治阶级成员的身份相适合的生活水准，而且需要从事某些第二职业以求生"。① 他们或降尊纡贵地投靠商人和高利贷者，或自己经营商业和手工业，有的则改业从事其他自由职业。正是从资产阶级化下级武士中，产生了一批像西乡隆盛、大久保利通、伊藤博文那样富有政治远见的资产阶级政治家，并由他们组成明治政权的领导核心。相反，统治中国的晚清政府基本上是古老封建王朝的延续。其中的顽固派集团对一切新异事物均持仇视态度，公然标榜："究其禁奇技以防乱萌，揭仁义以立治本，道固万世而不可易。"② 与顽固派相对的洋务派集团虽然具有一定资本主义化倾向，但他们的转化又是一个极其缓慢的过程，其主要社会身份仍属封建官僚地主。因此，他们的改革主张亦始终不能脱出"中体西用"的窠臼。

正因为清政府和明治政府具有截然不同的阶级属性，代表着不同的现代化利益，所以它们在本国现代化中所起的作用及取得的实际效果就大不一样。日本明治政府具有"坚决汲取西洋文明"的勇气和开放心态，"施政方针专在教育、殖产、工业、贸易、航海等事业上，大奖励之"。对资产阶级大力加以扶植，一旦遇到挫折，又能以灵活的态度进行调整，所以能够领导本国早期现代化取得成功。而专制、腐朽的清政府在推行现代化改革时，往往是雷声大、雨点小，墨守成

---

① 〔日〕森岛通夫：《日本为什么"成功"》，第95页。
② 刘锡鸿：《英轺私记》，湖南人民出版社，1981，第110页。

规，缺乏得力的措施，对新兴资产阶级又处处存以戒心，不给民间社会提供充分的活动空间，结果往往白白浪费了历史提供的宝贵机遇和时间，无法将中国社会发展导入现代化的轨道。因此，对于日本资产阶级和新兴社会势力而言，明治政权是一个靠得住的政府，它竭尽全力发展资本主义、扶植资产阶级的做法，使政府与民间形成一股推动现代化的强大合力。反之，对中国早期资产阶级和其他新兴社会势力而言，清政府却是一个难以信赖和无法依靠的政府，彼此间的合作与妥协只是暂时的，矛盾与冲突却是根本和长久的，协调政府与民间的关系显得困难重重、令人沮丧。正如有的商人抱怨："吾国无商部而商人尚得自生自息于交通贸易之场，自有商部而吾商人乃转增无数剥肤吸髓之痛，天下名实不相副之事，乃至如此。"甚至连张謇这种极富克制力的"绅商"，也对晚清的官、商关系极度失望，认为提倡实业"在吾国如张单弦而适旷野，固未有屑听而悯我一日之劳者也"。[①]内心的孤独和失落感难以名状。同是由政府来提倡和推行现代化，但官商关系却表现出如此之大的差异，日本的成功和中国的失败，几乎是不言而喻的。

政府与民间或国家与社会的关系，在现代化进程中必然体现为具体的官员与商人（在这里是资产阶级的总称）的实际联系。在这一实体性的官、商关系层次上，情况也不容乐观。由上千年的"官本位"格局和科举制度所选拔培养的官僚，除个别的情况外，普遍表现出空疏迂阔，于实际经济事务懵然无知，对科技兴国缺乏兴趣，其价值体系和知识结构也存在无可避免的缺陷，盲目重"义理"、轻"技艺"，效忠于过时的制度和陈腐的规范，无法适应时代的挑战。价值观念和精神气质的差异，再加上贱商传统思维定式的作祟，使实体性的官、

---

① 《意大利万国博览会纪略调查欧西实业纪要序》（1907），《张謇全集》第6册，第333页。

商关系同样难以协调，始终呈现某种程度的紧张。

近代中国官僚与商人在经济事务中的大规模接触，始于洋务运动时期的"官督商办"企业模式。开初，商人尚对这一模式抱有幻想，希望借此建立起比较良好的官、商关系。著名民族资本家郑观应即谓："第商务之战，既应藉官力为护持，而工艺之兴，尤必藉官权为振作"，"必官督商办，各有责成"。[1] 然而，当官督商办企业次第兴办起来之后，其"权操于上"的弊端便逐渐暴露出来，最突出的有两条：其一是经营管理腐败，官场恶习悉数带入企业之中，裙带之风猖炽，营私舞弊不择手段，如最大的官督商办企业轮船招商局长期是"官利不敷，局员分红依旧"。[2] 其二则是来自官方的财政勒索和对商股的侵夺。如从 1891 年至 1911 年，清政府即以"报效"为名，从轮船招商局共勒索了银 1353960 两。[3] 至于大小官员的中饱私囊，更是不可计数。以致那些曾一度对与官员合作抱有幻想的商人，逐渐陷入极大的失望当中。一提到"官督"二字，便心惊肉跳，避之唯恐不及。如郑观应在目睹官督商办的种种弊端后，不得不为之感叹："名为保商实剥商，官督商办势如虎。"沪商经元善也指出："光绪九、十两年间，上海仿效集股，树帜招徕者不少，奈办理不得其人，除轮船、电报、开平煤矿外，余均一败涂地。致令集股二字，为人所厌闻，望而生畏，因噎废食。"[4]

20 世纪初，当清政府亲自着手推行现代化时，"官督商办"模式已不占主流地位，清政府主要通过重用亦绅亦商的绅商和设立商会组织等手段，来加强官、商之间的联络。于是，绅商和商会开始正式成为"通官商之邮"的中介。清政府特别规定，各地商会的总、协理，

① 夏东元编《郑观应集》上册，第 590、704 页。
② 《交通史航政编》第 1 册，第 189 页。
③ 汪熙：《从轮船招商局看洋务派经济活动的历史作用》，《历史研究》1963 年第 2 期。
④ 《上楚督张制府创办纺织局条陈》，虞和平编《经元善集》，第 106 页。

"必须由众商公举才地资望合格者充选"，能够"与地方官随时接洽，自无隔阂之虞"。① 为了笼络商会上层绅商，清政府商部还专门设立了一个商会处，拟定了《接见商会董事章程》，指出工商各业"何利可兴，何弊可去，若者宜办，若者宜停，均由商会处与商会筹议禀复"，并规定"各业中如有体面巨商，欲进谒本部堂宪，面陈议论者，可自行来署"，衙役"不准稍有需索留难等事，倘有阻碍，该董事尽可直言指报，由商会处送交司务厅严办"。② 商人可直接同中央官员打交道，这在过去完全是不可想象的。由商会绅商充当官与商之间的中介，密切双方的关系，在当时也的确取得了一定的效果，使过去难以融洽的官、商关系出现了某种松动、缓解的迹象。诚如时人所评价的："向日官与商其相差有无量之等级，今则官渐趋商之一途，商亦渐趋官之一途。"

但如果真的以为官、商关系就此而获得圆满解决，那就未免太天真了。事实上，由商会绅商出面来调谐官、商关系，尚存在有负面意义的一面：其一，真正能与政府官员平起平坐打交道的，仅仅是广大商民中的一小部分上层绅商，多数中下层商民仍被拒之于官衙之外，受不到应有的保护。这批上层绅商一般系商会议董或各地路矿公司、较大企业的经理人或董事。其二，绅商与官场太为密切的血缘联系，使之难免不习染上一些"官气"，对官权有太多的依赖性和妥协性，从而使"商"的素质发生某种变异，有时反而站在"官"的立场来压制普通商民，"或至为官为商，竟不能显为区别"，起到官方难以起到的误导、瓦解民间社会力量的作用，使商人阶层不能很好地发挥"纯商"的社会作用与影响。这也是造成中国近代商人普遍缺乏独立性和政治反抗意识的原因之一。其三，士人型绅商往往受到儒家文化的深刻影响，他们在内心深处与封建士大夫的伦理价值观念保持着更

---

① 章开沅等主编《苏州商会档案丛编》第 1 辑（1905～1911 年），第 36～37 页。
② 《商部接见商会董事章程》，《东方杂志》第 1 卷第 11 期，光绪三十年十一月二十五日，第 133～135 页。

多的认同，促使他们作出弃官经商抉择的动力，主要的不是资本主义的金钱欲、利益欲，而是封建士大夫"经世致用"的人生理想。这样，在他们经商营工攫取利润的同时，骨子里仍潜藏着儒家文化意识，缺乏韦伯所揭示的那种与新教伦理相交织的资本主义精神气质。这不能不损害他们创办企业的成就，阻碍资本主义企业精神在中国的抽萌、成长。其四，作为一个过渡性社会阶层，绅商具有不稳定性特征，经常处在分化状态。一些受利润刺激转而经商的官员和士人，致富以后很可能重返官场，或转而谋求其他社会职业，使绅商无法成为联络官商的经常性的、可靠的社会纽带。民国初年绅商阶层渐趋消遁之后，绅商之作为官、商之间中介的历史使命也就随之宣告结束了。

三

有关现代化进程中官、商关系的历史思考对我们的启迪是广泛而深刻的。

首先，在中国这样的后发外生型现代化运动中，政府所体现的国家力量的干预是必不可少的，这是最有效地动员国家资源和民族力量从事现代化运动的必要手段。这已不是要不要国家干预的问题，而是如何干预或什么是"有效干预"的问题。政府究竟凭什么来干预现代化经济进程呢？如果浓缩到一个最简单的字眼，那就是"权力"。包括对大规模有形和无形的资源的占有和支配权力，对有组织的国家力量——政府机构、组织、军队、法庭、警察的控制和使用权力，以及制定和实施强制性社会契约——法律的权力。现代化实际上是在"两只手"的推动下进行的。一只是来自社会本身的"看不见的手"——市场，另一只则是来自政府的"看得见的手"——权力。竞争性的市场是人类有效地进行资源配置和从事生产的合理经济形式，但是，市场不能在真空中运行，它需要政府所提供的法律规章体系。此外，任何市场都是有缺陷的，市场不可能在一切领域和一切方面都起到自发调节作用，而需要政府权力进行必要的监督和调节，也就是说需要政府进行积极、有效的干预。

所以，首先需要解决的，是政府如何正确行使权力的问题。在现代化经济建设中，政府权力运用的基本前提是有利于充分发挥市场自身的调节作用，既不能过分干预，也不能放任自流。政府干预应主要体现在利用税收、信贷、利率、汇率等经济杠杆进行宏观调控，而不是直接干预微观经济活动，或直接参与企业经营。

在多数发展中国家（包括中国在内），政府权力运用不当的典型表现之一，是行政权与经营权的不适当的结合，从而产生官商、"官倒"现象。官商、官倒，有可能是政府官员直接运用其掌握的行政权力从事经营活动，以权易钱，权钱交换；也有可能是凭借亲情、僚属或友朋关系间接地运用行政权力，达到权钱交换的目的。无论是哪一种情况，权钱交换均是造成无数营私舞弊腐败现象的直接渊薮。

当然，在落后国家从事现代化建设，起步阶段总是避免不了由政府来充当"第一节运载火箭"，包括官营矿山、铁路和其他类型的工厂企业，但这一初始推动过程应越短越好。政府应尽早将经营权交还民间商人，实现由"第一节运载火箭"向"第二节运载火箭"的转换，以符合市场经济的规律。在这方面，日本近代化初期拥有比较成功的经验。明治维新以后，在日本资产阶级十分幼弱的情况下，曾一度不得不由明治政府自己来扮演实业家的角色，相继创设了一批官营军事和民用企业。国家资本所占比重，1875 年为 81.7%，1880 年为 57.5%，1885 年为 74.9%。[①] 因违背经济规律和管理不善，官办民用企业很快像中国的洋务企业一样面临破产的命运。于是，1884～1886

---

① 江見康一：『長期經濟統計：推計と分析（4）資本形成』東洋經濟新報社、1971、224 頁。

年，明治政府被迫以低廉的价格将一大批近代工厂和矿山出售给私人资本家，这在日本历史上称之为"官业处理"。官业处理本来是一种无可奈何的政策，但它却产生了完全意想不到的结果：一个强大的民间工业资本集团终于产生了。著名的三井、三菱、住友、古河、久原、藤田和浅野等"政治商人"，就是经由"官业处理"而变成近代大工业资本家的。

其次，政府权力的正确运用所牵涉的一个极富现实意义的问题，即是营造官与商之间、政府与民众社会之间一种良性互动的关系。从中国现代化进程的实际情况出发，目前须注意的有两点：第一，为突破"官本位"社会"行政权力至上"的传统，需要适当划定政府与民间社会之间的权限，该政府管的事坚决而有效地管好；不该政府管的事，应还政于民，还政于社会，即形成所谓"小政府、大社会"的格局。"小政府、大社会"并不是"弱政府、强社会"，而是"强政府、强社会"，国家与社会有着明确的分工和配合，既有来自政府的宏观控制、指导与管理，又有出自相对独立的民间社会的活力和创造性、自治性，从而纠正长期以来国家权力对社会生活的不适当全面干预和强控制，在政府与社会之间形成一种和谐、健康的良性互动关系。第二，政府与民间良性互动关系的形成，又有赖于在国家与民众之间营造适度的中介空间，培育介于国家权力与个体、家庭之间的"市民社会"。"市民社会"系建筑于市场经济之上的社团和组织的集合体，具有自立、自主及自律的特性。市民社会的活动空间既包括经济领域，也包括非经济的社会保障、社会福利、文化、教育和其他社会公益领域（参见本书第五章第三节）。作为一种社会自组织的理性力量，市民社会将在政府与民众之间起到联系和协调的作用。政府将主要借助于市民社会来管理整个社会，并以此作为国家权力渗透于民众的管道；而市民社会作为"独立的眼"，却负有监督国家权力履行的义务，并借助于政府的权威和经济力量来发展自身。

　　与市民社会同步发展的，除大量的社团组织（工会、商会、各种协会等）外，还有作为社会中间阶层而存在的工商精英和知识精英。他们将作为市民社会的主干，代表社会自组织力量而存在，负责协调、处理市民社会内部的各种问题，从事一定程度的社会自治。同时，他们又是沟通国家与市民社会的媒介。国家对民众的动员、国家法律和政策的实施，很大程度上要通过他们来实现。因此，随着现代化进程的深入，工商精英和知识精英将在未来的现代社会秩序中扮演更为重要的角色。

　　综上所述，我们可以看到，现代化进程中的官、商关系以及由此而引申出的国家与社会的关系，涉及中国现代社会的转型和重构等重大理论问题，其间所包含的微言大义，已远非这篇"余论"的容量所能概括尽净了。

主要参考文献

一 未刊文献

巴县档案，四川省档案馆藏。

《大埠潘氏族谱》，苏州市博物馆藏。

《刊水张氏宗谱》，湖北省武穴市档案馆藏。

《柯氏宗谱》，湖北省武穴市档案馆藏。

《拟办中国商会联合会草章》，天津市档案馆藏。

《清末苏州商会档案》，苏州市档案馆藏，全宗号：乙$_{2\text{-}1}$。

《宋氏宗谱》，湖北省武穴市档案馆藏。

《苏属商会联合会草章》，苏州市档案馆藏。

《苏州商团档案汇编》，苏州市档案馆藏。

《苏州总商会同会录》，苏州市档案馆藏。

《天津商会档案全宗》（128）二类，天津市档案馆藏。

《奏为酌拟奖励公司章程折》（光绪二十九年九月二十一日），中国第一历史档案馆藏，档案号：03－7131－021。

二 报纸杂志

《北华捷报》

《博闻报》（广州）

《成都商报》

《大公报》（天津）

《东方杂志》

《广东七十二行商报廿五周年纪念刊》

《广州总商会报》

《国风报》

《湖北学生界》

《华商联合报》

《江苏》

《江苏自治公报》

《教会新报》

《警钟日报》

《两广官报》

《民立报》

《农工商报》

《清华学报》

《清议报》

《商务官报》

《申报》

《神州日报》

《时报》

《时事新报》

《时务报》

《四川》

《四川官报》

《童子世界》

《香港华字日报》

《湘学新报》

《新民丛报》

《新世界学报》

《新闻报》

《渝报》

《预备立宪公会报》

《浙江潮》（东京）

《政府公报》

《中外日报》

《字林沪报》

《字林周报》

三　一般文献资料

班思德编《最近百年中国对外贸易史》，海关总税务司统计科，1931。

蔡寄鸥：《鄂州血史》，龙门联合书局，1958。

曹文麟编《张音庵（謇）实业文钞》，沈云龙主编《近代中国史料丛刊》第 44 辑，台北：文海出版社，1969。

曹允源等纂《吴县志》（二），《中国方志丛书·华中地方》，台北：成文出版社，1970。

曾学传编《民国温江县志》，温江县修志局，1921。

陈确：《陈确集》，中华书局，1979。

陈新宪等编《禹之谟史料》，湖南人民出版社，1981。

陈炎宗总辑《乾隆佛山忠义乡志》，乾隆十七年。

陈真等编《中国近代工业史资料》第 1 辑，生活·读书·新知三联书店，1957。

戴震：《戴震集》，上海古籍出版社，1980。

邓雨生编《全粤社会实录初编》，广州调查全粤社会处，1910。

方崇鼎、何应松纂修《嘉庆休宁县志》，嘉庆二十年刻本。

方展中编辑《皖矿始末通告书》，民国铅印本。

冯桂芬：《校邠庐抗议》，上海书店出版社，2002。

冯贽：《云仙杂记》，中华书局，1985。

冯自由：《革命逸史》，中华书局，1981。

甘厚慈辑《北洋公牍类纂》，台北：文海出版社，1966。

故宫博物院明清档案部编《清末筹备立宪档案史料》下册，中华书局，1979。

顾廷龙、戴逸主编《李鸿章全集》，安徽教育出版社，2008。

顾炎武：《顾亭林诗文集》，中华书局，1983。

顾沅辑《元妙观志》，1928 年铅印本。

广东清理财政局编《广东财政说明书》，广东清理财政局，1910 年铅印本。

广东省社会科学院历史研究所中国古代史研究室等编《明清佛山碑刻文献经济资料》，广东人民出版社，1987。

《广州文史资料》第 7、9、27 辑，广东人民出版社，1963、1982。

归有光：《震川先生全集》，商务印书馆，1935。

归庄：《归庄集》，上海古籍出版社，1984。

桂超万：《宦游纪略》，沈云龙主编《近代中国史料丛刊》第 81 辑，台北：文海出版社，1972。

郭嵩焘：《郭嵩焘奏稿》，杨坚校补，岳麓书社，1983。

何刚德：《春明梦录·客座偶谈》，张国宁点校，山西古籍出版社，1997。

何良俊：《四友斋丛说》，中华书局，1959。

何良俊：《四友斋丛说摘抄》，中华书局，1985。

何启、胡礼垣：《新政论议：何启、胡礼垣集》，郑大华点校，辽宁人民出版社，1994。

何嗣焜编《张靖达公（树声）奏议》，沈云龙主编《近代中国史料丛刊》第23辑，台北：文海出版社，1973。

何心隐：《何心隐集》，中华书局，1960。

贺长龄辑《皇朝经世文编》，沈云龙主编《近代中国史料丛刊》第74辑，台北：文海出版社，1966。

洪越：《癸丑战事汇录》第1册，上海癸丑战事汇录总发行所，1913。

户部纂辑《光绪朝捐纳则例》，沈云龙主编《近代中国史料丛刊三编》第80辑，台北：文海出版社，1987。

黄宗羲：《明夷待访录》，中华书局，1981。

计六奇：《明季北略》，魏得良、任道斌点校，中华书局，1984。

江苏省博物馆编《江苏省明清以来碑刻资料选集》，生活·读书·新知三联书店，1959。

江苏省商业厅、中国第二历史档案馆编《中华民国商业档案资料汇编》第1卷（1912～1928）下册，中国商业出版社，1991。

《江苏文史资料》第40辑《辛亥江苏光复》，《江苏文史资料》编辑部，1991。

江之炜修，施何牧纂《元和县志》，乾隆五年刻本。

交通铁道部交通史编纂委员会编《交通史航政编》第1册，编者印，1931。

介北逸叟：《癸丑祸乱纪略》，上海有益斋，1913。

《近代中国典当业》编委会编《近代中国典当业》，中国文史出版社，1996。

孔昭明编《清圣祖实录选辑》，《台湾文献史料丛刊》第 4 辑第 62 册，台北：大通书局，1984。

昆冈等纂《钦定大清会典事例》，光绪二十五年重修本。

李斗：《扬州画舫录》，周光培点校，江苏广陵古籍刻印社，1984。

李塨：《平书订》，中华书局，1985。

李圭：《环游地球新录》，谷及世校点，湖南人民出版社，1980。

李华编《明清以来北京工商会馆碑刻选编》，文物出版社，1980。

李华兴、吴嘉勋编《梁启超选集》，上海人民出版社，1984。

李铭皖、谭钧培修，冯桂芬纂《同治苏州府志》，江苏书局光绪八年刻本。

李平书：《且顽老人七十岁自叙》，沈云龙主编《近代中国史料丛刊续编》第 5 辑，台北：文海出版社，1974。

李贽：《藏书》，中华书局，1974。

梁启超：《戊戌政变记》，岳麓书社，2011。

梁廷枏：《粤海关志》，台北：成文出版社，1975。

梁章钜：《称谓录》，天津市古籍书店，1987。

刘锦藻：《清朝续文献通考》，商务印书馆，1936。

刘锡鸿：《英轺私记》，朱纯校点，湖南人民出版社，1981。

陆纯编《袁大总统书牍汇编》第 2 卷，沈云龙主编《袁世凯史料汇编续集》，台北：文海出版社，1967。

罗家伦编《革命文献》第 3 辑，台北：正中书局，1958。

吕子珏修，詹锡龄纂《道光黟县续志》，道光五年刻本。

马建忠：《适可斋纪言》，中华书局，1960。

马敏、祖苏主编《苏州商会档案丛编》第 2 辑（1912～1919 年），华中师范大学出版社，2004。

孟元老：《东京梦华录》，中国商业出版社，1982。

宓汝成编《中国近代铁路史资料（1863～1911）》，中华书局，1963。

民建湖南省委员会等编《湖南工商史料汇编》第 1 辑，民建湖南省委员会湖南省工商业联合会文史工作委员会，1986。

《明英宗实录》，台北：中研院历史语言研究所，1962。

墨悲辑《江浙铁路风潮》，中国国民党中央委员会党史史料编纂委员会，1968 年影印本。

穆家修、柳和城编《穆藕初文集》（增订本），上海古籍出版社，2011。

南开大学经济研究所、南开大学经济系编《启新洋灰公司史料》，生活·读书·新知三联书店，1963。

南洋劝业会研究会编辑《南洋劝业会研究会报告书》，上海中国图书公司，1913。

《南洋劝业会场图说》，商务印书馆，1910。

《宁波文史资料》第 5 辑，1987。

欧阳辅主编《刘忠诚公遗集》，沈云龙主编《近代中国史料丛刊》第 26 辑，台北：文海出版社，1966。

彭泽益主编《中国工商行会史料集》下册，中华书局，1995。

皮明庥等编《武汉近代（辛亥革命前）经济史料》，武汉地方志编纂委员会办公室，1981。

钱麟书：《潜皖偶录》，《晚清四部丛刊》第 5 编第 84 册，台中：文昕阁图书公司，2010。

钱泳：《履园丛话》，张伟点校，中华书局，1979。

《清朝文献通考》，商务印书馆，1936。

《清实录》，中华书局，1986。

屈大均：《广东新语》，中华书局，1985。

容闳：《西学东渐记》，徐凤石、恽铁樵译，湖南人民出版社，1981。

三余氏：《南明野史》，商务印书馆，1930。

上海博物馆图书资料室编《上海碑刻资料选辑》，上海人民出版社，1980。

上海商务印书馆编译所编纂《大清新法令1901～1911》第4卷，洪佳期等点校，商务印书馆，2011。

上海社会科学院经济研究所经济史组编《荣家企业史料》上册，上海人民出版社，1962。

上海社会科学院历史研究所编《辛亥革命在上海史料选辑》，上海人民出版社，1981。

上海市工商业联合会、复旦大学历史系编《上海总商会组织史料汇编》（上），上海古籍出版社，2004。

上海市工商业联合会编《上海总商会议事录》第1册，上海古籍出版社，2006。

《上海指南》（袖珍），商务印书馆，1911。

《上海总商会概况》，上海总商会，1928。

沈垚：《落帆楼文集》，《续修四库全书》第1525册，上海古籍出版社，2002。

盛宣怀：《愚斋存稿》，沈云龙主编《近代中国史料丛刊续编》第13辑，台北：文海出版社，1975。

史澄：《广州府志》，光绪五年。

《四川成都第三次商业劝工会调查表》，四川商务总局，1908。

四川省档案馆编《清代巴县档案汇编（乾隆卷)》，档案出版社，1991。

四川省档案馆编《四川保路运动档案选编》，四川人民出版社，1981。

宋敏求：《长安志》，辛德勇、郎洁点校，三秦出版社，2013。

宋希尚编述《张謇的生平》，台北："中华丛书"编审委员会，1963。

苏路股东常会编印《苏路股东意见书》，1906。

苏绍柄编《山钟集》，上海鸿文书局，1906。

苏洵：《嘉祐集校注》，曾枣庄、金成礼校注，上海古籍出版社，1993。

苏州历史博物馆编《明清苏州工商业碑刻集》，江苏人民出版社，1981。

《苏州文史资料》第 1~5 合辑，1990。

《苏州文史资料选辑》第 9 辑，1982。

孙星衍：《孙渊如先生全集·五松园文稿》，《四部丛刊初编》集部第 299 册，上海书店出版社，1989。

孙作：《沧螺集》，《四库全书》第 1229 册，上海古籍出版社，1987。

太平天国历史博物馆编《太平天国史料丛编简辑》，中华书局，1962。

太平天国历史博物馆编《吴煦档案选编》，江苏人民出版社，1983。

汤志钧主编《近代上海大事记》，上海辞书出版社，1989。

天津市档案馆等编《天津商会档案汇编（1903~1911）》，天津人民出版社，1989。

天津市档案馆等编《天津商会档案汇编（1912~1928）》，天津人民出版社，1992。

《天津文史资料选辑》第 28 辑，天津人民出版社，1981。

脱脱等：《宋史》，中华书局，1977。

万越贡：《嘉庆松江府志》，书目文献出版社，1991。

汪敬虞编《中国近代工业史资料》第 2 辑下册，科学出版社，

1957。

王安石：《王临川先生文集》，中华书局，1959。

王鏊：《王鏊集》，上海古籍出版社，2013。

王端履：《重论文斋笔录》，《续修四库全书》第 1262 册，上海古籍出版社，1996。

王守仁：《王阳明全集》，吴光、钱明、董平编校，上海古籍出版社，2015。

王应奎：《柳南随笔》，王彬、严英俊点校，中华书局，1983。

隗瀛涛、赵清编《四川辛亥革命史料》上册，四川人民出版社，1981。

魏源：《海国图志》，李巨澜评注，中州古籍出版社，1999。

文显谟修，黄尚毅纂《民国绵竹县志》，1930。

吴承明编《帝国主义在旧中国的投资》，人民出版社，1955。

吴德旋：《初月楼闻见录》，台北：明文书局，1985。

吴鹗、汪正元纂《光绪婺源县志》，光绪九年刻本。

吴自牧：《梦粱录》，《丛书集成初编》（补印本），商务印书馆，1960。

夏东元编《郑观应集》，中华书局，2013。

夏东元编《郑观应集》，上海人民出版社，1982。

先施公司编《先施公司二十五周年纪念册》，上海先施公司，1924。

冼宝干等修《民国佛山忠义乡志》，1923。

徐润：《徐愚斋自叙年谱》，香山徐氏刊印，1927。

许承尧：《歙县志》，台北：成文出版社，1975。

薛福成：《庸庵海外文编》，《清代诗文集汇编》第 738 册，上海古籍出版社，2010。

薛论道：《林石逸兴》，《续修四库全书》第 1739 册，上海古籍出版社，1996。

严中平主编《中国近代经济史统计资料选辑》，科学出版社，1955。

扬州师范学院历史系编《辛亥革命江苏地区史料》，江苏人民出版社，1961。

杨松、邓力群原编，荣孟源重编《中国近代史资料选辑》，生活·读书·新知三联书店，1954。

杨逸纂《上海市自治志》，台北：成文出版社，1974。

杨玉如：《辛亥革命先著记》，科学出版社，1957。

姚文枬：《上海县续志》，台北：成文出版社，1970。

姚贤镐编《中国近代对外贸易史资料（1840～1895）》，中华书局，1962。

叶梦珠：《阅世编》，来新夏点校，上海古籍出版社，1981。

叶镇：《作吏要言》，《官箴书集成》第7册，黄山书社，1997。

易国干等编《黎副总统（元洪）政书》，沈云龙主编《近代中国史料丛刊》第67辑，台北：文海出版社，1973。

余丽元等纂修《光绪石门县志》，光绪五年刻本。

虞和平编《经元善集》，华中师范大学出版社，1988。

苑书义等主编《张之洞全集》第9册，河北人民出版社，1998。

《粤商自治会函件初编》，广州七十二行商报承印，1908。

张海鹏、王廷元主编《明清徽商资料选编》，黄山书社，1985。

张瀚：《松窗梦语》，盛冬铃点校，中华书局，1985。

张集馨：《道咸宦海见闻录》，中华书局，1981。

张謇：《柳西草堂日记》，沈云龙主编《近代中国史料丛刊三编》第19辑，台北：文海出版社，1968。

《张謇全集》编纂委员会编《张謇全集》，上海辞书出版社，2012。

张謇研究中心、南通市图书馆编《张謇全集》，江苏古籍出版社，

1994。

张廷海编纂《奏办武汉劝业奖进会一览》，上海经武公司，1910。

张万寿修，崔华纂《扬州府志》，康熙二十四年刻本。

章开沅等主编《苏州商会档案丛编》第1辑（1905～1911年），华中师范大学出版社，1991。

赵春晨编《丁日昌集》，上海古籍出版社，2010。

赵尔巽等：《清史稿》，中华书局，1977。

赵靖、易梦虹主编《中国近代经济思想资料选辑》中册，中华书局，1982。

赵南星：《味檗斋文集》，中华书局，1985。

赵树贵、曾丽雅编《陈炽集》，中华书局，1997。

浙江省辛亥革命史研究会、浙江省图书馆编《辛亥革命浙江史料选辑》，浙江人民出版社，1981。

郑端：《政学录》，《丛书集成初编》本，商务印书馆，1936。

中国第二历史档案馆、中国海关总署办公厅编《中国旧海关史料（1859～1948）》第42册，京华出版社，2001。

中国第二历史档案馆编《中华民国史档案资料汇编》第3辑，江苏古籍出版社，1991。

中国第一历史档案馆、福建师范大学历史系编《清末教案》第1册，中华书局，1996。

《中国经济全书》，两湖督署藏版，1908。

中国民主建国会重庆市委员会、重庆市工商联合会文史资料工作委员会编《重庆工商人物志》，重庆出版社，1984。

中国人民银行上海市分行编《上海钱庄史料》，上海人民出版社，1960。

中国人民银行上海市分行金融室编《中国第一家银行——中国通商银行的初创时期（1897～1911）》，中国社会科学出版社，1982。

中国人民政治协商会议全国委员会文史资料研究委员会编《辛亥革命回忆录》第 2、4 册，中华书局，1962、1963。

中国人民政治协商会议上海市委员会文史资料工作委员会编《旧上海的外商与买办》，上海人民出版社，1987。

中国史学会主编《中国近代史资料丛刊·戊戌变法》第 2 册，上海人民出版社，1957。

中国史学会主编《中国近代史资料丛刊·辛亥革命》，上海人民出版社，1957。

中国史学会主编《中国近代史资料丛刊·洋务运动》，上海人民出版社，1961。

"中华民国开国五十年文献编纂委员会"编《中华民国开国五十年文献》第 2 编第 4 册《各省光复》（中），编者印，1962。

中研院近代史研究所编《海防档》（乙），台北：中研院近代史研究所，1957。

周叔媜：《周止庵（学熙）先生别传》，沈云龙主编《近代中国史料丛刊》第 1 辑，台北：文海出版社，1966。

朱世镛修，刘贞安等纂《民国云阳县志》，1935。

朱寿朋：《光绪朝东华录》，中华书局，1958。

朱之洪等修，向楚等纂《民国巴县志》，1939。

邹鲁：《回顾录》，《民国丛书》第 2 编，上海书店出版社，1978。

左宗棠：《左宗棠全集》第 4 册，上海书店出版社，1986。

四　研究论著

白吉尔：《近代中国现代化周期同国家与社会的关系（1842～1949）》，马敏译，中国近代经济史丛书编委会编《中国近代经济史研究资料》（七），上海社会科学院出版社，1987。

蔡尚思等：《论清末民初中国社会》，复旦大学出版社，1983。

陈其田：《山西票庄考略》，商务印书馆，1937。

陈旭麓：《陈旭麓学术文存》，上海人民出版社，1990。

陈志让：《军绅政权》，生活·读书·新知三联书店，1980。

邓正来：《市民社会与国家——学理上的分野与两种架构》，（香港）《中国社会科学季刊》1993 年第 2 卷。

丁日初《辛亥革命前的上海资本家阶级》，中华书局编辑部《纪念辛亥革命七十周年学术讨论会论文集》上册，中华书局，1983。

樊百川：《中国轮船航运业的兴起》，四川人民出版社，1985。

费正清：《美国与中国》，张理京译，商务印书馆，1987。

费正清主编《剑桥中国晚清史》，中国社会科学院历史研究所编译室译，中国社会科学出版社，1985。

傅衣凌：《明清时代商人及商业资本》，人民出版社，1956。

傅筑夫：《中国经济史论丛》（下），生活·读书·新知三联书店，1980。

顾颉刚：《史林杂识初编》，中华书局，1963。

郝延平：《十九世纪的中国买办》，李荣昌等译，上海社会科学院出版社，1988。

何炳棣：《明清社会史论》，徐泓译注，台北：联经出版事业股份有限公司，2013。

和作：《一九〇五年反美爱国运动》，《近代史资料》1956 年第 1 期。

贺跃夫：《广东士绅在清末宪政中的政治动向》，《近代史研究》1986 年第 4 期。

黑格尔：《法哲学原理》，范扬、张企泰译，商务印书馆，1961。

亨利·皮朗：《中世纪欧洲经济社会史》，乐文译，上海人民出版社，1964。

胡光明：《论早期天津商会的性质与作用》，《近代史研究》1986年第4期。

胡绳武：《清末民初的历史与社会》，上海人民出版社，2002。

黄逸峰：《关于旧中国买办阶级的研究》，《历史研究》1964年第3期。

黄逸峰等：《旧中国的买办阶级》，上海人民出版社，1982。

孔飞力：《公民社会与体制的发展》，（台北）《近代中国史研究通讯》1992年第13期。

乐正：《近代上海人社会心态（1860～1910）》，上海人民出版社，1991。

李宏龄：《山西票商成败记》，山西财经大学晋商研究院编《晋商早期论集》（二），经济管理出版社，2008。

梁嘉彬：《广东十三行考》，广东人民出版社，1999。

林刚：《试论大生纱厂的市场基础》，《历史研究》1985年第4期。

林立平：《唐宋时期商人社会地位的演变》，《历史研究》1989年第1期。

刘广京：《唐廷枢之买办时代》，（台北）《清华学报》第2卷第2期，1961年6月。

罗仑、景甦：《清代山东经营地主经济研究》，齐鲁书社，1985。

罗玉东：《中国厘金史》上册，商务印书馆，1936。

马敏、林植霖：《清末江苏资产阶级裁厘认捐活动述略》，《华中师范大学学报》1985年第6期。

马敏、朱英：《传统与近代的二重变奏：晚清苏州商会个案研究》，巴蜀书社，1993。

马敏：《官商之间：社会剧变中的近代绅商》，天津人民出版社，1995。

马敏：《过渡形态：中国早期资产阶级构成之谜》，中国社会科学出版社，1994。

马敏：《近代绅商名辨及其社会内涵》，汪晖等主编《学人》第15辑，江苏文艺出版社，2000。

马敏：《辛亥革命时期的苏州绅商》，《辛亥革命史丛刊》第8辑，中华书局，1991。

马士：《中华帝国对外关系史》第1卷，张汇文等译，生活·读书·新知三联书店，1957。

米歇尔·博德：《资本主义史：1500～1980》，吴艾美等译，东方出版社，1986。

区宠赐：《1850～1974年旅美三邑总会馆简史》，美国旧金山市旅美三邑总会馆，1975。

皮明庥：《武昌首义中的武汉商会、商团》，中华书局编辑部编《纪念辛亥革命七十周年学术讨论会论文集》上册，中华书局，1983。

秦苍力：《上海消防发展简史》，《上海消防》1981年第6期。

邱捷：《广东商人与辛亥革命》，中华书局编辑部《纪念辛亥革命七十周年学术讨论会论文集》上册，中华书局，1983。

邱捷：《黄景棠和他的〈倚剑楼诗草〉》，《近代史研究》1996年第6期。

塞缪尔·亨廷顿：《变革社会中的政治秩序》，李盛平等译，华夏出版社，1988。

涩泽荣一：《论语与算盘》，台北：允晨文化实业股份有限公司，1987。

森岛通夫：《日本为什么"成功"》，胡国成译，四川人民出版社，1986。

唐力行：《商人与中国近世社会》，浙江人民出版社，1993。

唐文权：《苏州工商各业公所的兴废》，《历史研究》1986年第

3 期。

万峰：《日本资本主义史研究》，湖南人民出版社，1984。

汪敬虞：《十九世纪西方资本主义对中国的经济侵略》，人民出版社，1983。

汪熙：《从轮船招商局看洋务派经济活动的历史作用》，《历史研究》1963 年第 2 期。

王笛：《跨出封闭的世界：长江上游区域社会研究：1644～1911 年》，中华书局，1993。

王先明：《近代绅士——一个封建阶层的历史命运》，天津人民出版社，1997。

王先明：《近代中国绅士集团转型初探》，《东南文化》1990 年第 4 期。

王翔：《从"裁厘认捐"到"裁厘加税"》，《近代史研究》1988 年第 3 期。

吴承明：《中国资本主义与国内市场》，中国社会科学出版社，1985。

吴桂龙：《清末上海地方自治运动述论》，《近代史研究》1982 年第 3 期。

夏东元：《论盛宣怀》，《社会科学战线》1981 年第 4 期。

夏东元：《盛宣怀传》，华东师范大学出版社，1981。

鲜于浩：《试论川路租股》，中南地区辛亥革命史研究会、湖南省历史学会编《纪念辛亥革命七十周年青年学术讨论会论文选》下册，中华书局，1983。

《辛亥革命史丛刊》编辑组编《辛亥革命史丛刊》第 4 辑，中华书局，1982。

徐鼎新、钱小明：《上海总商会史（1902～1929）》，上海社会科学院出版社，1991。

徐鼎新：《从绅商时代走向企业家时代——近代化进程中的上海总商会》，《近代史研究》1991 年第 4 期。

徐勇：《非均衡的中国政治：城市与乡村比较》，中国广播电视出版社，1992。

许大龄：《清代捐纳制度》，燕京大学哈佛燕京学社，1950。

许涤新、吴承明主编《中国资本主义发展史（第 1 卷）：中国资本主义的萌芽》，人民出版社，1985。

许维雍、黄汉民：《荣家企业发展史》，人民出版社，1985。

严中平：《中国棉纺织史稿》，科学出版社，1955。

杨立强、沈渭滨：《"近代中国资产阶级研究"讨论会论述》，《历史研究》编辑部等编《近代中国资产阶级研究》（续编），复旦大学出版社，1986。

杨世骥：《辛亥革命前后湖南史事》，湖南人民出版社，1958。

杨天石、王学庄编《拒俄运动（1901～1905）》，中国社会科学出版社，1979。

余英时：《士与中国文化》，上海人民出版社，1987。

张国辉：《二十世纪初期的中国钱庄和票号》，《中国经济史研究》1986 年第 1 期。

张枬、王忍之编《辛亥革命前十年间时论选集》第 1 卷下册，生活·读书·新知三联书店，1960。

张亦工、徐思彦：《20 世纪初期资本家阶级的政治文化与政治行为方式初探》，《近代史研究》1992 年第 2 期。

张玉法：《清季的立宪团体》，台北：中研院近代史研究所，1971。

章开沅、林增平主编《辛亥革命史》下册，人民出版社，1981。

章开沅：《开拓者的足迹——张謇传稿》，中华书局，1986。

章开沅：《论张謇的矛盾性格》，《历史研究》1963 年第 3 期。

章开沅：《辛亥革命与近代社会》，天津人民出版社，1985。

章文钦：《从封建官商到买办商人——清代广东行商伍怡和家族剖析（下）》，《近代史研究》1984 年第 4 期。

赵靖、易梦虹主编《中国近代经济思想史》上册，中华书局，1964。

中华书局编辑部编《纪念辛亥革命七十周年学术讨论会论文集》上册，中华书局，1983。

周锡瑞：《改良与革命——辛亥革命在两湖》，杨慎之译，中华书局，1982。

朱英：《辛亥革命前资产阶级拟订商法活动述论》，《华中师范大学学报》1991 年增刊。

朱英：《辛亥革命时期新式商人社团研究》，中国人民大学出版社，1991。

五 外文论著

Chung-li Chang, *The Chinese Gentry*: *Studies on Their Role in Nineteenth-Century Chinese Society* (Seattle: University of Washington Press, 1955).

Chung-li Chang, *The Income of the Chinese Gentry* (Seattle: University of Washington Press, 1962).

Chūzō Ichiko, "The Role of the Gentry: An Hypothesis," in Wright, Mary C. ed., *China in Revolution*: *the First Phase, 1900 – 1913* (New Haven: Yale University Press, 1968).

Edward J. M. Rhoads, "Merchant Associations in Canton, 1895 – 1911," in Skinner G. William & Mark Elvin eds., *The Chinese City between Two Worlds* (Stanford: Stanford University Press, 1974).

Hsiao-tung Fei, *China's Gentry*: *Essays in Rural-Urban Relations*

（Chicago: University of Chicago Press, 1953）.

John Keane, *Civil Society and the State* (London: Verso Books, 1988）.

Joseph W. Esherick and Mary B. Rankin, *Chinese Local Elite and Patterns of Dominance* (Berkeley: University of California Press, 1990）.

Jürgen Habermas, *The Structural Transformation of the Public Sphere* , *An Inquiry into a Category of Bourgeoies Society*, tran. by Thomas Burger (Cambridge, Mass. : The MIT Press, 1991）.

Marie-Claire Bergère, "The Role of the Bourgeoisie," in Wright, Mary C. ed. , *China in Revolution: the First Phase, 1900 – 1913* (New Haven: Yale University Press. 1968）.

Mary B. Rankin, *Elite Activism and Political Transformation in China: Zhejiang Province, 1865 – 1911* (Stanford: Stanford University Press, 1986）.

Ping-ti Ho, *The Ladder of Success in Imperial China* (New York: Columbia University Press, 1962）.

Robert Dollar, *Private Diary of Robert Dollar on his Recent Visit to China* (Robert Company, San Francisco, 1912）.

Wellington K. K. Chan, *Merchants, Mandarins, and Modern Enterprise in Late Ch'ing China* (Cambridge, Mass. : Harvard University Press, 1977）.

William T. Rowe, *Hankow: Commerce and Society in a Chinese City, 1796 – 1889* (Stanford University Press, 1984）.

William T. Rowe, *Hankow: Conflict and Community in a Chinese City, 1796 – 1895* (Stanford University Press, 1989）.

Wright, Mary C. ed. , *China in Revolution: the First Phase, 1900 – 1913* (New Haven: Yale University Press, 1968）.

Yen-p'ing Hao, *The Comprador in Nineteenth Century China: Bridge between East and West* (Cambridge Mass. : Harvard University Press, 1970）.

江見康一『長期経済統計一推計と分析（4）資本形成』東洋経済新報社、1971。

外務省情報部編『現代支那人名鑑』東亜同文会調査編輯部、1925。

小島淑男「辛亥革命における上海独立と商紳層」東京教育大学文学部東洋史学研究室 アジア史研究会・中国近代史部会編『中国近代化の社会構造：辛亥革命の史的位置』東京汲古書院、1973。

附　录

"绅商" 词义考析

谢　放

近代"绅商"研究已取得不少重要成果，证明晚清以来确是出现了绅与商合流的历史现象，并形成了一个"亦绅亦商"的阶层。但频繁出现于各种近代历史文献中的"绅商"一词，究竟是分指绅和商（gentry and merchants），还是意味着已经融合为一个单指性的"绅商"（a gentry merchant），则尚可进一步探讨。余英时先生在《中国近世之宗教伦理与商人精神》一文中指出："'绅商'一名究竟是混合词还是分指绅与商，似乎尚可讨论。"① 马敏先生认为在历史文献中似乎存在两种不同内涵的"绅商"。② 笔者感到这的确是一个较有研究价值的问题，在查阅有关文献资料时，发现"绅商"一词分指性明显的例证较多，而单指性的例证则较少，且或多或少存在某些疑问，故不揣谫陋，在已有研究的基础上，就"绅商"一词的演变及内涵的一些疑问试作考析，希望有助于"绅商"研究的深入。

---

① 余英时：《士与中国文化》，第 575 页注释 1。
② 马敏：《官商之间：社会剧变中的近代绅商》，天津人民出版社，1995，第 94~95 页。

一

"绅商"一词见诸文献究竟起始于何时？余英时先生认为"商绅"是分指商和绅，是"绅士商民"的简化。他见到的最早关于"绅士商民"记载的材料为江苏巡抚费淳在嘉庆二年（1797）所撰《重浚苏州城河记》，文中有"于是郡中绅士商民，输金麇至"一语。①

不过笔者发现了比嘉庆二年更早，即乾隆二十八年（1763）关于"绅士商贾"和"绅士商民"的记载。巴县档案《乾隆二十八年重庆府捐修城垣引文及捐册》中的引文部分曾 7 次提及"绅士商贾"："余随禀明道宪，与巴令段君□□□□俸以为倡，而所资正多，不能无藉于此都绅士商贾人等□□□著……城垣乃合郡绅士商贾人等外内门户，独不为严保障、靖奸匪计，亲睦忠爱之谓何。夫补以周墙，整其门户，绅士商贾人等所以自为一家谋也。严尔保障，靖彼奸匪，绅士商贾人等所以同为一郡谋也。劝尔绅士商贾人等，众力共擎……且斯举制军为尔绅士商贾人等虑者至深且远……谅尔绅士商贾人等共享朝廷太平。"② 捐册部分也有"绅士商民"的记载："遵将卑县捐输城工银两数目造具绅士商民花册呈核"，并将捐输人姓名按"绅士""商民""会首""牙行""房主""寺僧""船户"等分类列出。《乾隆三十二年九月初八日工房李琼元承乾隆三十二年巴县详册》亦称"劝谕绅士商民捐输银二万零九十两"，"至绅士商民捐输银两，例应奖赏"。③

余先生关于"绅商"应是"绅士商民"的简化的见解，笔者在

---

① 余英时：《士与中国文化》，第 575 页注释 1。
② 四川省档案馆编《清代巴县档案汇编（乾隆卷）》，档案出版社，1991，第 315 页。
③ 四川省档案馆编《清代巴县档案汇编（乾隆卷）》，第 318～321、322 页。

光绪朝巴县档案中也找到一条佐证，即光绪十九年（1893），重庆招商局委员候选县丞叶秉良集股开设机器纺纱织布公司禀文称："卑职自前冬至渝以来，每与城厢内外商贾绅粮谈及洋棉纱利益，无不叹息。今据绅商等意见，拟在重庆城外，亦须仿上海纺纱公司章程，先以集股开设机器纺纱局。"① 这段材料说明"绅商"即是"商贾绅粮"的简化当无疑问，余先生的见解是确有所据的。

山西朔平府知府张集馨道光十七年（1837）在日记中写道："又与郡城绅贾商酌，允为详请议叙，始得制钱数千贯，交绅士办理，不经官吏之手。"② 此处"绅贾"当是稍后文献中出现的"绅商"。这是笔者所见到的较早关于"绅商"的记载。道光二十五年（1845）《重修江甘县学碑记》中也出现了"绅商"一词："劝绅商捐资兴工，阅六月而工竣。"③

咸丰元年（1851）两江总督陆建瀛的一份奏折中出现过"绅商"一词："即督饬上海厅县传谕闽人，止准绅商六七人前往致祭。"④ 咸丰初年文谦等的一份奏折中也多次提及"绅商"："再查天津绅商士民素称殷实者尚不乏人"，"该绅商等所在，同受覆载之恩，自当勉力报效"。⑤

吴煦档案中也有较多咸丰年间"绅商"的记载。如咸丰六年（1856）的一条记载："至劝谕绅商捐输钱炮……邀集绅商，再三开导，现已应允。"同年的另一条记载："日用所需是否绅商捐备。"咸

① 四川省档案馆编《四川保路运动档案选编》，四川人民出版社，1981，第65页。

② 张集馨：《道咸宦海见闻录》，中华书局，1981，第31页。

③ 桂超万：《宦游纪略》卷5，沈云龙主编《近代中国史料丛刊》第81辑，台北：文海出版社，1972，第16页。据该碑记载，县学于"乙巳（道光二十五年）六月开工，九月告竣"。

④ 中国第一历史档案馆、福建师范大学历史系编《清末教案》第1册，中华书局，1996，第132页。

⑤ 《文谦等奏陈饬地方官设法劝捐并请拨给海运漕米以备按日支发片》，《粤匪杂录》卷2，转引自太平天国历史博物馆编《太平天国史料丛编简辑》第5册，中华书局，1962，第22页。

丰七年（1857）的一条记载："兹据绅商郁松年等共捐正米二万石。"咸丰十年（1860）的一条记载："顷据绅商具禀。"①

《郭嵩焘奏稿》中有同治初年"绅商"的有关记载。同治二年（1863）《缕陈广东大概情形疏》："绅商则习为巧伪，官吏则甘坐卑污。"同治三年（1864）《请饬江西湖南抚臣分兵援粤片》："数年以前，借贷绅商不下数十万，并未还过分毫。"同治五年（1866）《筹议各海口添设行厘片》："广东坐厘已定绅商包抽之局"，"亦稍除绅商专利之弊"。②

《申报》等近代报刊中也有不少同治光绪年间"绅商"的记载。同治十二年（1873）正月初七日《申报》刊登"论女堂烟馆亟宜禁止事，上海阖邑绅商公启"。光绪六年（1880）十月十五日《申报》刊登《上海机器织布局启事》："合先将各埠代收股份各绅商住址姓名详列于后。"光绪七年（1881）四月初一日《申报》所刊《上海机器织布局启事》："敝局前奉通商大臣檄委招商集股，创办机器，仿织洋布，仰蒙绅商集交股份，前已两次登报。""应集之数承绅商源源招徕，将近满额。"光绪十六年（1890）正月二十日《字林沪报》："今届新春，齐集同乡官商，于本月初二日午刻在公所团拜⋯⋯暨各字号绅商，皆乘兴而来。"③

光绪年间还出现了"中西绅商""中外绅商""各国绅商"等说法。经元善等《中国女学堂禀北南洋大臣稿》（1898 年 1 月）称"曾于上月二十一日会叙寓沪中西绅商，到者四五十人"。经元善《答原口闻一君问》（1900 年 11 月 7 日）："沪港各埠中外绅商教士报馆，得信后咸抱义愤，力主公论，并致函电于葡衙者纷至沓来。""仆自办

---

① 太平天国历史博物馆编《吴煦档案选编》第 6 辑，江苏人民出版社，1983，第 175、210、248、372 页。

② 《郭嵩焘奏稿》，杨坚校补，岳麓书社，1983，第 4～5、123、315 页。

③ 转引自彭泽益主编《中国工商行会史料集》下册，中华书局，1995，第 751 页。

电报后，始与各国绅商接迹，默察外人商务扼要，虽近垄断，而实归重信字。"①

上引资料表明，至迟自 19 世纪中叶起，"绅商"一词已流行于各种公私文献。进入 20 世纪后，各种文献中，"绅商"的提法更是俯拾皆是，兹不赘举。

<h1 style="text-align:center">二</h1>

从目前国内外学者的研究来看，大多认为"绅商"一词，既可以是分指绅士与商人，也可以特指绅士与商人融合生成的新的阶层。法国汉学家巴斯蒂教授曾指出："在二十世纪之初，从传统的上流社会还产生了一个新的社会阶层。这个阶层无以名之，但是当时文献提到的'绅商'几乎都是指它。绅商既可指官员和文士，也可指商人，这是两个不同的并列范畴，同时又不同于'民'和'官'。不过这种称呼越来越罕见了。一般说来，若将这个名称用于一个集团，那就是泛指参与商业的官吏和文士、拥有功名和官衔的商人，以及同他们有联系的纯粹文人和商人，如果这个名称用之于个人，那仅指前面两类。我们可以将它译作'商业绅士'。"② 马敏先生举出了 20 世纪初文献中有关"绅商"分指绅士和商人的例证，认为"直到 20 世纪初年，文献中使用'绅商'一词时，多指'绅士和商人'"。同时又指出存在单指性的例子，将某商人"直接称呼为'绅商'（a gentry merchant），使'绅商'一词不再具有'绅士和商人'（gentry and merchants）的复合含义"。③ 王先明先生则认为，"在清末社会关系体系的剧变中，'绅'、'商'两个社会阶层的相互渗透，一身二任的人

---

①　虞和平编《经元善集》，第 211、342、345 页。

②　〔美〕费正清编《剑桥中国晚清史》下卷，第 620 页。

③　马敏：《官商之间：社会剧变中的近代绅商》，第 94～95 页。

物已是普遍的社会现象。但‘绅’与‘商’从总体上仍有不同阶层与集团的区别”。“‘绅商’既是绅与商的合称，又是亦绅亦商一类人物的单称。这是一个社会躁动期难以确切定性的动态性称谓概念。”①

据笔者考察，历史文献中“绅商”一词分指“绅士”和“商人”的例证较多，以下选录 6 例。

1. 张謇在创办大生纱厂时，曾呈函江督刘坤一称“绅商集议官机作银五十万，商集五十万”。“议用官本五十万之机器，另配商本五十万，改为官商合办，仍无成效，势难中止……又改为绅领商办。凡各领官本机器二十五万，各配商本二十五万。”“官机作价二十五万，商另集股二十五万，合五十万，是为官商合办，又为绅督商办之缘起。”② 此处所说的“绅商”，表明是分指“绅领商办”“绅督商办”中的“绅”与“商”。

2.《湘学新报》所刊《晋省招商集股禀定章程》称：“晋省设局，官与绅商，同心合力，不恃官势，不侵商权。银钱账项，买卖各事，绅商经理；强压地方，保护利权，官为主持。如有事涉衙门，有绅承当，决不致贻累商民，无可疑惧。”③ 文中的“绅商”，显然分指“绅”与“商民”。

3. 1908 年 7 月 26 日《申报》第 1 张第 3 版“论说”：“至湘路公司始则绅与官有意见，继则商与绅有意见，今则因株昭一路，全省绅商与督抚与部臣又各有意见。”行文中稍后出现的“绅商”，就是前面

①　王先明：《近代绅士——一个封建阶层的历史命运》，天津人民出版社，1997，第241~243 页。王先生还举清末《宪政编查馆核查粤省绅士办事习惯》中“绅士与商家之畛域”“绅士与商家之嫌疑”“绅士与商家冲突竞争之习惯”等语为例，指出：“客观历史进程表明，‘绅商’并不是一个内在凝聚力极强的社会力量。”

②　张謇研究中心、南通市图书馆编《张謇全集》第 3 卷，江苏古籍出版社，1994，第2、10、16 页。

③　《湘学新报》(1)，台北：华文书局影印本，第 286 页；原影印本无期数，据上海图书馆编《中国近代期刊篇目汇录》第 1 卷（上海人民出版社，1965），该章程刊于《湘学新报》第 11 册（1897 年 7 月 29 日）。

提及的"商与绅"。

4. 1908 年 12 月 5 日，四川布政使等六司会衔报告开办谘议局筹办处所附《筹办处章程》："本处应设总理一员、协理四员，以官绅分任，均由督宪选任，禀承督宪筹办本处全体事宜。""本处应于绅商学界中人用延访及公举方法，照请若干员为本处参议。"此处的"官绅""绅商学界"的分指性已较明显，即指官、绅、商、学各界。12 月 15 日该处奏咨立案的一份文书更是十分清楚地表明这种分指性："兹定于本月二十七日（12 月 20 日）行开局礼，并开全体大会，延请省城官界、绅界、学界、商界，合议进行方法。"①

5. 1927 年 3 月 27 日，天津"日界绅商公会"复函行商公所称，"敝会虽名绅商公会，并无绅士在会，即商户亦不过数十家而已"。此处所说的"绅商"即分指"绅士"与"商户"。②

6. 1928 年 2 月 6 日，京兆尹陈济新就涿县因晋军入境商民受损事呈报内务总长称："窃据此次涿县城乡临时维持会、绅商公民各代表……呈称……此次供给晋军，地方向无的款。于是或借诸商家，或假于绅富……供给军用，苦无的款。于是或借诸商家，或通挪于绅富……此款当由红卍会吴会长兆毅与绅商各界切实声明……惟据该县绅商先后陈请垫付支应晋军食用各种货物……"③ 该呈文中三处出现的"绅商"一词，显然是分指呈文中两处出现的"绅富"和"商家"。

三

笔者所见到的有关"绅商"的记载，单指性较明显的例证较少，

① 四川省档案馆编《四川保路运动档案选编》，第 97、100 页。
② 天津市档案馆等编《天津商会档案汇编（1912～1928）》，第 1386 页。
③ 中国第二历史档案馆编《中华民国史档案资料汇编》第 3 辑，江苏古籍出版社，1991，第 1154～1157 页。

且或多或少存在一些疑点。以下选录 4 例。

1. 光绪二十九年（1903）《天津府凌守复陈商务公所情形禀并批》："并委绅商宁世福、么联元、卞煜光、王贤宾等为公所董事。"①此处的"绅商"一词直接系于宁世福等 4 人，似乎已有较明显的单指性，但若推敲，仍有疑点。

其一，"绅商某某等"是当时公私文献中较为普遍的一种说法，而"绅商某某等"中的"等"字既可能仅指列出姓名者，也可能还包括未列出姓名的其他人。如民国元年（1912）八月工商部给河南都督的一份咨文称："据河南信阳州明港镇绅商刘翰章等禀。"工商部的批文亦称："批河南信阳州明港绅商刘翰章等禀。"若仅看这两条材料会以为此处的"绅商"称谓仅系于刘翰章一人身上。实际上，原禀中包括了刘翰章等 4 人及 13 家公司商号。原禀称："具禀河南省汝宁府信阳州明港镇客旅绅商刘翰章、张紫霞、罗清臣、万鹏程（按：此 4 人姓名原文分上下两行排列）、万顺公司、利运公司、华昌公司、扬祥顺、协森永、复义恒、义和元元丰公司、天盛公司、玉成公司、如春城、公盛远、聚玉成、祥太明等，为恳请作主，以除凶横，而安商业事。"② 可知此处的"绅商"很可能是包括了"绅"（即指刘翰章等 4 人）与"商"（13 家公司商号）两个部分。

其二，在其他文书中，不论是商界称宁世福等人，或宁等人自称时均为"绅"而非"绅商"，可见其身份认同主要是"绅"（详后）。

2. 光绪三十四年（1908）十二月《方还等禀布政使稿》："昆新绅商方还、李金章、张靖迁、顾福树禀为案已了结，两造均愿和解，请予免究事。"这里的"绅商"直接系于 4 人身上，后面并无一

---

① 天津市档案馆等编《天津商会档案汇编（1903～1911）》，第 2 页。此例已为马敏先生所引用，并认为"在这里'绅商'一词的单指性已更加明显"。见马敏前引书，第 95 页。

② 江苏省商业厅、中国第二历史档案馆编《中华民国商业档案资料汇编》第 1 卷下册，中国商业出版社，1991，第 879、881 页。

"等"。似乎已经意味着"绅商"即指这4人。不过，紧接在下文中，4人则自称"绅"，而不称"绅商"："绅等以此案既经了结"，"经绅等再三劝导两造"。昆新商务分会的另一呈文中也称方还为"绅"："查方绅，本会中发起人，商情素洽，众望交孚。"可见这4人的身份认同仍然是"绅"。①

3. 光绪三十一年十二月十二日（1906年1月6日）《苏商总会为入会并捐助会费事知会典当公所文稿》："查典当为各业称首，当商皆殷实富绅，尤为各商观听所系，自宜格外出力，以资公益。本总会成立时各典业绅商咸来集议，是以举议董会员各典绅商早经列名造册呈部。"从这条材料看，一身兼"当商"与"殷实富绅"者即是下文所说的"绅商"，这里的"绅商"似是一混合词。但这一文稿紧接着又将"绅商"分称为"商董"和"绅董"，其区别仍然存在："乃自数月以来，所议捐助会费尚未开单到会，应付冬季会款并未清交，致各业商董啧有烦言。是否典业各商或有意见不符，未能一律入会，不妨各从所愿，先将愿入会各典开列捐数到会登册收款，俾免各业商董訾议，庶以全体面而资公用。为此，合即知会贵公所绅董，请烦查照办理。须至知会者。右照会典当公所绅董。"②

4. 《商务官报》光绪三十三年四月十五日（1907年5月26日）第9期《批绅商杨荫棠禀林业公司请饬保护一案》。批文标题将"绅商"直接系于杨氏一人身上，单指性明显。但批文中却三处称杨为"该商"而不称"该绅商"则是一疑点。批文略谓"前据该商禀称创立林业公司请饬保护给予札委立案各等情……该商所种各树计有一万余株……该商讲求林业创立公司，办理诚堪嘉尚"。可见，在官方看来，杨氏的身份仍然是"商"。

---

① 章开沅等主编《苏州商会档案丛编》第1辑（1905~1911年），第155~157页。
② 章开沅等主编《苏州商会档案丛编》第1辑（1905~1911年），第43页。

就笔者所见到的资料来看，尚未发现无任何疑点的"单指性"的例证。

四

参诸上述有关"绅商"的历史文献，笔者发现了如下一些行文规律。

（一）"绅商"连称大多为官方批文或他人的"他称"①，而"绅商"的"自称"则大多注意分称为"绅等"或"商等"，很少有自称为"绅商"者。这似乎说明代表"绅商"的人，对于自身属于"绅"抑或"商"的身份认同是十分清楚的。在商会文献中这类例证有不少。

1. 自称"绅"的例证

（1）翰林院编修王同愈等在《苏商总会申报成立请求备案呈江督稿》中自称："绅等应将设立苏州商务总会缘由……"②

（2）上海道批复"绅商曹骧等"的禀文："前据上海绅商曹骧等禀：'由绅等筹垫款项，饬匠估工。'"曹骧等在禀文中自称为"绅等"，而上海道也一再称其为"该绅等"。③

（3）天津商务公所负责人王贤宾、宁世福、卞煜光、么联元等人在《天津商务公所遵谕查明各行津贴商务公所经费开支情形事禀天津府文》中一再自称为"绅"，该文书对"绅"与"商"的指称也是明确分开的："查津郡各行商，自去岁四月间禀请宫保设立商务公所，

---

① 可举一较典型例证：安徽"青阳县绅商某，赴省具禀抚辕，称有矿师在该县乌株岭探得矿座甚旺……"（《时报》1905 年 8 月 15 日，转引自汪敬虞编《中国近代工业史资料》第 2 辑下册，第 784 页）上例确是将"绅商"直接系于某一人身上，单指性似已明显，但应注意，这仍是一个"他称"的例证。

② 章开沅等主编《苏州商会档案丛编》第 1 辑（1905~1911 年），第 13 页。

③ 《沪道详复添辟城门问题》，《申报》1908 年 8 月 20 日，第 18 版。

仰蒙谕委绅等董理，遵于四月十七日开办在案。彼时各行商即拟立筹经费籍资办公，因市面滞塞，曾经仁宪及绅等再四婉辞，当蒙仁宪津贴银一百两，绅等各备银一百两，共五百两整，暂应急需。嗣后经费不敷，又经绅等借垫银二千六百两……今春公所经费无着，又经绅等借垫洋四百元……各行商万难坐视，故有禀请仁宪拟将粮商公抽权作经费之举……各行商已有量力津贴者，计三津磨房每年情愿津贴一百两，斗店商每年情愿津贴二百两，洋行商每年情愿津贴银五百两，刻有成议，尚未具禀立案。其余土药、姜厂、松木、染货等商亦闻风而至，惟尚未议妥。"① 上引禀文中分别称"绅等""各行商""粮商""斗店商""洋行商"等，绅与商的分指是十分明显的。

2. 自称"商"的例证

（1）郑慈谷等 8 人在请设立吴江县盛泽镇商务分会的禀稿中自称："商等在镇经营，历有年所，窃见各处商埠设立商会，维持公益，大为商家利赖……当经商等一再集议。"②

（2）苏州平望商务分会成员沈珊等 12 人在一份呈文中称："以商等公举凌菜接充总理……商等刻由新举总理凌菜报告……商等为郑重会务起见。"③

（3）文安县胜芳镇行商李步瀛等在一份禀文中称："惟以风气尚未大开，商会之举，至今未办。商等目睹其效，企仰有年"，"商等回镇后，即聚集同镇各商筹议"。④

前两例中，郑慈谷等 8 人与沈珊等 12 人，虽然均有职衔（如补用知县、候选大理寺寺丞、候选州同、候补府经历等）或功名（生

---

① 天津市档案馆等编《天津商会档案汇编（1903～1911）》，第 145～146 页。
② 《郑慈谷等请设分会禀稿》，章开沅等主编《苏州商会档案丛编》第 1 辑（1905～1911 年），第 119 页。
③ 《沈珊等为增设代办总理等事呈农工商部》，章开沅等主编《苏州商会档案丛编》第 1 辑（1905～1911 年），第 93 页。
④ 天津市档案馆等编《天津商会档案汇编（1903～1911）》，第 247 页。

员、禀贡、监生等），但仍不自称"绅商"而自称"商"，其身份认同仍偏重"商"。

究竟有没有在"自称"中使用"绅商"的呢？有，但比较少见。前揭河南省汝宁府信阳州明港镇客旅绅商的禀文便是一例："缘绅商等自火车开通以来……后经信阳筹款办学，抽收车捐，牛马车夫因而裹足，运脚昂贵，绅商等颇为吃亏……绅商等即大受其累……"① 如前所述，此处具禀的"绅商"包括刘翰章等 4 人及 13 家公司商号。大概既有绅又有商，自称"绅"或"商"都不能包括所有具禀者，故只能自称为"绅商"。或许只有在这种情况下才可能出现自称为"绅商"者。

（二）部分文书在"他称"中也注意区分"绅"与"商"，似乎表明此时他人已比较了解"绅商"的确切身份。见下两例。

1. 商部的一份批文明确称王同愈等人为"绅"，并让他这样的"绅"去联络"商人"成立商会："该绅等眷怀桑梓，拟纠合苏城各业商人，鸠工择地，先在省垣设立商务总会，以资公益，自应准如所请。"②

2. 苏州商务议员陆树藩在给王同愈的一份照会中要求"绅董"与"商董"会商，明确区分了"绅"与"商"："贵绅董义关桑梓，熟悉情形，应请赶速会商各业领袖商董，遵照章程共入商会。"③

（三）商界的文书也十分注意区分"绅"与"商"。如天津商会档案文书《公裕厚等六十一户商号禀请将商务公所改为商会并公推宁世福王贤宾为总协理文》（1903 年）便自称为"商"，称宁世福等人为"绅"："窃客岁四月间蒙恩创设商务公所，经商等公举三品衔候选

---

① 江苏省商业厅、中国第二历史档案馆编《中华民国商业档案资料汇编》第 1 卷下册，第 879 页。

② 《商部批复》，章开沅等主编《苏州商会档案丛编》第 1 辑（1905～1911 年），第 4 页。

③ 《苏省商务议员陆树藩照会王同愈》，章开沅等主编《苏州商会档案丛编》第 1 辑（1905～1911 年），第 6 页。

知府宁绅世福、河南试用知府王绅贤宾、分省补用知县么绅联元、光禄寺署正卞绅煜光总理其事。""商等拟请宫保格外奖励，该绅董坚持不可……商等迭次集议，询谋佥同，并具各字号图章，公举此任，即以宁绅世福为总理，王绅贤宾为协理。惟津地为南北枢纽，设会伊始，事务殷繁，更拟仿照申江商会章程，以么绅联元、卞绅煜光为坐办。四绅董道同谋合，各有所长，似乎缺一不可。"① 这段材料表明，"绅"与"商"的身份是有所区别的。

五

通过上述疑问的提出与浅析，笔者初步得出以下几点尚不成熟、有待进一步验证的认识。

第一，晚清以来虽然出现了绅与商的合流，形成了一个亦绅亦商的阶层，但在当时公私文献中的"绅商"一词基本上是分指"绅"与"商"，并未融合成为一个单指性的混合词。

第二，绅与商的合流中，并不是对等平行的；"亦绅亦商"者的身份认同仍有偏重于绅抑或偏重于商的区别。大概可以这样说，"绅"虽然"弃儒就贾"，其身份的自我认同和社会认同仍然是"绅"，而"商"虽然用金钱买来"绅"的虚衔，但其身份的自我认同和社会认同仍是"商"。虽然两者在今人看来都是"亦绅亦商"，但在时人看来可能仍存在较大差异。

第三，从"绅"与其他阶层的关系来看，在文献中有不同的语境，在现实中则有不同的场合。在与官方联系时，可能多谓"官绅"。② 在

---

① 天津市档案馆等编《天津商会档案汇编（1903～1911）》，第30、31页。

② 如1896年5月1日《直报》所刊《纪都门善堂事》称："官总其成，绅理其事，官绅相辅，非所谓因时制宜者乎？"1909年6月3日《申报》所刊《铜官山抵制会成立纪事》称："官绅联络一气，持之至坚，正须合力预备解决此问题后之办法。"

创立商会、兴办实业时，可能多谓"绅商"。① 在兴办教育或知识界参与的社会活动中，则可能多谓"绅学"。② 在有各界人士参与的场合，则可能出现"绅商学""官绅商学""绅商学军"等等不同的"组合"。③ 而在各种不同的"组合"中，"绅"实为一重要角色。尽管此时的"绅"可能一身兼二任（绅、商）或兼三任（绅、商、学），甚至"商气"较浓，但其主要的身份认同或社会角色可能仍偏重于"绅"④，"绅"的实际社会地位也明显高于"商"。故"绅"仍然是一个有着重要社会地位和作用的阶层，探讨其在近代的分化演变仍是认识近代社会变迁的重要路径。而分地区与分行业的比较研究似应引起学者更多的重视。

第四，"绅商"一词的演变与内涵并不仅仅是一个语言词汇变迁的问题，而实为社会转型与文化变迁所留下的"符号"，其中包含着丰富的社会内容和文化意蕴。故需对"绅商"所处的社会经济环境与文化心理感受作更深入的研究，才能更多地接收到从"绅商"一词使

---

① 例甚多不赘举，有关"绅商"的文献，大多为劝导捐输、筹办商会及兴办实业等内容。

② 如 1908 年 7 月 5 日《申报》第 12 版关于教育会成立的一则报道："甬属镇海县教育会现已由绅学界组织成立。"1911 年 10 月 12 日《民立报》关于湖南各学堂罢课风潮的一则报道："湘抚余寿平闻知绅学界此等举动，深恐酿成暴动，已札行法学两司暨巡警道严密查禁。"

③ 如 1907 年在江浙铁路拒款风潮中"绅学商各界借仁钱会教育会开拒款大会"（《辛亥革命浙江史料选辑》，第 229 页）。1908 年在国会请愿活动中，"官绅学界中人谈及国会莫不眉飞色舞"（《申报》1908 年 8 月 25 日，第 4 版）。1909 年 5 月 18 日《民呼日报》所刊《豫省绅商军学同启》。1912 年 3 月 5 日《民立报》关于辛亥革命在山东的一则报道："与东省诸同志接洽，并运动兵队及联络绅商学各界豫备一切，并力进行。"1912 年 4 月 22 日南昌商会陈述该会参与辛亥革命情形的函件称："自武汉起义，浔阳继之，我赣未光复以前，军绅商学各界事筹维，皆以敝会为集议之所，卒收反正之功"〔天津市档案馆等编《天津商会档案汇编（1912～1928）》，第 756 页〕。

④ 据邱捷先生的研究，清末曾为粤路公司的实际负责人、在广东商界颇有实力和地位的黄景棠，可算是一个典型的"亦绅亦商"人物，虽然其"绅"的资格（拔贡出身、授知县，捐候补道）和地位在省城广州并不算高，但在其《诗草》中却明显地表现出"自我角色意识是士大夫而不是商人"。粤督张鸣岐颁布的告示也一再称黄氏为"绅"。参见邱捷《黄景棠和他的〈倚剑楼诗草〉》，《近代史研究》1996 年第 6 期。

用与变化中所传输出来的历史信息，才能更深刻地理解到"绅商"一词在不同的语境中所透露出来的某些微妙差异。这些差异可能难以为今人所察觉而被忽略不计，但在当时人看来也许是显而易见的。

（本文原载《历史研究》2001 年第 2 期）

"绅商" 词义及其内涵的几点讨论

马 敏

学友谢放教授惠赐大作《"绅商"词义考析》一文，以切磋学术，倡导讨论、争鸣之风，这是要加以万分感谢的。谢放教授思绪缜密，学风淳笃，对"绅商"词义作了条分缕析的深入剖析，有许多新见，是过去我在研究近代绅商问题时所不曾想到的。拜读之后，很受启发，但也有一些不同意见或附带的见解，欲借《历史研究》的一点版面，发表出来以供讨论并请谢放教授指正。①

晚清时期"绅商"业已成为流行于各种公私文献的一个关键词，通过绅与商的合流，已经形成了一个亦绅亦商的"绅商"阶层，对此，谢放教授均无疑义，他想指出的是，当时公私文献中的"绅商"一词，基本上是分指"绅"与"商"，并未融合成为一个单指性的"混合词"。而这一点，恰好同我相左。我在相关著作中认为，"绅商"虽在多数场合指绅与商的合称（gentry and merchants），但有时又

① 有关"绅商"社会内涵的较系统的阐述，参见拙文《近代绅商名辨及其社会内涵》，汪晖等主编《学人》第15辑，江苏文艺出版社，2000。

是对亦绅亦商人物的单称（a gentry-merchant）。①

　　谢放教授认为，就他所见到的资料来看，"尚未发现无任何疑点的（绅商）'单指性'例证"。而在我看来，尽管绅商"单指性"的例证的确不多见于文献，但并非绝无仅有，恰恰是这些"不多见"的称谓，对研究转型期的社会群体，可谓含意深焉，颇值得研究者注意。以下试举几例。

　　作为单指性"混合词"的"绅商"，有时是指亦绅亦商、兼具绅商双重特征的社会群体。这在晚清文献中有着清晰的反映。如光绪十六年正月二十日《字林沪报》云："今届新春，齐集同乡官商，于本月初二日午刻在公所团拜……暨各字号绅商，皆乘兴而来。"② 这里的"各字号绅商"，显指各商号中的绅商，在同是经商者的意义上，绅与商似已不复可分。又如 1903 年《上海商业会议公所第一次章程》中提及："特会者，遇有不平之事，欲求伸诉，由受屈之人先三日将事由告知，本公所刊发传单，邀集公正绅商届期同为调处，以评曲折，捏诬者罚。各董事既须入会，即公正殷实绅商实有贸易于此者，虽不列商董之名，如愿入会议事，即由该业董事告知本会所邀为议员之列。"③ 这条材料中，如果说前句中的"公正绅商"尚不清楚究竟指浑然一体的绅商群体，还是分指绅士和商人，那么后句中的"殷实绅商"一语已可明显感觉到系指由绅士和商人融合生成的新的社会群体。

　　在单指性意义上，有时绅商的称号还直接冠于一人。1906 年《商务官报》上刊登一则商部《批京西业煤绅商常春等禀》云："该

---

　　① 对存在亦绅亦商一类人物的单称，王先明教授在其著作中也有相同的看法，认为"'绅商'既是绅与商的合称，又是亦绅亦商一类人物的单称。这是一个社会躁动期难以确切定性的动态性称谓概念"（《近代绅士——一个封建阶层的历史命运》，第 241~243 页）。

　　② 转引自彭泽益主编《中国工商行会史料集》下册，第 751 页。

　　③ 《上海商业会议公所第一次核定章程六条》，上海市工商业联合会、复旦大学历史系编《上海总商会组织史资料汇编》（上），上海古籍出版社，2004，第 50 页。

绅商所请每年包雇五千认缴运费自可照准等因。查此案既经北洋大臣核复照准，所有该绅商等设立栈房、运储煤炭一事，自应准其立案。"① 这里，"该绅商"的称谓显然指常春一人，单指性甚为明显。

同样刊于《商务官报》上的《本部具奏槟榔屿绅商林汝舟兴学保商恳请奖励折》云："……五品衔林汝舟，福建海澄县人，经商槟埠五十余年，为中外所推重。该埠原设平章公馆，合闽粤两省以谋公益，敛举该绅为总理……所有请奖槟榔屿绅商缘由，谨恭折具陈。"② 这条史料不仅标题中绅商单指之意明显，就文意而言，单指性也是很明显的。

另两条单指性实例，一是《时报》1905年8月15日的一则报道谓："（安徽）青阳县绅商某，赴省具禀抚辕，称有矿师在该县乌株岭探得矿座甚旺……"③；一是《全浙公报》1909年7月6日有一则告白《旁观者代报不平》，该告白作者落款即为"绅商吕国庆谨启"。④ 这两条可以说是确切无疑地将"绅商"之名直接冠于一人身上的铁证，尤其后一条资料系自称"绅商"，证明单指性的绅商"混合词"是的确存在的。

进而言之，如果仔细推敲的话，谢放教授文中对某些较为明显的"单指性"绅商例证的质疑，其实是可以冰释的。

例一，天津商会档案《天津府凌守复陈商务公所情形禀并批》："并委绅商宁世福、么联元、卞煜光、王贤宾等为公所董事。"⑤ 谢放教授认为，这条材料中"绅商"之后有一"等"字，因此，有可能是绅与商的合称，即已列出的四人为"绅"，而未列出的可能还有"商"。

---

① 《商部要批一览表》，《商务官报》第17期，光绪三十二年八月十五日，第8页。
② 《商务官报》戊申第8期，光绪三十四年四月初五日，第9页。
③ 这条材料谢放论文注释里也有引用。
④ 这条材料承蒙浙江大学政治学系讲师、在职博士生冯筱才先生提供，甚为感谢。
⑤ 天津市档案馆等编《天津商会档案汇编（1903～1911）》，第2页。

　　但事实上，宁、么、卞、王四人之所以被委任为商务公所董事，正因为他们是绅化的商人，身份特殊，亦绅亦商。其中，宁世福为新泰兴洋行买办、三品衔候选知府，么联元为银钱业巨东、分省补用知县，卞煜光为富商、光禄寺署正，王贤宾为盐业巨东、河南试用知府。因商务公所的成立，主要是以"商"代"官"，补前此成立的"商务局"官办之弊，故可推之行文者是将此四人作为亦绅亦商的"绅商"来看待的（或可以说连他自己也分不清楚他们究竟是绅还是商，统称为"绅商"最恰当）。尽管四人之后冠一"等"字，但官方所"委"为董事者，仅此四人而已。① 其他董事的产生办法，系根据所附的"商务公所暂行章程"，"各行商业大者公举董事二人，小者一人"。② 至于商界称宁世福等人为"绅"，或宁等人自称为"绅"，那只是当时的风气使然而已（当然也有一定的规律，详后）。

　　例二，光绪三十一年十二月十二日《苏商总会为入会并捐助会费事知会典当公所文稿》："查典当为各业称首，当商皆殷实富绅，尤为各商观听所系，自宜格外出力，以资公益。本总会成立时各典业绅商咸来集议，是以举议董会员各典绅商早经列名造册呈部。"谢放教授承认，从这条材料看，一身兼"当商"与"殷实富绅"者，即是下文所说的"绅商"，这里的"绅商"似是一混合词。但他的疑问是文稿中紧接着又将"绅商"分称为"商董"和"绅董"："乃自数月以来，所议捐助会费尚未开单到会，应付冬季会款并未清交，致各业商董啧有烦言。是否典业各商或有意见不符，未能一律入会，不妨各从所愿，先将愿入会各典开列捐数到会登册收款，俾免各业商董訾议，庶以全体面而资公用。为此，合即知会贵公所绅董，请烦查照办理。

————————

　　① 天津商会档案中有一条资料可证当时被委派为天津商务公所董事的绅商仅宁、么、卞、王四人，"窃客岁四月间蒙恩创设商务公所，经商等公举三品衔候选知府宁世福、河南试用知府王绅贤宾、分省补用知县么绅联元、光禄寺署正卞绅煜光总理其事。"［天津市档案馆等编《天津商会档案汇编（1903～1911）》，第30～31页］
　　② 天津市档案馆等编《天津商会档案汇编（1903～1911）》，第2～3页。

须至知会者。右照会典当公所绅董。"①

其实，这并不奇怪。称公所首领为"绅董"，是当时的习惯，因公所首领既是商人，一般又有职衔或功名，具有"绅"的地位。各业称"商董"，则因"各业"商人甚杂，不清楚是否都有职衔或功名，故从习惯仍称"商董"，并不因此而否定上面"殷实富绅"的"当商"即为下面所说的"绅商"。

例三，《商务官报》（合订本）第2册第9期光绪三十三年四月十五日《批绅商杨荫棠禀》。谢放教授指出，此处将绅商直接系于杨一人身上，单指性明显。但批文中却三处称杨为"该商"而不称"该绅商"则是一疑点，"前据该商禀称创立林业公司……该商所种各树计有一万余株……该商讲求林业创立公司，办理诚堪嘉尚"。

这仍是一个称谓习惯问题。当时"该绅商"的说法并不普遍，习惯上对绅商中职衔、功名较高者或社会影响较大者称"该绅"（如前面对天津宁世福、王贤宾等的称呼即可做此理解）；对职衔、功名较低，主要以经商为业的商人则仍称"该商"。这也反映出称呼者对被称呼者身份、地位的一种价值判断。

虽然在统计意义上，这类将"绅商"直接系于一人头上的事例所占比例不大，但既然已有此类用法，说明绅与商结合的程度已是相当之高了，以至于人们无意间会不自觉地冒出这种不太常见的称呼。这是一个新词语在刚流行时常有的情形，不足为奇。

与单指性绅商含义相近、同时在晚清文献中使用频率很高的另一个名词是"职商"。

晚清商会档案中，"职商"的称谓极其普遍。如天津职商纪巨汾的禀文："具禀麟记烟卷有限公司县丞职衔纪巨汾禀为阻扰销路，恳请移行出示保护事：窃职商创设公司制造纸烟，已由贵会详请农工商

---

① 章开沅等主编《苏州商会档案丛编》第1辑（1905～1911年），第43页。

部注册立案各在案……"纪巨汾之自称职商，乃是因为他捐有"县丞"的职衔。① 天津商会档案中一份"职商姓名清册"中所开列的所谓职商，均系有各种功名、职衔的商人，大至"候选通判""中书科中书"，小至"从九品""监生"等。②

在通行的公文程式中，民商与职商往往使用不同的称谓。民商呈文之例：《徐梅安等为开设公司禀苏商总会文》称"具禀。商民徐梅安、刘焘、张熊占、吴裕喜等，籍贯年岁载明信约，为谨陈特别力图改良，以遵宪章，以卫生理事……"③ 职商呈文之例：姚文佺组织华通公司的禀文谓"职商候选训导姚文佺、县丞许孝先具禀，为贩运土货出洋，呈请立案保护由……"④ 除上引各种自称性的"职商"外，也可从商部等的各项公文批件中，发现大量他称性的"职商"称谓，如"批职商李宏富禀""批职商孙钟伟注册呈"等。这类批文往往与批普通民商的称谓有所区别。

因此，在单指性意义上，"职商"是"绅商"的更为正式的称呼，二者的内涵是非常接近的，或者说基本上是可以互换的。在文献中也可以发现一些互换使用的实例。如《商务官报》光绪三十二年四月初五日所刊《批吉林绅商杨先黻等呈》："据呈已悉该商等拟立公司开办该省森林实业，思保利权，本部堂查阅周康寿等呈，称愿与该职商会商办理……该职商等拟办吉黑两省实业保利权，其志洵属可嘉。"其批文标题中的"绅商"即批文中两次出现的"职商"，显存互换关系。又如，天津商会档案中的一份官方文书中，"绅商"与"职商"的称谓曾反复交替出现："……此外，虽无著名通商巨埠，而各府州县中似有尚须设立商会处所，其所以不设者，谅因各该绅商未能尽知

① 天津市档案馆等编《天津商会档案汇编（1903～1911）》，第1169页。
② 天津市档案馆等编《天津商会档案汇编（1903～1911）》，第261页。
③ 章开沅等主编《苏州商会档案丛编》第1辑（1905～1911年），第308页。
④ 章开沅等主编《苏州商会档案丛编》第1辑（1905～1911年），第323页。

分年筹备之详……敝县遵即出示晓谕使众周知，一面谕各绅商劝办设立商务分会去后（原文如此），嗣据独流镇职商王桂荣、李钟秀、王炬荧、刘恩铭、夏如春、张恩多、刘逢源、贾祥荣联名禀称……据此，敝县当以该绅商等拟在独流镇议设商务分会，足见热心公益，殊堪嘉许。"①

这种用词上的混称，说明文件起草人未必将"绅商"与"职商"二词区分得那么清楚，反过来也说明它们含义上的确非常接近。但为何在正式文件上，彼时之人又多用"职商"而少用"绅商"来指称有职衔功名的商人？② 原因可能有二：一是在正式行文上，人们更习惯于用"职"字代表与官方的认同，如"职道"、"职会"（如商会）、"职员"等都是很普遍的用法。职商一词的大量使用，正是单指性绅商一词在正式公文中比较少见的直接原因。另外一个原因是绅商一词涵括性太大，既可分指绅与商，又可单指绅与商的结合体，意义不如职商明确、固定。这在很大程度上是一个用语的习惯问题。身处巨大的社会变动之中，当时的人们还需要更长时间来适应单指性的绅商词汇用法，这也是一个新词逐渐形成到被人们广泛接受的自然发展过程。

需要说明的是，尽管我不大赞同谢放教授论文中某些具体判断和结论，但对他"不疑处有疑"，结合当时"语境"细解史料的治学态度和方法却颇为敬佩。我深以为，只有在丝丝入扣、感同身受地细解史料的过程中，才能重建历史的细节，直探历史的真相。陈寅恪先生论史曾云，解释古书的谨严方法，在"仍用习见之义"，"并须旁采史实人情，以为参证"。此论对理解"绅商"词义及内涵，极具提示意

① 天津市档案馆等编《天津商会档案汇编（1903～1911）》，第 259～260 页。
② 经查阅《商务官报》，第 1 册共 29 期中有关商部对呈报公司和其他事项的批文，发现：以"该商"或"该商等"称呼的共 73 例；以"该职商""该职商等"相称呼的共 67 例；用"该职商"和"该商"混合称呼的 11 例；用"该绅商""该绅商等"相称呼的仅 2 例。

义。换言之，我们在解读"绅商"一词时，首先必须尊重其在文本中的原意，即"习见之义"，但同时又须通过"旁采史实人情"，达于历史的"真了解"，读出其弦外之音乃至歧义，从而把握其丰富的内涵和外延。诚如谢放教授所说："需对'绅商'所处的社会经济环境与文化心理感受做更深入的研究，才能更多地接受到从'绅商'一词使用与变化中所传输出来的历史信息，才能更深刻地理解到'绅商'一词在不同的语境中所透露出来的某些微妙差异。"

词义多歧的"绅商"，因言说主体的主观取向不同、心态感受不同，其强调的面相也有所区别。这就需要我们格外注意语词所联系的语境，"语词离开了它们所起作用的语境来考虑时，就会有多种含义……字词的多义性要求，在确定某一特定信息中字词的当下意义时，要有语境的选择作用作为补充"。[1] 换言之，对研究者而言，更为重要的是要回到研究对象所处的特殊"语境"（即特定的时代氛围和社会环境）之中，体察其不得不如是之"苦心孤诣"。谢放教授文中讨论的天津商会王贤宾、宁世福、卞煜光、么联元等人自称为"绅"或被一般商人尊称为"绅"的例子，不过代表他们在当时语境下（即绅之地位一般仍高于商）的一种心态和自我定位，并不能成为否定他们亦绅亦商双重身份的证据。因为在官府眼中，他们主要仍然是"商"的代表，是具有特殊社会地位的"商界领袖"，故仍称之为"绅商""职商"。对各地选举商会总理、协理和会董时表现出的重身份地位，不太重视经商业绩的倾向，官方认为是不妥的，农工商部曾重申："迩来各该商会于公举总、协理会董各员时，间有泛言才品，未经照章将各该员究属有何商业及经理何项行号详晰声叙……"[2] 对历史上这些极为复杂的情形和细微难辨之处，必须结合具体历史环境和当事人的主

---

[1] 〔法〕保罗·利科尔：《解释学与人文科学》，陶远华等译，河北人民出版社，1987，第43页。

[2] 章开沅等主编《苏州商会档案丛编》第1辑（1905~1911年），第59页。

观心态，做多方面的考察，方能不失其真，不为词语的"陷阱"所误。

绅商词义的辨析是一项极为重要的基础性工作，但诚如谢放教授所论，从语义学的角度看，"绅商"词汇的演变与内涵，又不单纯是一个孤立的语言现象，而实为社会转型与文化变迁所留下的"符号"，其中包含着极其丰富的社会内容和文化意蕴。因此，对绅商内涵的理解，不应仅仅停留在表相的词义辨析阶段，而应从社会史的角度深入探讨这一词汇背后所涉及的广泛和深刻的社会变动，从更深层次的社会关系结构性变动中把握"绅商"一词所积淀的社会内涵，反过来也才能够更准确地理解"绅商"在历史文本中的"真意"。

自社会史的角度观察，"绅商"词语的演变实涉及近代中国社会关系中最基本、最复杂，同时也最持久的社会关系大变动，亦即官、绅、商、学关系的调整与重构，以及经此重构与调整所引发的国家与社会关系重建。[①] 从古代的"士农工商"演变到明清时期的"绅士商民"，再随之化约到晚清的"绅商"，其间所贯穿和反映的，正是一种近世历史变动的大趋势：士与商、绅与商的不断趋近和结合，以及由此而引发的传统"四民"社会的式微。绅与商的相互趋近反映到语言词汇本身的变迁上，便是"绅商"词语的逐渐形成和流行。

绅士与商人从传统社会的上下两端走到比肩而行，共同受到社会的重视，经历了漫长的历史过程。绅与商的合流始于明清之际，盛于19世纪末20世纪初。在"西潮"的激荡下，明清之际在江南地区比较突出的"士商相混"现象，迅速放大，成为影响遍及全国的社会潮流。这一潮流下涌动着两股暗流，即由商而绅的流动和由绅而商的流动。[②] 尤其1905年科举制的废除，更使读书—升官—发财三者之间失

---

① 有关近代官、绅、商、学关系的演变，请参见章开沅、马敏、朱英主编《中国近代史上的官绅商学》，湖北人民出版社，2000。

② 关于晚清绅商对流的情形及相关史料，可参见拙著《官商之间：社会剧变中的近代绅商》，此不赘言。

去了天经地义的必然联系，士人再无法抱有"侥幸得第之心"。同时，也使各省数百万童生、数十万生员和数万举贡"生计顿蹙"，不得不抛弃功名，另谋出路，重新确定自己的社会角色。在大批举贡生员涌向新式学堂谋求教职，一变而为半新半旧的"学绅"的同时，部分士人硬着头皮闯进一向被他们视为贱业的商场，孜孜牟利，开始了向近代工商资本家的艰难蜕变。"近来身列仕途者，不可不兼明经商之道也。"① 总之，1905 年废科举之举是强制传统绅士阶层发生大分化，促使绅商合流趋势空前增强的一大关键，对近代社会阶级关系的调整和重组有着深远的影响。

随着士人地位相对下降，商人社会地位则相应提高。在与官方打交道时，他们已敢于从过去的贱称"蚁等"一变而为"商等""职等"，说话已硬气得多。当时的一部社会小说《侠客谈》中，主人公议论道："余入商界四年，余所得实不鲜。商之勤勉胜士，商之活动胜士，商之言行相近胜士，商之取财胜士，余所去士而投身商者为此也。"② 说商已优于士、胜过士，这是过去连想都不敢想的。贱商心理的逆转和轻商风气的变易，使商人多少开始变得自重和自尊，逐渐具有了某种社会责任感和职业自豪感："我们经商的人，生在这西历一千九百余年，叫什么二十世纪实业竞争的时代，也真正尊贵的很了……天下最有活泼的精神，最有发达的能力，能够做人类的总机关，除了商，别的再也没有这种价值了。"③ 虽然商人言词中流露出的"唯商独尊"的意识太过超前，但商人社会地位的提高却是不争的事实。

绅、商在近代进一步互渗、合流的结果，便是所谓"绅商"阶层的形成。这一新兴社会阶层既享有由功名职衔所体现的社会政治地

---

① 《论居官经商》，《申报》1883 年 1 月 25 日，第 1 版。

② 《新新小说》第 1 号，转引自乐正《近代上海人社会心态（1860～1910）》，第 65 页。

③ 《经商要言》，张枏、王忍之编《辛亥革命前十年间时论选集》第 1 卷下册，第 890 页。

位，又拥有相当的财力，逐渐取代传统绅士阶层，成为大、中城市乃至部分乡镇中最有权势的在野社会阶层。诚如已故史学名家陈旭麓先生所言："绅商（由商而绅，由绅而商）和乡绅是官与民的中介，前者多在市，后者多在乡；前者与工商结缘，后者与宗法、地租联姻；从他们身上可以捕捉到中国近代社会的脉络。"①

当然，说绅、商的趋近与合流，是就历史的大趋势而言的，是一个正在展开的历史过程。对当时的人来说，尚未必能看透和预见到未来的历史走向，他们更多的是依赖于传统的惯性来做判断，根据"当下"的社会氛围来行事。当时的一般情形是"商"的地位固然在上升，但总觉上升还不够，总想马上摇身一变而成为地位显赫之"绅"；"绅"固然处处想与"商"分润，求得富足而舒适，但还不愿一下子就抛弃"绅"这块金字招牌。绅的牌子还有价值，说明彼时的社会基本上还是一个以官为本位、绅为中心的社会，价值认同基本还在绅一边。中国社会虽已开始了向近代工商社会的过渡，但趋势尚不能取代现实，传统还远远没有走到终结的地步。这正可合理解释谢放教授所说的晚清绅、商界限仍然存在，"一个'绅''下海经商'，其身份的自我认同和社会认同仍然是绅；而一个'商'虽然用金钱买来了'绅'的虚衔，但其身份的自我认同和社会认同仍是'商'"。换言之，虽然两者在今人看来都是亦绅亦商的"绅商"，但在时人眼中可能仍存在较大的差距。

归结而言，在我看来，所谓绅商，狭隘地讲，就是"职商"，即上文所说的有职衔和功名的商人；广义地讲，无非是由官僚、士绅、商人相互趋近、结合而形成的一个独特社会群体或阶层。他们既不完全是传统意义上的绅士，也还没有成为近代意义的工商资本家，而是介于二者之间，具有相对统一、明确的经济和政治特征：既从事工商

---

① 《陈旭麓学术文存》，上海人民出版社，1990，第 1378 页。

实业活动，又同时享有传统功名和职衔，可视作新旧时代之间、等级社会与职业社会之间的一种过渡性社会阶层，成为传统社会力量向近代社会阶级力量过渡的"承载物"和"中转站"。①

从语言发展与社会变迁的辩证关系看，正是在上述广泛社会变动的基础上，分指性的绅与商才不自觉地被常常连用，而逐渐具备了单指性的意义，成为新兴社会阶层的代名词。从"绅""商"分离到"绅""商"趋近，再到"绅""商"合流，明清以来中国社会阶级的重构与组合过程在语言词汇的演变上亦留下了清晰的痕迹。就此来说，对历史文献的解读和历史语言词汇的理解，绝对不能离开对其背后之社会变动大趋势的准确把握，而必须使二者水乳交融般统一、沟通。我想，在这一点上，谢放教授与我本人不会有太大的分歧吧。

最后，还想赘言几句，对"绅商"词义的辨析和对其社会内涵的讨论，实则关系到近代史研究中如何通过梳理文献和关键词，进入中国史学自身的"话语系统"并形成自身的"解释框架"这样一个"大"问题。如果不是基于中国学术自身的命题和本土的概念，并从中国历史实际来思考问题，我们的所谓学术研究便易成为西方名词术语的跑马场，掉入西方话语系统的陷阱而不能自拔，最终被"洋人"牵着鼻子走（如近期关于市民社会、公共领域问题的讨论便似乎落入了西方话语的怪圈，在别人的地盘中冲来突去，找不着出路）。当然，这一问题实在太大，在这里三言两语是说不清的，须另文论之。

（本文原载《历史研究》2001 年第 2 期）

---

①　商会史研究专家徐鼎新研究员也有类似的看法，认为"绅商"是一个"介于官、商两界之间的特殊社会阶层"，"无疑是消除官商隔阂的最合适的社会中介力量"，"在当时的历史条件下，商会的绅商领导体制应该具有一定的积极意义"（徐鼎新：《从绅商时代走向企业家时代——近代化进程中的上海总商会》，《近代史研究》1991 年第 4 期）。

清末文献中的广东 "绅商"

邱　捷

　　谢放、马敏两位先生对近代文献中"绅商"两字连用的情况作了很有意思的研究。① 两位先生都认为，"绅商"一词（或词组）的演变及内涵，包含有丰富的社会内容与文化意蕴，我完全同意他们两位的这个意见。顺着两位先生的思路，本文专门对清末文献中涉及广东"绅商"的情况作些讨论。

一

　　谢放先生的文章提到，近代文献中的"绅商"多是分指"绅"与"商"，明确地单指"亦绅亦商"的"绅商"的例子极少，"尚未发现"无任何疑点的"'单指性'例证"。
　　笔者在清末广东文献看到过一些"单指性"的例子。

----

　　① 　马敏：《"绅商"名辨》，第二次商业史学术研讨会会议论文，香港，1998 年 7 月；谢放：《"绅商"词义考析》，经济组织与市场发展国际学术研讨会会议论文，十堰，2000 年 7 月。

1. 《香港绅商刘学龄禀为办理育才书社学堂成效请咨立案由》。[①] 这里刘学龄只有一个人，"绅商"当然是指他。

2. 《督院张批示劝业道禀广州总商会选员赴日本实业会报聘请酌助公款缘由文》。其时，日本实业家邀请中国实业家访日，劝业道禀称已选定广州总商会许秉榛、沈道生两人，并拟"函致香港东华医院再举绅商一员"。[②] 这里也只是说一个人，而且是实业家，"绅商"自不会是分指"绅"与"商"。

但是，清末文献在提及广东"绅商"时，从字面看，常常很难判定是单指还是分指。下面举出一些例子。

1. 《香港华字日报》的一篇"论说"谈道："粤东绅商为振兴商务起见，倡立商会，始于省城而渐及于各都会，观其章程，不禁为我粤东祝。何祝乎尔？祝乎粤东风气大开，文明之进步，商业之发达，粤东人之名誉将为全国先也。吾言至此，吾敬绅商，吾爱志士，愿洒一腔之热血，为绅商鼓其雄心，吾愿决大海之洪流，为绅商助其浩气……"[③]

2. 1906 年初粤绅黎国廉因争路事，一度被岑春煊下令扣留，后岑迫于商民压力将黎释放。报纸报道说："黎绅国廉遵旨回家，八善堂绅董、七十二行绅商已开欢迎会。惟是日往南正局拥护者固多，而在总商会守候者仍不少。黎绅宜到总商会相见以慰众情，嗣以春雨泥泞不便再往。乃改于廿四日两点钟到总商会聚会。于是由总商会准备茶点，届时黎绅乘肩舆而至，与诸绅商行一揖礼……"[④]

3. 上海粤籍商人团体广肇公所致广州总商会电，称谓为"广州总商会绅商钧鉴"。[⑤]

① 《育才书社禀请经费》，《香港华字日报》1906 年 11 月 28 日。
② 《两广官报》第 16 期（辛亥年八月）"实业"栏。
③ 思救世斋主：《粤省商会章程书后》，《香港华字日报》1904 年 12 月 5 日。
④ 《黎绅赴茶会演说》，《香港华字日报》1906 年 2 月 20 日。
⑤ 《旅沪粤人赞成自办铁路电文》，《香港华字日报》1906 年 2 月 14 日。

4. 郑观应致粤汉铁路公司董事会的信中说，"窃思本公司风潮之起，由于绅商不和，各自争功，人杂言庞，不由理说"。①

5. 郑观应的《辞差函牍序》说，"丙午初春，余丁内艰寂处澳门，承广东省城七十二行、九善堂、总商会各绅商创办粤汉铁路代表员投筒公举余为铁路公司总办"。②

这5件资料分别涉及广州总商会、七十二行和粤路公司风潮。表面看来，5件资料所提到的"绅商"都可理解为分指。但是，可以肯定不是分指"绅""商"两界，因为在上面几件资料中的"绅商"不会包括非"商"的"绅"。如果理解为分指，那么，就是分指有功名职衔的"绅商"和没有功名职衔的庶民商人。但是，广州总商会是由善堂推举的正副商董和七十二行商董筹建的，广州总商会的总、协理和坐办都有功名、职衔，他们都是兼具两种身份的"绅商"。③ 第1例的"绅商"，不论单指与分指，其实没有区别。第3例是受电人的称谓，对广州总商会头面人物的身份，广肇公所的发电人不会不清楚，所以，"广州总商会绅商"当为一种敬称而不是分指总商会里的绅与商。

第2例中"八善堂绅董"与"七十二行绅商"并称，从行文看，把"绅商"理解为"有士绅身份的商人"亦无不可。黎国廉是广东大绅，为粤省绅商士民争路而受累，声望正隆；按当时社交的惯例，参加茶会的当为七十二行中有功名、职衔的头面人物，一般地位不高的庶民商人未必能参与，所以，"七十二行绅商"说的应是七十二行的"绅商"，而不是七十二行的"绅"与"商"。

至于第4、5两例，必须知道，粤路公司的风潮并非"绅"与

---

① 夏东元编《郑观应集》下册，上海人民出版社，1988，第711页。
② 夏东元编《郑观应集》下册，第739页。
③ 关于广州总商会的筹建见《申报》1903年11月29日第2版的报道《商会肇兴》；关于广州总商会的总、协理及坐办，见《光绪三十四年农工商统计表》之"商务会总表"。

"商"的矛盾，而主要是广州七十二行的"绅商"与其他"绅商"就公司负责人的产生、股本的保存等问题发生的冲突。1906 年 4 月 24 日（四月初一）参加选举粤路公司"权理人"（临时负责人）的"广东省城七十二行、九善堂、总商会各绅商"，是指善堂和各行的代表，郑观应给潘飞声的信一一列举了当日九善堂以及 63 行的 127 名选举人的姓名。① 在清末的广州，"善堂为行商代表"②，通常也由商人管理，如被称为"九大善堂之冠"的方便医院，"由七十二行商担任办理"，"递年推举两行为总理，两行为协理"。③ 善堂的活跃人物，多来自商界，因此，善堂的绅董也是绅商。

从以上几例可以看出，在清末广东的文献中，即使字面看来是分指的"绅商"，结合其语境，实际上主要也是指亦绅亦商的人物。在清末的广东，当提到"绅商"时，今人往往不易判断是分指还是单指，笔者相信，某些资料的作者（如上引 1、2 两例）在当时恐怕也无法弄清。但恰恰是这种情况，反映了"绅""商"两界的对流已十分普遍，文献在谈到某些集体行动时笼统地提到的"绅商"，往往不是指绅、商两界，而是指有功名职衔的"绅商"与庶民商人，而主要指亦绅亦商的"绅商"。

正如马敏先生所指出，在晚清文献中（尤其在公文中），对某个具体的有职衔的商人多称为"职商"，以别于庶民身份的商人。"职商"与"绅商"含义是相同的。但笔者在清末关于广东"职商""绅商"的史料中又发现，不少"绅商"（或职商）的士绅身份并非时时都会得到确认或重视。谢先生感到有疑点的例子，与下面的例子颇有相近之处。

---

① 夏东元编《郑观应集》下册，第 746 ~ 748 页。
② 《粤商自治会函件初编》，广州七十二行商报承印，1908，第 1 页。
③ 邓雨生编《全粤社会实录初编》"方便医院"篇，广州调查全粤社会处，1910，第 1 ~ 3 页。

例如，粤路公司成立后，股东内部风潮不断。广州七十二行商人不承认香港商人陈赓虞、杨蔚彬等为股东；而陈、杨等又以铁路公司账目不清，由部分外地股东推举为代表，要求查账。邮传部致广东铁路公司的电报称："陈赓虞、杨蔚彬、盛景浚、朱秉章四员既经由股东公举，并已禀准粤督，应准该绅等前往查账。"① 而稍后邮传部致粤督的电报则说："顷据陈赓虞等电禀股本缓交缘由并请示办法，正拟转电尊处办理，复准农工商部转到俭电，知已准该商等入股……"②陈、杨等人都是"绅商"，但在不同的文件中分别被视为"绅"与"商"。

在同一件公文中也有把某个"职商"时而视作"绅"（称之为"该职"）、时而视作"商"（称之为"该商"）的，在此，再举出几例。

1. 1907 年夏，"职商"霍仲衡等申请往广西采购大米的执照，其呈文自称"职商等"，而善后局的批文一次称"该商等"，两次称"该职商等"。③

2. 1910 年初，盐运使发给盐务公所的一份札文，其中引录一件禀文，列名呈文者有"职商花翎盐运使衔候选道陈宝琛、花翎候补同知孔宪相、花翎道衔邱鉴源、花翎员外郎衔贡生苏秉权、同知衔蔡文轩、花翎道衔萧颂澄、花翎员外郎衔苏秉纲、花翎提举衔贡生黄植森、花翎提举衔贡生苏秉迁、五品衔选用知县林干材、提举衔梁瑞荣、三品衔裁缺连平营守备保洪寿"等，陈、孔等人在禀文中自称"职商等"，总督的批示称他们"该职等"，而盐运使司的札文则 3 次称他们"该商等"。④

3. 1911 年的《督院张批原办广澳铁路职商梁云逵禀报设立公司开收股本情形缘由文》。原禀 6 次自称"职等"，但总督的批示则 3 次

① 《查究混称总商会入禀之人》，《香港华字日报》1907 年 1 月 16 日。
② 《邮传部致周督认陈杨股本电文》，《香港华字日报》1907 年 1 月 24 日。
③ 《请领往西购米执照何得漫无限制》，《广州总商会报》1907 年 8 月 13 日。
④ 《运宪札发盐务公所原文》，《香港华字日报》1910 年 1 月 24 日。

称梁为"该商"。①

4. 1911 年的《督院批振华公司职商李鹤朋禀请转饬总商会债项一律匀摊缘由文》。商号朱富兰欠下华洋各债潜逃，总商会集议将其产业变卖清偿债主，振华公司职商李鹤朋认为广州总商会在清偿时歧视外埠债主，要求总督干预。在禀文中李自称"职商"，总督的批文则称李为"该商"。②

5. 1911 年的《督院张准农工商部咨核复职商陈炜南等制雪有限公司专办年限缘由行东劝业道转饬遵办文》。陈炜南等的禀文自称"职商"，劝业道的公文也称他们"该职商等"，但总督的批示则说："查该职商等在广东省称创设制雪有限公司，自系为挽回利权起见……查制雪之法，非由该商自行发明，未便给予专利。"③

类似的例子可说是举不胜举。

为了进一步探讨，我们以粤商自治会会长陈惠普（即陈基建，店工出身的银号司理）为例作更详细的分析。他是一个有职衔的"绅商"，曾和其他几位商人合资承办煤矿。据《督院张批东劝业道详陈基建等承办增城县布格村煤矿补缴供结保单请咨核给开矿执照缘由文》，所引陈等申请办矿的禀单后附有"董事及领袖办事人履历"："总理一名：陈基建，年四十五岁，顺德县人，同知职衔；协理一名：陈国淦，年五十一岁，顺德县人，监生；董事三名：朱文博，年四十五岁，新会县人，花翎运司衔候选道；卢赞华，年六十一岁，三水县人，都司职衔；凌继锦，年四十一岁，番禺县人，同知职衔。"但劝业道的公文称："前据矿商陈基建、陈国淦等禀……该商等……"④，并没有反映他们的"绅"的身份。

---

① 《两广官报》第 12 期（辛亥年闰六月）"实业"栏。
② 《两广官报》第 20 期（辛亥年八月）"实业"栏。
③ 《两广官报》第 21 期（辛亥年八月）"实业"栏。
④ 《两广官报》第 9 期（宣统三年闰六月）"实业"栏，第 62～64 页。

1907 年，陈惠普以陈基建这个名字领衔倡建广东戒烟总会，在禀文中称："……商等用体宪意，于本月十七日设戒烟总会于西关文澜书院"倒是护理两广总督的批示则称："该绅等在文澜书院设立戒烟总会……"①

陈惠普是粤商自治会的会长，由他领衔、具名的文件常见于报端及收录进《粤商自治会函件初编》。但现在看到的所有以陈领衔（不管是以粤商自治会、慈善团体还是七十二行的名义）的文件，他从来没有列过职衔；可见，他在从事社会活动时，并没有强调自己是"绅"。

有正途功名的"绅"也并没有认同陈基建。广州总商会协理、代理总理区赞森（举人）密禀官府："陈惠普即自治会之陈基建，本市井无赖，目不识丁，悖谬无识，素为诡谲奸徒所利用，惯受报界愚弄，时以危词惑人。凡有攻击政府、欺凌社会、排挤同类之事，如西江捕权、澳门勘界、扣留梁诚等电，十居其九由陈基建出名。"② 也就是说，无论是从自我认同还是社会认同来看，陈惠普的士绅身份基本上没有被重视。

清朝官场极为注重名分、称谓，但在以上例子中，官府对很多"职商"的士绅身份似乎并未予以特别重视，这是值得我们思考的。

二

如何解释这种现象呢？

清末的广东大概是单指性的"绅商"特别多的省份③，亦绅亦商亦善亦政亦学者颇不乏人。某个绅商，可能还是善董、谘议局议员、

---

① 邓雨生编《全粤社会实录初编》"广东戒烟总会"篇，第 4 页。
② 《区赞森密禀当道》，《香港华字日报》1910 年 7 月 27 日。
③ 根据马敏先生按相同的标准（商会会董人数）估算，广东是绅商最多的省份。见马敏《官商之间：社会剧变中的近代绅商》，第 107 页。

学堂监督，他在从事不同社会活动时，"绅""商"两种身份的认同情况是有差别的。一般来说，作为善董，他的士绅身份会被强调，如前文所引陈基建之例，他在创办戒烟会时以商人身份具禀，但官府确认他士绅的身份。但如果在纯属商务活动的情况下，某个绅商的士绅身份就不一定被重视了。

此外，清末各级官府在同商人打交道时，碰到不少新问题，官员往往对公文程式、称谓等不知所措。1907 年初，南海县令为奉命查究囤积谷米事致函广州总商会，要求商会调查后"据实禀报"，公函的语气是命令式的，发函的信封竟写"总商会老爷钧启"。按规定，总商会在地方只对督抚用"印禀"，对其他衙门都用平行的公文"照会"，而且总商会的总、协理的职衔都高于称"老爷"的官员（任过广州总商会总理的左宗藩是头品顶戴候补四品京堂，继任的张振勋是头品顶戴侍郎衔太仆寺正卿；任过协理的郑观应是二品顶戴尽先补用道，继任的罗光廷是花翎补用知府；坐办之一的黄景棠是候选道。按惯例他们应被尊称为"大人"。而"老爷"是对低级官员的尊称）。所以，总商会的复函毫不客气地表示"本总会事务纷繁，实属无暇旁及"，要南海县令自己去调查。① 总商会头面人物几乎都是通过正途获得功名或任过实缺官员的"绅商"，南海是首县，经常与广州总商会打交道，尚且会出这种公文程式的差错和称谓的笑话，那么，官员对一般绅商的称谓不确定就不足为怪了。

一般而言，如果是从科举或任过实缺官员而获得的"绅"的身份，是随时会被官府以及社会承认的。但如果是捐纳而来的"绅"的身份，则大不相同。例如，《各省谘议局章程》关于选举权的资格，就有"有贡举生员以上出身者""曾任实缺职官文七品武五品未被参

---

① 《南宰因奉查究囤米事致商会函》，《广州总商会报》1907 年 4 月 12 日。

革者"的规定。① 特别要求"曾任实缺"，就是要排除数量甚多的通过捐纳而获得虚衔者。

在清末，要通过捐纳取得一个功名职衔，实际上所费无多。光绪初年曾规定，由监生、附生捐贡生要银 144 两，由增生捐贡生 120 两，由廪生捐贡生 108 两；由俊秀捐监生 108 两，由附生捐监生 90 两，由增生捐监生 80 两，由廪生捐监生 60 两。捐职衔的，道员 5248 两，知府 4256 两，盐运司运同 3840 两，同知 2000 两，通判 1600 两，州同等官 300 两，州判等官 250 两，县丞等官 200 两，县主簿等官 120 两，从九未入流 80 两；捐花翎三品以上 2000 两，四品以下 1000 两，蓝翎 500 两。② 但在清末，捐纳的价格一降再降，虚衔越来越不值钱，实际价格往往只为原规定的几分之一甚至不到十分之一。如在广东开办的江西赈捐，"封衔、贡监按照例银折收一成，续减为九厘；十成贡监按照例银折收二成二厘，续减为一成八厘；推广大衔按照例银折收一成二厘，续减为一成；花翎四品以下折收实银一百八十两，蓝翎减半"。③ 据说有时还要更低，宣统元年（1909）度支部奏："翎枝一项，非军功劳绩不与"，但"在各外省收捐私减至一百三十余两"。④ 这样的价格，对于很多广东商人来说是不难承担的。当时究竟有多少广东商人通过捐纳获得功名职衔，现在已无法找到确凿、全面的数据。但以广东重视功名的社会风气以及广州商人的财力而言，可以肯定，捐纳的人数会相当多。

据 1910 年印行的《广东财政说明书》所列，广东捐纳的实收数，

---

① 《清末筹备立宪档案史料》下册，中华书局，1979，第 672 页。

② 户部纂辑《光绪朝捐纳则例》，沈云龙主编《近代中国史料丛刊三编》第 80 辑，台北：文海出版社，1987，第 135~174 页。

③ 广东清理财政局编《广东财政说明书》7 卷，8 类"捐输"，广东清理财政局铅印本，1910。

④ 刘锦藻：《续清朝文献通考》卷 93《选举十》，商务印书馆，1936，第 8536 页。

光绪三十四年（1908）是 217573.092 两，宣统元年是 921464.097
两。① 从这两个数字也可以估计那两年通过捐纳获得职衔的人数不少。
如果加上在广东以外捐纳的（外省人也可能在广东捐纳，但从财力的
比较来看，应该是广东人到外省捐纳的更多），二三十年加起来，数
字就很可观了。当然捐纳者并非全是商人，但其中商人占相当大比
例，大概是没有疑问的。前文提及陈基建申办煤矿时的合伙人都是普
通商人，但他们全有职衔，于此可见一斑。捐纳的职衔既然如此多且
滥，那么，无论官府还是民间就不会认真看待这些"绅"的头衔了。

《官场现形记》里上海一个捐了候选道头衔的"绅商"在宴会里
说："我不过在这里做生意，算不得什么；不过常常要同你们诸位在
一块儿，所以不得不捐个道台装装场面。我这道台，名字叫做'上场
道台'：见了你们诸位道台在这里，我也是道台；如果见起生意人来，
我还做我的一品大百姓。"② 这当是一般捐虚衔的商人的普遍情况。

实际上，由于科举与捐纳制度，"绅"与"商"的对流早就存
在。有清一代，广东一直是商业特别繁盛的省份，无论是"由商而
绅"还是"由绅而商"，在广州早就出现。在 19 世纪中叶，广州已经
有一批有功名职衔的大商人，而且，十三行商人潘、易、梁氏，一直
到清末都是亦绅亦商的大家族。③ 不过到了清末，不仅在大商人，而
且在中小商人中也出现了不少"绅商"。而在士绅当中，涉足商业或
从商业中得到收入者，也更加普遍。

关于清末广东"由绅而商"的情况，笔者也无法提供全面、确凿
的数据，不过从所看到的史料，可知当时广东的很多大绅都与商业有
联系。一些正途出身的士绅甚至远渡重洋去涉足商海。例如，广东番
禺、南海、顺德旅美三邑会馆（旅美广州籍商人的团体）从 1875 年

---

① 广东清理财政局编《广东财政说明书》7 卷，8 类"捐输"。
② 李宝嘉：《官场现形记》下册，人民文学出版社，1957，第 579 页。
③ 梁嘉彬：《广东十三行考》，广东人民出版社，1999，第 395 ~ 396 页。

到 1927 年的司事（主席）共 15 人，其中功名不详的 1 人，广东法政学堂毕业的 1 人，进士 3 人，举人 9 人，廪生 1 人。[①] 而在省内各级商会总、协理中，更有不少人可以确知其有正途的功名。

第一部分举了很多事例，讨论了有功名职衔的商人"绅"的身份认同问题。现在回过头讨论某些从商的士绅。

担任过督抚藩臬的许应、邓华熙、梁鼎芬这些超级大绅，即使是他们的家族也从事商业活动，他们也只被视作"绅"。清末在广州绅、商、善界都十分活跃的在籍二品衔翰林院编修江孔殷，出身茶商世家，参与了粤商自治会的筹建。1907 年初，因家人在戏院争座位的细故，江利用大绅的地位，诬称港商黄亦葵妾为私娼，并亲自带人把黄夫妇拘捕，还加黄以"抗拒大绅"的罪名。《广州总商会报》对此连续报道并加按语，视为绅士欺压商民的事件，对江大加揶揄、抨击。[②] 可见，尽管江孔殷也直接、间接经营商业，甚至向一般商人靠拢，但社会只注重其"绅"的身份。

曾任广州总商会坐办、铁路公司协理的黄景棠，其父黄福是在新加坡、马来亚承包赌税与工程的富商。黄景棠青年时回国求功名，1897 年考取拔贡，入京朝考受知县，后来加捐到候选道，也算是正途出身的士绅。他的诗集《倚剑楼诗草》有大量士大夫生活的描写，但却没有任何关于黄本人商业活动的纪录。尽管黄景棠的实力与地位主要来自"商"（他在七十二行很有影响），在铁路、码头、房地产、新式商业等方面都有巨额投资，但他的自我角色意识是绅而不是商。在 1911 年 6 月黄景棠策动广州商人反对清廷的铁路国有政策时，粤督张鸣岐在告示中一再对他威胁、警告，但一直把他称为"该绅"。[③]

---

① 区宠赐：《1850～1974 年旅美三邑总会馆简史》，美国旧金山市旅美三邑总会馆，1975，第 170 页。

② 《河南戏院争座之实情》《河南戏院争座之谈判》《指拿私娼理应辨诬》，《广州总商会报》1907 年 2 月 27 日、2 月 28 日、3 月 9 日。

③ 参见邱捷《黄景棠和他的〈倚剑楼诗草〉》，《近代史研究》1996 年第 6 期。

可以这样认为，由于他的正途功名，官府在所有场合都认同他的
"绅"的身份。不过，一个拔贡出身的候选道，在大绅如林的省城广
州的绅界中不可能有很高的地位。但他本身是个大富商，而且是商人
团体粤商自治会的创办人之一，因此，在广州商人眼中，他是"商"
的代表，他在商界的影响远远大于绅界。

一个绅士，在大多数情况下，自己都会承认其"绅"的身份并被
社会确认，但在某些特定的情况下，这种身份也可能会被掩盖。1911
年，一项广州省城城区居民的职业分类统计情况如下（单位：户）：官
宦1086，绅士454，军界739，警界1109，学界10408，报界93，商贾
15028，航业74，贩业11482，工艺19390，佣工2260，盐务246，司事
521，馆幕464，美术642，医业1128，方技434，种植360，畜牧246，
差役2320，代书115，优伶497，挑夫2316，轿夫5320，厨役418，看
守79，书办523，牙保178，巫道416，更练85，司祝803，僧人178，
粪夫520，乞丐129，尼姑889，娼妓2758，瞽姬218，出洋1602，信教
102，闲居5471。[①] 在广州城，绅士按理应数以千计[②]，但在职业统计
中却只有区区454户。这说明，随着科举的废除、官制的改革，靠士
绅的身份已经很难取得经济收入，绝大部分士绅从事各种职业，他们
申报职业时就只能列进"学界""报界""商贾"等项中了。

三

本文所讨论的只是清末广东文献中"绅商"的含义与某些涉及
"绅""商"身份认定的问题。这些资料反映出，由于"绅""商"对

---

① 《省城户口职业分类表》，《香港华字日报》1911年9月11日。
② 1906年1月，因两广总督岑春煊扣留广东绅商争取粤路商办的代表黎国廉，绅、商
各界纷纷集会抗议；15日，"在广府学宫明伦堂集议，绅士到者数千人"。见《申报》1906
年1月28日报道。

流，在清末的广东，已经形成一个人数众多的亦绅亦商的群体，这类人在当时，特别是在后来被称为"绅商"。不过，那些"正宗"的士绅，多少还会把捐纳的商人视为异类；而商人尽管买了功名职衔，但未必就认为自己与士绅已经完全合流。"绅""商"的界限还是很清楚的。下面讨论一下反映清末广东"绅""商"界限的史料。

1910 年初，两广总督袁树勋咨报宪政编查馆的《粤属地方绅士办事习惯事宜》列举了如下事项："一、管理公业，二、倡办善举，三、分管公业，四、兼理商业，五、绅士与商家联合之事项，六、绅士与商家分任之事项，七、绅士与商家之畛域界限，八、绅士与商家之嫌疑意见，九、绅士与商家冲突竞争之习惯……"① 从清末 10 余年关于广东"绅""商"的资料，可以清楚看出，两者"联合分任"时越来越疏远，而"竞争冲突"的情况却越来越多。

1900 年，广州商人以"省城行商街众"名义向粤督禀请抽租捐设巡警，原禀称："非长官督率于上，则纪纲断不能齐；非绅士参议其中，则下情必不能达；非殷商经理于下，则奉行必不能久。故立法之始，务当官为之倡，汇集绅商，合力以图之。"由商人自己所定的章程虽有"用人行政事宜，悉俟绅商会议禀官核定"，但商人的主要职责是提供经费，主管总局、分局都是由"商董"推举出来的士绅。② 可见，在世纪之交的广州，绅与商联合办事时，界限还是分明的。"绅"处于主导地位，"商"处于从属地位且缺乏自信，要求"绅"作为自己利益的代表。当然，商董所推出的士绅未必不是"绅商"，但他们是以"绅"的身份出现的。

但是，在几年之后，情况就已经大变。1906 年粤路公司的成立，也可以认为是绅、商两界联合办成的一件大事。粤路招股册的小引一

---

① 《看看所谓地方绅士办事之习惯》，《香港华字日报》1910 年 3 月 17 日。
② 《行商街众请抽租捐设巡警原折》，《博闻报》（广州）1900 年 7 月 16 日。

开始便说："公启者：粤汉铁路我全粤绅商争回自办……"① 但"绅""商"两界的地位颠倒过来了。商界迅速集股成功以及罢市的威胁，是使岑春煊改变态度，释放黎国廉并转而支持商办的主要原因。商界通过此事大大增强了自信。广州最有实力的银号商人，在办路的建议中称，"今日铁路，系我七十二行、八善堂商人倡办"，号召商人改变以往"放弃责任、互相推诿"的积习，由七十二行和善堂担任创办的责任。② 后来，粤路公司就是以"广州商务总会、广州城七十二行、九善堂"作为"创办人"向农工商部注册的。③ 尽管主其事者多有功名职衔，但他们只是"商"的代表。

两件都是广州城"绅""商"联合办理的事。前者关于警务，士绅自然会作用大些；后者属于商务，商人更能显示其力量，作对比时应该考虑以上情况。但笔者所注意的是商人的言论、行动所反映的心理。在阅读清末广东的文献时会看到，在粤路公司成立后，商人越来越不怕士绅，甚至越来越不怕官府。粤路公司成立后，时人甚至认为，在广东，"总商会、九善堂、七十二行，此先声夺人之名词也，凡办公事而欲号召同类者，非此三者不为功。三者之中，尤以七十二行为声势最大"。④ 这时，商在社会上的地位和影响，实际上已经超过了绅。在1911年武昌起义后，广东的"绅""商"两界都争取策动广东"和平独立"的主动权，但最后占上风的是七十二行商人，作为"绅"界大本营的谘议局，在广东独立的过程中基本不起作用。⑤ 这与其他省份很不相同，但如果看看清末10年间"绅""商"地位的

① 《粤路招股册小引》，《香港华字日报》1906年2月28日。关于广东绅商同粤督岑春煊的冲突以及粤路公司的创办，1906年1~3月的《申报》《香港华字日报》等都有详细的连续报道。笔者在《黄景棠和他的〈倚剑楼诗草〉》作了简单的概述。

② 《银行献议之密切》，《香港华字日报》1906年2月14日。

③ 《宣统元年农工商部统计表》之"光绪三十四年公司注册表"。

④ 《七十二行之相》，《广州总商会报》1907年8月24日（转录香港《循环日报》）。

⑤ 关于广东独立，可参看拙文《广东商人与辛亥革命》，收入中华书局编辑部编《纪念辛亥革命七十周年学术讨论会论文集》上册，中华书局，1983。

消长，就会觉得这种结果几乎是必然的。

关于"绅""商"的认同，不仅对具体的人，而且对社会团体，都有问题可讨论。在清末的广东，主要社会团体的头面人物，大概都是"绅商"。但这些团体属于什么"界"，社会上是有大致共识的。比粤商自治会早13天成立的广东地方自治研究社，虽然成员中也有同商业有联系的，但不占主导地位，因此，自治研究社被视为绅界的团体。① 而粤商自治会的会长陈惠普（同知职衔）、副会长李戒欺（生员）虽也有功名职衔，七十二行的头面人物如行首，也很可能有功名职衔，但有商人的广泛参与，两者都被视为商界的团体。②

至于广州总商会，尽管它是商人团体，但主持者都是有正途功名或任过实官的"绅商"，总商会因保守、腐败和缺乏活力而常被一般商人所批评。总商会的会董名义上有50人，但开会时"到者不过十人左右，终席者常三数人而已"。③ 在总商会时时可以看到"绅""商"竞争的事例。广州总商会协理、代理总理区赞森攻击粤商自治会会长陈惠普事，已如前述；而七十二行商人则在1910年发起一场把区赞森驱逐出商会的运动，传单称"区赞森平日藉善藉绅藉商，无恶不作"。④ 1907年11月19日成立的粤商自治会，其动因就是部分商人认为总商会被巨绅大贾操纵，有新思想的商人"欲于总商会有稍新之作为，无从措手"。⑤ 粤商自治会在清末广东社会的影响远超过总商会，时时出头批评官府，为商民说话，被绅界目为"杀头会"。⑥

---

① 关于广东地方自治研究社，可参看贺跃夫《广东士绅在清末宪政中的政治动向》，载《近代史研究》1986年第4期。

② 关于粤商自治会，可参看拙文《辛亥革命时期的粤商自治会》，《近代史研究》1982年第3期。此文写于20世纪80年代初，所利用的材料有局限。

③ 《粤省行商集议预备选举会董情形》，《申报》1910年12月10日，第12版。

④ 《七十二行商众议驱逐区赞森传单》，《香港华字日报》1910年11月24日。

⑤ 李蘅皋、余少山：《粤商自治会与商业维持公安会》，《广州文史资料》第7辑，第21~24页。

⑥ 阿牧：《六十年广州社会稗史》，《广东七十二行商报廿五周年纪念号》，1933，第50页。

由于"绅""商"的竞争以及与总商会平行的商人团体七十二行、粤商自治会的存在，广州总商会在社会上的地位和作用也远不及其他大城市的总商会。

从笔者看到有关清末广东绅商（既包括"绅"与"商"，也包括"绅商"）的资料，得到的印象是"绅""商"的对流、联合已非常普遍，确实形成了一个人数颇多且在社会上有很大影响的"亦绅亦商"的群体；但"绅"与"商"远未合流，两者的界限与竞争也是很明显的。总的来看，很可能界限和竞争更是主要的方面。"绅""商"关系变化的大体趋向，就是胡汉民说过的"商人渐有势力，而士绅渐退，商与官近至以'官商'并称，通常言保护商民，殆已打破向来习惯，而以商居四民之首"。①

最后，必须说明，此文并非对谢、马两先生提出商榷。两位先生不仅对某一地区，而且对全国的情况都作过相当细致的研究，而我的视野只局限于广东一隅（主要还是广州地区），所以，即使我的看法与两位先生的观点不重合，我也不能以偏概全。很多学者都会想到，要研究晚清的社会变迁，"绅""商"是两个特别值得注意的社会群体，而研究"绅商"，广东又应予以特别注意。但入民国以来，广东历经战乱，有关社会、经济的文献大量散佚，今天我们只能用各种零散的资料，以重建史实，所描绘的图景是远不完整的。笔者往往强调广东的某些特殊性，但也明白，其实"特殊"背后也有共同的东西。鉴于广东在近代中国的重要地位以及两位先生在研究中利用广东的材料不多，也许，我这篇文章可以作为谢、马两位先生研究的补充。

（本文原载《历史研究》2001 年第 2 期）

---

① 《胡汉民自传》，罗家伦《革命文献》第 3 辑，台北：正中书局，1958，第 44 页。

索　引

后记 （一）

　　对近代绅商产生研究的兴趣，已是十年前的事了。那时，因导师章开沅先生的倡议，我有机会去苏州市档案馆参与苏州商会档案的整理。在整理档案过程中，我逐渐悟出对晚清亦官亦商的绅商群体的研究，或许是理解晚清商会的构造与功能的关键点。推而广之，绅商研究也将十分有助于探讨中国近代社会关系的转型。就是因为这偶然的一悟，使我在绅商与商会问题的研究上艰苦跋涉了整整十度春秋，由"而立"步入"不惑"之年。

　　我的绅商研究的最初成果，系在章开沅教授、陈辉教授和刘望龄教授指导下完成的硕士论文《辛亥革命时期的苏州绅商》（刊于《辛亥革命史丛刊》第 8 辑，1991）。这是一种较为细致和具体的个案研究，同时也为我以后的进一步研究打下了基础。本来，如果我在博士生阶段顺理成章地继续这一课题的研究，或许这本书能早几年面世。但当时深感自身理论功力甚差，资料搜集亦嫌不足，在征得导师章开沅先生的同意后，我毅然从绅商问题转入范围更广、理论难度更大的中国早期资产阶级构成问题的研究，力求在探索近代社会阶级关系转型方面形成一套比较系统的理论见解，其结果便是博士论文《过渡形态：中国早期资产阶级构成之谜》的酝酿、写作与出版，前后历时约七年。在这期间，我一度远涉重洋，生活于异国他乡，虽旁骛较多，但并未停止对绅商课题的资料搜集与思考。

直到 1992 年初自美国返回后，方才有时间坐下来清理资料、整理思路，正式开始本书的写作。然而，接踵而至的 1993 年对我而言却是艰苦备尝的一年。我一向崇敬的岳母于这年不幸患上癌症并过早辞世（享年仅 53 岁），给我们全家带来沉重的打击。而几乎同时，姗姗来迟的儿子的降世，又给我们近乎麻木的心情中注入了一丝新的喜悦和希望。就是在这种频频造访医院，身心疲惫的忙碌状态中，我不敢稍懈地夜以继日地工作，终于完成了此书约 30 万字的初稿。现在，书稿将很快付梓了，面对心血化成的厚厚的一摞手稿，我能说些什么呢？惟愿将自己辛勤劳作的成果，奉献给我至爱的妻儿，以作为我们那一段艰苦岁月的见证。

最后，我还想借此机会，再次感谢我的业师章开沅教授多年来所给予我的教诲和鼓励。同时，我也要感谢责任编辑陈益民先生。由于此书系首次请人用电脑排版和出清样，加之我写作过程中的特殊处境，如果没有陈先生的严格把关，书中很可能会留下太多的"硬伤"，而令我汗颜。当然，即使如此，书中也可能还会有这样或那样的不足和错误，尚祈各位读者不吝指正。

马　敏

1994 年 7 月 7 日于武昌南湖之滨

后记（二）

　　本书自 1995 年由天津人民出版社出版之后，受到同行专家学者的关注，称之为绅商和商会研究的重要著作之一，屡见中外著述征引。也曾在范围更广大的读者群中引起过一些反响。但由于第一版印数有限，在一般书店很难购到，以致许多同行和普通读者都曾致函索书，惜我个人手中的存书也逐渐告罄，实难满足众多索书者的需要。所幸这次华中师范大学出版社借百年校庆之机，与天津人民出版社达成协议，作为"桂苑书丛"学术丛书之一种再版，不啻帮了我一个大忙，可以多少免却应对读者索书之苦。

　　此次再版，基本维持原书旧貌，除订正了一些明显错误外，没有做大的增删。惟为了加深读者对"绅商"词义的理解，经征得《历史研究》编辑部和作者本人的同意，特将该刊 2001 年第 2 期刊载的谢放、邱捷及我讨论"绅商"词义的三篇文章收录于书后，俾便读者对照阅读。另外，为了便于检索征引文献的来源，又请我的学生帮助编制了一个《参考文献目录》附于书后，使之更合乎学术规范。

借本书再版之际，再次对那些曾经帮助过我的师友和为本书出版尽心尽责的编辑人员表示由衷的谢意！

马敏附识

2003 年 9 月于华中师范大学东区新寓

后记 （三）

一本书的后记要写至"三"，这是我实在没有想到的。所谓"一而再，再而三"，要么是无意义的重复，要么是多少还有重复的意义和价值在。一本很专门的面对"小众"的历史学术著作，能够在出版二十多年后还能被读者认可，被社会科学文献出版社这样的名社看重并予以再版，既令我感动，又令我有些愧不敢当。

诚如俗话所说，"酒香不怕巷子深"，陈年老酒得用年头来慢慢熬，一部学术著作是否真有价值，恐怕也得通过几十年的时间来检验。在时间这位"判官"的面前，有的书如过眼云烟，很快就被淡忘了；有的书却随着时间的推移，逐渐显露其内在的价值。拙著谈中国近代绅商，虽不敢言有多高的学术价值，但发现在二十多年中，有不少学者在其著作中或提及或引用书中观点和史料，有的学者在讲课中将其列为必读参考书，如吾友茅海建教授在北大开设中国近代史专题课时，就曾将拙著列为讨论书目之一，并邀请我就本书的写作与北大学子们直接对话、交流，令我十分难忘。此外，我也很高兴地看到，本书已被韩国学者辛太甲教授译为韩文出版，前两年又被列入国家"中国学术著作外译计划"，正由本校的外语专家译为英文。这些，既是对本书学术价值的肯定，也是对我本人极大的鼓励。

此次修订，并没有做大的变动，只是按照当下学术出版更为规范和严格的要求，对所征引史料再次做了核对，补上了一些过去漏掉的引文出处，个别地方还进行了文字修订，使表述更为流畅、准确。总之，使本书的质量在原有基础上有进一步的提高。

特别要提到的是，正是在本书第三版修订过程中，曾为本书初版作序的我最尊敬的业师章开沅先生不幸离我们而去了，留下的是无尽的哀思和亲切的回忆。记得当初书稿完成后，开沅师刚刚结束长达三年多的海外访学重返桂子山，我带着厚厚的一沓书稿打印稿登门请他赐序，老人家不顾旅途劳顿，慨然应允，并很快将手写的序言交到我手中，令我十分感动。在序言中，开沅师不仅对拙著做了充分肯定，而且还提出了如何完善相关研究的殷切期望，尤其希望能加强对近代绅商阶层生活方式与心态变化的刻画，使其形象更显丰满、多样，既能及事，更能见人，突出以活生生的人为主体的历史。这些，也正是我这些年不断努力的方向，或许将来能以更新的成果补恩师的厚望于万一。愿开沅师在天之灵安息！

本书能得以第三次出版，要感谢的人很多。首先要感谢社会科学文献出版社首席编辑徐思彦女士和历史学分社总编辑宋荣欣女士的提议，没有她们的热情提议和推荐，我恐怕很难有再版这本书的勇气和动力。同时要感谢这次再版的责任编辑赵晨先生，我同赵晨先生尽管还未谋面，但从他对拙著的编辑中，已可看出他具有扎实的史学功底和深厚的编辑素养，发现了许多过去未曾发现的问题，指出了一些仍然存在的"硬伤"，对这本书的进一步完善居功甚伟。我的博士研究生彭晓飞、蒙应来、高航等在这次再版过程中承担了大量史料核对、错字改正等十分烦琐的工作，我对他们的辛勤付出表示由衷的感谢！

马　敏
2021 年初冬于华大家园淡泊斋

图书在版编目（CIP）数据

官商之间：社会剧变中的近代绅商/马敏著. --

修订本. --北京：社会科学文献出版社，2022.1（2023.11 重印）

（社科文献学术文库. 文史哲研究系列）

ISBN 978 - 7 - 5201 - 2602 - 1

Ⅰ.①官…　Ⅱ.①马…　Ⅲ.①阶层 - 研究 - 中国 - 近

代　Ⅳ.①D691.7

中国版本图书馆 CIP 数据核字（2018）第 079511 号

社科文献学术文库·文史哲研究系列

官商之间：社会剧变中的近代绅商（修订本）

著　　者／马　敏

出 版 人／冀祥德
组稿编辑／宋荣欣
责任编辑／赵　晨
责任印制／王京美

出　　版／社会科学文献出版社·历史学分社（010）59367256
　　　　　　地址：北京市北三环中路甲 29 号院华龙大厦　邮编：100029
　　　　　　网址：www. ssap. com. cn
发　　行／社会科学文献出版社（010）59367028
印　　装／三河市东方印刷有限公司

规　　格／开　本：787mm×1092mm　1/16
　　　　　　印　张：31.5　字　数：418 千字
版　　次／2022 年 1 月第 1 版　2023 年 11 月第 3 次印刷
书　　号／ISBN 978 - 7 - 5201 - 2602 - 1
定　　价／168.00 元

读者服务电话：4008918866